SÜDWÄRTS

DURCH LATEINAMERIKA

Rudi und Bettina Kretschmer

SÜDWÄRTS
DURCH LATEINAMERIKA

Rudi und Bettina Kretschmer

Impressum

Rudi und Bettina Kretschmer

SÜDWÄRTS
durch Lateinamerika

erschienen im
Reise Know-How Verlag

ISBN 3-89662-308-7

1. Auflage 11/**2002**

eMail-Adresse des Verlags: rkhHermann@aol.com
Websites von Reise Know-How:
www.reisebuch.de · www.reise-know-how.de

Lektorat und Karten: Helmut Hermann
Fotos: Die Autoren
Buchgestaltung: Carsten C. Blind, Asperg
Druck u. Bindung: Pustet, Regensburg

Dieses Buch ist erhältlich in jeder Buchhandlung in Deutschland,
Österreich, Schweiz, Niederlande und Belgien
Bitte informieren Sie Ihren Buchhändler über folgende Bezugsadressen:
D: PROLIT GmbH, Postfach 9, 35461 Fernwald (sowie alle Barsortimente)
CH: AVA-buch 2000, Postfach 27, 8910 Affoltern
A: Mohr Morawa Buchvertrieb GmbH, Postfach 260, 1011 Wien
Niederlande, Belgien: Willems Adventure, Postbus 403, NL-3140 AK Maassluis
Wer im Buchhandel trotzdem kein Glück hat, bekommt
unsere Bücher auch über unsere Büchershops im Internet (s.o.)

INHALT

SEITE

AUTOREN UND AKTEURE

Bettina Kretschmer

Jahrgang 1959, studierte Kunstgeschichte, Literatur, Publizistik; betrieb eigene Galerie mit Rahmenwerkstatt in Essen, die sie vor der Reise verkaufte.

»Für jeden von uns ist es wichtig weiterzukommen, bedeutsame und schöne Dinge zu entdecken, sie ins Visier zu nehmen und sich seine Träume zu erfüllen, welche immer diese sein mögen ...«

Rudi Kretschmer

Jahrgang 1955, Bochum, studierte Sport und Geografie; fuhr ein Jahr mit dem Motorrad durch Afrika und 20 Monate Reise um die Welt (Buchveröffentlichung: »Mit dem Motorrad um die Welt«, Motorbuch Verlag).

»Warum bleibt die Welt nicht stehen? 25 Monate vergehen wie ein Tag ...«

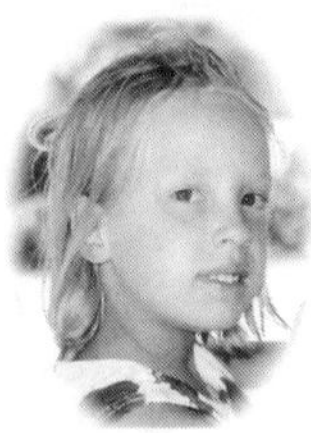

Stella Kretschmer

Geboren 1993 (spanisch: *estrella* – Stern). Wir unterrichteten sie eineinhalb Jahre selbst, ca. 30 Minuten täglich. Sie besuchte spanischsprachige Schulen in Mexiko und Chile, liebt Bücher und liest teilweise in sechs verschiedenen gleichzeitig.

Piet Kretschmer

Geboren 1994, auf spanisch »Pedro« oder »Pedrito«, übernahm während der Reise den Part des Kontrolleurs: »Papa, alle Türen sind verschlossen, Fenster zu, Handbremse gezogen ...«

VORGESCHICHTE

Wann wir genau den Entschluss fassen, diese Reise zu unternehmen, weiß ich nicht mehr, wohl aber warum. Ich bin jedes Jahr während der Semesterferien drei Monate unterwegs, in Afrika, Asien und Amerika. Nach dem ersten Examen fahre ich mit dem Motorrad durch Afrika, nach dem zweiten Examen erfülle ich mir einen noch größeren Traum und umrunde die Welt, ebenfalls mit dem Motorrad. Und spätestens dieser Trip infiziert mich vollends ...

Die Jahre nach dieser Weltreise verlaufen unter dem Stichwort »etablieren«. Ich lerne Bettina kennen, wir bauen ein 150 Jahre altes Haus um, Stella und Piet werden geboren, dann machen wir uns mit einer Kunstgalerie und Rahmenwerkstatt selbständig.

Unsere Reiseziele heißen mit regelmäßiger Wiederkehr: Holland, Frankreich, Ostsee, und dann zur Abwechslung mal Ostsee, Frankreich, Holland ... Mir gefällt dieses Leben gut, ich bin glücklich.

Aber fast unbemerkt wächst in mir etwas, das ich zuerst gar nicht definieren kann: Ich interessiere mich wieder für Diavorträge über Fernreisen, abonniere Reisemagazine, kaufe mir Landkarten, und plötzlich ist das Verlangen wieder da: Ich möchte wieder reisen!

Zuerst versuche ich all das zu verdrängen und ganz sachlich zu argumentieren: Warum soll ich alles aufgeben, was wir uns aufgebaut haben? Ich bin nicht alleine, und entspricht mein Wunsch auch der Vorstellung von Bettina? Die Kinder sind noch klein, überfordere ich sie nicht in verantwortungsloser, egoistischer Weise?

Doch alle Überlegungen helfen nichts, Herz siegt über Kopf, und ich spreche mit Betti über meine Empfindungen. Ich kann mich noch genau an dieses Gespräch erinnern und an die Angst, dass sie voller Unverständnis reagieren würde. Aber es kommt anders: Sie spürt, wie wichtig es für mich ist, meinem Wunsch nachzugehen. »Warum eigentlich nicht? Ich vertraue dir, wenn du sagst, dass wir alle eine wundervolle Zeit haben werden ...!«

Es gibt lediglich drei Fragen zu klären: Wann, wohin, wie lange? Das »wann« hängt von unserer finanziellen Situation ab. Wir müssten es Ende 1998 schaffen, genug gespart zu haben und dann das Geschäft zu verkaufen. Stella könnten wir während der Reise selbst unterrichten.

Beim »wohin« entscheiden wir uns sehr schnell für die beiden Amerikas, nicht zuletzt aus logistischen Überlegungen: Es gibt nur zwei Sprachen, Englisch und Spanisch (Portugiesisch in Brasilien). Wir benötigen keine Visa, sämtliche Grenzen sind offen, und lediglich zwischen Panama und Kolumbien müssten wir das Auto verschiffen.

Wie lange? Das Minimum beträgt in meinen Augen zwei Jahre, sonst lohnt der große Aufwand – Geschäft verkaufen, Haus vermieten – nicht.

Nach diesem grundsätzlichen Gespräch schwebe ich ständig zwischen »Wolke sieben« und tiefster Verzweiflung, bin völlig euphorisch bei dem Gedanken, zwei Jahre zu reisen, dann wieder zutiefst niedergeschlagen, weil ich Angst habe, dass noch etwas dazwischen kommen könnte ...

Es kommt nichts dazwischen, und es verhält sich beinahe so, als würde eine unsichtbare Hand uns sämtliche Hürden – wenn auch oft in allerletzter Sekunde – aus dem Weg räumen. Unser Haus vermieten wir bereits im Sommer und müssen provisorisch in eine Mietwohnung umziehen. Die Galerie übergeben wir genau am 31. Dezember 1998, verkaufen die Autos. Aber jeder Tag bringt neue Aufgaben: Abschied von Geschäftskunden, Versicherungen und Daueraufträge kündigen, Schulmaterial für Stella besorgen ...

Wir haben beide das Gefühl, im Niemandsland zu leben – wir fühlen uns nicht mehr richtig zu Hause, die Reise hat aber auch noch nicht begonnen. Uns wird klar, dass wir uns einen festen Termin setzen müssen. Ich lese in meinem Buch, das ich nach der Motorradweltreise veröffentlichte: »Im Nachhinein würde ich bei den Vorbereitungen einer solch langen Reise nur eines anderes machen: Nämlich mir sofort einen Termin für die Abfahrt setzen und erst gar nicht in Versuchung kommen, Wochen mit völlig unnötigen Dingen zu vergeuden ...«

Und genau das tun wir jetzt: Reisebüro, Abflug 15. März, Ziel San Francisco (zwei Wochen Mietwagen, zwei Wochen im Motel). Es gibt langfristig nur zwei Dinge, mit denen wir uns in Deutschland beschäftigen: Jeden Montagabend treffen wir uns mit José, einem spanischen Kneipier, und lernen Spanisch:

»Heute ist es zu kalt, um in die Unterrichtsräume zu gehen. Wir bleiben lieber bei einem Wein in meiner Kneipe, schlagt schon mal die Bücher auf ...«

Einige Monate vor dem Abflug stellen wir mit der Impfstelle der Uni Bochum einen Plan zusammen, um Gelbfieber-, Diphterie-, Tetanus-, Hepatitis A + B-, Tollwut-, Typhus- und Malariaprophylaxe zeitlich zu koordinieren. Zuletzt kaufen wir einen Laptop, um unterwegs über E-Mail immer erreichbar zu sein ...

Reiseroute Mexiko
0 km
300 km
ARIZONA
U S A
TEXAS
Tijuana
Bahía de los Ángeles
Guerrero Negro
San Ignacio
Halbinsel Baja California
Los Mochis
Chihuahua
Creel
Batopilas
Kupferschluchtbahn
MEXIKO
Golf von Mexiko
La Paz
San Pedrito
Cabo San Lucas
San José del Cabo
Mazatlán
Tepic
Dolores Hidalgo
San Miguel de Allende
Puerto Vallarta
Guanajuato
Querétaro
Paricutín
Pátzcuaro
Morelia
Ocampo
CIUDAD DE MÉXICO
Puebla
Veracruz
Manzanillo
Mérida
Cancún
Yucatán
Tulúm
Lag. de Bacalar
Chetumal
CUBA
Oaxaca
San Cristóbal de las Casas
Palenque
Lamanai
Tikal
BELIZE
Dangriga
Acapulco
Tehuantepec
Poptún
GUATEMALA
HONDURAS
Atitlán-See
SAN SALVADOR
Pazifik

Reiseroute Mittelamerika
0 km
300 km
HAVANNA
Viñales
Pinar del Rio
Cienfuegos
Sancti Spíritus
Ciego de Ávila
Trinidad
Camagüey
Holguín
Bayamo
Santiago de Cuba
Siboney
CUBA
MEXICO
Mérida
Cancún
Chichén Itzá
Isla Cozumel
Tulúm
Yucatán
Laguna de Bacalar
Chetumal
Orange Walk
Belize City
Lamanai
Tikal
Lago Petén
BELMOPAN
San Ign.
Dangriga
Poptún
BELIZE
GUATEMALA
Chichicastenango
Lago Atitlán
GUATEMALA City
HONDURAS
Vulkan Pacaya
SAN SALVADOR
TEGUCIGALPA
Barra de Santiago
El SALVADOR
NICA-RAGUA
Lago de Managua
MANAGUA
Granada
Lago de Apoyo
Lago de Nicaragua
Bluefields
PAZIFIK
SAN JOSE
COSTA RICA
Km 80
Playas Manuel Antonio
Playas Tortuga
David
per Schiff
Colón
St. Blas Inseln
Panama-Kanal
PANAMA City
PANAMA
PN Tayrona
Barranquilla
Cartagena
Aracataca
KOLUMBIEN

Reiseroute Südamerika
0 km 300 600 900 km
VENEZUELA
PA-
NA-
MA
Carta-
gena
Barran-
quilla
PN Tayrona
CARACAS
Pto de la Cruz
Pui Puy
Coro
Bari-
nas
Mérida
Cúcuta
Cd Bolívar
Cd Guayana
El Dorado
Angel-Fälle
Gran Sabana
GUYANA
SURI-
NAM
Boa
Vista
BOGOTÁ
KOLUMBIEN
PANAMA
Aracataca
Orinoco
Äquator
QUITO
ECUADOR
Iquitos
Rio Negro
Amazonas
Manaus
Belém
Rio Madeira
Auf dem Ponton-Schiff v. Manaus n. Porto Vêlho
Natal
Recife
PERU
Pôrto Velho
BRASILIEN
LIMA
Cuzco
BOLIVIEN
Lago Titicaca
LA PAZ
Arequipa
Lencois
Praia do Forte
Salvador
PN da Chapata
Diamantina
Cuiabá
Transpantaneira
Pan-
tanal
Pto Jofre
Goiânia
BRASÍLIA
Porto Seguro
Caraiva
SUCRE
Paraguai
Paraná
Iquique
Vitória
PARAGUAY
Parati
Rio de Janeiro
Antofagasta
São Paulo
CHILE
ASUNCIÓN
Iguaçu-
Wasserfälle
Curitiba
Florianópolis
Heimflug
ARGENTINIEN
Porto Alegre
Uruguay
URUGUAY
São Laurenço do Sul
SANTIAGO
Col. del Sacramento
BUENOS
AIRES
MONTEVIDEO
Bahía
Blanca
Temuco
Caburgua
Ende der Reise
Osorno
Puerto Montt
Insel
Chiloe
Halbinsel
Váldes
Chaitén
Punta Tombo
Carretera Austral
Lago Arg.
Comodoro Rivadavia
Rada
Tilly
Chile Chico
Puerto Deseado
Perito-
Moreno-Gletscher
El Ca-
lafate
PN Torres del Paine
Falkland Islands
(UK)
Rio Gallegos
Pto Natales
Punta Arenas
Magallan-Straße
Feuerland
Ushuaia
Kap Hoorn

15. März · Ernüchternder Beginn einer 25 Monate langen Reise

Um Punkt 3.45 Uhr beginnt also offiziell unser Traum. Viel Zeit bleibt nicht, um euphorisch zu werden. Piet, vier Jahre, will nicht wach werden, und so machen wir drei uns wenigstens fertig. Wir stellen den Kleinen mit geschlossenen Augen hin, ziehen ihn an: »Ich will wieder ins Bett!«

Unser Gepäck für 25 Monate: drei große Reisetaschen, ein Rucksack voller Kleidung, eine Tasche mit Büchern, eine andere randvoll mit Medikamenten. Die Kinder jeweils mit einem Minirucksack mit ihren liebsten Sachen: Puppen, Eintrittskarten, klebrige Bonbons, Autos, leere Batterien ... Unser wichtigstes Gepäckstück ist ein Aluminiumkoffer: »Diesen Koffer dürfen wir nie aus den Augen lassen, egal was wir tun. Wir müssen ihn selbst mit auf die Toilette nehmen!« – »Warum soll ich den blöden Koffer mit auf die Toilette nehmen?« gähnt Stella, fünf Jahre. Ich starte einen eindringlichen Monolog: »Alle Pässe, Kamera, Laptop und das Geld sind da drin ... Koffer weg, Reise zu Ende ...«

Das Taxi hält pünktlich um 5.10 Uhr. Der Fahrer hat seinen Transit neu erworben. »Man kann das Leder der Sitze noch riechen«, gerät er ins Schwärmen. Wir biegen auf die A 44 Richtung Flughafen Düsseldorf.

»Mama, mir wird schlecht!« stöhnt Piet.

»Rudi, schnell, unternimm was, Piet muss sich übergeben!«

Ich sitze hoffnungslos eingeklemmt zwischen Rucksäcken und Aluminiumkoffer. Zu spät, Piet verschafft sich Erleichterung, und der angenehme Geruch frischen Leders gehört der Vergangenheit an. Beim Aussteigen kommt mir der Chauffeur etwas blass vor und wir verabschieden uns schnell.

Die Außentemperatur liegt bei 5 °C, wir ziehen Piet bis auf die Unterhose aus und suchen eine trockene Garnitur. Der Ärmste schnattert, Betti flucht, Stella weint, ich fotografiere. Vorbeieilende Passagiere reißen verwundert die Augen auf.

Das Gepäck ist aufgegeben, vor uns wartet das Flugzeug.

»Rudi, wo ist der Alukoffer?«

»Der Alukoffer?!«

Ich denke erst gar nicht darüber nach, dass ich ihn verloren haben könnte und rase zur Gepäcküberprüfung. Dort steht er einsam neben der Röntgenkontrolle.

»Ist das Ihr Koffer?« – »Und ob!«

Zwischenstopp in Amsterdam, dann sitzen wir endlich im Flugzeug KL 605 San Francisco. Es gibt nur unwesentliche Vorkommnisse: Piet füllt eine Spucktüte nach der anderen, ich haue mit dem Knie unter das Tablett vor mir und verteile die Getränke gleichmäßig auf meine und Bettis Hosen. Jetzt ist der Zeitpunkt für ein Glas Champagner gekommen. »Bedaure, es gibt nur Weißwein.« Wir prosten uns mit Pappbechern zu.

In 9800 m Höhe, einer Geschwindigkeit von 870 km/h und einer Außentemperatur von minus 53 °C gehen mir die letzten Wochen vor der Abreise durch den Kopf.

USA

MIT ZEHN ZYLINDERN DURCH DEN »WILDEN WESTEN«

15. März bis 8. Mai · San Francisco –
aus zwei geplanten Wochen werden sieben.

Um 15.00 Uhr Ortszeit landen wir in Kalifornien, es ist immer noch der 15. März, während es zu Hause jetzt bereits Mitternacht ist.

Unsere erste Begegnung im Land der unbegrenzten Möglichkeiten heißt Jessy, Angestellter des Flughafens, gebürtiger Filipino. Ob er die USA mag? »Ich weiß nicht so genau. Zum Geld verdienen ist es gut, aber mein Zuhause wird es nie werden!«

Als wir im Flughafenhotel etwas essen, werden wir von einem El Salvadorianer bedient, der ganz begeistert ist, dass jemand Spanisch spricht. Jorge gibt seine Sprachkenntnisse zum besten – einige Sätze auf deutsch, ein ganzes Gedicht auf französisch, und dann zieht er geheimnisvoll einen Zettel aus der Tasche, legt uns eine Stelle aus der Bibel, Matthäus, vor, auf deutsch. Ob wir ihm das nicht schnell übersetzen könnten?

Wir sind groggy, die Kinder schlafen am Tisch ein – es ist 16.30 Uhr (1.30 Uhr Nacht in Bochum). Wir stecken noch so tief in den hektischen Abläufen der letzten Wochen, dass wir beim Aufwachen sofort eine Liste mit Erledigungen machen wollen.

»He, wir haben über zwei Jahre vor uns, lass' uns erst einmal zur Ruhe kommen«, schlägt Betti vor, und genau das machen wir jetzt: Erst mal eine Woche lang nichts organisieren, nichts besorgen.

Wie mieten uns einen Pkw und folgen dem Freeway 101 nach San Francisco. Die Autobahn ist vierspurig, maximal 100 km/h. Ziel: Golden-Gate-Brücke. Das Fahren ist entspannend, niemand drängelt, und wenn wir die Spur wechseln, läßt man uns freundlich vor.

■ *San Francisco – im Vordergrund die Seile der Golden Gate Bridge*

Die Golden-Gate-Brücke überqueren wir im Dunkeln und halten auf der nördlichen Seite. Vor uns die Skyline von San Francisco. Wir feiern den Beginn der Reise mit einer Flasche Wein, passen uns schnell den Gepflogenheiten der Amerikaner an: Autoradio laut, Scheiben runter, als Sitzgelegenheit dient die Motorhaube.

So oft wir in diese Stadt fahren, immer überkommt uns dieselbe Empfindung: Wir fühlen uns von Anfang an wohl. Die City strahlt eine Gelassenheit aus, wie ich sie noch bei keiner Großstadt so erlebt habe. Nichts wirkt hektisch, alles macht einen lässigen Eindruck. Mitten im Zentrum wird betoniert, zwei Spuren müssen gesperrt werden, aber niemand beschwert sich. Zwei Bauarbeiter sitzen neben dem Betonmischer und unterhalten sich angeregt, der Kranführer lehnt seinen Kopf gegen die Scheibe und nickt ein.

Die Endhaltestelle der Cable Car heißt Fisherman's Wharf – Tourismus pur an den Piers. Alte Schiffe sind zu Restaurants umgebaut, Ausflugsbote fahren zur Gefängnisinsel Alcatraz, Läden verkaufen vom Klavier aus Kristallglas zum Umhängen bis zur sprechenden Puppe einfach alles.

18. März · »Ha, ha, the Bushman ...«

Straßenkünstler versuchen, die Aufmerksamkeit und die Dollars der Touristen zu gewinnen. Pantomimendarsteller, Zauberer, Wahrsager und, für uns die absolute Krönung: »The Bushman«. Auf dem Bürgersteig hockt ein Schwarzer auf einer Plastikkiste. Er hält zwei dichte Büsche vor sich und ist fast nicht zu sehen. Bewegungslos wartet er auf seine Opfer. Eine Gruppe von vier Frauen schlendert auf ihn zu. Die Damen unterhalten sich angeregt, eine hält einen Becher Cola in der Hand. Genau im passenden Augenblick bewegt der Bushman die Büsche, lacht dabei mit tiefer Stimme: »Ha, ha, the Bushman ...« Die Frauen springen zur Seite, kreischen, Cola schwappt aus dem Becher. Schließlich entdecken sie den Bushman und das Pappschild neben einer Blechdose voller Ein-Dollar-Noten – »The Bushman, thank you!«

Mit jedem neuen Tag in S. F. fällt ein wenig von unserer inneren Unruhe ab, mit der wir Deutschland verließen. Ganz langsam dämmert uns, dass wir keine Termine haben, keine Rechnungen bekommen, kein Wecker klingelt, die Kinder nicht in den Kindergarten müssen und wir nicht ins Geschäft.

Eine feste Reiseroute haben wir nicht geplant. In unseren Köpfen schwebt die ungefähre Vorstellung, dass wir von San Francisco bis Santiago de Chile reisen könnten, auf jeden Fall mit einem Wohnmobil. Aber wir wollen bewusst keinen Strecken- und Zeitplan aufstellen und bewegen uns während dieser Tage in San Francisco zwischen den Extremen: »Warum bleiben wir nicht die ganze Zeit in dieser wundervollen Stadt ... ?

Ohne es richtig wahrzunehmen, entwickeln wir jetzt schon eine Einstellung, die uns während der gesamten Reise begleiten wird: Wir folgen unserem inneren Gefühl und verlassen uns ganz darauf, das passiert, was passieren soll ...

Wir haben uns ganz bewusst dafür entschieden, das Auto erst in den USA zu kaufen, dort die gesamte Ausrüstung zusammenzustellen. All dies in einem anderen Land zu tun bedeutet, dass es Teil der Reise ist, wir neuen Menschen begegnen, eine andere Sprache sprechen.

Cable Car, Fisherman's Wharf, Museum of Modern Art, Stanford University, Galerien, 39. Etage des Marriott Hotels, Lombard Street, California Street 2 etc. ... Stundenlang sitzen wir in kleinen Cafés, träumen in den Tag hinein, die Kinder klettern Laternenmasten hoch, machen aufregende Erfahrungen mit der neuen Sprache: »Weißt du was, ich glaube ‚hello' bedeutet ‚hallo'. Englisch ist doch ganz einfach!«

Die Extreme liegen in diesem Land oft ganz nahe beieinander. Mitten in der City sieht man, dass es nicht nur die Sonnenseite gibt. Ein alter Mann, in völlig zerrissenen Kleidern, schiebt einen Einkaufswagen, in dem sich sein ganzer Besitz befindet: Schlafsack, Pappschachteln mit Essensresten, Hundefutter für seinen zerzausten Hund. Am Straßenrand lehnt ein anderer Obdachloser, wohl kaum älter als wir, und übergibt sich auf der Straße. Niemand nimmt Notiz. Ein junger Mann kauert auf dem Bürgersteig, starrt ausdruckslos vor sich hin und scheint gar nicht damit zu rechnen, dass ihm jemand Geld in seine Blechschüssel legt. Auf einem Pappschild steht in wackeliger Schrift: »Hilfe, bin Kriegsveteran ohne Wohnung und Arbeit. Ich bitte Sie um ein bisschen Geld. Danke«.

Die Kinder wollen wissen, was auf dem Schild steht. Wir versuchen es ihnen zu erklären. »Aber so arm war der Mann doch gar nicht. Er hatte Schuhe, eine Hose und sogar einen Hund!« stellt Piet fest. Gut, dass diese kleinen Seelen das Ausmaß solcher Tragödien noch nicht erfassen, geht es mir durch den Kopf.

Eine Frau stellt einen winzigen Tisch auf, legt bunte Stoffbänder darauf und bindet sie Interessierten in die Haare. Stella bekommt auch eines, und so kommen wir automatisch ins Gespräch: »Ich arbeite abends als Kellnerin, sieben Tage in der Woche. Das Leben in S. F. ist für mich so teuer, dass ich an den Vormittagen etwas hinzuverdienen muss!«

Eigentlich vergeht kein Tag, an dem wir nicht mit Menschen ins Gespräch kommen, die immer sehr freundlich verlaufen, aber oft oberflächlich sind, und ich werde das Gefühl manchmal nicht los, als wollten unsere Gegenüber in möglichst kurzer Zeit ihr ganzes Leben vor uns ausbreiten. Jeder zweite hat deutsche Vorfahren und kennt Deutschland. »Oh, ihr seid aus München. Ja, ja, das Oktoberfest ...«

Wir stellen schnell fest, dass die Geographiekenntnisse eher beschränkt sind und geben es auf, Bochum als unsere Heimat auszuweisen. Hinzu kommt die große Freude bei unseren Gesprächspartnern, weil sie ja die Stadt München – »sie ist doch die Hauptstadt, oder?« – so gut kennen, schließlich besuchen sie sie für einen Tag auf der zehntägigen Europareise, die oft durch zwölf Länder führt.

Gerd, ein neugewonnener Freund in San Francisco, lebt seit 15 Jahren in Palo Alto, eine halbe Stunde südlich von S. F. An der Wand hängt ein großer Holzpropeller. »Das ist das Einzige, was mir von einer Notlandung über den Wäldern von Alaska übrig blieb.« Als ich erwähne, dass ich auch fliege, verabreden wir für den nächsten Tag, eine Cessna zu chartern. Vom Palo Alto Flying Club starten wir Richtung Pazifik und folgen dann der Küste bis zur Golden-Gate-Bridge. Ich kann es kaum glauben: Wir dürfen die Brücke überfliegen und Kurs auf San Francisco nehmen. Was für ein Gefühl! Die Hängekonstruktion kommt direkt auf uns zu, wir fliegen zwischen den beiden hohen Pfeilern durch, die die Stahlseile halten, und nehmen Kurs auf die Wolkenkratzer. In ca. 450 m Höhe berühren wir beinahe die höchsten Gebäude. Ich lege das Flugzeug ganz schräg und gucke in tiefe Häuserschluchten. »Da vorne kommt noch ein Flugzeug!« bemerkt Stella über Kopfhörer und Mikrofon. Wir sind sofort hellwach, hatten überhaupt nicht auf Verkehr geachtet und fliegen jetzt ganz knapp aneinander vorbei ...

Es wird Zeit, dass wir uns um ein Wohnmobil kümmern. In unserer – zugegebenermaßen naiven – Vorstellung brauchen wir nur eine Zeitung aufzuschlagen, finden das optimale Fahrzeug im Anzeigenteil, kaufen es und dann kann die Fahrt beginnen.

7. April · Ein Engel namens Felix

Wir stellen einige Adressen zusammen und legen eine Tour zurecht, die verschiedene Autohändler miteinander verbindet. Es gibt sogenannte RV Show Teams (RV = Recreational Vehicle, Wohnmobil), das sind Händler, die für eine Woche große Plätze anmieten und ihre Fahrzeuge dort präsentieren. Unter den 180 Einheiten kommt nur ein einziges für uns in Frage, Baujahr 1992, 63.000 Meilen, aber wird sind unentschlossen. Das geht uns irgendwie zu schnell. »Wir werden es uns noch überlegen!«

»Warum überlegen? Kaufen Sie es jetzt und ich lasse Ihnen 20% nach, baue zusätzlich eine Markise dran. Was halten Sie davon?« blickt uns ein smarter Verkäufer herausfordernd an.

»Wir wollen damit nach Südamerika, vielleicht bis Feuerland. Ist das Fahrzeug zuverlässig?«

»Ob es zuverlässig ist? Das soll wohl ein Witz sein! Damit würde ich sogar bis New York fahren!« antwortet er.

Wir klappern weitere Händler ab, telefonieren mit Verkäufern, und immer haben wir etwas auszusetzen – zu alt, zu viele Meilen und meistens eine unerträgliche Inneneinrichtung: braune, weiche Polstermöbel, einzelne Clubsessel, Schränke aus dunklem Holz mit einer Goldkante eingefasst, Spiegel auf den Türen. Wir wollen uns schließlich zwei Jahre im Auto aufhalten.

Abends sitzen wir in unserem »Motel 6« und entscheiden uns bei einem Glas Wein, morgen das besagte Wohnmobil zu kaufen. Richtig erleichtert darüber, dass die Reise jetzt in ein neues Stadium übergeht, schlafen wir ein.

Als wir über den großen Parkplatz kommen, kann ich unser Wohnmobil nicht entdecken. »Ach hallo, die deutsche Familie. Ihr Auto ist gestern noch verkauft worden, aber ich habe noch viel bessere ...«

Wir sind deprimiert, haben überhaupt keine Lust mehr auf Autohändler und stundenlanges Suchen.

Aber weiter geht's: Adressen herausschreiben, in einen Stadtplan eintragen und von morgens bis abends San Francisco im Umkreis von bis zu 150 Kilometern abgrasen.

Und dann treffen wir Felix – unseren Engel, wie wir später sagen werden. Ich weiß nicht mehr, wer von uns diesen Begriff prägte, aber wie ein roter Faden werden sich bis zum Ende der Reise Begegnungen mit Menschen wiederholen, die immer genau dann zur Stelle sind, wenn wir Hilfe brauchen (unser Freund Gerd gehört auch dazu; er hilft uns eine E-Mail-Adresse zu installieren und lässt uns seine AOL-Adresse kostenlos während der Reise benutzen).

Felix ist Manager einer Schweizer Wohnmobilverleihfirma und selbst Schweizer. »Ich habe genau das Auto für euch!«

Was wir sehen, gefällt uns: Ein Ford mit zehn Zylindern, zwei Jahre alt. Allerdings übersteigt der Preis von 22.500 Dollar unser Budget (später kommen noch 4500 Dollar für die Umbauten dazu). Aber wir sind Handeln gewohnt, und oft reduziert ein Verkäufer den erstverlangten Preis erheblich.

»Schön, doch wir müssten nur noch über den Preis verhandeln«

»Das können wir ruhig, aber ich lasse euch das Auto keinen Dollar billiger«, antwortet Felix. »Ihr könnt unsere Werkstatt benutzen. Ich stelle euch eigens einen Mechaniker zur Verfügung. Es gibt nichts, was wir nicht machen können, also überlegt es euch!«

Am nächsten Tag rufen wir ihn an: »Wir kaufen das Auto!« – »Das wusste ich, gerade habe ich einen Amerikaner weggeschickt, der sich für den Wagen interessierte!«

Wir besprechen die Umbauten: Auf das Dach soll statt der Klimaanlage eine Plattform aus Holz, auf der man ein Zelt zum Schlafen aufbauen kann, erreichbar aus dem Wageninnern durch eine vergrößerte Öffnung. Auch die Mikrowelle brauchen wir nicht. An die hintere Außentür kommte eine große Alubox für Ersatzteile, daneben drei Benzinkanister mit je 20 Liter. Über die Box wird eine Befestigung für vier Fahrräder installiert. Eine große Markise kommt an die Seite des Wagens, drei zusätzliche Blattfedern sollen das hintere Gewicht auch bei schlechten Straßenzuständen auffangen, und eine Solarzelle wird die Batterien laden.

»Na gut, dann fangen wir gleich damit an.«

Ich muss mir erst einmal eine Einweisung in das Automatikgetriebe geben lassen. Nur in »P« (Parken) lässt sich der Schlüssel drehen. Was für ein Sound, als sich die zehn Kolben bewegen! Die Servolenkung sorgt dafür, dass sich das fünf Tonnen schwere Auto wie ein Pkw fährt, und die fast 270 PS verleihen ihm eine unglaubliche Kraft! Ich bin wie elektrisiert, kann den Moment nun nicht mehr abwarten, bis wir endlich das Firmengelände verlassen und der zweite Teil der Reise beginnt.

■ *Das Wohnmobil wird umgebaut*

Die Tage sind jetzt von morgens bis abends ausgefüllt mit der Zusammenstellung der Ausrüstung. Wir sind nicht alleine unterwegs, sondern mit Kindern und merken schnell, dass sie den alltäglichen Rhythmus vorgeben. An Stellas Geburtstag, zufällig Ostersonntag, fühlen wir uns ganz an zu Hause erinnert: Eier verstecken und gemeinsam suchen, sechs Kerzen auf einer Torte, Ausflug in den Zoo.

Tagsüber sind wir meist so beschäftigt, dass wir das Essen schlicht vergessen und es recht spät wird, bis wir in einer Pizzeria, bei Kentucky Fried Chicken (alles nur Hähnchen) oder anderen Fast-Food-Ketten sitzen. Nicht selten schlafen die Kinder dabei ein. Der Ausweg unregelmäßiger Essenszeiten heißt Fresh Choice. Hier zahlen Erwachsene je acht Dollar, und man darf sich an langen Büfetts bedienen: Salate, Nudeln, Reis, Kartoffeln, Soßen, Pudding, Kuchen, Eis ... Kinder bis zum 6. Jahr zahlen nichts. Wir vergessen, dass Stella kürzlich Geburtstag hatte. Das Restaurant ist immer voll, vor allem mit Familien. Auf jedem Tisch liegt eine Karte mit einer weißen und roten Seite. Weiß bedeutet: Bin fertig, bitte abräumen. Rot heißt: Bitte alles stehenlassen, ich bin am Büfett. Für den Rest unserer Zeit in S. F. sieht unser Essplan so aus:

Frühstück und Abendbrot auf dem Zimmer des Motels, Hauptmahlzeit im »*Fresh Choice*«.

Ein UPS-Fahrzeug hält neben uns vor einer Ampel. An der Tür klebt ein kleines Schild: »Jerry Day, acht Jahre unfallfreies Fahren«, und hinten prangt ein großer Aufkleber mit der Frage: »How am I driving?« und einer Beschwerdetelefonnummer. An den meisten Taxis, Bussen und Lastwagen sieht man diese Frage unübersehbar.

Die Umbauten am Auto nehmen Gestalt an. An der Innendecke wird eine ausziehbare Leiter befestigt, um vom Wageninnern aufs Dach zu steigen. Ich sehe es gelassen, dass wir auf die voluminöse Klimaanlage verzichtet haben. Vorne sorgt schließlich eine zweite während der Fahrt für Kühlung. Ich träume immer davon, im Zelt zu schlafen, nachts vom Autodach in den Sternenhimmel zu schauen. Wir legen uns probeweise ins Zelt auf dem Dach – alles passt, und es ist genug Platz für uns vier vorhanden.

Zeit nimmt das Zusammenstellen der Ausrüstungsgegenstände in Anspruch. Hier zeigt sich schnell, dass die vielen Anbieter über ein immenses Angebot verfügen. Wir haken unsere Liste der Reihe nach ab: Klappstühle, Campingtisch, 12-V-Fön, Mülleimer, Leselampen, Kleiderbügel, Zelt, Schlafmatten, Spaten, Beil, Moskitonetze, Geschirr, Töpfe, Pfannen, Bettdecken, Laken, Kissen, Nähzeug, Thermoskanne, Werkzeuge, Schneeketten (für den Matsch im Amazonasgebiet), eine mechanische Seilwinde, Reservekanister ... Verschleißteile fürs Auto stelle ich mit den Mechanikern zusammen: »Du brauchst höchstens ein paar Ölfilter, Luftfilter, Birnen, ansonsten nichts. Den Motor kriegst du nicht kaputt und brauchst folglich auch keine Ersatzteile!« Das ist Musik in meinen Ohren, und ich will es glauben. Ich bin selbst kein Mechaniker, und bei dem Gedanken, dass das Auto plötzlich irgendwo im Busch stehenbleibt, 500 Kilometer vom nächsten Ort entfernt, wo sowieso niemand einen Zehnzylinder reparieren könnte, wird mir ganz mulmig ...

Ohne Zulassung und ungültigem Bochumer Nummernschild

Ein Mosaiksteinchen setzt sich an das andere und wir hätten noch die Frage der Zulassung zu klären. Eine Fahrzeugversicherung schließen wir ab, auch ohne Zulassung. Die Versicherungsgesellschaften wissen aus Erfahrung, dass es einige Wochen dauert, bis die Zulassungsstelle das Nummernschild bereitstellt. Für die Anmeldung in Kalifornien müssten wir etwa 10% Steuern zahlen vom Kaufpreis des Autos, und das sehe ich nicht ein. Wir verlassen die USA nach einigen Monaten sowieso und kommen nie mehr zurück. Falls wir das Wohnmobil in einem anderen Land verkaufen, würden wir dort zum zweiten Mal Steuern zahlen.

Felix schlägt vor, uns eine Exportbestätigung auszustellen: »Ihr müsst das Land dann auf dem schnellsten Wege verlassen!«

Das ist die Lösung. Ich schraube die deutschen Kennzeichen unseres Passats an, die ich »vorsichtshalber« aus Bochum mitnahm ... Auf dem einen klebt noch die TÜV-Plakette, auf dem anderen die ASU-Marke. Eine alte internationale Zulassung ist problemlos »up to date« zu bringen. Von früheren motorisierten Reisen weiß ich, dass es in erster Linie darauf ankommt, viele Papiere dabei zu haben, auf denen mein Name, Kfz-Kennzeichen und Chassisnummer steht (die »Kompetenz« mancher Beamter machte viele Grenzübertritte zu einem Erlebnis; einmal gerieten wir in eine Kontrolle, der ungeduldige Polizist forderte meinen Führerschein. Er zog zufällig einen abgelaufenen Schwimmbadausweis aus meiner Hand. »Äh, Entschuldigung, aber der Führerschein ...«, wollte ich ihn korrigieren – »Glauben Sie, ich kann nicht lesen? Ich sehe selbst, dass das der Führerschein ist!« – »Naja, gut, ich wollte ja nur ...« – »Alle Papiere sind in Ordnung, gute Fahrt!«

8. Mai · Abschied mit Tränen, Angst vor dem Start

Dann kommt die Zeit der Abschiede. Gerd fliegt nach Europa, wir bringen ihn zum Flughafen. Als wir ins Auto steigen, nochmals winken, werden wir beide ganz wehmütig. Während dieser kurzen Zeit ist er ein wirklicher Freund geworden.

Abschied Nummer zwei folgt auf dem Rückweg. Wir packen die letzten Sachen in unseren Mietwagen und sagen unserem Zuhause, dem Motel 6, adieu. Immerhin lebten wir sechs Wochen hier, und es gab uns Geborgenheit – Rückzugsort nach langen Tagen voller Organisieren, Kaufen, Schreiben, erholsamer Swimmingpool. Ich lege zwei Finger an die Lippen und berühre damit symbolisch die Wand. »Warum machst du das, Papa?« – »Weil ich mich für die schöne Zeit hier bedanke!«. Aus den Augenwinkeln heraus beobachte ich Stella, wie sie heimlich das gleiche tut.

Der vorletzte Abschied gilt einer Stadt, in die wir uns verliebt haben. Mit einer Fähre fahren wir von San Francisco raus zur Anlegestelle im Vorort Almeda. Als wir hinten auf dem Schiff stehen, werden wir alle ganz traurig. »Tschüs San Francisco«, meint Piet und winkt. »Kommen wir irgendwann wieder zurück?« will Stella wissen.

All diese Abschiede bedeuten, dass wir jeweils ein Stück Sicherheit zurücklassen. »Wir werden uns wohl noch oft verabschieden«, denkt Betti laut.

Felix hatte uns angeboten, dass wir aufs Firmengelände übersiedeln und einige Tage im Wohnmobil leben, damit wir uns mit all den Funktionen vertraut machen. Uns wird ein bisschen flau im Magen bei dem Gedanken, dass es jetzt bald ernst wird.

»Übrigens habe ich für morgen ein kleines Grillfest in der Firma organisiert«, eröffnet uns Felix. »Gibt's denn was zu feiern?« – »Allerdings, eure Abfahrt. Es wird Zeit, dass ihr loskommt!«

Jetzt gibt es also keinen Aufschub mehr, ich bin froh, dass er uns »zwingt«, endlich diesen Schritt zu tun.

Und dann sitzen wir mit den Mechanikern zusammen, mit leckeren Würstchen, Steaks, Salaten, Wein und Bier. Wir umarmen uns lange, als wir auseinandergehen. »Wehe, wenn ihr morgen noch hier seid«, droht Felix. Er nimmt sich frei für den nächsten Tag, ich werde das Gefühl nicht los, als wolle er nicht dabei sein, wenn wir fahren ...

8. Mai bis 9. Juli · USA Südwesten – Wunder der Natur

Zum allerersten Mal holen wir eine USA-Landkarte raus. Wo liegt überhaupt der Yosemite Park? Unsere Visa sind 90 Tage gültig, aber da unser Auto nur eine Exportbescheinigung besitzt, müssten wir eigentlich nach drei Tagen die USA verlassen haben. Ob wir dies fertigbringen bzw. überhaupt wollen, darüber zerbreche ich mir vorerst nicht weiter den Kopf ...

Die ersten Kilometer auf der Interstate sind eine einzige Anspannung. Ich beobachte ständig die Anzeigen aller Instrumente. Habe ich die Bremse auch wirklich gelöst, höre ich da nicht ein Geräusch im Motor, was ist mit dem Reifendruck, sind die Fahrräder festgezurrt? Bis in die Fingerspitzen spüre ich dieses Gefühl, aber es ist nicht unangenehm und wechselt sich mit einer unglaublichen Hochstimmung, einem totalen Glücksgefühl ab: Endlich sind wir unterwegs, gleiten mit gemächlichen 90 km/h immer auf der rechten Spur. Wir sitzen nicht, wir thronen in Sesseln mit einer weichen Armlehne, Lastwagen überholen uns langsam.

Auf dem Weg zum Yosemite-Nationalpark stoßen wir auf den Ort Briceburg am Fluss Merced. »Ort« ist etwas übertrieben: In einem einzelnen Steinhaus befindet sich die Touristeninformation. »Gleich um die Ecke führt eine Brücke über den Fluss, an dem sich verschiedene Campingmöglichkeiten befinden.« – »Ich steige aus«, ruft Betti, »ich auch«, meint Stella, als wir die Brücke gefunden haben: Eine Hängebrücke aus Holz, maximal für neun Tonnen Belastung. Wir wiegen vollgepackt etwa sechs Tonnen, vorsichtshalber schreite ich die Holzbohlen ab. Piet setzt sich nach vorne, wir halten beide den Atem an.

Es folgen einige Kilometer miserabler Erdstraßen, dann erreichen wir »Railroad Flat«, einen freien Campingplatz. Niemand parkt hier, wir stellen uns direkt ans Wasser. Grobe Holztische, Bänke, Feuerstellen und Grillplätze liegen im Schatten von Bäumen. Irgendwo befindet sich ein kleiner Holzkasten, in dessen Schlitz man die tägliche Gebühr von zehn Dollar steckt. Im Laufe des Tages bringt ein Ranger sogar extra Toilettenpapier vorbei, das er ins kleine Plumpsklo aus Holz legt.

Wie erwähnt, haben wir überhaupt keine Vorstellung, nach welchen Gesichtspunkten wir reisen sollen. Wie viele Kilometer pro Tag? Welche Nationalparks? Wie lange bleiben wir an einem Punkt? Uns wird bereits hier an dieser Stelle klar, dass wir uns gar nicht festlegen wollen. Jeden Morgen frühstücken wir lange und ausgiebig, und irgendwann stellt einer von uns die Frage: »Bleiben oder fahren wir?«

Es wird nur ganz wenige Stellen während der ganzen Reise geben, an denen wir nur eine einzelne Nacht bleiben.

Ich baue den Kindern eine Schaukel, wir holen die Räder vom Träger, grillen, und ich darf das Wasser ausprobieren. Schon die türkisgrüne Färbung verspricht nichts Gutes, sprich: nichts Warmes. Ich befestige ein Seil an einem Baum und nehme das andere Ende in die Hand, weil die Strömung ziemlich stark ist. Drei Sekunden später bin ich wieder draußen, fast als Eisklotz.

An die nächtliche Stille und Dunkelheit müssen wir uns erst gewöhnen. Fast wirkt es unheimlich, wenn das Feuer runtergebrannt ist, die Kinder schlafen und man das Gefühl hat, als könne man mit den Satelliten um die Welt fliegen, die als winzige Punkte am Firmament auszumachen sind.

Der Yosemite Park wurde bereits 1864 von Präsident Lincoln zum Naturschutzgebiet erklärt. In der Sprache der Miwok-Indianer bedeutet *yosemite* »Grizzlypark«. Vom Glacier Point kann man das elf Kilometer lange Tal erkennen, welches das Herzstück des Parks darstellt. Die 740 m hohen Yosemitefälle stürzen sich in zwei Stufen in die Tiefe, die senkrechte Wand des El Capitan ist 1000 m hoch und stellt die höchste Granitklippe der Welt dar.

Die Natur hier ist dermaßen intensiv, dass sie uns mit ihrer Ausstrahlung fast überfordert. Nach beinahe jeder Kurve ergeben sich neue, aufregende Aus- und Anblicke: Flüsse, Wasserfälle, Baumriesen, kristallklare Seen, Blumenwiesen, Pfade, die in die Berge führen ...

Noch hat die Saison nicht angefangen: »Dann stauen sich die Autos von San Francisco manchmal bis hierher«, stöhnt ein Ranger.

Fast zwei Wochen halten wir uns im Park auf. Wir unternehmen Radtouren und ganztägige Wanderungen, etwa zu den Vernallfällen. Den oberen Rand der Fälle erreicht man nur, indem man ganz nahe an den Wassermassen vorbeiklettert. Der Wind drückt die feinen Nebel zu uns rüber, sodass wir ziemlich nass oben ankommen. Die Kleidung ziehen wir aus, legen sie auf die warmen Steine zum Trocknen. Ich wundere mich, wie begeistert die Kinder solche Anstrengungen schaffen. Aber es gibt so vieles zu entdecken, dass sie gar keine Zeit haben, müde zu werden: Vögel oder Streifenhörnchen umlagern uns bei jeder Pause, und wir haben Mühe, Stella und Piet plausibel zu machen, dass sie nicht gefüttert werden dürfen, weil sie im Laufe der Zeit verlernen würden, sich in der Natur selbst zu verpflegen und damit zu überleben.

Wir beide sind groggy, als wir abends am Auto zurück sind. »Hol uns die Fahrräder runter, da vorne sind andere Kinder, mit denen wir rumradeln wollen.« Woher nehmen die Kleinen bloß diese Energie?!

Überall und an jeder Stelle wird vor Schwarzbären gewarnt. Alleine 1997 gibt es in diesem Park über 700 Begegnungen mit ihnen. Auf einem Faltblatt wird ein Foto eines Autos gezeigt, in dem der Fahrer unvorsichtigerweise Lebensmittel zurückließ: Die Scheiben sind zerschlagen, das Dach eingedrückt, Türen völlig verbeult, Polster aufgerissen. Selbst Seife oder Zahnpasta zieht Bären an. Überall befinden sich große abschließbare Stahlkisten, in die man nachts seine gesamten Lebensmittel deponieren soll. Die Müllbehälter erinnern an überdimensionale Safes, gesichert mit Stahlseilen. Bis auf eine Entfernung von fünf Kilometern können Bären Nahrung wittern!

Es ist stockdunkel, nur mit einer Taschenlampe taste ich mich zu den Toilettenräumen, wo kein Licht brennt. Neben dem Spiegel beleuchte ich das Foto eines Bären, daneben die Verhaltensmaßnahmen: Sich groß machen, mit Lärm das Tier erschrecken ... Es ist so verdächtig still, dass ich mich schnell im Wohnmobil einschließe. Wozu haben wir denn ein Bad im Auto?!

Piet freundet sich mit einem Ranger an.

»Ich heiße Hu Miller«, stellt er sich vor.

»Wie bitte, ‚Hu'?«

»Das ist eine Abkürzung für ‚Hubert' und ‚Miller' bedeutete ursprünglich ‚Müller'. Meine Großeltern sind aus Deutschland, und da niemand ‚Hubert' und schon gar nicht ‚Müller' aussprechen kann, heiße ich ‚Hu Miller'!«

Er spricht tatsächlich kein Wort Deutsch mehr, wie die allermeisten der Amerikaner, deren Familien vor ein oder zwei Generationen auswanderten.

22. Mai · Sequoias – über 2000 Jahre alte Baumriesen

Sequoias sind Mammutbäume, die zu den höchsten und ältesten der Welt gehören. Sie stehen im einzigartigen Sequoia National Park, der eine Tagesreise entfernt ist. Alleine 31 Meter Umfang misst der »General Sherman Tree«. Der 2000 Jahre alte Baum ist angeblich das größte lebende Geschöpf der Erde. Auf Wegen, wie dem »Congress-Trail« (die Amerikaner lieben es, geschichtsträchtige Worte mit der Natur zu verbinden), wandern

■ *Die Kinder vor den Wurzel eines Sequoiabaumes*

wir und kommen uns wie Ameisen vor, bei Baumhöhen von 80 Metern. Die Tannen ringsherum, umrankt von einem giftgrünen Bewuchs, wirken wie kleine Pflanzen. Man bewegt sich hier in einem Urwald, der einem Märchenwald ähnelt, und es ist ganz still. Oft wachsen zwei Sequoias aus einem Stamm, und immer stehen sie in Gruppen zusammen. Klopft man gegen die bis zu einem halben Meter dicke Rinde, so fühlt sie sich richtig weich an, fast wie Papier. Sie enthält einen Stoff, der sie widerstandsfähig macht sowohl gegenüber Schädlingen als auch Feuer. Das Holz ist faserig und eignet sich nicht besonders zur Verarbeitung.

24. Mai · Death Valley – Scotty's Schloss

Die Straße führt dermaßen steil runter, dass ich selbst im ersten Gang noch bremsen muss. Als wir an einem kleinen See, dem Isabella Lake halten, qualmen die Bremsen und stinken verdächtig. Das reicht uns für heute. Wir bleiben.

»Nee, sach bloß, ihr kommt aus Bochum?!« hören wir jemanden im tiefsten Kohlenpottdeutsch hinter uns. Dieter ist aus Dortmund, besser er war es. Vor einigen Jahren bereisten er und seine Frau Barbara die USA und verliebten sich in das Land. Sie verkauften alles in Deutschland und fahren nun seit vier Jahren in einem zwölf Meter langen Luxuswohnmobil herum. Für Ausflüge benutzen sie das Allradauto, das sie hinter sich herziehen. Die Lebensfreude der beiden ist ansteckend und egal, was wir gegen die USA einzuwenden haben, nach drei Minuten überzeugen sie uns eines Besseren. Lange dürfen wir uns nicht in ihrer Nähe aufhalten, sonst beantragen wir auch die »green card« ...

»Die Amerikaner sind eher wie Kinder, die stolz auf das sind, was sie sich leisten können, sich aber genauso mit jemandem freuen können, der mehr besitzt als sie.«

Dieter und Barbara schaffen es dann auch, dass wir nun unbedingt nach Las Vegas wollen. Eine Stadt, die uns vorher nie interessiert hätte.

Auf dem Weg ins Mekka der Spieler befindet sich das »Tal des Todes«, das Death Valley. Jetzt, zur heißesten Zeit des Jahres, gibt es hier nicht viele Touristen, weil alle Autoverleiher diesen Teil für ihre Kunden verbieten, aus Angst, dass die Motoren zu heiß werden. Und so wirkt dieses Wüstengebiet noch einsamer und riesiger. Vegetation gibt es so gut wie keine. Das klare Licht der Sonnenauf- und -untergänge taucht Canyons, die Wüstenflächen aus Sand oder Salz und Bergzüge in ständig wechselnde Farben.

Im äußersten Norden des Nationalparks verzeichnet die Karte: »Scotty's Castle«. Ein Schloss mitten in der Wüste? Wir glauben zu träumen, als wir nach 60 km Fahrt, ohne Anzeichen eines Lebewesens oder einer Pflanze, plötzlich in einem Garten stehen – Palmen, blühende Büsche und eine Ansammlung von Häusern, Innenhöfen, Ställen, Brunnen, Türmen – keine Fata Morgana. Eine Quelle sorgt für das Wachstum, aber wer ist so verrückt gewesen und hat vor fast 80 Jahren dieses Anwesen gebaut?

Ein Student – die langen Haare zusammengebunden, spitze Cowboystiefel, Stetson-Hut, rotes Halsband – begrüßt uns: »So ungefähr müssen Sie sich Death Valley Scotty vorstellen ...«

Scotty war ein Abenteurer, Goldsucher und Geschichtenerzähler, und eines Tages findet er einen Goldklumpen – aber nicht etwa im Death Valley, sondern weit entfernt in Colorado. Aber was spielt das für eine Rolle? Scottys Heimat ist dieses Wüstengebiet und er liebt sie über alles. Er zeigt nun seine Nuggets überall herum und prahlt damit, dass er auf eine Ader im Tal des Todes gestoßen sei, die nur ihm bekannt ist. Es dauert nicht lange, und er findet viele Geldgeber, die sich an der Mine beteiligen wollen. Scottys einfaches Motto lautet: »Ihr macht mich reich, und ich mache euch reich ...«

Zumindest der eine Teil seines Versprechens wird wahr. In Los

Angeles führt er ein Leben im Luxus, die Presse wird auf ihn aufmerksam, sein Ruf immer legendärer. Um sich zu entspannen, entflieht Scotty oft der Großstadt und zieht sich in eine einfache Bretterbude zurück, wo er seiner geliebten Wüste ganz nah ist.

Unter den Geldgebern befindet sich ein Mr. Johnson, ein reicher Industrieller, gutgläubig und Asthmatiker. Dieser Mr. Johnson möchte eines Tages die Goldader von Scotty sehen.

»Kein Problem, im August zeige ich dir meine Mine«, antwortet Scotty und lässt ihn anreisen. Zu dieser Jahreszeit würde niemand freiwillig in den Glutofen gehen. Ein Track mit Maultieren zieht los in Richtung Goldader. Es kommt, wie nicht anders zu erwarten, zu Zwischenfällen – ein Führer bricht sich ein Bein, Mr. Johnson empfindet die Hitze als unerträglich und möchte zu einer angenehmeren Jahreszeit wiederkommen. Er ahnt wohl, dass an der ganzen Geschichte nichts Wahres ist, aber er mag diesen Teufelskerl Scotty, der so völlig anders ist als er – ein Salonheld, der jeden mit seinen Abenteuern stundenlang in den Bann zieht. Die trockene Luft tut Mr. Johnson darüber hinaus gut, und als seine Freunde ihm in Los Angeles bescheinigen, er hätte nie besser ausgesehen, verzeiht er Scotty die Lüge und beauftragt ihn, eine kleine Ranch im Tal des Todes zu bauen, wo er sich mit Familie und Freunden erholen kann. Scotty verfügt nun über ausreichend Geld und er lässt dieses Schloss bauen. Quellwasser wird dicht unter die Böden geleitet, sodass eine natürliche Klimatisation entsteht. Zwischen Scotty und dem Ehepaar Johnson entwickelt sich eine tiefe Freundschaft, und der Industrielle genießt es, wenn sein Freund vor dem Kaminfeuer Geschichten erzählt. Oft sind Bekannte aus Politik, Film und Wirtschaft zu Gast, und Mr. Johnson lässt sie in dem Glauben, es sei alles Scotty's Castle – »Ach, ich bin nur sein Bankier«, antwortet er manchmal auf Fragen. Heute ist das Schloss ein Museum, aber man spürt überall den Geist von Scotty, der nie in diesem Gebäude lebte und sich am liebsten in seine einsame Hütte in den Bergen zurückzog ...

Die tiefste Stelle im Tal des Todes liegt 200 m unter Meeresniveau und heißt »Bad Water«: Eine riesige Ebene, schneeweiß vom zurückgebliebenen Salz des verdunstenden Wassers. Der Boden ist feucht. Andere Plätze, wie etwa die »Palette des Künstlers« zeigen, wie farbig dieser trockene

Nationalpark sein kann. Verschiedene Mineralien lassen den einen Hügel Grün erscheinen, den nächsten Rostrot, einen weiteren Braun, dann ganz Weiß ...

Die Temperaturen variieren zwischen 45 bis 50 °C – im Schatten, und nachts kühlt es kaum ab.

Neben uns parken zwei schwerbepackte Motorräder. Sam, ein Engländer, und Birgit aus Deutschland kommen aus Südamerika und trösten uns: »Während unserer Reise dort wurde es nicht ein einziges Mal auch nur annähernd so heiß wie hier!«

Alle Nationalparks, die wir bis jetzt sahen, waren faszinierend, aber das Death Valley besitzt etwas, was anders ist – Weite! Der Blick ist endlos und wird nur vom Horizont begrenzt, und irgendwie überträgt sich das auf uns: Beinahe fühlen wir uns wie von allem befreit und ganz leicht, so als würden wir schweben ...

27. Mai · Las Vegas – Nachts Licht und Leben, tagsüber Totenstille

Die Kontraste könnten nicht größer sein, geht es uns durch den Kopf, als wir 200 Kilometer weiter nach Las Vegas kommen. Diese Stadt wäre wohl nichts weiter als ein trockener, staubiger Fleck, wenn die Amerikaner nicht mit der ihnen eigenen Perfektion vorgegangen wären: Der Colorado-Fluss wird gestaut, der Hoover-Damm sorgt für die notwendige Energie, und die entlang des »Strip« entstandenen Hotel-Kasinobauten haben alle nur ein Ziel: den Touristen Dollars zu entlocken. Das »Casino New York« etwa ähnelt der Skyline dieser Metropole, das »Luxor« ist der ägyptischen Gizeh-Pyramide nachempfunden (davor thront die Sphinx), und das »Excalibur« mit seinen Türmen und den bunten, spitzen Dächern sieht wirklich aus wie ein Märchenschloss.

Wir können uns der Faszination nicht entziehen, die diese perfekte Traumwelt ausübt. Tagsüber fällt die Stadt in einen tiefen Schlaf, jeder flüchtet in die Swimmingpools oder hält sich in klimatisierten Räumen auf, aber sobald abends Millionen von Leuchtreklamen, Lichtbändern und Hotelfassaden in buntesten Farben glitzern und glühen, fühlt man sich wie ein Kind und möchte nur eines: staunen, zusehen, spielen, lachen ...

In langen Reihen sitzen die Spieler vor den Slot Machines, den »einarmigen Banditen«, und füttern sie mit Münzgeld aus Pappbechern. Kellnerinnen versorgen sie mit kostenlosen Drinks.

Es gibt keine sichtbare Kleiderordnung: Jeans, kurzes Hemd, Sportschuhe – von wegen gediegener Casino-Atmosphäre wie in Monte Carlo ...

Auf dem künstlichen See vor dem Hotel Treasure Island (Schatzinsel) findet eine kostenlose Wasserschlacht statt: Ein mächtiger Dreimaster der englischen Krone trifft auf ein Piratenschiff. Die hochnäsigen Briten in ihren eleganten Uniformen wollen kurzen Prozess mit den Gesetzlosen machen, doch daraus wird nichts. Ein Zufallstreffer der Piraten steckt die Pulverkammer des Dreimasters in Brand, das Schiff sinkt langsam und geht brennend unter, die Besatzung rettet sich und springt über Bord. Schließlich bleiben nur noch die Mastspitzen stehen. Was für eine perfekte Show! Stella und Piet sind völlig aus dem Häuschen, und als das Schiff langsam wieder auftaucht, um sich fürs nächste Gefecht um 24 Uhr vorzubereiten, besteht Erklärungsbedarf bei den Kindern.

»Ich dachte, es wäre versunken ...«

Mit den Kindern können wir einen nächtlichen Ausflug nicht jeden Tag machen. Wir überzeugen sie, dass sie einen Mittagsschlaf halten, um abends wach zu bleiben, aber das klappt in den seltensten Fällen. Und so suchen wir uns Alternativen. Einmal fahren wir mit dem Wohnmobil ins Zentrum, es gibt wenig Verkehr und hinter dem Luxor-Hotel finden wir einen Stellplatz. Die Kinder sind eingeschlafen und liegen auf den Betten. Wozu haben wir eine Holzplattform? Mit einem kühlen Bier setzen wir uns aufs Dach des Wohnmobils und bestaunen die Architektur der Gebäude. Die Spitze der pechschwarzen Pyramide ist hell beleuchtet. Entlang der Kanten laufen Aufzüge im 45-Grad-Winkel.

Sämtliche Hotels sind gleichzeitig Spielcasinos, in einigen Speisesälen kann man für etwa vier Dollar soviel essen wie man möchte. Wir wählen das »Excalibur« mit seinen orangefarbenen und hellblauen Türmchen. Ein Waiter teilt die Gäste in vier Richtungen auf, jede führt an einem etwa zehn Meter langen Büfett vorbei. Angestellte sind unentwegt damit beschäftigt die Schüsseln nachzufüllen, abzuräumen, Tische zu säubern. Auch ohne zu spielen, oder vielleicht gerade deswegen, genießen wir diese Tage in Las Vegas sehr: Livemusik, Vorführungen von Magiern, Kindertheater, Ausstellungen. Man könnte wohl leicht in einem dieser Hotels eine Woche verbringen, ohne es zu verlassen. »Wenn die Kinder mal aus dem Haus sind, machen wir beide nochmals eine Reise hierhin«, schlägt Betti vor.

Die Tage in Las Vegas stellen für uns eine Pause in doppelter Hinsicht dar. Tagsüber liegen wir am Swimmingpool des Campingplatzes. Wir ruhen uns nicht nur körperlich aus, sondern können auch die Eindrücke der Nationalparks ein bisschen verarbeiten. Bis jetzt war jeder der Parks vollkommen anders, keiner ähnelte dem anderen, und immer verlassen wir den letzten mit den Worten: »Eine Steigerung kann nicht möglich sein ...!«

30. Mai · Piet bewahrt uns vor einer Katastrophe

Als wir durch den Zion National Park kommen, sehen wir die ersten Tramper, zwei riesige Rucksäcke stehen neben ihnen. Ohne zu überlegen werde ich langsamer, halte an und nehme sie mit. Das Felsgestein des Parks leuchtet in allen Rotschattierungen. Selbst der Straßenbelag wird mit Materialien der Umgebung gebaut, sodass sich ein rotes Band durch rote Natur zieht.

Vor einem Tunnel muss ich anhalten, bis der Gegenverkehr vorbei ist und der Ranger mich hineinfahren lässt.

»Sie haben noch genug Zeit, um zu fotografieren«, bejaht er meine Frage. Ich steige aus, und Piet klettert in solchen Situationen sofort auf die Fahrerseite, um das Lenkrad zu drehen.

Als ich den Abhang erreicht habe und ins Tal sehe, höre ich Betti schreien: »Rudi, wir rollen!« Das Wohnmobil ist zu weit weg, als dass ich es erreichen könnte und setzt sich langsam in Bewegung, Richtung Abgrund. Vor meinen Augen läuft ein Film ab: Auto stürzt ins Tal, keiner überlebt, natürlich trifft mich die ganze Schuld. Plötzlich steht das Wohnmobil, Piet rutscht vom Sitz und tritt auf die Bremse: »Warum hast du nicht auf ‚P' gestellt? Und die Bremse war auch nicht getreten!« Er stellt das ohne Aufregung fest. Vor einigen Tagen erklärte ich ihm die verschiedenen Funktionen wie Bremse, Wahlhebel für die Gänge, Feststellbremse. Den anderen steht der Schreck noch im Gesicht geschrieben. Von diesem Tag an vergewissern sich die Kinder bei jedem Stopp, ob die Automatik auf »P« steht und die Bremse getreten ist.

3. Juni · Monument Valley – als Deutsche im Land der Navajo-Indianer

Von Bettina Kretschmer

Yosemite Park, Kings Canyon, Death Valley, Las Vegas, Bryce Canyon ... Erste Stationen einer Reise im Wohnmobil durch den »Wilden Westen« der USA, die uns im Laufe von zwei Jahren hinunter durch Zentral- und Südamerika bis nach Chile führen soll. Neben den grandiosen Landschafts- und Naturerlebnissen sind es immer wieder die Begegnungen mit den Menschen, ihren Ideen und Lebensentwürfen, die uns fesseln und bewegen. So kommt es, dass wir auch im Monument Valley länger verweilen als geplant. Dort begegnen wir Christa, einer 33-jährigen Frau aus Nürnberg, die mit einem Navajo-Indianer verheiratet und Mutter einer zweijährigen Tochter ist und Jeep-Touren für deutsche Touristen organisiert.

Noch frühmorgens, als ein tosender Sandsturm die Sicht auf die bizarre Felsmassiv-Kulisse versperrt und auf dem Campground die gesamte Elektrizität lahmlegt, ist Aussteigen aus unserem »Mobile home« kaum möglich. Sofort setzen sich Staub und Sand in Augen und Poren. Den Kindern peitschen die Sandböen um ihre nackten Beinchen, und fast sind wir schon auf der Weiterfahrt zum Lake Powell, als der »thunderstorm« sich eines Besseren besinnt und uns doch noch Einlass gewährt in eine einzigartige Landschaft mit außergewöhnlichen Menschen, den Navajo-Indianern oder *Dineh,* was bedeutet: die Menschen.

Wir fahren also die endlos lange Straße, die direkt auf den großen Platz zuführt, wo Christa und ihr Mann Tom Philipps – so hatten wir von anderen Reisenden erfahren – in einem kleinen Holzverschlag ihre »Guided Tours« anbieten sollen.

Alles wirkt provisorisch. Keiner weiß, ob, wann oder wie etwas stattfindet. Auch hier kein Strom. Nach einer Weile soll er wieder funktionieren. Ob »quite a while« eine Stunde oder mehrere Tage bedeutet – nobody knows. Die Jeeps haben auch schon bessere Zeiten gesehen. Einige Navajos, meist mit verspiegelten Sonnenbrillen, das pechschwarze Haar zum Zopf zusammengebunden, warten – eher zwiespältig – auf Kundschaft. Endlich entdecke ich, mit bunter Farbe auf eine Bretterbude gepinselt,

»Christa, Führungen auf deutsch«. Wir erkundigen uns nach der Tour. Tom managt das kleine Unternehmen. Er zeigt ein paar Fotos von der Rundfahrt. Ansonsten habe ich den Eindruck, er wäre uns lieber los, als dass er uns Tickets verkauft. Erst später werde ich erfahren, dass die Navajos eher zurückhaltende, stolze Menschen sind, die sich niemals aufdrängen. Und da ist sie – Christa, eine Frau mit ruhigen, kantigen Gesichtszügen, ungeschminkt, mit langen, zusammengebundenen Haaren. Zweifel im Hinblick auf die noch immer sandverhangene Sicht wischt sie mit Blick auf den geschlossenen Jeep kurzerhand beiseite: »Kein Problem.«

Schnell einige Liter Wasser eingepackt und ein paar Süßigkeiten-Köder für die Kids, und schon sitzen wir im gerade neu erstandenen, wenn auch gebrauchten, vierten Pistenfahrzeug der Philipps. Auf also zur Jungfernfahrt: drei Stunden auf unbefestigter Schotter- und Sandstrecke. Dabei erfahren wir – erst etwas verhalten, dann mehr und mehr voll innerer Begeisterung –, von der Bedeutung der spektakulär geformten Massive, Nadeln, Bögen und Türme, die sich als beeindruckende Monolithen und Relikte eines Sandsteinplateaus, von Wind und Wetter bearbeitet, gegen den inzwischen wieder blauen Himmel erheben. Direkt am Eingang recken sich ein paar Hände, die »Mittens« in die Höhe und heißen die Besucher willkommen. Hier steht der »Totem Pole« und dort wacht das »Auge der Sonne«. An einer anderen Stelle schlummert ein gewaltiger Drache, und die Kinder freuen sich über die riesigen »Elefantenfüße«, die aus dem Sand hochragen. Leise Kritik schwingt mit, als Christa uns den »John Ford's Point« zeigt, wo John Ford mit John Wayne den Film »Stagecoach« drehte, jenen Film, durch den das Monument Valley für die Filmindustrie und den Tourismus interessant wurde. »Die Indianer haben davon wenig profitiert«, erklärt sie.

Am »Fullmoon Arch« führt uns die Natur vor, wie sie sich ihre Wege sucht: Zunächst findet sie einen schwachen Punkt in der dünnen Sandsteinklippe. Hier bearbeiten die Elemente den Felsen, um Licht und Himmel hindurchzulassen. Regen und Schnee, gefolgt von Frost und Schmelzwasser wirken auf die Spalten ein, bis diese abbröckeln. Wind und Flugsand runden die Kanten ab, und irgendwann wird aus dem »full moon« ein »half moon« oder eine andere geheimnisvolle Gestalt. Hier entfalten sich die Abenteuer und Geschichten, die dem Monument Valley seine unvergleichliche Schönheit und Erhabenheit verleihen, die auch uns begeistert. Für die Navajo-Indianer, so lässt Christa uns wissen, ist das Valley ihre Heimat, ein Geschenk des Schöpfers. Hier finden sie die Quelle allen Lebens, einen Ort der Heilung und des Gebets.

Plötzlich stehen wir vor einem *hogan*, der traditionellen Behausung der Navajos in Form eines Iglus. Das Skelett besteht aus dicken, quer verstrebten Holzbalken. In der Mitte verbleibt ein Loch für das Ofenrohr und etwas einströmendes Tageslicht. Die Außenhaut besteht aus einer getrockneten Lehmschicht. »Wenn es richtig gießt, drückt sich der Regen schön durch die Ritzen«, sagt Christa, und so höre ich heraus, dass sie mit ihrer Familie ebenfalls in einem Hogan lebt.

Was bringt eine Frau dazu, ihren gewohnten komfortablen Lebensraum einzutauschen gegen eine spartanisch ausgestattete Hütte ohne Strom und Wasseranschluss in der entlegenen Abgeschiedenheit einer Wüste? Ein Teil der Antwort mag an der Intensität zu erkennen sein, mit der Christa uns immer wieder die tiefe Schönheit dieser Landschaft vor Augen führt. An einer Quelle inmitten all der Trockenheit blüht der violette Salbei, der wie alle anderen Pflanzen, Blumen und Bäume nur an Orten und zu Zeiten erwacht, wo und wann genug Feuchtigkeit herrscht. Das Wurzelsystem nimmt das nötige Wasser auf. Gibt es davon nicht ausreichend, wird die Pflanze kraftlos, stirbt aber nicht. Ein plötzlicher Regenfall kann die Wüste in unvermuteter Vielfalt von Formen und Farben zum Blühen bringen. Monument Valley ist ein Land voller Rätsel und Stimmungen.

Doch dass es für Christa auch Zeiten gibt, wo die Gefühle und Stimmungen von Schatten überzogen sind, höre ich erst später. Wir sind am Ende der Tour angelangt, aber meine Neugier ist größer als zuvor, und ich bitte sie, sie in ihrem Hogan besuchen zu dürfen. Ich erzähle ihr von unserem Familienreiseprojekt und unserem Vorhaben, ein Buch darüber zu veröffentlichen. Sie will es sich überlegen und mit ihrem Mann sprechen. Am nächsten Morgen Punkt 10.00 Uhr stehe ich mit meiner Tochter Stella wieder vor ihrem Holzverschlag am Eingang des Valleys. Christa ist schon in Verhandlung mit ein paar potentiellen Kunden, ihre kleine Tochter Ellen an der Hand. Die Kinder gehen gleich begeistert aufeinander zu. So ein Schwesterchen wünscht sich Stella schon lange. Als ich Christa nach ihrer Entscheidung frage, reagiert sie wie eine Navajo-Frau, so als fiele es ihr gerade wieder ein: »Ach ja, du willst mich ja gern einmal besuchen. Ja, ja, warum nicht? Ich fahre noch eine Tour, und dann könnt ihr mich und Ellen mit nach Hause nehmen.« Dann erst spüre ich ihre Freude über die unerwarteten Gäste: »Ihr könnt doch bei uns schlafen. Bin mal gespannt, wie es euch bei uns gefällt!«

Begeistert von der tollen Gelegenheit, Einblick in das Familienleben einer Deutsch-Navajo-Familie zu gewinnen, packen wir Christa und Ellen am Nachmittag in unser Wohnmobil und quälen uns im ersten Gang die zehn Kilometer »dirt road« zum Hogan der Philipps, der sich auf einem ca. 7 x 7 km großen Stück Land befindet, das Toms Familie vom Rat der Navajos zugeteilt wurde. Unmittelbare Nachbarn gibt es keine. Zwei Schwestern von Tom leben in einiger Entfernung auf diesem riesigen Gebiet. Neben dem Hogan steht eine Art Geräteersatzschuppen in Fertigbauweise. Tom ist Goldschmied und Automechaniker und repariert hier die vier Geschäftsfahrzeuge. Etwa 300 m entfernt steht ein Plumpsklo. Die Öffnung zeigt in die entgegengesetzte Richtung zum Wohnbereich, eine Tür gibt es nicht. Im Hogan befindet sich ein selbstgezimmertes Doppelbett, daneben eine Spielecke und ein Himmelbett für Ellen. Entlang der Wand reihen sich Gasherd, Kommoden, Regale, Wasserbehälter. Der Kleiderschrank besteht aus einer einfachen Stange mit Bügeln. Überall entdecke ich Dinge aus Deutschland: Kalender, Spielzeug, Musikkassetten, Kosmetikartikel – »alles Mitbringsel von Freunden und Verwandten.« Die einzige Lampe über dem Esstisch ist aus einem Campingausrüstungsladen und wird von einer Solarzelle gespeist. »Das hat hier niemand. Wir gehören schon zu den wohlhabenden unter den Navajos.«

Wir sitzen bei einer Tasse Kaffee und Christa erzählt von ihrem Alltag, ihren Träumen, ihrer Liebesgeschichte. Draußen hört man die Stimmen der Kinder und das Holpern des Bollerwagens, mit dem sie sich in der sengenden Hitze vergnügen. Christa kam 1993 als Touristin ins Monument Valley und verliebte sich zunächst in die grandiose Landschaft, in den weiten Sternenhimmel, und später in Tom, den Navajo: »Den oder keinen, habe ich gedacht.« Sie ging zurück nach Nürnberg, arbeitete weiter als Schriftsetzerin, begann sogar noch eine Ausbildung als Drucktechnikerin, aber der Gedanke, alle Zelte abzubrechen und ein neues Leben zu beginnen, ließ sie nicht los. Eine erneute Reise mit Wiedersehen bestätigte ihre Gefühle. Nach zwei Jahren, als die Schulden für ihre Ausbildung abbezahlt waren, ist alles klar: Sie heiratet Tom, zieht mit ihm ins Monument Valley und führt von nun an das Leben einer Navajo-Frau. Jedenfalls fast, denn vom sozialen Leben fühlt sie sich nach wie vor ausgeschlossen. Als sie nach der Geburt ihres Kindes in eine tiefe Depression gerät, kommt niemand von den anderen Navajo-Frauen vorbei und schaut nach ihr. Im Krankenhaus der Navajos »würde man mich wahrscheinlich nicht sterben lassen«, aber begeistert über die weiße Patientin wäre dort niemand. Da sitzt sie nun inmitten der weiten Wüstenlandschaft – Tom fährt tagsüber die Touristen herum –, allein mit ihrem neugeborenen Kind und all den Nöten und Anforderungen einer frischgebackenen Mutter. »Rosel, du musst zu ihr!« raten einige ältere Damen ihrer eigenen Mutter in Nürnberg. Und tatsächlich steht Rosel plötzlich mit Sack und Pack vor dem Hogan und greift ihrer Tochter vier Wochen lang unter die Arme, während Freundinnen »Care-Pakete« aus Deutschland schicken ...

Danach wieder die totale Isolation. Als Weiße wird sie eher geduldet als akzeptiert. Inzwischen ist Ellen zwei Jahre alt. Manchmal nimmt Christa sie mit auf ihre Tour. Dann sitzt die Kleine fröhlich plappernd auf dem Rücksitz zwischen deutschen Touristen. Die Probleme sind nun die einer jeden berufstätigen Frau mit Kindern. »Fürs Geschäft bin ich natürlich das Zugpferd«, erklärt sie, »denn nur ich kann hier die deutschsprachigen Touren anbieten.« Diese exponierte Stellung verleiht ihr mittlerweile eine gewisse Autorität, auch bei der Navajo-Männern.

Es ist dämmerig geworden. Rasch bringen wir die Kinder zu Bett und wechseln hinüber zu der abgewetzten Freiluft-Ledercouch. Über uns die Sterne, nichts als die Sterne. Von Tom erzählt Christa, dass er am Abend zu einer »ceremony« gerufen wurde. Er ist dort der »fireman«, der das Feuer anfacht und beauf-

■ *Christa mit Tochter Ellen und Betti vor dem Hogan*

sichtigt. Neben ihm gibt es noch den »drummer« und den »roadman«, die Hauptperson, die gegenüber dem Eingang des Tipis von Westen aus den »prayer«, eine Art Beschwörungsgebet, gemeinsam mit den Bittstellenden spricht. Dabei wird *peyote* geraucht, eine Droge, die unter Clinton für die Indianer in den Reservaten legalisiert wurde. Die Hilfesuchenden kommen aus unterschiedlichsten Beweggründen. Manche erhoffen sich Glück in Las Vegas, andere kommen wegen schwerer Krankheiten. Für Christa wurde auch schon eine »ceremony« veranstaltet, um einen positiven Verlauf des Geschäfts zu bewirken. Hier zeigt sich der tiefe Zwiespalt, in dem sich das Navajo-Leben bewegt: Einerseits die Verbundenheit mit den traditionellen Riten und Zeremonien, andererseits die Einflüsse und Zwänge der modernen Kultur.

Die finanziellen und geistigen Bedürfnisse in Einklang zu bringen, ist ein sehr verwickeltes Problem der Navajos, dem Christa täglich gegenübersteht: Die Fahrer sind unzuverlässig, manche haben ein Alkoholproblem, obwohl es im Reservat ein selbstauferlegtes Alkoholverbot gibt. Sie zeigen keine Initiative. Niemand spricht Touristen an, um ihnen eine Tour anzubieten, weil ihnen dies ihr understatement und ihr anderes Verhältnis zum Geld verbietet. »Manchmal läuft es unglaublich gut, dann wieder gibt es Zeiten, da passiert gar nichts.« Seufzend fügt sie hinzu: »Außerdem verschwindet bei uns immer Geld. Für die Navajos steht die Familie über allem. Jemand, der keine Familie hat, wird von anderen ‚adoptiert' und gehört gleichberechtigt dazu. So kommt es, dass manch einer anklopft, um sich Geld zu leihen, aber nie in der Lage sein wird, es zurückzuzahlen.«

Christas größter Wunsch, im Nachbartal ein kleines Haus mit mehreren Zimmern zu bauen, wird so immer wieder hinausgeschoben. Eine erste kleine Anhäufung von geschnittenen Sandsteinblöcken liegt seit längerer Zeit vor dem Hogan und hält ihre Träume wach.

Inzwischen ist es so spät geworden, dass am Horizont schon ein schwaches Morgenrot erscheint. Von Tom noch immer keine Spur. Ob sie sich manchmal zurücksehne nach Deutschland, trotz der glutroten Sonnenauf- und untergänge und des weiten Sternenhimmels? – »Was ich vermisse, sind die Kinofilme. Manchmal verbinde ich einen 150 Meilen entfernten Zahnarzttermin mit einem Kinobesuch inklusive Übernachtung, das ist dann wie Ostern und Weihnachten zusammen. Was mir wirklich fehlt, ist eine gute Freundin, mit der ich mal eine Tasse Kaffee trinken oder einfach gemeinsam die Wäsche im Waschsalon erledigen könnte. Dann wäre alles leichter.«

Am nächsten Morgen steht Toms Auto auf dem Hof. Niemand hat ihn kommen hören. Er ist eine imposante Person, 50 Jahre alt, trägt einen langen schwarzen Zopf bis zum Gürtel und besitzt eine kraftvolle Ausstrahlung. Er gibt sich gleichbleibend freundlich, moderat, ohne erkennbare Emotionen. Christa bestätigt mir später, dass es selbst für sie nach vierjähriger Ehe schwierig ist, festzustellen, wann er wütend ist. Tom bastelt an seinem neuen Jeep, wechselt Öl, baut ein kleines Sonnendach oben drauf.

Christa geht es schlecht. Sie hat starken Durchfall und kann nicht arbeiten. Wir bieten ihr an, auf Ellen aufzupassen, damit sie sich ausruhen kann. Dankbar nimmt sie an.

Tom kommt auf uns zu und sagt: »Ihr bleibt noch einen Tag. Heute nachmittag zeige ich euch das Mystery Valley. Es gibt nicht viele Leute, die es gesehen haben und ist vielleicht noch schöner als das Monument Valley.«

Bereitwillig lassen wir über uns bestimmen. Tom fährt zunächst mal zur Firma, um nach Touristen zu schauen. Die Kinder spielen mit Ellens Plastikkarre Omnibus und malen Fahrkarten mit dem Reiseziel »Paris«. Ellen streift sich die Sandalen ab und schreit dann und wann nach ihrer Mama, weil sie kleine Splitter im Fuß hat, die ich ihr geduldig immer wieder herausziehe und erleichtert feststelle, dass es sich nicht etwa um die Stachel von Skorpionen handelt.

Tom kommt nachmittags und wir quetschen uns alle, bis auf Christa, in seinen roten Bronco und knattern los Richtung Mystery Valley. Es hat seinen Namen deshalb bekommen, weil hier vor mehr als 600 Jahren der komplette Stamm der Anasazi-Indianer von heute auf morgen verschwunden ist, ohne dass man dafür eine Erklärung gefunden hat.

Der Weg ist recht beschwerlich. Manchmal steigt das Auto so steil hoch, dass ich darauf warte, dass es umkippt und sich überschlägt. Aber Tom beherrscht sein Handwerk perfekt. Er singt in solchen Augenblicken irgend etwas auf Navajo, steckt Ellen ein gebratenes Hähnchenstück in den Mund und nippt an seiner Cola. Er zeigt uns die Felsbehausungen der Anasazi. Oft klettern wir zu einem Aussichtspunkt und verweilen eine Zeit lang oben, staunen und hören auf das Rauschen des Windes.

Wieder zurück, scheint Christa die Tagesruhe sichtlich genossen zu haben und ist schon fast kuriert. Tom hat ein »bisschen Fleisch« zum Grillen besorgt, riesige Lappen Rindfleisch und jede Menge Hähnchenbrust. Dazu gibt's richtigen deutschen Kartoffelsalat, den Christa trotz Krankheit – und irgendwie werde ich den Verdacht nicht los, dass diese eher psychologischer Natur war – in unserer Abwesenheit gezaubert hat. »Ein Bier dazu?« Tom verschwindet im Schuppen, klappert in einer Kühlbox und kommt zurück mit zwei Dosen einer amerikanischen Marke und – zwei Flaschen Warsteiner – »for special guests«, schmunzelt er.

Beim Schein des Feuers erfahren wir, dass er während seines Militärdienstes ein Jahr in Deutschland war und dass er zwei Jahre lang an der Elite-Uni Stanford in Palo Alto die Navajo-Sprache gelehrt hat, für Indianer, die ihrerseits ihre eigene Sprache nicht mehr kannten.

Dann heißt es Abschied nehmen. Wir bedanken uns für die

Gastfreundschaft und überreichen zur Erinnerung ein kleines Foto von uns. Sehr gerührt sind wir von Toms kostbarem und sehr persönlichen Geschenk, einem Bildband über die Navajo-Indianer, in der seine Großmutter porträtiert ist, schon oftmals aufgeschlagen und mit leichtem Wüstensand überzogen.

Als wir später die Grenze zu Mexiko erreichen schaut Piet immer noch verstohlen auf seinen rechten Oberschenkel. Seit Ellen ihn dort gebissen hat, weil er ihr ein Spielzeug verweigerte, hat er dort einen kleinen roten Fleck, und Indianermädchen sind ihm etwas suspekt. Trotzdem hat er ihr ein Paar Schuhe von sich geschenkt, und der Fleck wird bald verblasst sein. Nicht so schnell verblassen wird die Erinnerung an das Erlebte. In San Diego habe ich keine Sterne am Himmel entdecken können, stets war er bedeckt. Doch das Monument Valley mit seinem großartigen Firmament haben wir von nun an im Reisegepäck. Und ich weiß, irgendwo am Rand von Arizona sitzt Christa allabendlich auf ihrer abgewetzten Ledercouch und schaut hinauf, und vielleicht sitzt Tom, der Navajo, neben ihr, und gemeinsam zählen sie die Satelliten ...

7. Juni · Lake Powell

Der Lake Powell, entstanden durch den aufgestauten Colorado River, ist der zweitgrößte Stausee der USA mit einer Uferlänge von 3000 Kilometern! Als der Glen Canyon Dam 1964 fertiggestellt war, dauerte es noch 17 Jahre, bis der See seinen Höchststand erreicht hatte.

Das Wasser erscheint blauer als blau, nackte Felsen steigen senkrecht hoch, stehen teilweise einzeln mitten im Wasser. Die Intensität des Blaus wird noch dadurch verstärkt, dass es keinerlei Vegetation gibt. Wir finden einen Platz hoch über dem See, bei untergehender Sonne leuchten die Felsen in allen Farbtönungen von gelb bis rot.

Nur auf dem Wasserweg kann man die größte natürliche Brücke der Welt erreichen, die Rainbow Bridge mit einer Bogenhöhe von 88 m und einer Spannweite von 84 m. Für die Navajo-, Hopi-, Paiute- und Mesa-Ute-Stämme stellt sie auch heute noch eine Kultstätte dar, und es wird gebeten, sich nicht unter die Brücke zu begeben oder nahe an sie heranzutreten.

Wir mieten ein Motorboot, verstauen etwas Ausrüstung für den Fall, dass wir aus irgendeinem Grunde liegen bleiben sollten und starten in Richtung Rainbow Bridge. Weit auseinanderliegende Bojen vereinfachen die Orientierung. Überall zweigen lange Canyons ab, die Wände aus rotem Sandstein. Zweieinhalb Stunden gleiten wir über ein Wasser, dessen Farbe uns immer wieder ungläubig staunen lässt. Die Kinder steuern abwechselnd, wir liegen entspannt in den Sitzen und sehen uns diesen Naturfilm an. Die Brücke befindet sich am Ende eines langen Seitenarmes, hier erscheint das Wasser plötzlich türkisfarben. Wind und vor allem Wassererosionen formten im Laufe von Millionen Jahren dieses einzigartige Naturgebilde.

11. Juni · Grand Canyon –
zu Fuß in die aufregendste Schlucht der Welt

Wir nähern uns der größten Schlucht Nordamerika von Süden. Auf einer Informationstafel lesen wir: 1000 m tief, 400 km lang, bis zu 30 km breit – Ausmaße, die wir uns nicht vorstellen können. Vom Grandview Point schauen wir auf den Colorado hinunter. Dieses Flüsschen soll einst den Canyon geschaffen haben und sich noch immer tiefer in ihn eingraben ...?!

Über sieben Millionen Besucher werden alljährlich gezählt, das Verkehrschaos führt dazu, dass bestimmte Straßen wie der Südrandweg gesperrt werden und wir mit öffentlichen Bussen fahren müssen. Rund um den Canyon gibt es endlose Aktivitäten-Angebote, meist kostenlos, die das Visitor Center koordiniert: Noch vor Sonnenaufgang kann man sich einer Fotogruppe anschließen, Ranger organisieren Ausflüge mit Kindern, abends finden Diavorträge statt. Den Canyon kann man auf verschiedenste Arten erleben: per Helikopter oder Flugzeug, mit Esel oder im Schlauchboot und natürlich zu Fuß.

In der Talsohle ist das Gestein ein- bis zwei Milliarden Jahre alt, etwa die Hälfte des Erdzeitalters. Kleinere Flüsse bilden die Seitenarme des Hauptcanyons. Ihre Wände sind schroff und kantig. Wie mit einem Lineal gezogen zeichnen sich die verschiedenen Erdzeitphasen ab, die je eine unterschiedliche Farbe besitzen.

Morgens um 5 Uhr packe ich mir einen Rucksack:
Vier Liter Wasser, Brote, Schokolade, Sonnenschutz, Taschenlam-

pen, trockene Kleidung zum Wechseln. Mit meinem Rad fahre ich zur Yavapai Lodge, wo ein Bus zum South Kaibab Trail startet. Die Ranger warnen davor, die etwa 30 Kilometer lange Strecke an einem Tag zurückzulegen, vor allem nicht während der Sommermonate. Im Tal selbst gibt es Übernachtungsmöglichkeiten und ich gehe davon aus, dass ich frühestens am nächsten Tag wieder aufsteigen werde.

Der South Kaibab Trail führt sehr steil bergab. Oft sind Stufen in den Stein gehauen, in der Mitte von Wanderern bzw. Eseln ausgelaufen. Bis zur Phantom Ranch sind es 11,4 Kilometer. Die Sonne steht noch schräg, sodass man lange im Schatten gehen kann. Ich bewege mich konstant mit gleicher Geschwindigkeit, trinke viel, auch wenn ich keinen Durst habe, esse Schokoriegel und creme mir das Gesicht ein.

Der schmale staubige Weg schlängelt sich in Kurven den senkrechten Abhang hinunter. Hier oben ist das Gestein hell, »nur« 50 Millionen Jahre alt. Alleine die Vorstellung, bis in ein Tal zu gelangen, das zwei Milliarden Jahre alt ist, beflügelt mich. Oft hebe ich einen Stein hoch, trage ihn eine Zeit mit und versuche mir vorzustellen, wie es wohl vor Millionen von Jahren hier ausgesehen hat?

Es bleibt fast vegetationslos, und mit zunehmender Tiefe ändern sich auch die Klimazonen. Ganz oben stehen vereinzelt Bäume, unten herrscht Wüste vor: heller Sand, Kakteen, Echsen und hohe Temperaturen.

Dann taucht zum ersten Mal der Colorado auf: Welche Kraft geht von diesem Fluss aus! Nach weniger als drei Stunden ist er erreicht. Esel kommen entgegen, die den Müll nach oben transportieren. Ich fühle mich körperlich gut, bin froh, dass die einseitige Belastung des Bergabgehens keine Wadenkrämpfe verursachte.

Um 9 Uhr zeigt ein Thermometer bereits 104 °F (40 °C) an, entlang des Ufers ist es grün. Die Phantom Ranch wurde 1922 gebaut, besteht aus dem Haupthaus und kleineren Holzunterkünften.

Mit einem Becher Eistee setze ich mich an einen kleinen Zufluss des Colorado und kühle mir die Füße im eiskalten Wasser.

■ *Wanderung in den Colorado River*

Ich freunde mich mit Meta und Bob an und wir vereinbaren, nachmittags gemeinsam zurückzugehen. Aber wenn es jetzt schon 40 °C hat, wie heiß wird es dann in einigen Stunden sein?! Der Fels speichert die Hitze, und es ist dann wohl unerträglich. »Wir gehen in einer halben Stunde wieder hoch, was meinst du?« fragen die beiden. »Ich komme mit!« Die Pause von eineinhalb Stunden reicht mir völlig.

Der Rückweg führt über den Bright Angel Trail und ist mit 15 Kilometern bedeutend länger als der Hinweg, dafür im ersten Teil flacher. Auf der Brücke begegnen wir einem Ranger. Seit 20 Jahren arbeitet er hier im Tal, immer zehn Tage, dann wandert er hoch und verbringt fünf freie Tage. »Ich liebe diesen Fluss und den Canyon«, meint er.

Lange folgen wir einem kleinen Bach, und ganz anders als zuvor treffen wir auf üppige Vegetation: Schilfpflanzen, hohes Gras, Bäume. Es gibt kleinere Rastplätze, etwa »Indian Falls« mit Camping, Trinkwasser, Toiletten und Eselstation. Einige Touristen lassen sich völlig erschöpft lang in den Bach fallen ...

Das letzte Drittel wird steil, der kleine Wasserlauf ist verschwunden und wir gehen in engen, staubigen Serpentinen. Am härtesten sind die letzten zwei Meilen für uns, vor allem deshalb, weil ständig Entfernungsschilder auftauchen: Noch 1,5 Meilen, noch 1,0 Meilen.

Viele Amerikaner kommen uns entgegen, saubere Kleidung, Coladose in der Hand, Fotoapparat vorm Bauch – und kehren nach wenigen Metern wieder um. »Kommt ihr etwa von der Phantom Ranch?!« – »Das ist ja großartig. Ich beneide euch! Was für eine tolle Leistung!« Fast bekommt man das Gefühl sie freuen sich so, als hätten sie selbst diese Tour gemacht.

Als ich mit wackeligen Beinen vom Rad steige und wieder am Wohnmobil bin, freuen sich die Kinder riesig. Sie wollten mich nicht gehen lassen. Aus irgendeinem Grunde verspüren sie Angst, wenn ich etwas alleine unternehme. Das überträgt sich bei mir dann kurzfristig, und wenn wir uns verabschieden, sie mich mit einem »Papa, du sollst nicht gehen!« fest umarmen, dann überkommt mich eine Vorahnung, so als wollten sie mich vor einer Gefahr warnen.

Eigentlich vergeht kein Tag, an dem Stella und Piet nicht Freunde finden. Sie bewegen sich in der englischen Sprache zwar holprig, aber es macht ihnen sichtlich Spaß, neue Worte zu lernen. Das ist für uns, unter vielen anderen Aspekten, zusätzlich ein Grund auf Campingplätzen zu übernachten. Hier treffen wir immer andere Familien, beim Radfahren müssen die Kinder nicht auf Straßenverkehr achten und wir können das Areal gut überschauen.

Einmal trägt eine Mutter den schreienden Piet zu uns ins Auto: »Er ist wohl in einen Kaktus gefallen.« Wir legen den Ärmsten auf den Tisch. Ich beginne damit, ihm mit einer Pinzette die Stacheln rauszuziehen. Piet wimmert unaufhörlich. Die Beine sind voller kleiner, weißer Spitzen, die ich kaum zu fassen bekomme. »Aua, da bin ich gar nicht in den Kaktus gefallen, nur mit dem anderen Bein«, protestiert er. Ich fühle leicht mit der Hand drüber und jetzt wird mir klar, dass ich ihm die ganze Zeit seine kleinen Härchen ausreiße ...

Zum Abschied schenken sich die Kinder oft gegenseitig etwas. Diesmal bekommen sie je ein Sammelbild von einem »Power Ranger«, einer maskierten Figur. »Das ist eine TV-Serie von drei Schulkindern, die sich in Power Ranger verwandeln, sobald Monster die Welt bedrohen!« klärt uns die Mutter auf und sieht uns etwas mitleidig an, weil wir noch nicht einmal einen Fernseher im Auto haben. Piet verschenkt ein selbstgemaltes Bild, die umgekehrte Reaktion jetzt: »What is it?« – »Hier steht doch ein Zelt, da ist ein Indianer neben einem Plumpsklo!« Oft verarbeiten Stella und Piet Erlebtes in Bildern.

19. Juni · Jerome, Spiritroom, Blues live

Auf dem Weg zur »Route 66« passieren wir den Ort Jerome. Früher wurde hier Kupfer abgebaut, aber als die Mine schloss, verfiel auch der Ort immer mehr, das Grand Hotel wurde zugenagelt, die Häuser ebenfalls. In den letzten Jahren entdecken Künstler die Stadt wieder, siedeln sich an und errichten Ateliers auf den Hängen: Endloser Blick über eine weite Ebene, die nur von großen Felsformationen unterbrochen wird. Galeristen folgen und die Reiseführer entdecken den Charme dieser einstigen Geisterstadt. Überall entlang der Route 89A parken schwere Motorräder, Blues-Musik tönt live aus einer Kneipe, dem legendären Spiritroom (Geisterhaus), mitten im Raum der Billardtisch, abgedeckt mit grünem Plastik. An der langen Theke sitzen Motorradleute: weißes T-Shirt, kurze schwarze Lederweste mit dem Emblem ihres Clubs, Tätowierungen zieren Oberarme. Bierflaschen und Gläser stehen auf dem Billardtisch, der Raum ist verraucht, es ist mitten am Tag.

Vor einem überdimensionalen Spiegel befindet sich eine winzige Bühne und viel zu eng für die Band: vier Gitarristen, ein Schlagzeuger, ein Mundharmonikaspieler, gleichzeitig der Sänger. Die sechs Männer spielen den unglaublichsten Blues, den ich je hörte. Mein Lieblingsgitarrist erinnert mich an einen befreundeten Banker: kurze Jeanshose, Hawaiihemd, weiße hochgezogene Tennissocken, Joggingschuhe, kleiner Bierbauch. »Den hat jemand dahingestellt, er soll die Gitarre festhalten und dient als Dekoration!« ist mein erster Eindruck, dann gleiten seine Finger über den Gitarrenhals, und mir läuft es heiß den Rücken runter. Die Biker tanzen dazu, in der einen Hand die Flasche Bier, mit der anderen umklammern sie ihre Freundinnen, keiner scheint mitzubekommen, dass sie nicht alleine sind. Eine Frau zieht ihr T-Shirt aus, ein Gejohle setzt ein, Pfeifen, Klatschen, Applaus, die Gitarristen lassen die Gitarren aufheulen. Neue Gäste kommen hinzu, viele sind um die 50 Jahre jung. Man begrüßt sich, tauscht Geschichten aus, keinerlei Aggressivität ist zu spüren, die reine Lebensfreude.

20. Juni · Seligman, Route 66, beim Friseur Angel Delgadillo

Der erste »All American Highway« zwischen Chicago und Los Angeles wurde 1926 fertiggestellt und war für viele das Sinnbild der Hoffnung und Träume, die man sich vom »Goldenen Westen« Kalifornien versprach. Große, mehrspurige Highways ersetzen ihn heute, die alte »66« verfiel und geriet in Vergessenheit, bis sich am 18. Februar 1987 einige alte Romantiker zusammensetzten und beschlossen, Teile dieser legendären Straße wiederherzustellen ...

Ausgangspunkt dieser Verwirklichung ist Seligman, ein kleines Kaff, wie man es sich kaum trostloser vorstellen könnte. Es gibt dort einen Friseur, und ich könnte mal wieder einen Haarschnitt gebrauchen. »Klopfen Sie im Nachbargeschäft« steht auf einem Schild. Eine Frau will den Meister anrufen, ich solle schon mal Platz nehmen. Eine Minute später kommt der 82-jährige Angel Delgadillo auf seinem Rad. Sein Barbershop besteht aus einem winzigen Raum: In der Mitte ein uralter Frisiersessel, den er mit der Hand hochpumpt, Holzwände und Decken zieren Visitenkarten, Fotos und Zeitungsausschnitte. Zufällig geraten wir an eine Berühmtheit. Während Angel die Schere schwingt erzählt er aus seinem Leben: »Genau am 18. Februar 1987 rief ich ein paar alte Freunde an und wir nahmen uns vor, diese wunderschöne Route 66 wieder zu beleben. Und es gelingt uns tatsächlich, jedenfalls in Teilabschnitten. Alleine 14 deutsche Fernsehteams waren hier bei mir ...«, und zeigt uns Visitenkarten von ARD, ZDF, WDR, RTL. Auf einem Wandbild ist er als Saxophonist zusammen mit anderen Musikern zu sehen. »Ja, das ist meine Familie, drei Brüder und die Schwestern. Nächste Woche haben wir hier einen großen Auftritt. Ich lebte mein ganzes Leben in diesem Ort. Immer machte ich das, was mir Spaß macht: Die Musik und mein Beruf. Bis jetzt erlebte ich keinen unglücklichen Tag!« Beneidenswert.

Die Gegend ist wüstenartig und voller Kakteen. Verkehr gibt es so gut wie keinen, sieht man von einzelnen Touristen ab. Wir gleiten mit Westcoast-Music dahin, denken an Angels Worte: »Es ist eine weise Entscheidung, dass ihr so eine Reise mit den Kindern macht. Ihr werdet nie vergessen, wie ihr sie heranwachsen seht!«

21. Juni 1999
Needles – Einmal und ganz bestimmt nie wieder

Eher zufällig als geplant übernachten wir in Needles. Selbst Monate später, ganz egal wo wir uns befinden und wie heiß es dort ist, fällt diesbezüglich dann immer wieder dieser Satz: »Aber so schlimm wie in Needles ist es nicht ...!« Wir bleiben nur deshalb hier, weil wir einen Trailer Park entdecken und es bereits dunkel ist. Selbst jetzt, wo die Sonne schon lange untergegangen ist, steht das Fahrenheit-Thermometer noch über der markanten Zahl »100« (40 °C).

Betti ist den Tränen nahe. Ich hatte ihr versichert, dass wir nie wieder in eine solche Gluthitze wie im Death Valley kommen würden. Wir kühlen uns alle im Swimmingpool ab, ein Amerikaner versteht wirklich, uns zu trösten: »Ich lebte sieben Jahre in New Orleans, dort ist es ständig so heiß wie hier, bloß kommt da eine Luftfeuchtigkeit von fast 100% hinzu. Die Menschen drehen dort durch. Nachdem dreimal aus einem fahrenden Auto wahllos auf mein Haus und das der Nachbarn geschossen wurde, verließ ich die Stadt. Hier ist es wenigstens trocken!« – »Betti, da siehst du es ...«

Nachts kühlt es nicht ab, sämtliche Fenster stehen auf, die Türen ebenfalls. Den Kindern macht es nichts aus, sie liegen nackt auf ihrem Bett und schnarchen. Betti wandert zwischen Eisfach und Bett, um ein nasses Tuch gegen das andere auszutauschen. Am Morgen bestätigt der Campingplatzbesitzer unsere Vermutung: »Gestern lag die Temperatur bei 120 °F.« Wir gucken nach – 50 Grad Celsius ...

29. Juni · Los Angeles, Disneyland – nicht nur für Kinder

»Versprochen ist versprochen und wird auch nicht gebrochen«, damit nageln uns Stella und Piet wie gewöhnlich fest, selbst wenn wir vor Monaten ganz beiläufig mal gesagt haben, dass wir uns Disneyland ansehen könnten.

Dies ist kein Vergnügungspark, sondern eher ein Land. Erwachsene zahlen 40 Dollar, Kinder 30, bis zum dritten Jahr gar nichts. Überall gibt es schattige Rastplätze, man darf sein eigenes Essen mitbringen. Niemand drängelt, alle scheinen Spaß zu haben, selbst bei langem Anstehen (»Wartezeit von hier aus noch 70 Minuten«). Angestellte in Anzug und Schlips heben Papierreste auf, leeren Müll, andere mischen sich in Comic-Kostümen unter die Zuschauer, lassen sich mit Kindern auf dem Arm fotografieren oder trösten ein kleines Mädchen, das die Mutter gerade nicht sieht. Große Schaufeldampfer gleiten auf künstlichen Seen, vorbei an Indianern und Pferden – selbstverständlich alle aus Plastik. Wir können uns der Faszination dieser perfekten Spielwelt nicht entziehen, und ich habe das Gefühl, als wären wir nicht zwei Erwachsene mit zwei Kindern, sondern vier Kinder, die Hand in Hand immer tiefer in ein Wunderland eindringen. Unser Favorit ist eine Fahrt auf Wasserkanälen durch ein Traumschloss: Mickey's Toontown (Cartoon-Stadt) mit Melodien aus »It's a small world« aus den 30er Jahren. Länder, Kontinente und deren Bewohner sind als bunte Figuren dargestellt: singende Krokodile in Brasilien, Eskimos auf Eisschuhen ...

Pünktlich um 20.30 Uhr zieht eine Parade über die Main Street: Riesige Drachen, gefesselte Ungeheuer, tanzende Schwertkämpfer und zum Schluss ein halbstündiges Feuerwerk, begleitet von Lautsprecherkommentaren über die Einmaligkeit der USA – »diesem wundervollen Land mit seiner grandiosen Natur und den einzigartigen Menschen.«

MEXIKO

»CÓMO ESTÁS?« – SIEBEN MONATE VOLLER POSITIVER ERLEBNISSE

9. Juli · Grenze Mexiko – kein Grund zur Panik

Nach vier Monaten USA nähern wir uns jetzt der ersten Landesgrenze. Unsere US-Visa sind bereits seit einem Monat abgelaufen, das Fahrzeug ist nicht zugelassen (sieht man von der »frisierten« internationalen Zulassung einmal ab), und von unserem deutschen Nummernschild will ich erst gar nicht anfangen ...

Mit jedem Kilometer, den wir uns Tijuana nähern, steigere ich mich mehr und mehr in ein irreales Szenario hinein, mir fallen all die Horrorgeschichten ein, die Amerikaner über ihr südliches Nachbarland berichten, sodass man schließlich der Überzeugung ist: Mexiko ist der Vorhof zur Hölle. »Jeder will nur dein Geld. Alles, was nicht angeschweißt ist, wird geklaut. Jugendbanden rauben Passanten am hellen Tag aus. Bevorzugt blonde Kinder werden entführt und tauchen nie wieder auf. Das Auto darf man nicht eine Sekunde aus den Augen lassen ...«

Und plötzlich befinden wir uns auf mexikanischem Gebiet.

Die Atmosphäre bei der Einreise ist beinahe familiär, es herrscht überhaupt keine Hektik, für ein kurzes Gespräch findet sich immer Zeit. Allerdings muss ich aufpassen, dass vor lauter Fragen und Antworten die Papiere abgestempelt werden und ich alle wieder bekomme. Das klappt ja wirklich schnell und unkompliziert, beglückwünsche ich mich und gehe weiter zum Zoll, wo das Auto registriert und im Pass vermerkt wird.

»Ist das Auto aus Deutschland?«

Warum soll ich für Durcheinander sorgen und den Beamten verwirren?

»Ja, Alemania.«

»Ich kann auf der Besitzurkunde kein Nummernschild entdecken«, stellt er fragend fest.

»Das ist wohl vergessen worden, kann ich mal sehen?«

Mit Kugelschreiber trage ich irgendwo das Bochumer Kennzeichen ein, jetzt hat alles seine Ordnung.

»Na also«, kommt die zufriedene Reaktion.

In diesem Augenblick wird mir vollkommen klar, nach welchen

Regeln dieser Grenzübertritt und anschließend alle anderen ablaufen: Immer freundlich sein, sich für sein Gegenüber interessieren und ihm das Gefühl geben, dass er seinen Job gut macht. Außerdem möchte der Beamte vor allem eins: keine Probleme. Niemand will einen am Grenzübergang hindern oder Steine in den Weg legen, und wenn man nach einem Papier gefragt wird, vielleicht einer Versicherung, reicht es oft, wenn ich irgendein deutsches Dokument zeige, mit vielen Stempeln, Unterschriften, das sowieso niemand versteht. Nur nie zögern, fragen oder andeuten, dass man gar keine Versicherung abgeschlossen hat, denn dann beginnen sofort die Komplikationen.

»Ist das der Name: Deutsch?«

»Nein, der steht eine Spalte tiefer.«

Es ist wirklich heiß in dem kleinen Raum, ein riesiger Standventilator kämpft erfolglos gegen den Schweiß an und die Uhr zeigt fünf vor zwölf. Gleich ist Mittag und Siestazeit.

Ich bekomme für das Fahrzeug einen Aufkleber, muss mit der Kreditkarte bezahlen. Der Beamte streift mit meiner Karte die Wassertropfen von seinem Nacken, putzt sie dann an seinem Hemd wieder trocken. Von mir aus, Hauptsache ich habe den Sticker. Wir dürfen 180 Tage in Mexiko bleiben.

Normalerweise kommt jetzt die Fahrzeugkontrolle, aber nach einem Blick auf die Uhr – »Oh, gleich Pause« – folgt nur die Frage »Wo steht denn Ihr Auto?« – »Ach, irgendwo da drüben«, zeige ich mit der Hand. »In Ordnung, gute Fahrt, schönen Urlaub!«

Die ganzen Formalitäten dauerten etwas mehr als eine Stunde, ich fühle mich völlig entspannt und bin richtig glücklich, weil alles so schnell und unkompliziert gelaufen ist. »Wie war's bei euch?« frage ich Betti und die Kinder. »Ich konnte meine Spanischkenntnisse ausprobieren, ständig klopfte jemand ans Fenster, und ich habe unsere Geschichte wohl zehnmal erzählt.« Die Kinder sind aus dem Häuschen, angesichts der neuen Sprache.

Hinter einer Kurve taucht die erste Militärsperre auf. In Kampfanzügen, mit Maschinengewehr ausgestattet, Sandsäcke zu beiden Seiten der Straße, winkt uns ein Soldat an den Rand.

»Schnell, Stella und Piet, macht die Fenster auf, guckt ganz weit raus und ruft »hola, cómo estás?« (hallo, wie geht's?).

»Hola, cómo estás?« brüllen nun zwei Blondschöpfe den verdutzten Soldaten entgegen. »Hola, bien, gracias.« (Danke, gut), antwortet er halb verwirrt, halb entzückt und hat ganz vergessen, dass er uns kontrollieren wollte. Ich gebe ihm den Rest: »Hola, muchas gracias, adiós!« (Danke, tschüs).

Langsam beschleunige ich, wir winken alle aus den Fenstern.

Die meisten Straßenkontrollen werden so verlaufen. Besonders auf der Baja California, der 1600 Kilometer langen und fingerschmalen Halbinsel, gibt es viele Stopps.

Baja California bedeutet: Wüsten, vegetationslose Bergketten, riesige Ebenen, Kakteenwälder, aber auch Küsten mit Traumstränden und Tierbeobachtungen von Walen, Delfinen, Seehunden. Nur die Südspitze um Cabo San Lucas ist touristisch erschlossen, das Innere fast menschenleer.

Irgendwo an der Straße halten wir, um unsere erste mexikanische *torta* zu essen: Brötchen werden aufgeschnitten, getoastet und mit Fleisch und Gemüse belegt. Aus kleinen Plastikschälchen fügt man je nach Bedarf Avocadosoße, Chili und andere scharfe Sachen hinzu.

12. Juli · Umleitung – die Polizei flieht vor dem Chaos

Die meisten Orte auf der Baja, vor allem im nördlichen Teil, sehen gleich aus: Die Hauptstraße, gleichzeitig die Durchfahrt für den gesamten Verkehr, wird gesäumt von kleinen Lokalen und Läden, Reifengeschäften, Tankstellen, Märkten für Früchte und Lebensmittel. Es gibt auch meist einen »Supermercado«, der sich aber erheblich von seinem Namensvetter in den USA unterscheidet: Meist bewegt man sich im Halbdunkel zwischen engen Regalen, die Waren sind staubig, bei Eiern ist die Hälfte beschädigt, Einkaufswagen bleiben auch nachts vor der Tür und rosten vor sich hin. »Schmierkäse, Schmierkäse!« ruft Piet begeistert und zeigt uns »Philadelphia«, im Moment sein Lieblingsaufstrich.

Mittags essen wir eine Pizza. Drei Fernseher laufen bei voller Lautstärke, man kann sich den Seifenopern nicht entziehen, und als nach 20 Minuten endlich das Essen kommt, klingeln uns die Ohren und wohl auch die Nerven.

Die Straße ist dermaßen schmal, dass oft nur Zentimeter zwischen entgegenkommenden Lkw bleiben. Zum Ausweichen bleibt kein Platz, da die Fahrbahn erhöht ist und rechts manchmal einen halben Meter abfällt. Es trägt auch nicht besonders zu unserer Beruhigung bei, dass die Truckfahrer zum Essen etliche Biere trinken.

Eine Brücke ist gesperrt. »Reparaturarbeiten«, informiert mich ein Soldat. Das große Aufgebot an Militärfahrzeugen veranlasst einen Mexikaner zu der ironischen Vermutung: »Gesprengt von Terroristen, Banditos ...«

Die Ausweichstrecke führt mitten über ein Feld und später durch das ausgetrocknete Flussbett. Das hört sich nicht weiter dramatisch an, entwickelt sich dann jedoch zu einem riesigen Chaos. Die Piste senkt sich, führt hinter dem sandigen Trockenbett wieder steil nach oben. Auf beiden Seiten kommt es zu einem langen Stau: Pkw, Lastzüge voller Tomaten, Orangen, Busse und jede Menge Zuschauer, die es sich gemütlich machen, wohlwissend, dass ihnen etwas geboten wird. Ein Auto gräbt sich im Sand ein, schnell taucht ein Traktor auf, um es herauszuziehen, aber warum länger warten? Einige Fahrer starten ihre Wagen, rasen mit Vollgas vorbei – und bleiben im weichen Sand stecken. Anderen gelingt es, einen Teil des Hangs hochzukommen, doch dann bleiben sie auf halber Strecke stehen und rutschen rückwärts. Und jetzt zum Höhepunkt: Ganz nach Rallye-Manier rast ein Pickup an den Wartenden vorbei. Zuerst fährt er, dann springt das Auto bockig über Bodenwellen, immer unkontrollierter und steckt schließlich mit der Stoßstange in einem Hügel fest. Der Fahrer versucht rückwärts zu fahren, jaulend drehen die Reifen durch, der Motor qualmt. Die Insassen steigen aus, schwanken, halten sich die Köpfe. Während uns fast die Tränen kommen, lachen die umstehenden Mexikaner neben uns: »Hey, perfecto, perfecto!« rufen sie mit erhobenem Daumen.

Ein Polizeifahrzeug erscheint, dreht aber sofort wieder ab, genauso wie der Traktor, ganz nach dem Motto: Helft euch doch selbst. Irgendwann setzt sich der Verkehr wieder in Bewegung, und im ersten Gang schiebt sich Auto um Auto durch den Sand.

Diese Begebenheit ist symptomatisch für den Alltag in Mexiko: Erst mal machen, schnell drauf los, bis es nicht mehr weitergeht, alles hoffnungslos verknotet ist. Aber wie durch ein Wunder löst sich alles, so als habe es nie Probleme gegeben.

14. Juli · Bahía de los Ángeles – Schnorcheln mit Seehunden

Wir verlassen die Pazifikküste und fahren landeinwärts durch den Wüstennationalpark *Parque Natural del Desierto,* der leicht hügelig verläuft: Kandelaber-Kakteen, die bis zu 15 Meter hoch wachsen und tatsächlich wie riesige Kerzenleuchter wirken, neben bizarr verschnörkelten, astlosen *Cirios,* pfahldünne Sukkulentengewächse. Manchmal herrscht nur eine Kakteenart vor, dann stehen verschiedene zusammen wie in einem Mischwald. In anderen Abschnitten wachsen die Stachelpflanzen zwischen riesigen rund verwitterten Granitbrocken hoch.

■ *Baja California, im Wüstennationalpark*

Leider befinden wir uns zur falschen Jahreszeit auf der Baja. Der Sommer ist hier unerträglich heiß, ganz besonders auf der Seite des Golfes von Kalifornien an der Ostküste. Von der MEX 1 zweigt eine Straße nach Bahía de los Ángeles ab: Vorgelagerte Inseln, wolkenloser Himmel und ein Meer, dessen Farbe wieder mal blauer als blau ist. Ich baue das Zelt auf das Autodach. Nachts zählen wir Sternschnuppen im Minutentakt. Es ist so still, dass wir das Eintauchen der Delfine hören, begleitet von ihren Schreien. Tagsüber beobachten wir große Schwärme, Möwen und Pelikane folgen ihnen.

Ruben, Besitzer eines Campingplatzes, zeigt uns einen Teil dieses Schutzreservates per Boot, das den Namen »Heidi« trägt. »Dieser Zeichentrickfilm hat mich so gefesselt, dass ich den Namen übernommen habe«, erzählt er. Dann gleiten wir in ein Labyrinth von Inseln, alle völlig ohne Bewuchs, nur vereinzelt einige Kakteen. Winzige Eilande sind ganz weiß vom Kot der Vögel.

Neben uns taucht eine Insel aus dem Wasser auf, jedenfalls kommt es mir so vor, als plötzlich der 25 m lange Rücken eines Wales zu sehen ist ... Er kommt einige Male hoch und verschwindet dann, aber nur um an anderer Stelle wieder zu erscheinen. Unser Boot erscheint mit sechs Metern Länge wie eine hilflose, zerbrechliche Schale.

In einer geschützten Bucht halten wir um zu schnorcheln. »Die Seehunde hier sind ausgesprochen freundlich«, erläutert Ruben. Bevor wir uns versehen, schwimmen wohl an die 100 Tiere auf uns zu, sie scheinen regelrecht aus dem Häuschen vor Freude und stimmen kehlige Rufe an, strecken die Köpfe weit aus dem Wasser, um dann plötzlich wie auf ein verabredetes Zeichen unterzutauchen und einige Meter unter uns zu bleiben. Das wiederholt sich oft. Sie scheinen mit uns kommunizieren zu wollen. Wir beobachten einen Rochen, sehen Seesterne und Schwärme von gelb-schwarz gestreiften Fischen. Stella und Piet können zwar noch nicht schwimmen, mit ihren Flügeln um die Arme fühlen sie sich aber sicher. Wir schwimmen Hand in Hand und weisen uns gegenseitig auf neue Entdeckungen hin.

19. Juli · San Ignacio – Palmen in der Wüste

Baja California unterteilt sich verwaltungsmäßig in zwei Bundesstaaten, Baja Norte und Baja Sur. Ohne zu wissen, wo die Grenze zwischen diesen beiden Teilen verläuft, ahnt man es bereits am Straßenbelag: Südlich des 28. Breitengrads nagelneuer Asphalt, sogar weiße Mittelstreifen, und als nie gekannte Krönung Leitplanken, Geschwindigkeitsschilder, Warnungen vor scharfen Kurven. Der Pauschaltourismus konzentriert sich ausschließlich auf die Südspitze, auf die Ferienzentren Cabo San Lucas und San José.

Die einstige Jesuitenmission San Ignacio ist ein beschauliches Oasenstädtchen. Eine ergiebige Quelle bewässert riesige Palmengärten, das satte Grün ist eine ungewohnte Abwechslung für uns. Die Kirche und ein winziges Rathaus stehen am zentralen Platz, dem *Zócalo.* Egal wie klein oder riesig eine Stadt in Mexiko auch ist, man braucht nur zur Kirche oder zur Hauptkathedrale vorzudringen, und man befindet sich im Zentrum mit der *Plaza Mayor* (Hauptplatz), auch *Zócalo* oder *Parque* genannt. Das vereinfacht die Orientierung erheblich.

■ *Mexikanische Straßenmusiker*

Ein Pickup knattert durch die engen Gassen, auf der Ladefläche türmen sich Mangos, ein Helfer steht auf der hinteren Stoßstange und hält eine Waage bereit. Der Fahrer gibt über einen großen Dachlautsprecher das Angebot bekannt. Ein Sack mit zehn Früchten kostet nur wenige Cent.

In kleineren Orten übernimmt ein einziges Geschäft oft mehrere Funktionen, wie zum Beispiel der Video-Shop. Der erste Teil des dunklen Raumes besteht aus Reihen voller Schuhe, die in den offenen Schachteln auf Kunden warten. Spielzeug baumelt von der Decke, Konserven gibt es in einer anderen Ecke. In einem engen Mittelgang türmen sich die Videokassetten, dann folgt die Telefon- und Faxvermittlung im hinteren Ladenteil: Ein wackeliger Schreibtisch, Kabelgewirr, Steckdosen baumeln lose aus der Wand, ein Tischventilator versucht vergeblich für etwas Kühlung zu sorgen.

Ein Mexikaner kramt einen verknitterten Zettel hervor, legt ihn vor ein Mädchen, das offensichtlich zuständig ist. Sie wählt eine Nummer, hält dem Kunden den Hörer hin und drückt auf ihre Stoppuhr. Die Umstehenden nehmen regen Anteil am Gespräch. Wir dürfen unseren Laptop anschließen in die einzige Buchse, kein Problem, die Wartenden sehen es gelassen. Sie wollen nun genau von uns informiert werden, was wir vorhaben. Wer in solchen Multigeschäften Verkäufer, Kunde, Besucher, Familienangehöriger ist, das spielt keine entscheidende Rolle. Jeder Angesprochene versucht zu helfen, und meist ergibt sich auf die Frage nach einer Packung Spaghetti ein nettes Gespräch: Woher, wohin, wie gefällt euch Mexiko ...?

Wir fühlen uns mittlerweile absolut sicher in diesem Land, besser sollte ich sagen »wohl«. Unsere anfänglichen Ängste, vor allem geschürt durch die Horrorgeschichten der Amerikaner, sind ganz gewichen, weil wir erkennen, dass die Menschen uns nicht ausrauben, überfallen, ermorden, entführen wollen, sondern sich für uns interessieren und uns helfen, wo sie nur können. Eine Frage nach dem Weg endet oft damit, dass ein Mexikaner ins Auto steigt und vorfährt oder uns einen Plan zeichnet, auch schon mal bei uns einsteigt und mitfährt. Die Leute erkennen es an, dass wir uns in ihrer Sprache ausdrücken. Aber den allergrößten Bonus verschaffen uns die Kinder: Zwei kleine Blonde, die allein wegen der Haarfarbe auffallen. Fremde, vor allem Frauen, überqueren oft die Straße und streichen den beiden über die Haare: »Qué lindo!« (wie hübsch), »Qué bonito!« (wie schön), sind total aus dem Häuschen. Die Kinder ertragen es mit Gelassenheit, manchmal wird es ihnen auch zuviel, und sie flüchten sich hinter unseren Rücken.

24. Juli · Baja California Sur – wir überfahren eine Polizeisperre

Die Militärchecks und Polizeikontrollen sind das Einzige, an das wir uns nicht gewöhnen können, und die Erklärung: »Wir suchen Drogen und Waffen«, erscheint mir an den Haaren herbeigezogen.

Draußen ist es unfassbar heiß, wir schalten gerade die Klimaanlage vorne ein, als ich eine Polizeikontrolle entdecke. »Schnell Kinder, ‚hola, hola' rufen!« Automatisch fliegen acht Hände in die Luft, ich fahre weiter. »Das geht doch niemals gut«, protestiert Betti. – »Ich glaube, du hast Recht, es gibt Ärger«, muss ich ihr eingestehen, als ich im Spiegel einen Streifenwagen mit Blaulicht sehe.

»Warum haben Sie nicht gehalten?«

»Wieso, ich habe gedacht, dass Sie uns zuwinken!«

»Ihren Führerschein bitte, den behalten wir erst einmal. Sie können ihn sich auf der Wache abholen!«

Die Uniformierte zeigt mir einen Strafenkatalog und deutet auf eine Zahl, etwa 40 Dollar will sie haben. Die würde ich ja noch bezahlen, aber ohne Entzug des Führerscheins und vor allem der Suche nach dem Polizeibüro. Heute ist Samstag, morgen hat alles geschlossen, und zwei Tage in einem kleinen, heißen, staubigen Nest zu verbringen, das wollen wir uns nicht antun.

Ich erkenne, dass die Situation sehr schwierig ist und gebe meine freundliche Haltung auf, doch schlimmer kann es jetzt nicht mehr kommen: »Bitte Ihren Namen, Ihren Rang und die Dienststelle. Ich werde selbstverständlich bezahlen, mich aber beschweren, weil ich mich ungerecht behandelt fühle!«

Völlig unglaublich, was jetzt passiert: Der Polizist, wohl auch der Chef, gibt mir die Papiere zurück, klappt den Strafenkatalog zu und bittet seine Kollegin mit einem knappen Nicken, im Auto zu warten. »Wohin wollen Sie denn heute? Ach, aus Deutschland sind Sie, ja, ja, das WM-Spiel Mexiko – Deutschland ...«

Seine Kollegin verfolgt das Geschehen mit eisigem Blick, schließlich verabschieden wir uns mit Handschlag. »Kannst du das verstehen?« fragt Betti. »Absolut nicht, aber irgend etwas muss ihn ziemlich erschreckt haben.«

Mir steckt noch die Anspannung in den Knochen und ich denke mir für kommende ähnliche Situationen eine neue Taktik aus: »Leider habe ich keine Originalpapiere dabei, nur Kopien und auch kein Geld. Die Originale liegen in meinem Appartement in Mexico City ...«

26. Juli · Cabo San Lucas – zur Abwechslung mal Luxus pur

In Cabo San Lucas in einem Internetcafé treffen wir eine kanadische Familie – Shawna, Randy und den sechsjährigen Jeremy. »Nach 26 Jahren als Musiker brauche ich eine Veränderung und habe alles verkauft«, erzählt Randy. Die drei reisen mit einem Wohnmobil, halten sich schon sieben Monate auf der Baja auf. Unsere Begegnung dauert nur etwa zehn Minuten, da sie noch heute mit der Fähre aufs mexikanische Festland übersetzen wollen. Wir tauschen die E-Mail-Adressen.

»Warum macht ihr euch nicht ein paar ruhige Tage in unserer

Wohnung in Cabo San Lucas, sie steht im Augenblick frei. Ich informiere noch morgen die Verwalterin«, überrascht uns Shawna.

Einige Tage später betreten wir eine gepflegte Hotelanlage und holen die Schlüssel ab, dem Auto gönnen wir mal eine Pause und ziehen um: Küche, großes Bad, Schlafzimmer und einen riesigen Swimmingpool dürfen wir völlig kostenlos benutzen und sind sprachlos angesichts der Gastfreundschaft und dem Vertrauen, das uns von Fremden entgegengebracht wird!

Die Lage von Cabo ist wunderschön: Große Bucht, vorgelagerte Felsen mit dem »Ende der Welt«, der Kapspitze *Finisterra* mit dem Felsbogen *El Arco.* Aber was für ein Unterschied herrscht hier an der südlichsten Spitze der Halbinsel: Wassermotorräder, Segelyachten, Glasbodenschiffe, Bananenboote ... Mexikaner bieten am Strand ihre Waren an: Strohhüte, Decken, bemalte Holzteller, Silberschmuck, Bikinis, Kaugummis. Die Verkäufer sind nicht aufdringlich und lassen uns nach einem »no, gracias« sofort wieder in Ruhe. Abends geht es in der Stadt nicht anders zu als auf Gran Canaria oder an der Costa Brava.

Für zwei Tage genießen wir den Rummel, aber danach reicht es uns und wir suchen uns eine einsame Stelle mit dem Wohnmobil am Meer.

1. August · San Pedrito – Chefkoch Ueli

San Pedrito liegt zwar nur eine Stunde nördlich von Cabo San Lucas, aber hier hat man vom Massentourismus noch nichts gehört. Für einige Dollars können wir uns an eine beliebige Stelle am Meer stellen, neben uns eine schattenspendende palapa (ein Dach auf vier Pfosten mit Palmblättern gedeckt), und auch den Swimmingpool dürfen wir benutzen, der sich neben einem Restaurant befindet.

Wir haben keine Eile, schließlich liegt die Baja so gut wie hinter uns, wenn wir auch vier Wochen blieben anstatt »einiger Tage«. Unsere Tagesabläufe wiederholen sich: Hängematte, lesen, grillen, schwimmen, Hängematte, Bier unter Sternenhimmel ...

Eine schwerbeladene BMW, Schweizer Kennzeichen auf der Schutzscheibe, hält ganz in der Nähe. Ueli, früher Chefkoch, reiste 20 Monate durch Südamerika, verliebte sich in eine Brasilianerin. »Ich muss zu Hause noch ein paar Sachen klären, alles verkaufen, und dann werde ich zurückkommen und dort leben, vielleicht ein Restaurant eröffnen ...«

Wir treffen so viele Menschen, die sich spontan entschließen, ihrem Leben eine ganz andere Richtung zu geben, und ich spüre, er wird sich seinen Traum erfüllen. »Falls ihr in Brasilien seid, müsst ihr auf die Insel Santa Catarina, ich gebe euch die Adresse von meiner Freundin ...«

Nach über einem Jahr werden wir genau dort sein, am Wohnmobil lehnen, und wer kommt uns entgegen, Arm in Arm mit seiner Freundin? Richtig, Ueli ...

4. August · La Paz – Stellas erster Schultag

Stella würde jetzt in Bochum eingeschult. Schultüten gibt es keine richtigen in Mexiko, und so muss eine bunte Papiertasche herhalten. Schließlich kommt es auf den Inhalt an. Die Unterrichtsmaterialien haben wir dabei, zusätzlich Noten und eine Flöte. Auf eine Tafel schreiben wir: »Mein erster Schultag«. Fotos von Stella alleine, Stella mit Eltern, Stella mit Eltern und Bruder. Sie kann es gar nicht abwarten, endlich in die Schule zu dürfen: »Ich will aber jeden Tag lernen!«

Wir können wenigstens den Sonntag als schulfrei herausschlagen, und dabei wird es bis zum Ende der Reise bleiben – jeden Vormittag sitzt Stella über ihren Büchern. Ich bin zuständig für Mathe und Sport, Betti für Lesen, Schreiben, Flöte, wobei wir uns nicht täglich abwechseln, sondern in Blöcken: Vier Wochen nur Rechnen, dann folgt Schreiben und Lesen. Der Unterrichtsraum wechselt je nach Wetterlage. Oft sitzen wir am Campingtisch, Blick aufs Meer, in kurzen Hosen, der Lehrer mit einer Tasse Kaffee, die Schüle-

■ *Stellas erster Schultag*

rin darf zwischendurch etwas naschen. Im Nachhinein glaube ich, dass wir durch diesen festen Termin viel langsamer reisten und dadurch auch viel intensiver. Es besteht erst gar nicht die Möglichkeit, lange Strecken an einem Stück zurückzulegen. Durchschnittlich findet das »home schooling« 30 Minuten statt.

Wir wollen das Auto äußerlich so gestalten, dass es als Familienfahrzeug erkannt wird. Bereits in Los Angeles ließen wir aus Abziehfolie in großen Buchstaben die Schriftzüge »Alemania« schneiden, jetzt bekleben wir damit das Wohnmobil vorne und hinten. Dazu auf den Seiten Palmen, Affe, Sonne, Himmel, Elefant, Flugzeug, Wolke, Mond, Muscheln und Fische. Mal sehen, wie die Reaktion ausfällt. Bekanntlich stehen bei vielen Mexikanern US-Amerikaner nicht in allzu gutem Ruf.

Als wir vor einer Ampel halten, hören wir: »Alemania«. Es wird uns erst später bewusst, dass uns das gilt, und die Reaktionen sind immer positiv. Oft werden sie mit hoch erhobenem Daumen begleitet oder Zurufen wie »Guten Tag! Wie geht's? Gute Reise!«

Wir erreichen die große Hafenstadt La Paz. Viele Mexikaner verbringen hier ihren Urlaub. Entlang der Promenade beginnt erst abends das Leben. In einem Restaurant hören wir einer Band zu. Die Spieler sind um die 60 Jahre alt, es macht ihnen einen Riesenspaß, das spürt man, auch wenn es unüblich ist, dass Beifall geklatscht wird. Die Frontseite des Restaurants ist vollkommen offen. Eine Mariachi-Gruppe zieht vorbei: Kontrabass, Gitarre, Trompete, Geige, Sänger. Die Musiker fragen an den Tischen, ob sie spielen dürfen, natürlich gegen Entgelt. Eine Gruppe Mexikaner engagiert sie, obwohl ja bereits eine Band spielt. Beide Gruppen spielen jetzt gleichzeitig, und wir sitzen genau dazwischen. Ein Ohr wird mir von den Mariachis vollgedröhnt, das andere mit der Musik der älteren Herren, hier schmetternd-schmalzige Liebeslieder, dort romantische Klänge. Ich frage mich wie lange das gutgeht und wann sich der Restaurantbesitzer beschwert – aber niemanden scheint es zu stören. Passanten bleiben stehen, einige beginnen zu tanzen, andere singen lautstark mit. Und ob Jugendliche oder Ältere, alle kennen die Texte ...

6. August · Zugfahrt zum Kupfercanyon

Mit einer großen Autofähre verlassen wir von La Paz die Baja California und kommen nach einer zwölfstündigen Fahrt morgens in Topolobambo auf dem mexikanischen Festland an. Wieder einmal lassen wir uns von anderen Reisenden überzeugen, dass wir unbedingt die »Barranca del Cobre« (Kupfercanyon) sehen müssen, ein Schluchtensystem, das viermal größer ist als der Grand Canyon. Allerdings ist es nur mit dem Zug von der Küste aus zu erreichen. Das Auto müssen wir irgendwo unterstellen. Mir wäre am liebsten, wenn wir es in der Nähe des Bahnhofs in Los Mochis abstellen könnten. Ich versuche mein Glück bei einem Anwohner, der direkt an den Gleisen wohnt und dessen Grundstück von einem hohen Zaun gesichert wird. »Natürlich, kein Problem. Drei Tage kosten, sagen wir mal, zehn Dollar. Ist das in Ordnung?« – »Könnten es auch sieben Dollar sein?« – »Bueno, bring' das Auto wann du willst!« Der Mann macht einen vertrauensvollen Eindruck.

Punkt 6 Uhr soll der Zug abfahren, etwa eine halbe Stunde vorher stehen wir vor dem abgeschlossenen Tor, und ich klopfe den verschlafenen Mexikaner wach. Mit einem Handtuch um die Hüfte schließt er auf und wartet mit schläfrigen Augen, bis ich das Auto in dem engen Hof geparkt habe. Eine Stromleitung ist im Weg und muss mit einem Holz hochgehalten werden. Beim Rückwärtssetzen drücke ich einen Zaunpfosten um, dann steht der Wagen endlich richtig.

Schaffner in Anzügen, grau-weiß gestreiften Westen und rotem Schlips zeigen uns die Plätze. Es gibt zwei unterschiedliche Züge: einen 1.- und einen 2. Klasse-Zug. Der billigere hat den Nachteil, dass sich die Fenster nicht öffnen lassen, und da er nicht klimatisiert wird, wird es in den Abteilen sehr heiß. Der »Primero«-Zug startet auch als erster und ist zwar etwas teurer, doch dafür sorgt die Klimaanlage für angenehme Temperaturen – immerhin dauert die Fahrt etwa elf Stunden.

Die Diesellok quält sich kontinuierlich leicht bergauf. Wir passieren erste Brücken. Die Waggons schaukeln und schwanken, der Zug ächzt und quält. Bei Tunneldurchfahrten werden Schmutzpartikel von den Wänden zurückgeworfen und finden einen Weg durch die offenen Fenster am Anfang und Ende der einzelnen Wagen. Es geht vorbei an Schluchten, ähnlich denen im Grand Canyon, nur mit dem Unterschied, dass sie grün bewachsen sind. Entlang der Strecke sind Arbeiter mit Reparaturen beschäftigt, Tarahumara-Indianer arbeiten auf kleinen Maisfeldern, einziges Fortbewegungsmittel stellt das Pferd dar. Und immer wieder kommen Brücken, erbaut aus einem Gitterwerk von Holzstämmen. Rechts und links gibt es keinerlei Befestigungen, man guckt aus dem Fenster direkt in die Tiefe von 100 Metern und mehr.

Nach elf Stunden erreichen wir Creel, etwa 2000 m hoch und angenehm kühl. Ein kleiner Junge drückt uns die Visitenkarte einer *Casa de Huespedes* (Familienpension) in die Hand, wo wir ein Zimmer bekommen, Frühstück und Abendessen inklusive.

Der Ort mit seinen grobgepflasterten Straßen wirkt auf den ersten Blick beschaulich und lebt hauptsächlich vom Tourismus. Es gibt zahlreiche Hotels, Pensionen, Restaurants, Andenkengeschäfte und eine Eisdiele mit lauter Musik.

Beim Essen lernen wir Uwe kennen, einen schwäbischen Motorradfahrer, der in Alaska gestartet ist und bis Feuerland möchte. Er wirkt müde, ist einsam und fragt, ob er sich uns für ein paar Tage anschließen könne. Warum nicht, antworten wir – und werden dann die nächsten sieben Wochen zusammen bleiben.

■ *Uwe, für die nächsten sieben Wochen das 5. Familienmitglied*

Ein kleiner Tarahumara-Junge zeigt Kunststücke auf einem Pferd. Er reitet barfuß ohne Sattel und lässt das Tier vorne hochsteigen. Als Lohn spendiert ihm jemand ein Eis. Andere Indianer schlurfen in bunten Trachten durch die Straßen. Über dem Arm haben sie Ketten, Holzpüppchen oder kleine geflochtene Körbchen. Sie machen keinen Versuch etwas zu verkaufen. Kinder ohne Schuhe tragen löchrige Kleidung, ihre Gesichter sind ungewaschen. Schweigsam und mit ausdrucksloser Miene setzen sie sich auf die Straße. An ihnen geht die Entwicklung vorbei. Während viele Tarahumara noch in Erdhöhlen außerhalb des Orts leben, machen die Städter Geschäfte mit dem Tourismus: Mexikaner, die hierher ziehen, Geld mitbringen und Touren anbieten, Zimmer vermieten. Den Ureinwohnern bleiben billige Handarbeiten, und wenn sie Glück haben, finden sie einen Job als Köchin, Zimmermädchen oder Fahrer.

8. August · La Bufa – mit dem Taxi in den Kupfercanyon

Frederico wartet neben seinem Taxi auf Gäste. Das Auto gehört ihm nicht, jeden Morgen muss er den Besitzer bezahlen. Wir heuern ihn für eine Fahrt in den Kupfercanyon an.

Wir kommen durch Wälder, auf gerodeten Flächen grasen Kühe, Schafe oder Ziegen, vereinzelt Pferde. Männer bearbeiten Felder mit Handgeräten, Traktoren sehen wir nie. Die nachfolgende Piste ist miserabel, der Regen hat tiefe Querrillen ausgewaschen. Entlang der Strecke stehen Kreuze, kleine Altäre und manchmal eine winzige Kirche. Jedesmal bekreuzigt sich Frederico, küsst ein Amulett, das am Spiegel hängt. Bei der alten Kiste, die er chauffiert, scheint das angebracht: »Ich rauche nicht, trinke nicht und liebe nur meine Frau und meinen Beruf«, erzählt er uns. Naja, für seine Frau bleibt nicht viel Zeit, denn angeblich fährt er sieben Tage pro Woche, je zwölf Stunden! Doch er beklagt sich nicht, eher habe ich das Gefühl, als sei er dankbar, überhaupt einen Job zu haben.

Tausend Meter tiefer schlängelt sich der Río Batopilas. Der Fluss ist braun von der Erde, die der Regen hineinspült. Eigentlich unvorstellbar, dass diese Schluchten hier viermal größer sind als der Grand Canyon und den meisten Menschen völlig unbekannt.

Der klapprige Datsun stottert den steilen Weg zurück, Frederico bekreuzigt sich nur noch selten. Vielleicht ist das der Grund, warum das Auto plötzlich stehen bleibt und nicht mehr anspringt. Ein Blick unter die Motorhaube: Alles ist noch vorhanden, vor allem Draht und Klebeband. »Darf ich mal nachsehen?« schlägt Uwe vor. Er ist Kfz-Meister. Frederico atmet auf – und sieht erleichtert zu, wie ein völlig verdreckter Benzinfilter ausgetauscht wird.

Die Rückfahrt im Zug nach Los Mochis verläuft ohne nennenswerte Probleme, sieht man einmal davon ab, dass wir achteinhalb Stunden Verspätung haben. Schwere Regenfälle sollen die Schienen unterspült haben. Unterwegs hält der Zug irgendwann mitten in der Nacht. Ich kann sowieso nicht schlafen, weil es eiskalt ist – die Klimaanlage läuft auf vollen Touren, das Personal kann sie nicht bedienen. Wir halten neben einem Taco-Stand und der Lokführer bestellt sich erst einmal einige, lässt sie sich belegen und isst sie gleich an Ort und Stelle. Andere Fahrgäste tun es ihm gleich, die Stimmung ist richtig gelöst, wen kümmern schon achteinhalb Stunden Verspätung? So, jetzt noch die Finger ablecken, dann steigt er in seine Lok, zieht einmal an der Pfeife, es geht weiter.

10. August · Autobahnen auch für Fußgänger, Radfahrer und Tiere

Autobahnen, wie wir sie in Europa oder den USA kennen, werden zwar auch in Mexiko als solche bezeichnet, aber »kleinere« Unterschiede gibt es doch: Die Fahrbahnen sind fast völlig leer, weil man Gebühren bezahlen muss *(peaje).* Bis Mazatlán kosten 200 Kilometer sage und schreibe 25 Euro! Wir benutzen sie nur, um große Städte zu umfahren, oder wenn wir mal richtig Kilometer machen wollen (das schaffen wir jedoch nie). Der schöne glatte Belag wird von Radfahrern genutzt, genauso wie von Fußgängern. Leitplanken gibt es selten, und so kann es passieren, dass ein Traktor mit breitem Pflug auf der Fahrbahn wendet. Am häufigsten nutzen Überlandbusse die *Autopistas,* und deren Fahrer kennen nur eines: Gas geben und überholen. Sie sind nicht rücksichtslos, jedenfalls uns gegenüber nicht, aber sobald ich einen im Spiegel sehe, setze ich den linken Blinker – was in Mexiko »überholen möglich« bedeutet –, werde langsamer und warte, bis mich ein gewaltiger Luftzug hin- und herschaukelt.

Es ist entspannend, mal ohne Gegenverkehr die Landschaft aufnehmen zu können: Riesige Felder zu beiden Seiten, Maschinenparks, Bauern, Mangoplantagen, lange Reihen von Bananenstauden und immer wieder kleine Holzstände am Straßenrand, die unter der Last des angebotenen Obstes eigentlich zusammenbrechen müssten. Oft werden einsitzige Flugzeuge zum Düngen eingesetzt.

Die MEX 200 läuft parallel zum Pazifik, oft entlang von großen Buchten mit menschenleeren Traumstränden. Dann verlässt sie das Wasser, steigt in ununterbrochenen Kurven an und plötzlich liegt dasselbe Panorama tief unter uns. Viele Geraden gibt es nicht. Vor allem aber gibt es keine *topes,* Geschwindigkeitsbrecher, höhergelegte Querschwellen, meist am Ortsein- und -ausgang. Manchmal tauchen sie auch vor Einfahrten auf, vor Schulen oder mitten im Nichts. Die meisten Topes sind farbig gekennzeichnet, oft warnt ein Schild 100 m vorher. Aber manchmal übersehe ich sie. Einmal fliegen wir mit 70 km/h darüber, vorne steigt das Auto leicht in die Höhe, und als wir mit der Hinterachse drüber sind, springen Türen auf, Tassen, Teller, Gläser liegen auf dem Boden. Im Bad rollen Zahnputzbecher, Wasserbehälter und Medikamente umher und unter dem Fahrzeug vernehme ich ein metallisches Krachen. Diesmal wurde die Aufhängung der Eingangsstufe komplett unter das Chassis gedrückt.

15. August · El Real – der Sonntag ist zum Trinken da

Eher zufällig folgen wir einer Stichstraße und landen am Meer. Jemand muss wohl ein Umleitungsschild falsch aufgestellt haben. Es ist Sonntag. Jeder der ein Auto besitzt, scheint hierher gekommen zu sein: Ein Restaurant steht neben dem anderen, teilweise parken die Autos neben Tischen und Stühlen, die von langen Palmdächern vor der Sonne geschützt werden. Wahllos suchen wir uns ein Restaurant – sandiger Boden, etwa 50 Plastiktische mit weißen Stühlen. Zwischendrin baumeln Hängematten, in die sich betrunkene Männer fallen lassen. Die Restaurants liegen einige Meter oberhalb des Wassers, und während hier gegessen wird, dienen die Tische unten am Strand dazu, dass man sich mit seinen Getränken dort entspannt. Ganze Familien, meist drei Generationen, scheinen sich hier von morgens bis abends aufzuhalten. Das Meer ist wild, große Wellen brechen und niemand traut sich ins Wasser. Die Tische quellen über: Tequila, Rum, Bier, Cola, Wasser. Ob die Männer betrunken sind, das lässt sich nur erahnen, nie erhebt sich einer aus seinem Stuhl. Einmal beobachte ich eine Frau, wie sie ihren Mann stützt, der versucht bis zum Auto zu gelangen. Als eine Musikband spielt tauen die Männer auf, sie stützen sich auf die Stuhllehne und brüllen zu den gewünschten Liedern.

Nur einige Kilometer weiter finden wir einen einsamen Küstenstreifen mit Palmen und Palapas. Mitten auf einem Fußballfeld macht sich ein Mann an einem riesigen Berg Kokosnüssen zu schaffen, entfernt die faserigen Schalen und verbrennt sie. Schweine schnüffeln nach Essbarem. »Hier könnt ihr bleiben. Ja, es ist ruhig und völlig sicher.«

Uwe und ich bauen die Campingstühle auf, hängen eine Solardusche nach draußen und strecken zufrieden die Beine aus – haben wir doch noch unseren Traumstrand am Pazifik gefunden. Betti und die Kinder sind noch im Auto, als zwei rostige Straßenkreuzer angeknattert kommen und sich direkt neben uns stellen. Acht Männer steigen aus, einige torkeln mit Bierflaschen in der Hand. Fünf von ihnen entfernen sich, wollen zum Fischen, die anderen machen es sich in unseren Stühlen bequem, wir sollen mittrinken. Das Wort führt ein dicker *muchacho* (Kumpel): »Mexiko ist das beste Land, Prost. Ich war schon in Israel, Rom, Paris.« – »Eiffelturm« will ich ergänzen, aber das hört er kaum noch, murmelt etwas von: »Viva México, bestes Land ...« Dann fällt er mit dem Stuhl zur Seite. Vorsichtig legen wir ihn neben seine zwei Freunde im Sand, packen frustriert zusammen, um weiterzufahren. Der Sonntag gehört den Mexikanern, nicht den Touristen.

17. August · Paricutín – auf Pferden zum Vulkan

Wir verlassen die Küste und damit die Hitze. Die Straße steigt ständig an, wir befinden uns in den westlichen Ausläufern der Sierra Madre. Noch können wir nicht ahnen, dass wir erst in etwa vier Monaten das Meer wiedersehen werden. Wir tragen noch kurze Hosen, T-Shirts und wundern uns über Männer in dicken Jacken, die Hände tief in ihren Taschen vergraben.

Angahuan ist Ausgangspunkt für Touren zum Vulkan Paricutín. Als wir den Ort erreichen, ist es dunkel, fast nirgendwo brennt Licht, dafür Feuer vor den Häusern. Gestalten stehen tief vermummt unter Dachvorsprüngen und an Türpfosten. Die Gassen sind eng und steil, kaum passt das Wohnmobil durch, ohne dass nicht ständig ein Korb aus dem Weg geräumt werden muss, ein Fahrrad ins Haus geschoben. Ein Mann springt aufs Trittbrett und will uns den Weg zu einem Hotel zeigen. Wir fahren aus dem Ort hinaus, ich kann nur den ersten Gang benutzen. Uns wird allen langsam unheimlich, und für einen Augenblick überlege ich, ob ich nicht plötzlich beschleunige, unseren Führer abwerfe und wir tagsüber zurückkommen sollen, als endlich zwei große Tore auftauchen und wir am Ziel sind.

Nachts stellen wir tatsächlich die Standheizung an, auf 1600 m Höhe wird es richtig kühl. Gestern Nacht vermissten wir sehnlichst eine Klimaanlage und jetzt, nur 300 km weiter, rollen wir uns in die warmen Schlafsäcke!

■ *Im Lavagrab: Die Kirche San Juan*

1943 zerstörte der Vulkan Paricutín ein ganzes Dorf, nur die Kirche blieb wie durch ein Wunder verschont und ragt aus erstarrter Lava. Wir mieten Pferde, und auf schwarzem Vulkansand kommen wir durch enge, ausgewaschene Schluchten, deren Wände einige Meter hoch sind und ausschließlich aus vulkanischem Gestein bestehen. Drei Stunden bewegen wir uns über diese fruchtbare Ebene, vereinzelt bearbeiten Bauern Felder, pflanzen Obstbäume. Der Gipfelaufstieg zu Fuß ist anstrengend, weil der Untergrund ständig nachgibt und man immer wieder im Sand runterrutscht. Aus Spalten um uns herum dampft es, als wir den oberen Rand des Vulkans erreichen und ins Innere blicken – nichts deutet darauf hin, dass von ihm so eine zerstörerische Kraft ausgeht.

Auf dem Rückweg klettern wir zwischen den großen scharfkantigen Lavabrocken bis zur Kirche San Juan, die sehr groß gewesen sein muss. Von den beiden Türmen steht einer noch komplett, hundert Meter weiter der Altar, blumengeschmückt, der Rest des Schiffes liegt im Lavagrab.

In Angahuan leben ausschließlich Tarasken. Sie wirken verschlossen, und wenn dann noch der Regen einsetzt, sich die Wege in Schlammpfade verwandeln, erscheint alles so trostlos, deprimierend, irgendwie ohne Hoffnung. Zwar erwidern die Menschen meist unser »buenos dias«, aber nie kommt es zu mehr als diesen zwei Worten. Frauen meiden grundsätzlich unsere Blicke.

Um so erstaunter sind wir, als uns beim Abschied vom Hotel eine Taraskenfrau anspricht: Blauer Rock, rote Bluse, ein Baby trägt sie in einem dunkelblauen Tuch vor der Brust. Das Alter kann man ihr unmöglich ansehen, nur erraten: Das Älteste der drei Kinder ist sieben Jahre, also wird die Frau Anfang 20 sein. Zu fünft leben sie in einem einzigen Raum aus Brettern mit Wellblechdach. Sie fragt schüchtern, ob sie den Kindern über die Haare streichen darf. Ungläubig zeigt sie auf Piets Augen: »Ojos azules ...!« (blaue Augen). Die Tür zum Wohnmobil steht offen: »Ist das ein Herd?« Sie dreht die Wasserhähne in der Küche auf, was sie sieht übersteigt ihre Vorstellung. Was geht in solchen Augenblicken in den Menschen vor, frage ich mich und fühle mich schlecht: Hier der reiche Tourist in seinem Wohnmobil mit Dusche, Kühlschrank und Heizung, da die Tarasken, barfuß, ohne Geld und Arbeit. Ihr Wasser ziehen sie aus einem Brunnen, wenn es kalt wird, zünden sie ein Feuer in ihrem winzigen Raum an.

Ganz gleich, wie lange wir reisen, immer treffen mich diese Gegensätze, aber noch viel mehr die Erkenntnis, dass ich ganz unmittelbar an den Verhältnissen nichts ändern kann. Ich versuche mir einzureden, dass diese Menschen das Andere registrieren, es für sie aber so unerreichbar und fern ist, dass sie es nie in Bezug zu ihrem eigenen Leben setzen. Meine Schuldgefühle bleiben.

■ *Familienfoto mit Taraskenfrau*

22. August · Kolonialstadt Pátzcuaro – das wahre Mexiko

Ist das dasselbe Land, fragen wir uns, als wir in Pátzcuaro ankommen, nur eine Stunde entfernt von Angahuan und den Tarasken? Wir halten an einem kleinen Straßenstand, um eine Torta zu essen. Der Besitzer begrüßt uns, hört gar nicht mehr auf zu fragen, stillt auch unsere Neugier, und als wir fragen, ob wir ein Foto von ihm und seinem Stand machen dürfen, sagt er stolz: »Claro, immer, immer!«

Im historischen Zentrum dieses Kolonialortes befinden sich zwei große Plätze. Wir parken an der *Plaza Vasco de Quiroga,* die umsäumt wird von zweistöckigen Gebäuden mit schmiedeeisernen Balkonen und überstehenden Dächern, vielen Cafés und Restaurants. Zwischen Rasenflächen, symmetrisch angeordneten Hecken und hohen Bäumen plätschert im Platzzentrum ein Springbrunnen.

Männer lassen sich die Schuhe putzen, Musikgruppen spielen, Essstände verkaufen Tacos und Tortillas, Straßenhändler und Luftballonverkäufer preisen ihr buntes Sortiment an. Eigenartigerweise schließen bald nach Sonnenuntergang die meisten Restaurants. Zur gleichen Zeit brennen bei den Garküchen Feuer unter riesigen Pfannen, Lichter und Lampen flackern. Holzbänke und Tische stehen im Freien, mittendrin die Küche, der Chef wirbelt. Er bedient mehrere Leute gleichzeitig: Uns fragt er nach der Bestellung, einem anderen Gast würzt er das Gericht, das seine Frau ihm anreicht. Obwohl es beim Kochen schon heiß genug ist, trägt die gut gelaunte Köchin eine weiße Strickmütze! Sie lädt in unglaublicher Geschwindigkeit mit ihrem Holzschieber Kartoffeln, Möhren, Zwiebeln, Hähnchenfleisch auf den Teller. »Käse dazu?« – »Sí, por favor.« – »Chili?« – »No, gracias.«

Der sogenannte »informelle Arbeitsmarkt« ist in Mexiko riesig. Viele Menschen ohne einen festen Job schaffen sich mit Phantasie eigene: Einweiser bei Parkplätzen, selbstgefertigtes Holzspielzeug wird verkauft oder sie bewachen oder waschen geparkte Autos, natürlich unaufgefordert und in der Hoffnung auf einige Peso. Als wir einmal zurück zum Wohnmobil kommen, sieht es so anders aus. Stolz wedelt ein Mann mit seinem Tuch: »Ich habe Ihr Auto geputzt, Señor!« Das sehe ich auch und muss im gleichen Augenblick über die Situation lachen. Ich möchte gar kein sauberes, neu und teuer aussehendes Fahrzeug. Nach wochenlangem Nichtwaschen habe ich das Gefühl, dass sich niemand freiwillig diesem staubigen, schmutzigen Fahrzeug nähert. Ich gebe zähneknirschend zehn Peso – vielleicht sollte ich ein Schild anbringen: »Bitte nicht waschen«.

Wir parken dicht neben Häusern und als ich losfahre, vergesse ich, dass das Heck weit ausschert, wenn ich vorne stark einschlage. Zu spät. Ich bleibe mit der hinteren Kante an den Eisengittern eines Fensters hängen, reiße einige Stäbe aus dem Beton. Der Besitzer des Hauses erkundigt sich nach der Ursache für den Lärm. Ich sehe ihn fragend an. »Macht nichts, fahr weiter«, winkt er gleichgültig ab und lacht.

Eine alte Frau, leicht gebückt, die grauen Haare zu zwei langen Zöpfen zusammengebunden, spricht uns vor einer Kirche an, wir möchten doch hereinkommen. Die Kirche ist San Jeronimo geweiht, dem Schutzpatron des Ortes. Neben der katholischen Ausgestaltung mit zahlreichen Heiligenfiguren, Beichtstuhl und Wandgemälden finden sich Anzeichen einer Vermischung aus dem Leben der Tarasken: Blauweiße Papiergirlanden spannen sich von Wand zu Wand, Luftballons schweben über den Heiligenbildern. In einem Glaskasten befindet sich eine lebensgroße Jesusfigur in blauem Samtgewand mit Dornenkrone, gemalte Blutstropfen auf dem Holzgesicht. An jedem Ärmel ist eine Dollarnote mit einer Nadel befestigt: Aufforderung für eine Spende, die man in den Schlitz eines kleinen Holzkästchens schiebt. Die alte Frau verteilt brennende Kerzen an die Besucher, die damit in einen Seitentrakt gehen, zur Mutter Gottes beten und die Lichter dort auf den Boden stellen.

25. August bis 10. November · Pause vom Reisen – San Miguel de Allende

Unsere kanadischen Freunde schicken eine Mail aus San Miguel de Allende. Wir haben noch nie von dieser Stadt gehört und schlagen den Straßenatlas auf, um nachzusehen, ob San Miguel de Allende (S.M.A.) auf unserem Weg liegt. In ihrer Mail steht: »Der Ort hat etwa 150.000 Einwohner und liegt auf 1900 m Höhe. Das Klima ist immer frühlingshaft mit Temperaturen um 25 Grad am Tage und etwa zehn Grad während der Nacht. Die alte Kolonialstadt liegt an einem steilen Hügel mit Blick auf den Fluss Laja und die Guanajuato-Berge, die in der Ferne blau erscheinen. San Miguel wurde 1542 gegründet und bekam später den Zusatz ‚de Allende', zu Ehren des mexikanischen Unabhängigkeitskämpfers, der hier geboren wurde. Von der Quelle ‚El Chorro' blickt man auf die blauen und gelben Kuppeln der etwa 20 Kirchen. Die Stadt wurde zum Nationaldenkmal erklärt, sämtliche baulichen Veränderungen werden stark überwacht. Es gibt viele Sprachschulen, Malakademien, romantische Cafés und gemütliche Restaurants und etwa 15 km entfernt, mitten auf dem Land, den Colegio ‚Los Charcos', eine winzige Waldorfschule, die unser Sohn besucht. Wir warten auf euch, wann kommt ihr?« – »Am besten sofort!« denken wir.

Einen Tag später rumpelt das Wohnmobil über grobes Kopfsteinpflaster durch Gassen, die viel zu eng sind. Wenn ein anderes Fahrzeug entgegenkommt, heißt es: Spiegel einklappen, im Schrittempo aneinander vorbei, oft nur mit 10 cm Platz. Es wird die erste und einzige Fahrt mit dem Wohnmobil in die Stadt sein, das schwören wir uns und werden uns zweieinhalb Monate daran halten.

Koloniales Stadtkleinod: San Miguel de Allende

In erster Linie wollen wir länger an einem Platz bleiben, weil wir unsere Spanischkenntnisse verbessern wollen. Es gibt noch andere Überlegungen, die uns zu einem Aufenthalt bewegen: Zwar reisten wir bis jetzt ausgesprochen langsam, »kratzten« aber doch nur immer an der Oberfläche einer Stadt oder Gegend. Jetzt möchten wir vor allem das Leben der Menschen intensiver kennen lernen. Das erscheint uns nur möglich, wenn wir irgendwo länger bleiben und am Alltag teilnehmen. Wir in einer Sprachschule, die Kinder in der Schule bzw. im Kindergarten, eventuell mit Unterkunft bei einer mexikanischen Familie. Außerdem brauchen wir eine Pause, um die Eindrücke in den USA und auf der Baja California zu verarbeiten. Wie lange wir in S.M.A. sein werden, das überlassen wir ganz dem Zufall, und wir vertrauen darauf, dass irgendwann der Zeitpunkt kommt, an dem wir uns einig sind: Bleiben wir oder fahren wir weiter?

Los Charcos – Kindergarten und Schule aus einer anderen Welt

Zunächst suchen wir den Colegio Los Charcos und lassen die Stadt hinter uns. Nach etwas 10 km biegen wir auf eine schlechte Piste ab, bis wir nach weiteren zehn Minuten vor kleineren Gebäuden stehen, alle aus rotem Ziegelstein gemauert. Der Schulbetrieb setzt offiziell in drei Tagen ein, Lehrerinnen und Betreuerinnen sind mit letzten Vorbereitungen beschäftigt. Das Personal spricht teilweise Deutsch, weil einige Frauen während ihrer waldorforientierten Ausbildungsphase in Deutschland lebten.

Wir sehen uns einen Teil der Schule an, die von etwa 40 Kindern besucht wird. Etwa 1 km entfernt befindet sich ein Schwimmbecken, leicht erhöht. Über geflieste Stufen steigt man an den Rand, eine Thermalquelle füllt den Pool. Wir müssen Stella und Piet gar nicht erst fragen, ob sie diese Schule besuchen möchten. Das riesige Areal gehört einem 52-jährigen Mexikaner.

Am Wochenende sind die Eltern eingeladen: Fensterrahmen müssen gestrichen, Scheiben eingesetzt, Unkraut gezupft werden. Die Atmosphäre ist ausgelassen, irgendwie erinnert sie an Aufbruchstimmung, Neubeginn.

■ *Schule Los Charcos, Einschulung*

Mittags läutet Anna eine Glocke, Eltern und Kinder essen gemeinsam Eintopf. Anna ist das »Herz« von Los Charcos. Sie stellt uns die anderen Lehrkräfte vor. Piet darf den Kindergarten und Stella die erste Klasse besuchen, wir müssen Schulgeld entrichten und dürfen die Kinder so lange teilnehmen lassen, wie wir möchten, auch für kurze Zeit. Jeder Schulanfänger bekommt eine rote Rose, dann stürmen sie in die Klassenräume. Der Unterricht findet zweisprachig statt: »Ein bisschen Englisch verstehe ich ja, und ansonsten gucke ich einfach, was die anderen Kinder machen und mache es nach«, erzählt Stella. Ich bewundere den Mut unserer Kinder, die sich mit Händen und Füßen, wenigen bekannten Vokabeln verständlich machen. Wenn ich sie so aus der Entfernung beobachte, wie sie mit den anderen Seile hochklettern, im Sand spielen, sich gegenseitig Grashüpfer und Ameisen zeigen, käme ich gar nicht auf den Gedanken, dass sie erst einen Tag hier sind. Uns fällt ein Stein vom Herzen, denn wir wollen vormittags in eine Sprachschule und hätten sonst darauf verzichten müssen, wenn Stella und Piet »Los Charcos« abgelehnt hätten.

Die ersten Tage nächtigen wir auf einem Campingplatz vor der Stadt. So langsam finden wir unseren Rhythmus und haben das Gefühl, als seien wir zu Hause. Um 6.20 Uhr (!) klingelt der Wecker. Um 8 Uhr kommt der Schulbus, und wir brauchen zehn Minuten bis zur Haltestelle. Viertel vor acht beginnt dann Hektik: Zähne putzen, wo sind die Schuhe? Ich stoße gegen Piets Legobauten: »Das muss ich unbedingt jetzt zusammensetzen«, schreit er. 7.50 Uhr, wir haben es geschafft, Küsschen, dann gehe ich Hand in Hand mit den beiden los. Jeder trägt einen kleinen Rucksack.

Vor dem Hotel Real de los Minas warten Eltern mit den Kindern auf den »Schulbus«, einem 20 Jahre alten VW-Bulli. Der Bus besteht aus einer großen Liegefläche, die Kinder ziehen die Schiebetür auf und werfen sich begeistert auf die Polster. Cielo (Himmel), der junge Fahrer, nimmt seinen Kopfhörer ab, schiebt ein bisschen, und dann passen die Kinder alle rein. Einige Eltern ziehen es vor, selbst zur Schule zu fahren, weil sie wohl mit dem Sicherheitsstandard des Schulbusses nicht ganz einverstanden sind. »Das verstehe ich überhaupt nicht«, wundert sich Cielo und setzt sich wieder den Kopfhörer auf. Er muss die Musik ziemlich laut stellen, wenn sie das Toben und Schreien der Kinder übertönen soll.

Die meisten Kinder stammen aus US-amerikanischen Familien, die sich in S.M.A. niedergelassen haben, das relativ hohe Schulgeld können sich nur wenige mexikanische Eltern leisten, und da sich die Schule aus eigenen Mitteln trägt, ist die Aufnahme von Kindern aus finanziell schwachen Gruppen begrenzt. Viele der Eltern beschäftigen sich mit der Problematik: Geld soll gesammelt werden, um begabten Schülern mittelloser Eltern eine Möglichkeit zu geben, am Unterricht teilzunehmen.

Es dauert nicht lange und wir sind durch Elternmitarbeit, Bastelkurse etc. völlig integriert und lernen ständig neue Leute kennen. Es vergeht kaum ein Tag, an dem nicht Stella oder Piet irgendwo eingeladen werden oder Freunde zu ihnen kommen, automatisch sind wir mit den Vätern, Müttern zusammen, ausnahmslos Ausländer. Das ist bezeichnend für die Struktur von S.M.A. Viele Amerikaner und auch Europäer leben hier, kaufen sich Häuser, Grundstücke und Geschäfte und sind so Teil des Stadtlebens. Nicht wenige unter ihnen engagieren sich, indem sie unentgeltlich ihr Wissen und ihre Hilfe zur Verfügung stellen, Kindergärten, Schulen und Bibliotheken unterstützen oder bei Neugründungen finanziell helfen. Sicherlich wäre S.M.A. ein kleiner, verschlafener Kolonialort geblieben ohne sie. Aber ob es zu einer Integration zwischen Mexikanern und Ausländern kommt, das kann ich nicht feststellen, zu unterschiedlich sind wohl die kulturellen Wurzeln, zu groß vor allem die materiellen Unterschiede. Alleine das Bild, das sich an jedem Morgen an der Schulbushaltestelle bietet, ist symptomatisch dafür. Amerikaner bringen ihre Kinder in Geländewagen zum Treffpunkt, stehen zusammen, verabreden sich. Eine mexikanische Mutter, ganz einfach gekleidet, steht alleine, traut sich kaum den Kopf zu heben. Wahrscheinlich gehört ihr Kind zu den elf Schülern, die keinen Beitrag zahlen können, und das verunsichert sie natürlich noch zusätzlich. Das Sprachproblem spielt wohl auch eine große Rolle. Die Elternnachmittage finden zweisprachig statt, jedoch dominieren fast ausschließlich englische Wortmeldungen, die für die wenigen Mexikaner übersetzt werden. Es lässt sich schwer sagen, wie die Einheimischen sich fühlen. Sicherlich sind die Eltern dankbar für die einmalige Chance, dass ihr Kind eine gute Privatschule besucht, eine zweite Sprache lernt und später bessere Chancen besitzt, sich im Berufsleben zu etablieren. Sie werden dafür bestimmt so manches schlucken und in Kauf nehmen müssen.

Maria und Xavier – Leben bei einer mexikanischen Familie

Viele Häuser verstecken sich unsichtbar hinter hohen Mauern, irgendwo befindet sich eine unscheinbare Tür. In der Straße Orizaba Nr. 17a klopfen wir an einer blauen Tür, wo eine Familie Zimmer vermieten soll. Doña Maria öffnet: Wir stehen mitten in einem Garten mit Springbrunnen, Kletterrosen, Zitronenbäumchen. Ein freistehendes Haus steht gerade zur Verfügung. Uwe zieht ins Erdgeschoss, wir sehen uns das zweigeschossige Appartement darüber an: Küche, zwei Schlafräume, Bad, von der Terrasse blicken wir direkt auf die Altstadt mit ihren Kirchturmspitzen. Lange überlegen wir nicht, zumal die Miete nicht teurer ist als der Campingplatz. Mittags können wir im Wohnhaus mit den Gasteltern zusammen essen und unser Spanisch praktizieren. Das Zentrum liegt 15 Minuten zu Fuß, die Sprachschule auf der gegenüberliegenden Seite der Haustür, und das Wohnmobil können wir in einer Seitenstraße parken.

Zur festen Stunde, um 13 Uhr, wird gegessen. Xavier, der Hausherr, ist pensioniert und die Familie bessert durch das Vermieten von Zimmern die kleine Rente auf. Das ist aber nur ein Grund, der andere besteht darin, ständig neue Gäste zu Besuch zu haben, sodass sich während des Essens ein reger Austausch ergibt. Außer uns sitzen meist drei bis fünf andere Touristen mit am Tisch. Bevor die beiden Hausangestellten aufdecken, nehmen wir in gemütlichen Sesseln Platz, Xavier legt Jazzmusik auf, schenkt einen Schnaps ein und jeder erzählt, was er am Vormittag erlebt hat. Die Atmosphäre ist sehr herzlich.

Morgen feiert Betti ihren Geburtstag. Maria backt einen Kuchen: »Extra mit Käse, weil Bettina keine Süßigkeiten mag.« Dann stimmen wir ein mexikanisches Geburtstagslied an. Als Höhepunkt bekommt sie ein rosarotes Nachthemd überreicht: »Danke, das werde ich jede Nacht tragen!« – »Wieso nachts? Das ist ein Kleid zum Ausgehen!« korrigiert Maria. Xavier dreht die Musik bis zum Anschlag und fordert das Geburtstagskind zu einem Tanz auf.

■ *Doña Maria, gute Seele des Hauses, mit Stella und Piet in Halloween-Verkleidung*

Die meisten Gäste bleiben zwei bis drei Wochen, besuchen einen Intensivkurs in der Sprachschule. Durch die lange Zeit zählen wir fast schon zum Inventar des Hauses. Xavier erzählt von seiner Familie – er hat noch 13 Geschwister: »Bei Festen, zum Beispiel Weihnachten, haben wir mindestens 100 Verwandte im Haus. Und auf Hochzeiten sind es zwischen 500–1000 Menschen!«

Viel fehlt nicht mehr, dann werden wir von Maria und Xavier adoptiert. Eines Abends klopft der Hausherr an unsere Tür, die Kinder schlafen längst. »Möchtet ihr noch auf ein Gläschen zu uns kommen? Wir haben Gäste, die euch gerne kennenlernen wollen!« Musik läuft, auf Tischen stehen Flaschen mit Alkohol, ein kleiner Imbiss: Schinken, Avocadostreifen ... Die Freunde, alle zwischen 60 bis 70 Jahre, tragen rote Nelken, weil sie das einjährige Bestehen ihrer Zusammenkünfte feiern. Freundlich begrüßen sie uns. Elfriede, 71 Jahre, nimmt uns sofort in Beschlag – sie lebt seit 40 Jahren in Mexiko: »Rudolfo, jetzt tanzen wir!« Sie schiebt mich im Kreis, ich tapse wie ein Bär hilflos in ihren massigen Armen. Die Gäste stehen um uns herum, klatschen zur Musik. Elfriede haut mir auf die Hüften: »He, he, mehr Bewegung, bleiben Sie einfach locker, da ist ja gar kein Gefühl für Rhythmus!«

Ein älterer Herr erzählt von seiner Familie, die Langenscheidt heißt. Ein Ungar, ein weißhaariger Mexikaner mit dichtem Vollbart, eine Dame – »zu je« einem Drittel Italienerin, Französin, Mexikanerin –, alle strahlen sie eine unglaubliche Lebensfreude aus. Elfriede ist ziemlich angetrunken, meinen Namen hat sie längst vergessen: »Also, Agusto oder wie du noch heißt, du und deine Familie, ihr müsst mich unbedingt besuchen!« Dann setzt sie sich in ihr Auto und fährt laut singend ab!

Sprachschule – Mitschüler nerven

Direkt gegenüber von unserem Appartement befindet sich die Sprachschule *Centro Méxicana de Lengua y Cultura.* Die ersten Tage genießen wir den Unterricht ganz alleine mit unserer Lehrerin Griselda: Anderthalb Stunden Grammatik, Kaffeepause, dann etwa eine Stunde Konversation, und zum Abschluss bekommen wir jede Menge Hausaufgaben und Vokabeln für den nächsten Tag auf. Oft sitzen wir abends zu Hause und büffeln Redewendungen, fragen uns gegenseitig ab.

Das intensive Lernen lässt schlagartig nach, als sich eine ältere Amerikanerin unserer Gruppe anschließt. Sie hält lange Monologe, lacht schallend über ihre eigenen Witze, und wenn ihr das spanische Wort nicht zur Hand ist, benutzt sie eben das englische und ein fürchterliches Kauderwelsch kommt heraus. Oft schalte ich ab und lerne Vokabeln bis der Redefluss unterbrochen scheint. Die schöne Zeit des Einzelunterrichts mit Betti ist endgültig vorbei, als ein Amerikaner, Jonathan, Filmemacher aus New York, dazukommt. Er ist um die 40 Jahre, Stoppelhaare, Halbglatze und genau das Gegenteil seiner Landsfrau: Zwischen den Worten legt er lange Pausen ein, das Zuhören bzw. Abwarten gerät zur Geduldsprobe. Ich vertröste mich mit dem Gedanken, dass er nur eine Woche Zeit haben wird. Das Kuriositätenkabinett erweitert sich danach um Jerry, Anfang 50, Bäcker und auch aus den USA. Er gehört in einen Anfängerkurs, aber momentan findet keiner statt, also bleibt er vorläufig bei uns. Jerry besitzt eine große Bäckerei mit 30 Angestellten, darunter einigen Mexikanern. Er macht mit ihnen so gute Erfahrungen, dass er mehr von ihnen einstellen will und deshalb Spanisch lernen muss. Von den Fußspitzen bis in die Haarwurzeln strömt er eine ungemeine Hektik aus. Wenn er etwas übersetzen soll, scharrt er mit den Schuhen, die Handflächen wischen über den Tisch, und vor lauter Aufregung fällt ihm manchmal nur ein: »Ich brauche jetzt einen Kaffee!«

Ich ertappe mich immer öfter bei dem Gedanken, ob ich nicht Einzelstunden nehmen sollte. In meine Überlegungen hinein poltert Alex in den Raum, aus Vancouver, Mutter Mexikanerin. Alex wiegt über 100 kg, ist gerade mal 21 Jahre alt und mental auf dem Stand eines Riesenbabys. Das Riesenbaby lehnt sich zurück, haut die Hände auf seinen Bauch, gähnt und ruft: »Heh, wo gibt es hier eigentlich Hamburger?!« Die arme Lehrerin tut mir leid. Jerry hat Probleme, sein Gesicht zuckt, nach einer minutenlangen Pause öffnen sich endlich seine Lippen. »Ich bin durcheinander!« stammelt er. – »He, Jerry, das macht doch nichts«, tröstet ihn das Baby, aber vergeblich. Er rennt mit hochrotem Kopf raus und macht sich einen Kaffee. Irgendwann ist das Maß dann voll, denke ich. Wir melden uns ab. Betti nimmt gar nicht mehr teil und belegt im »Bellas Artes« einen Malkurs. Ich schreibe mich für täglich eineinhalb Stunden Einzelunterricht ein. Das hat den Vorteil, dass mir mehr freie Zeit bleibt.

16. September · Tag der Unabhängigkeit

In San Miguel vergeht kaum ein Wochenende, an dem nicht ein Fest stattfindet. Heute ist es der Vortag der Unabhängigkeit. Rund um den *Jardín* (Hauptplatz) haben sich Tausende versammelt. Es ist 21 Uhr, Essstände gibt es kaum, Alkoholausschank ist völlig verboten an diesem Tag. Händler verkaufen letzte Nationalflaggen oder Ballons, andere halten eine Pappschachtel in der Hand mit drei kleinen Farbtöpfen, grün, weiß, rot. Für ein paar Peso bemalen sie Wangen mit den Nationalfarben. Etwa zwanzig Meter hohe Metallgerüste sind vor der Kirche aufgestellt, sogenannte *Castillos* (Schlösser), vollgepackt mit Feuerwerkskörpern und -raketen. Ein alter Mann füllt Papierballone mit der heißen Luft einer Kerze, befestigt diese unter der Öffnung und lässt die Ballone fliegen. Eine zehnköpfige Kapelle spielt, ganze Familien tanzen, angefeuert und beklatscht von den Umherstehenden. Über Lautsprecher wird die Geschichte Mexikos in Versform dargeboten, ständig untermalt von »Mi México«. Dann endlich erscheint das Stadtoberhaupt auf dem Balkon zum »El Grito«, dem Freiheitsruf der Aufständischen: »Viva México«! Aus der Menge erschallt das Echo, sie tobt, Fahnen werden geschwungen, Jubelschreie ertönen, jeder umarmt jeden. Beinahe könnte man meinen, das Land sei in diesem Moment von der spanischen Kolonialmacht unabhängig geworden. Höhepunkt ist dann das Feuerwerk. Die Räder des sehr hohen Castillo drehen sich, ständig wechseln die Farben, bis das Feuer nach einer Stunde (!) endlich die Spitze des Eisengerüstes erreicht hat und einen Teller abschießt, der hoch in die Luft fliegt und als Feuerwerksregen in den Farben des Landes herunterfällt. Die Menschen stehen so dicht zusammen, dass eine Bewegung unmöglich ist. Die Stimmung ist ausgelassen, doch es gibt keinerlei Aggressionen. Punkt 24 Uhr beginnen alle Glocken zu läuten, im ganzen Land. In diesem Augenblick scheint Mexiko aus einem einzigen Volk zu bestehen, das sein Land liebt und richtig stolz darauf ist.

Als wir weit nach Mitternacht in unserem Viertel ankommen, begrüßt uns der Nachtwächter mit den Worten: »Viva México!« – »Sí, viva México!« Der alte Mann trägt zum ersten Mal seine Uniform (die ihm Ausländer schenkten), die Schuhe glänzen wie ein Spiegel, seine Augen schimmern feucht. Er ist für das Viertel

El Aldea zuständig, deren Bewohner sein niedriges Gehalt zusammenlegen. Meist sieht man ihn auch tagsüber, manchmal sitzt er in seinem nur quadratmetergroßen Holzhäuschen und eilt sofort raus, um einem Fahrer einen Parkplatz zu zeigen. Er schneidet Gras, wäscht Autos und leert Müllbehälter, immer in der Hoffnung auf ein kleines Trinkgeld. Wir stellen das Auto direkt gegenüber seines Platzes hin. Ich kann diese Sicherheitsvorkehrungen nicht ganz verstehen. Wir bewegen uns auch nachts, ohne dass uns je etwas Bedrohliches passiert, und während der zweieinhalb Monate in S.M.A. kommt kein einziger Kratzer ans Wohnmobil. Der Wächter dient wohl mehr der eigenen Beruhigung, als dass er wirklich schützen könnte.

25. September · Pamplonada – Stiere rasen durch die Stadt

Am Samstag findet die *Pamplonada* statt, eines der ganz großen Feste in dieser Stadt. Selbst aus der Hauptstadt reisen Leute an, meist junge Männer. Viele übernachten auf dem Jardín, weil alle Hotels ausgebucht sind. Freie Plätze zum Zuschauen kann man in Restaurants reservieren – für 30 Dollar plus Essen und Trinken! Die Kinder kommen nicht mit uns, da wir für zwei Wochen Besuch von Bettis Eltern bekommen und nun Oma, Opa, Stella und Piet unzertrennlich sind.

Ohne Warnung geht es los, der erste Stier taucht auf. Direkt vor uns erwischen seine Hörner einen viel zu Mutigen, er wird zu Boden gerissen. Die Menge tobt und jubelt dem Stier zu. Wie durch eine unsichtbare Hand öffnet sich die Menschenmasse blitzschnell vor dem wilden Tier, wie ein Reißverschluss, der aufgerissen wird. Einige schlagen auf seinen Rücken, andere versuchen den Schwanz zu erwischen. Wieder andere halten ihre roten Halstücher hin. Einem gelingt es, sein großes rotes Pamplonada-Cape wie ein Stierkämpfer auszubreiten und im allerletzten Moment vor dem Stier wegzuziehen. Der »Held« wird begeistert gefeiert, hochgehoben, jeder will ein gemeinsames Foto mit ihm. In Abständen von Minuten werden die Tiere aus einem Transporter gelassen. Mich wundert es, dass der Stier tatsächlich genau durch diese winzige Schneise rennt und nicht einmal nach rechts oder links ausweicht, wo die Menschen ungeschützt gegen Hausmauern drängen.

Nach etwa eineinhalb Stunden scheint des Spektakel zu Ende zu sein. Wir verlassen unsere sicheren Plätze, als plötzlich wieder Bewegung in die Menschen kommt. Ich renne zur gegenüberliegenden Hauswand und stelle mich mit dem Rücken dagegen. In meiner Angst bemerke ich gar nicht, dass alle anderen auf die andere Seite ausweichen, und dann steht der Stier mitten auf der Straße, sieht mich an, und ich sehe ihn an – mir zittern die Knie noch lange, als er sich bereits entschlossen hatte, an mir vorbeizupreschen ...

27. September · Beobachtungen im Alltag

Man kann in San Miguel de Allende und Umgebung leicht jeden Tag etwas anderes unternehmen: Ausflüge in die Uni-Stadt Querétaro, nach Dolores Hidalgo (»Wiege der nationalen Freiheit« mit unvergleichlich schöner Keramik), Vernissage in einer Galerie, Performance im Kunsthaus Santa Fé (deutscher Besitzer), Fest des Heiligen St. Michael, Kirmes, Salsaband, polnisches Jazztrio; kubanische Gruppe – langweilen ist unmöglich! Überall lernen wir neue Leute kennen, mittlerweile haben wir einen Kalender, um die ganzen Termine abstimmen zu können. Manchmal glaube ich, dass wir etwas aufholen wollen oder »alles mitnehmen« müssen in der Angst, bald in »kulturelles Niemandsland« weiterzufahren ...

Alltagsbeobachtungen: Ein kleines Mädchen, zerrissene Plastiksandalen, ungewaschene Kleidung, streckt ihre Hand aus: »Ich habe Hunger, Señor!« Ich kaufe ihr eine Torta. »Nein, ich will Geld, um mir Chips zu kaufen!« Eine Mexikanerin sieht mich vorwurfsvoll an, nimmt eine Tüte aus dem Regal des Restaurants und gibt sie der Kleinen ... Eine alte Frau verkauft kleine Kinderholzstühle. Etwa 20 Stück sind zusammengebunden, und sie trägt sie auf dem gebeugten Rücken. Beim Gehen bleibt ihr Blick nur nach unten gerichtet, so sehr drückt das Gewicht. Schuhe oder Sandalen trägt sie keine, mir fallen die deformierten Füße auf: Am rechten hat sie sechs Zehen, am linken vier ... Beim Mittagessen empfiehlt mir der Kellner, gleichzeitig auch Besitzer und Koch in einer Person, »*pollo*«, irgend etwas, jedenfalls Hähnchen, denke ich, und bin neugierig auf ein typisches Gericht. Das *pollo* kommt und ist mit einer dunklen Soße überzogen. »Es sieht aus wie

Schokolade«, meinen die Kinder. »Quatsch, Hähnchen mit Schokosoße gibt's wohl nur im Märchen.« Da täusche ich mich gewaltig, die Kinder haben Recht. Zum süßen Geschmack kommt ein scharfes Gemüse hinzu, das untergemischt wird ... Als wir beim Fest des Heiligen St. Michael irgendwo im Schatten sitzen, nimmt eine Indígena neben Betti Platz und erzählt unaufgefordert aus ihrem Leben. Seit drei Monaten ist ihr Mann krank, sie habe sieben Kinder zu ernähren, manchmal macht sie die Wäsche für andere Leute und verdient etwas Geld hinzu. Zwei Tage lang sei sie ohne Essen. Sie gibt all das wieder, ohne zu betteln, so als müsse sie sich unbedingt mit einer anderen Frau austauschen ... Am Nachbartisch eines Cafés tuschelt eine Gruppe Jugendlicher, ausschließlich Mädchen. Verstohlen gucken sie zu uns herüber, lachen, einige Wortfetzen verstehen wir: »Nein du, nein ich traue mich nicht!« Dann fasst eine ihren ganzen Mut zusammen und spricht uns an: »Entschuldigen Sie bitte, aber könnten Sie mit meiner Kamera ein Foto machen, von uns und ihren Kindern?« Die Mädchen sind natürlich und liebenswert, bedanken sich überschwenglich und können ihre Augen gar nicht von den blonden Haaren lassen. »Die sollen endlich abhauen«, zischt Piet leise ...

Den Höhepunkt eines jeden Kindergeburtstages – oft sind wir während einer Woche bei zweien eingeladen – stellt die *piñata* dar. An einem Seil hängt eine Pappmaché-Figur in Form eines Sterns, Monds o.ä. Sie ist gefüllt mit Bonbons, Schokolade, kleinem Plastikspielzeug. Jedes Kind darf nun abwechselnd, meist mit verbundenen Augen, mit einem langen Stock dagegen schlagen. Am anderen Ende des Seiles zieht ein Vater, damit die Piñata nicht sofort aufplatzt. Alles lacht bei Fehlschlägen, dann endlich Volltreffer. Die Piñata öffnet sich und die Kinder stürzen auf den Inhalt, der herunterregnet.

In unserem Zimmer hängt ein großer Zettel, auf dem wir abends die Erledigungen, Verabredungen eintragen für den nächsten Tag. Es verhält sich mit dieser Liste leider genauso wie in Deutschland: Sie wird nie kürzer, und wenn wir einen Punkt streichen, kommen zwei neue hinzu. Alleine das erinnert uns daran, dass es höchste Zeit wird, weiterzufahren; wenn wir es nicht bald tun, schlagen wir hier Wurzeln. In der Schule werden wir gefragt, ob wir nicht im Elternrat mitarbeiten möchten. Ich sehne mich wieder nach dem Leben im Wohnmobil und auf der Straße – kein Internet-Café mehr, nicht ständig über Telefon erreichbar sein. Wir haben unsere Akkus wieder voll und beschließen einen Abreisetermin festzulegen.

Unsere kanadischen Freunde wollen auf gar keinen Fall weiterreisen. Von Bekannten hören sie die allerschlimmsten Geschichten über Zentralamerika: üble Straßenverhältnisse nach Unwettern, Diebstähle und Überfälle, korruptes Militär ... Ein wenig traurig sind wir schon, denn es wäre schön gewesen, mit zwei Autos und zwei Familien eine Zeit zusammen unterwegs zu sein.

31. Oktober · Día de los Muertos – der Tod ist ein Fest in Mexiko

Von Bettina Kretschmer

Eines Morgens im späten Oktober wachst du auf, und etwas liegt in der Luft. Es riecht nach Geistern, eine tanzende Todesfee streift dich mit ihrem Luftzug, und du weißt: Es ist soweit, Día de los Muertos, der Tod zieht ein in die Straßen, die Häuser, Geschäfte und auf die Friedhöfe. 48 Stunden dauern die Festlichkeiten, während der die Menschen den Dahingeschiedenen gedenken. Sie besuchen die Gräber ihrer Lieben, um Blumen aufzustellen, Lichter anzuzünden, zu beten, Essen und Getränke zu bringen. In einigen Gegenden Mexikos entwickeln sich die Ereignisse fast zu Partys, allesamt Zukunftspartys. Schon lange vorher werden die Vorbereitungen getroffen, um dem jährlich wiederkehrenden Todesgast seine Aufwartung zu machen. Jetzt sind die Straßen und Läden geschmückt mit *papel picados,* Fahnen aus gestanztem Seidenpapier und tausenden von *cempasúchils,* Totenblumen, bei uns bekannt als orangefarbene Tagetes. Bäcker backen *pan de muertos* (Brot der Toten), *pan crusados* (gekreuzte Brote) und *huesos de manteca* (Butterknochen), während Konditoren Totenschädel aus Zuckerguss, Bonbonsärge und Skelette aus Schokolade in ihren Auslagen anbieten.

Bereits Wochen zuvor hatten wir uns in Pátzcuaro, einem Zentrum dieses Brauchs, über die obskuren Schaufensterauslagen gewundert und uns, eigenartig berührt, gefragt, was es wohl mit diesem Ort Besonderes auf sich habe, ob etwa ein Vulkanausbruch, ein Erdbeben oder eine andere Naturkatastrophe Unheil über die Stadt gebracht habe. Aber nein, erst nach und nach erfahren wir, was es mit diesem Totenkult auf sich hat: Überall im Land warten Familien auf die Seelen ihrer verstorbenen Angehörigen, am 1. November auf die der Kinder und am 2. November auf die der Erwachsenen. Dabei gehört für die Mexikaner das Feiern untrennbar dazu, was uns zunächst etwas eigenartig erscheint. Aber schnell erfahren wir: Mit dem Tod zu leben bedeutet, dass die Menschen gelernt haben, ihn in ihrem Leben zu akzeptieren. Noch immer ist die Kindersterblichkeit sehr hoch, und in fast jeder Familie gibt es, einen *ángelito,* einen kleinen Engel, zu betrauern.

Der Tod ist in diesen Tagen allgegenwärtig, in der Kunst und sogar in den Spielsachen der Kinder, wie Skelettpuppen und Miniatursärge. Auf diese Weise ist die erste Begegnung mit dem Tod für die Kinder eine heitere, belustigende. Dem Tod wird ins Gesicht gelacht. Auch wir begegnen unseren Konterfeis aus dem Jenseits, als unsere Spanischlehrerin uns zwei kleine *calaveras,* Totenköpfe aus Zuckerguss überreicht, auf denen in schönster Zuckerbäckerschrift unsere Namenszüge prangen.

Piet und Stella erleben den Höhepunkt der Feierlichkeiten bereits am 29. Oktober, als in der kleinen anthroposophisch orientierten Einrichtung, die sie besuchen, das Halloween-Fest stattfindet. Die Nordamerikaner haben den Brauch mit nach San Miguel gebracht, und kein Mexikaner scheint etwas dagegen zu haben, diese nordamerikanische Tradition in die eigenen Bräuche aufzunehmen. Das mag deshalb so sein, weil ihre Kultur selbst eine Mixtur von indianisch-hispanischen Traditionen ist, besonders im religiösen Bereich. Der Día de los Muertos kombiniert das katholische Allerheiligen- und Allerseelen-Fest mit uralten indianischen Riten.

Der Kostümwunsch unserer Tochter Stella steht schon lange fest: Sie will eine Prinzessin sein. Das dies nun mit der Angelegenheit wenig zu tun

hat, stört sie nicht, und so machen wir kurzerhand einen *espíritu de una princesa muerta,* den Geist einer verstorbenen Prinzessin aus ihr. Piet möchte sich als *pirata* verkleiden. Nun heißt es, ein entsprechendes Outfit zusammenzustellen, und das kann man hervorragend auf dem wöchentlich stattfindenden Markt von San Miguel, wo es von der Sicherheitsnadel über frisches Obst und Gemüse bis zum gebrauchten Elektrogerät alles gibt. Hier finde ich ein perfektes rosarotes Prinzessinnenkleid aus Satin und einen handgeschneiderten weißen Piratenanzug mit aufgemaltem Skelett für Piet. Jetzt schnell noch etwas Zubehör aus der *papelería,* und die Verkleidung kann beginnen: Eine große Schleife aus Glanzpapier, eine Kette aus goldenen Perlen sowie eine gezackte Krone, in die ich noch einige Strasssteine einarbeite, machen aus Stella *una princesa muy linda.* Eine Knochenkette aus ausgekochten Hühnerknochen, eine schwarze Augenklappe und ein Hüfttuch mit Säbel verwandeln Piet in *Don Pedro,* den Schrecken der Meere ...

Als wir in der Schule ankommen, sind wir sofort umgeben von kleinen Teufeln, Hexen, trauernden Witwen und Vampiren, und im Kindergarten ist ein Todesaltar aufgebaut. Diese wunderschön geschmückten Altäre, überall in den Häusern und in öffentlichen Gebäuden, sind auf liebevolle Weise den jeweiligen Toten gewidmet und haben symbolische Bedeutung: Sie sollen die toten Seelen an ihr Leben auf Erden erinnern und sie einen Tag lang in ihrem früheren Wohnsitz willkommen heißen. Die treppenförmig aufeinandergesetzten Ebenen symbolisieren die drei Stufen der präkolumbischen Welt einerseits und die heilige Dreieinigkeit der christlichen Tradition andererseits. Im Mittelpunkt befinden sich meist Fotos von den Verstorbenen, denen die Gaben gewidmet sind. Lichter und Blumen gelten als Symbole der Trauer, und vier dünne lange Kerzen, genannt »die vier Winde«, sollen den toten Seelen den Weg nach Hause weisen. Totenschädel aus Zuckerguss repräsentieren den Tod selbst. Räucherstäbchen, Copal und Pinienholz, das verbrannt wird, reinigen das Haus von schlechten Geistern. Ein kleines Kreuz auf dem Altar hilft der Seele, den Himmel zu erreichen, ein großes auf der Erde erinnert daran, die Sünden zu bereuen. Ein Krug mit Wasser, Seife und Handtuch stehen bereit, damit die Verstorbenen sich nach ihrer langen

Reise erfrischen können. Das Lieblingsgetränk wird bereitgestellt, um auf die Verdienste des Verblichenen anzustoßen, ebenso eine Tonschale mit der Lieblingsspeise. Tortillas, Chilis und Brot werden auch jenen fremden Seelen angeboten, die ihr irdisches Zuhause nicht gefunden haben. Spezielles violettes Seidenpapier als Symbol der Trauer bedeckt den Altar, buntes bringt die Freude über den Besuch aus dem Jenseits zum Ausdruck. Hunderte von *cempasúchils* verbreiten ihren Duft. »Cempasúchil« bedeutet: die Blume mit den 400 Leben. Zu Mustern gelegt formen sie den Weg, um die Seelen zu ihrem Bankett zu leiten. Im Kindergarten von Los Charcos sind es vor allem Süßigkeiten, die bereitliegen. Alle haben sich um den Altar versammelt. Eine ältere Kindergärtnerin, als Witwe verkleidet, rezitiert einige Verse, die sowohl feierliche Andacht als auch heitere Gelöstheit ausdrücken. Der Tod erscheint in Euphemismen: »La Igualadora« (die Gleichmachende), »La Dietona« (die Langzahnige), »La Calaca« (die Knochige) oder »La Flaca« (die Magere) ...

■ *Der Totenaltar in der Schule*

Endlich ist es soweit. Eine lange Reihe brennender Kerzen, die ein geheimnisvolles Licht verbreiten, weist den Kindern den Weg zum Haus ihrer Lehrerin Aurora, wo sich einige Eltern mit Körben voller Süßigkeiten hinter den Türen postiert haben. Dann beginnt der Spaß: »Trick or treat, trick or treat, give me something good to eat!« Und schon füllen sich die Hände und Mäuler der kleinen Geister. Der Abend klingt mit einem großen Feuer aus. Es gibt *tamales, atole, ponche, pan de muertos, hot dogs, marshmallows* – ein kulinarischer Mix aus mexikanischem und nordamerikanischem Essgenuss, dazu ein traumhafter Sonnenuntergang mit weitem Blick bis zum Horizont. Und als die extravagante »Erscheinung« von Frida Kahlo, der großen mexikanischen Malerin, sich neben mich setzt und ein schwarzer Zorro auf seinem Pferd vorbeijagt, weiß ich selbst nicht mehr, auf welcher Ebene des Seins ich mich nun gerade befinde ...

Am Nachmittag des 2. November besuchen wir das *Museo Histórico* und das *Instituto Allende,* die bekannteste Kunstakademie des Ortes, wo Altäre für verdiente Persönlichkeiten der beiden Institutionen aufgebaut sind. Hier offensichtlich für einen Musikbegeisterten mit einer Band aus lauter musizierenden Skeletten, dort für einen Arzt, der sich als Mäzen für die Belange der Kunst eingesetzt hat. In der angegliederten *Galería Pergola* zeigen Künstler Arbeiten zum Thema. Ein großes Triptychon, das mich begeistert, müssen wir jedoch zurücklassen. Es würde die Kapazität unseres Wohnmobils sprengen, und auf dem Dach würde es den weiten Weg bis Feuerland wohl kaum überleben.

Tagsüber besuchen die Familien die Gräber ihrer Angehörigen. Wir gehen zum *Panteón,* müssen eigentlich nur den Menschen folgen, die einen schmalen, staubigen Weg entlangströmen. Alle tragen Blumen, etwas Essbares und Wasser. Auch von den Familien mit geringen Einkommen wird erwartet, dass sie die Gräber mit Kerzen und Blumen schmücken, Opfergaben bringen, auch wenn dies bedeutet, den »Gürtel ein paar Wochen enger zu schnallen«.

Der Friedhof wird von einer weißen Mauer umgeben, in der Nähe bieten unzählige Straßenküchen Speisen an. Als wir durch das grellblaue Eingangstor treten, verschlägt es uns den Atem: Wir sind von einem Blumenmeer umgeben, wie wir es nie zuvor gesehen haben. Manchmal steht ein Bild eines Verstorbenen dazwischen. Die Familien versammeln sich vor den Gräbern, einige sitzen auf mitgebrachten Kisten oder Stühlen, sie essen und trinken wie bei einem Sonntagnachmittagsausflug. Andere stehen und beten gemeinsam. Die Armen bestattete man in Betongräbern, in langen Reihen mit bis zu fünf Einheiten übereinander. An die Kopfseiten werden Blumen platziert, die sich zu einer riesigen Wand voller Farben vereinigen. Es gibt auch einen Friedhofsbereich, wo die Gräber klein und schlicht sind, nicht mehr als eine Anhäufung von Erde und einem kleinen Holzkreuz mit handgeschriebenen Initialen – Kindergräber.

Unsere Kinder indes verhalten sich ganz unbekümmert. Warum auch nicht? Die Atmosphäre strahlt eine gelöste, jedoch würdevolle Gelassenheit aus. Was wir hier erleben, zeigt auf beeindruckende Weise die tiefe spirituelle und psychologische Beziehung, die die Menschen zu ihrer Vergänglichkeit pflegen. Ein mexikanisches Kind, dass eine Nacht am Grab seiner Großeltern verbracht hat, bekommt ein Verhältnis zu seinen Vorfahren, das unsere Kinder nicht haben. Als Mitglieder einer technisierten Gesellschaft sind wir ans Worldwideweb angeschlossen, besitzen Handys, kommunizieren über automatische Nachrichtenmaschinen, haben uns aber von unserer eigenen »Web der Zeit« abgeschnitten. Dabei geht es um sehr reale Dinge wie Erinnerung, Geschichte, molekulare Biologie. Die DNA unserer Vorfahren lebt in uns weiter. Ihre Entscheidungen haben unser Leben geformt, so wie unsere Entscheidungen die Leben derer beeinflussen, die nach uns kommen. Das ist es, woran der *Día de los Muertos* erinnert, und hier entfaltet er seine Wirkung. Die Zeremonie der Erinnerung bringt die Menschen in Kontakt mit ihrem Platz im Kontinuum von Zeit und Sterblichkeit. Dem Tod zu begegnen, bedeutet, die Sinne zu schärfen, bedeutet, das Leben zu feiern. Wenn nun die letzten Speisen verzehrt, die letzten Lieder gesungen, die letzten Tänze getanzt sind und der Geruch der Feuerstellen sich verflüchtigt hat, ist es Zeit für die Toten, in ihr Reich zurückzukehren, wie für die Lebenden in das ihre – »*Hasta la próxima!*« – »Bis zum nächsten Mal!« ...

10. November · Nach zweieinhalb Monaten
Abschied von San Miguel mit Tränen

Wie viele Menschen wir in diesen zweieinhalb Monaten kennengelernt haben wird uns bewusst, als wir uns von einigen verabschieden. Es dauert eine ganze Woche, in der wir jeden Tag, meist nachmittags zu Kaffee und Kuchen oder abends zum Essen, eingeladen werden. Mit vielen verbindet uns mehr als nur eine flüchtige Bekanntschaft, und selbst zwei Jahre später tauschen wir uns mit unseren Freunden in San Miguel de Allende übers Internet aus. Ich frage mich oft, woran es liegt, dass wir in dieser kurzen Zeit so viele intensive Begegnungen haben, das Zusammensein mit Menschen, die wir erst einige Tage kennen, oft tiefer und herzlicher ist als Bekannten gegenüber, die wir zu Hause schon jahrelang kennen? Es muss daran liegen, dass alle noch nicht lange hier leben und sich in einer Aufbruch- und Anpackstimmung befinden.

Vor dem Abschied in der Schule haben wir richtig Angst. Eine Glocke ertönt, die Kleinen aus dem Kindergarten und Stellas Klasse stürmen in einen Raum, alle sitzen in einem großen Kreis. Aurora stimmt ein Lied an, dann erzählt sie eine Geschichte: »Eine Bärenfamilie mit zwei kleinen Bären stößt auf eine große Bärengemeinschaft und sie wird sofort freudig aufgenommen. Alle wissen, dass die Familie aber irgendwann weiter zieht, nur denkt niemand daran, bis der letzte Tag gekommen ist. Am letzten Abend sitzen sie in einem großen Kreis, in der Mitte ein Feuer, es ist Vollmond. Und wenn irgendwann wieder ein runder Mond am Himmel steht, dann wird die Bärengemeinschaft zu ihm sehen und im selben Augenblick auch die Familie. Ihre Gedanken begegnen sich!«

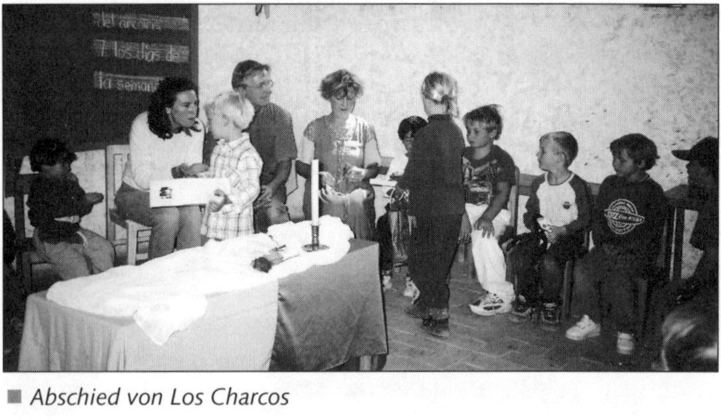

■ *Abschied von Los Charcos*

Wir haben vorn einen dritten Sitz einbauen lassen, weil Stella und Piet während der Fahrt häufig neben uns sitzen wollen. Piet und Stella singen gemeinsam mexikanische Lieder, von Trauer und Abschiedswehmut ist bei ihnen nichts zu spüren. Betti rollen die Tränen nur so über die Wangen, und ich weiß genau, was passiert, wenn sie jetzt: »Lass uns umkehren« sagen würde, dann wären wir bis April 2001 in San Miguel geblieben ...

Nach zweieinhalb Monaten beginnt es zu regnen, das erste Mal, seit wir in San Miguel sind: Nicht nur wir haben zu kämpfen, der Ort schickt uns ebenfalls ein paar Tränen mit auf die Reise ...

11. November · Ocampo – Millionen von Monarch-Schmetterlingen

In den Bergen des Bundesstaates Michoacán gibt es zwischen Oktober und Januar eines der unglaublichsten Naturwunder der Welt: Millionen von Monarch-Schmetterlingen entfliehen dem kalten nordamerikanischen Winter und legen eine über 4000 km lange Strecke zurück. Die Wanderung ist genetisch und nicht erlernt: Die Schmetterlinge, die später wieder zurückfliegen, sind die Groß- oder Urgroßgenerationen derjenigen, die dieselbe Reise ein Jahr zuvor unternommen haben. Niemand weiß genau, wie sie ihren Weg finden.

Als wir uns in Ocampo nach dem Weg erkundigen, kommt ein Mexikaner von seinem Feld gelaufen und bietet sich an, uns die Strecke zu zeigen. Heute Nacht dürfen wir auf seinem Hof stehen. Neben dem Wohnmobil befindet sich ein Schweinestall, Hühner gackern und Kühe muss es auch geben, denn bei jedem Schritt müssen wir aufpassen, wohin wir treten. Unseren Kindern ist gar nichts von der heutigen Trennung anzumerken. Sie toben auf einem abgestellten Lkw herum, und ihr Lachen dringt bis zu uns ins Wohnmobil.

Eine Stunde lang gehen wir steil bergauf, dann kommen wir über eine weite Lichtung und sind überwältigt – Schwärme der orange-gelben *mariposas* flattern in der Sonne. Sie sitzen auf dem Boden, an Stämmen, auf Ästen der *oyamel*-Fichten, und wenn man hochschaut, sieht es aus wie im Herbst, wenn die Blätter langsam zu Boden fallen. Tausende von Flügelbewegungen addieren sich zu einem Rauschen, das einem weit entfernten Wasserfall ähnelt. Noch gestern muss es gehagelt haben, denn dicke Eiskörner liegen auf dem Boden. Es ist beinahe unmöglich, einen Schritt zu machen, ohne auf einen Schmetterling zu treten ...

12. November · Korrupte Polizei

Wir fahren Richtung Mexico City, als uns die »Transito« stoppt. Von ihr hören wir die schauerlichsten Geschichten, und alleine das Aussehen lässt das Schlimmste befürchten: Dunkle Limousine, getönte Scheiben, drei Polizisten in schwarzen Uniformen, silberne Colts im Gürtel, Sonnenbrille, kahle Köpfe. Einer nähert sich langsam dem Fahrzeug.

»Das wird teuer! Benzinkanister am Auto sind verboten in Mexiko!«

»Die Kanister sind leer, außerdem sind sie für Wasser«, lüge ich und vertraue ganz darauf, dass er zu bequem ist, sie zu kontrollieren.

»Alle Papiere will ich sehen.«

Ich hole einen dicken Stapel Kopien. Natürlich wird er nicht schlau aus der Ansammlung von Blättern. Er möchte unbedingt die Originale, und die müsse ich dann irgendwo abholen, nachdem ich die Strafe gezahlt habe. Der Typ ist mir zuwider. Es ist fast dunkel, doch er setzt seine affige Sonnenbrille immer noch nicht ab. »Dort oben sind Sie falsch abgebogen. Sie zahlen am besten sofort 450 Peso!« (45 Euro).

»Ich zahle keinen Peso. Erstens habe ich alle Originalpapiere in meiner Wohnung in Mexico City, genauso wie mein Geld. Die Botschaft rät mir dazu, weil es angeblich korrupte Polizisten gibt. Außerdem bin ich nicht falsch abgebogen, ein Verkehrspolizist hielt sogar extra für mich die Fahrzeuge an und wies mich ein!«

Zum ersten Mal nestelt mein Gegenüber an seiner Sonnenbrille. Stelle ich Verunsicherung fest? Jetzt kommt sein Joker: »O.k., gehen wir zu meinem Chef!«

Er zieht diese Verzweiflungskarte, weil er sein Gesicht nicht verlieren will. Ich lasse ihn vorgehen, damit er seine korrupten Kollegen informieren kann und die beiden sich besprechen. Der »jefe« blättert gelangweilt in den Papieren, gibt sie mir zurück, ohne ein Wort. Ich erkundige mich völlig unschuldig nach dem Weg, und nach einer denkbar knappen Auskunft startet die Transito und verschwindet. Ich freue mich über diesen Erfolg, vor allem aber darüber, dass die Geschichte mit den Fotokopien und »kein Geld dabei« so überzeugend wirkte.

Am nächsten Tag muss ich sie nochmals anwenden, diesmal schon fast voller Spaß angesichts eines Schauspiels der frechsten Art: Wir befahren die gebührenpflichtige Autobahn, immer noch Richtung Hauptstadt. Ein Polizist, alleine in einem Käfer unterwegs, bedeutet uns rechts ranzufahren. Ich steige erst gar nicht aus. Irgendwas von »nicht fahren dürfen«, meint er. Es könnte an den Nummern meiner Kennzeichen liegen. Autos mit geraden Endziffern dürfen nur jeden zweiten Tag fahren, die mit ungeraden an den anderen. Aber wir befinden und noch lange nicht in der Hauptstadt, wo dieses Gesetz gilt. »Was sollen wir jetzt machen?« frage ich. – »Sie müssen 800 Peso zahlen, dann gebe ich Ihnen die Erlaubnis.« Das erheitert mich beinahe.

»Ich zahle keinen Peso. Diese Regelung gilt nicht für deutsche Kennzeichen!« – »Sie zahlen nicht? Wieviel wollen Sie zahlen?« – »Nicht einen Peso, und wenn ich eben heute nicht weiter darf, bitte schön. Der Kühlschrank ist voll, wir warten bis Mitternacht, morgen geht's dann offiziell erlaubt weiter!«

Mit einer solchen Reaktion hat er nicht gerechnet, und ich schwanke zwischen Mittleid für dieses arme Würstchen und Wut über sein korruptes Verhalten. Die Wut ist stärker und ich gebe ihm den Rest: »Alle Originalpapiere und mein gesamtes Geld befinden sich in meinem Appartement in Mexico City!« – »Haben Sie nicht wenigstens 100 Peso« fleht er mich fast an. – »Leider keinen einzigen!« Er nuschelt noch etwas, ich verstehe »madre« (Mutter), dann steigt er ein, meinen Wunsch nach einem schönen Tag ignoriert er.

Es wird das letzte Mal sein, dass wir mit solchen Praktiken konfrontiert werden.

14. bis 28. November · Mexico City – Zigmillionen Menschen

Ursprünglich wollten wir gar nicht in diesen Moloch, von dem niemand auch nur annähernd weiß, ob nun 20 oder 30 Millionen in Mexikos Hauptstadt leben. Aber unsere Spanischlehrerin schwärmte uns fast täglich vom Flair der Metropole vor, und so wollen wir der Stadt eine Chance geben.

Es ist Sonntagvormittag, die günstigste Zeit, um dem Verkehrschaos zu entkommen: Viele Familien verlassen die Stadt zum Wochenende, um aufs Land zu fahren, die Zurückgebliebenen schlafen ihren Rausch vom Samstagabend aus. Die Autobahn geht direkt in die endlose Nord-Süd-Hauptstraße Insurgentes über. Noch immer herrscht kaum Verkehr, und noch immer hat uns kein Polizist angehalten ... Einmal abbiegen, dann noch einmal, und wir parken bereits vor dem Haus Nr. 59 in der Calle Zacatecas. Das verläuft ja völlig unproblematisch, beglückwünschen wir uns. Zwei amerikanische Künstler, die wir in San Miguel kennenlernten, vermieten uns ihr Appartement für eine Woche. Die Fassade des Hauses verfällt, Fensterscheiben fehlen, aber es scheint bewohnt zu sein. Wir passieren zwei verschlossene Eisengitter, dann erwartet uns eine Überraschung im dritten Stock: Ein großes, helles Appartement mit zwei Schlafzimmern, moderner Küche, vielen Bildern von Mick und Jim.

Mexico City ist nicht ungefährlich. Niemand lässt sein Auto nachts an der Straße stehen, überall gibt es *Estacionamientos,* bewachte Parkplätze, oft hinter hohen Mauern versteckt. Das schnellste Fortbewegungsmittel ist die Metro. Ob sie auch das sicherste ist, darüber gibt es geteilte Meinungen. Auf jeden Fall erlebt man nirgendwo mehr, wenn man einige Stationen unter der Erde zurücklegt. An jedem Haltepunkt steigt ein Verkäufer oder Musiker zu und versucht nun bis zum nächsten Stopp auf die unterschiedlichste Weise einige Peso zu verdienen: Ein Blinder spielt Schifferklavier, ein anderer hält sich an seiner Schulter fest und singt. Beide haben einen Plastikbecher um den Hals hängen, vereinzelt stecken Fahrgäste eine Münze rein. Die Metro hält, die Musiker verlassen das Abteil, jetzt werden wieder andere kommen.

Ein jüngerer Mann steht auf, um den Kindern seinen Platz anzubieten, aber auch um besser mit uns ins Gespräch zu kommen. Er bietet uns seine Hilfe an, erklärt uns die Umsteigeplätze und schreibt seinen Namen mit Telefonnummer auf einen Zettel: »Wenn Sie Hilfe brauchen, bitte rufen Sie mich an!«

Verkäufer arbeiten sich langsam von einem Wagenende bis zum anderen durch, zuerst hört man nur ihre Stimmen. Ein kleiner Junge bietet Batterien an, eine Frau Schweizer Offiziersmesser, ein anderer Zeitungen. Oft sind es Kinder im Schulalter, die ihren Lebensunterhalt selbst verdienen müssen, entweder um die Familien zu unterstützen oder weil sie auf der Straße leben und sich irgendwie durchschlagen müssen.

Nach einigen Tagen sind uns viele Dinge richtig vertraut, wir freuen uns auf die täglichen Metrofahrten, und immer wieder überraschende Angebote. Wie wäre es mit philosophischen Redewendungen, die jedem Menschen helfen, sich in einem Gespräch besser zu behaupten? Informationen über SIDA (Aids) werden verteilt und nach einigen Minuten wieder eingesammelt.

Sobald wir in der Stadt stehenbleiben, um uns zu orientieren, ist flugs ein Mexikaner zur Stelle, zeigt uns den Weg und begleitet uns häufig. Unsere ersten Eindrücke in der größten Stadt der Welt sind also ausgesprochen positiv, die Angst ist verflogen.

Vor über drei Monaten trafen wir auf Baja California eine deutsche Familie mit drei Kindern, Jürgen, der Vater, arbeitete als Lehrer in Mexico City. Ein Anruf, und schon sitzen wir mit Evi, seiner Frau, wie alte Freunde auf dem Balkon des Grand Hotels und blicken auf das Gewimmel der Autos die unter uns um Zócalo rasen, dem Herzstück der Stadt. Der riesige Platz wird flankiert vom Nationalpalast und der imposanten Kathedrale, deren Fundamente sich durch das Absinken des Grundwasserspiegels erheblich gesenkt haben. In ihrem Innern hängt von der Mitte der Decke ein schweres Lot und verdeutlicht den Schiefstand der Kirche.

In einer Seitenstraße kann man nach alter Tradition von Schreibern Briefe tippen oder amtliche Formulare ausfüllen lassen. Ein Teil der Bevölkerung kann weder lesen noch schreiben. Setzer und Drucker mit altertümlichen Handpressen liefern Visitenkarten, Einladungsschreiben oder Hochzeitskarten während man darauf wartet.

Die uniformierte Staatsgewalt zeigt vielfache Präsenz: Polizisten stehen meist in Gruppen von drei bis vier an den Straßenecken, rauchen eine Zigarette und machen einen freundlichen Eindruck, trotz ihrer martialischen Bewaffnung mit Pistole oder Maschinengewehr, Schlagstock, schusssicherer Weste, blauer Kleidung und schwarzen Stiefeln.

Das kolonial geprägte Coyoacán im äußersten Süden der Metropole stellt den ältesten Teil der Stadt dar. Obwohl Mexico

City 2000 m hoch liegt, wachsen hier überall Palmen, Buchsbäume werden kunstvoll zu verschiedenen Formen und Figuren geschnitten. In gemütlichen Cafés trifft man sich zum Plausch oder vertieft sich in Zeitungen. Ein älterer Herr referiert vor Studentinnen. Beinahe erscheint mir dieser Teil der Stadt wie ein gemütliches Dorf.

Um 18 Uhr wird es schlagartig dunkel und wir versuchen immer, vor Sonnenuntergang im Appartement zu sein. Das bedeutet allerdings, auch während des starken Berufsverkehrs die Metro benutzen zu müssen – und um diese Stoßzeit sind nicht nur Berufstätige und Händler unterwegs ...

In der Metrostation Tacubaya warten wir auf die nächste Bahn. Als sie angerast kommt, setzt von hinten ein starkes Gedrängel ein, und ehe wir uns versehen, werden wir in die Kabine geschoben. Drei unangenehme Typen stehen um mich herum, ich lege meine Hand fest auf die Hosentasche, in der sich mein Portemonnaie befindet. Einer der Männer schwankt, so, als sei er betrunken, hält sich nirgendwo fest, bewegt sich ab und zu in meine Richtung. Ein anderer hält mir seinen Gipsarm vors Gesicht. Unsere Aussteigestation verpassen wir, weil die drei uns den Weg versperren. An der nächsten drängeln wir mit Gewalt, der Betrunkene schwankt auf mich zu, ich schiebe ihn mit beiden Händen zur Seite, endlich sind wir draußen. Ich befühle meine Hosentasche, alles ist noch drin, Metroplan und Schlüssel. Aber das Portemonnaie ist weg! Glücklicherweise war nur Geld drin, keine Papiere oder Kreditkarten ...

Es ist weniger dieser materielle Verlust als vielmehr der Eingriff in meine Persönlichkeit, der mich irritiert und zutiefst verunsichert. Plötzlich schafft es ein einziges Ereignis, dass die positiven Eindrücke dieser Stadt wie weggewischt sind, wir uns nicht mehr so sicher fühlen und vor allem nicht mehr so unbeschwert. Ich weiß, dass dieser Vorfall eine Ausnahme darstellt, aber im ersten Augenblick sind halt alle Mexikaner Diebe, überall lauert Gefahr, keinem kann man trauen. Natürlich bin ich auch deshalb wütend, weil mir so etwas passieren musste. Nach den Erfahrungen mit den korrupten Polizisten hielt ich es für ausgeschlossen, dass ich bestohlen werde, ich bin doch schließlich mit »allen Wassern gewaschen« ...

Der Großteil der mexikanischen Bevölkerung ist katholisch. Eine besondere Bedeutung kommt der Jungfrau von Guadalupe zu, der Nationalheiligen Mexikos. Ihre Basilika im Norden der Stadt ist leicht zu finden. Nach dem Verlassen der Metrostation müssen wir lediglich dem Strom der Menschen folgen und schließen uns einer Prozession an: Mariachi-Musiker spielen, riesige Blumengebinde werden auf Holzgerüsten getragen. Vor der Kirche passieren wir Verkaufsstände, wo alles zum Thema *Virgen de Guadalupe* feilgeboten wird: Die Madonna als Schlüsselanhänger, im Goldrahmen, als Feuerzeug, Aschenbecher, Poster ... Zur Stärkung gibt es Getränke und Essen und für unruhige Kinder Plastikspielzeug. Warum sollen die Kleinen nicht in die Kirche gehen und mit Pistolen aufeinander schießen?

Das Wunder der Jungfrau kennt in Mexiko jedes Kind: Am 9. Dezember 1531 sieht der Indio Juan Diego die Erscheinung einer wunderschönen Frau in einem blauen Mantel, der mit Gold gesäumt ist, etwa 6 km entfernt vom heutigen Zócalo. Die Jungfrau verlangt, dass eine Kirche an dieser Stelle errichtet wird. Als der Indio den spanischen Padres davon erzählt, glaubt man ihm nicht. Juan begegnet der Jungfrau wieder, diesmal gibt sie ihm eine Rose mit als Beweis (Rosen gab es in Mexiko damals noch nicht ...). Als Juan den Mantel vor den Priestern ausbreitet, fallen unendlich viele Rosen raus, das Bild der Jungfrau von Guadalupe ist in dem Tuch abgebildet. Die katholische Kirche nutzte die Geschichte, um die heidnischen Indios zu bekehren.

Ohne Pausen zieht eine Prozession nach der anderen in die Kirche, stellt die Blumengebinde an die Wände. Über eine Lautsprecheranlage spricht ein Geistlicher, hoch über ihm hängt das Originaltuch von 1531 in einem riesigen Glasrahmen mit Gold und Silber. Ein Rollband bewegt sich langsam darunter, gebannt starren die Gläubigen auf den Mantel, bekreuzigen sich, beten laut und bitten um Erfüllung ihrer Wünsche ...

Noch einmal machen wir eine lange Metrofahrt in den Süden der Stadt. Nach dem Umsteigen in den *Tren Ligero* steigen wir in Xochimilco aus. Der Name bedeutet in der Aztekensprache *náhuatl* »Ort, wo Blumen wachsen.« Im flachen Xochimilco-See häuften die Azteken auf Holz- und Weidenflöße Erde und gewannen so landwirtschaftliche Anbauflächen. Diese sich selbstbewässernde *chinampas* waren sehr fruchtbar und erlaubten drei bis vier Ernten pro Jahr. Im Laufe der Zeit verbanden sich die Wurzeln mit dem Grund des Sees, und richtige feste Inseln entstanden. Heute kann man in den Kanälen dazwischen mit *trajineras,* die mit langen Stangen fortbewegt werden, eine Bootspartie machen. Unter einem bunten Dach nimmt man an Tischen Platz, Mariachi-Gruppen und Marimba-Bands gleiten auf Wunsch längsseits heran und liefern die Begleitmusik. Die Musiker sind elegant gekleidet, jede Band hat ihr eigenes Outfit, immer zieht sich an der Hosennaht eine Reihe silberner Knöpfe, auch schon mal Pferdeköpfe aus Messing. Die Familien auf den Booten singen zu den Liedern.

■ *Schwimmende Garküche auf dem Xochimilco-See*

Auf kleineren Schiffchen befinden sich Garküchen. Die Köchin präpariert auf einem Holzkohleofen Maiskolben und Tacos, während ihr Mann steuert. Es ist nicht nötig, dass die Fahrt unterbrochen wird. In Papier eingewickeltes Essen und Getränke aus einem Eimer mit Trockeneis wechseln zwischen den Trajineras. Oder darf es ein Foto von der ganzen Familie sein? Andere Händler springen von Boot zu Boot, klappen große flache Schmuckkoffer auf: »Nur gucken, nicht kaufen!« Danach wird auf die nächste vorbeifahrende Trajinera gewartet, ein Schritt, und die gleiche Geschichte beginnt von vorne. Oft befinden sich vier Generationen an Bord, die Stimmung ist ausgelassen. Menschen winken uns zu, heben die Flaschen: »Woher kommt ihr? Gute Reise ...!«

Aus einer Woche Mexico City werden schließlich zwei, zu vieles gibt es noch zu sehen: Den *Palacio Bellas Artes* mit seinen riesigen *Murales,* überhohen Wandbildern, die das gesamte Spektrum der mexikanischen Geschichte zeigen – Frühzeit, Kolonialepoche, Revolution, Kriege und Moderne. Die riesige Maya-Ausstellung im *Centro Histórico* mit über 500 Stücken, aus den Ländern, wo die Maya leben (Mexiko, Belize, Guatemala, Honduras, El Salvador). Das *Museo Frida Kahlo,* das die Malerin von 1929–1954 mit ihrem Mann Diego Rivera bewohnte. Höhepunkt ist dann das *Museo Nacional de Antropología,* eine museale Schatztruhe mit Mexikos weltberühmten Kunst- und Kulturschätzen mit dem riesigen Sonnenstein (Aztekenkalender) ...

Abendessen mit unseren Freunden Evi und Jürgen in einer früheren Hacienda. Wir genießen es, dass Stella und Piet bei ihren Kindern zu Hause bleiben und wir mal etwas Nachtleben mitbekommen.

Und dann kommt wieder der Punkt, an dem wir uns alle einig sind und weiter wollen. So interessant die Stadt ist, so anstrengend ist sie auch, und wir sehnen uns zurück nach dem Leben im Auto, nach einem Rhythmus, den wir selbst bestimmen können, und der uns nicht durch Metro, Appartement, Zurücksein vorm Dunkelwerden, Aufpassen etc. vorgegeben wird.

28. November bis 9. Dezember · Puebla – Erholung pur

Wir rufen Dieter in Puebla an. Er arbeitet seit vielen Jahren dort und wir haben seine Adresse von Freunden aus Deutschland. Wir benutzen seine Adresse als Postanschrift, um uns verschiedene Dinge nachschicken zu lassen, wie etwa Diafilme.

»Also passt mal auf, nur eben eure Pakete abholen, das vergesst mal schnell. Puebla ist die schönste Stadt in Mexiko, die sauberste sowieso. Ihr bleibt erst mal.« Widerstand erscheint zwecklos.

Das Klima in Puebla ist ein Traum und erinnert uns an San Miguel: Nachts wird es kalt, morgens ziehen wir Jacken an, aber bereits ein bis zwei Stunden später tragen wir nur T-Shirt und kurze Hosen. Wir sehen kaum Polizei und private Sicherheitskräfte, der Verkehr verläuft ruhig, keine Hektik ist zu spüren. Die Häuserfronten sind gepflegt, oft bunt gestrichen, viele mit Fliesen versehen, gusseiserne Balkone schmücken weiße Fenster. Leider bleiben als Folge kürzlicher schwerer Erdbeben viele Gebäude geschlossen, in Innenhöfen sehen wir Berge aus Schutt und Holz, Stahlkonstruktionen stützen Wände ab.

Bei einem unserer Ausflüge in die Umgebung halten wir an einem kleinen Straßenstand und genießen Quesadillas (dünne Maisfladen mit Käse gefüllt und erhitzt). Diese Garküchen bestehen aus einer Feuerstelle, oft Gasbrenner oder Holzkohlengrill. Manchmal gibt es Holzbänke oder Plastikstühle, meistens verzehrt man das Essen im Stehen und lässt sich aus einer Kühlbox eine Dose Cola oder Flasche Bier geben. Nach dem ersten Bissen befinden wir uns in einem Gespräch: Woher, wohin, wie lange, was wir unbedingt noch sehen müssen ... Und so verwundert es uns nicht weiter, als wir 20 km später feststellen, dass wir unseren Rucksack liegengelassen haben. Zu allem Unglück befindet sich eine Kamera darin. Wir machen uns keine allzu großen Hoffnungen, sie wiederzubekommen. Mittlerweile verlieren wir schon den dritten Rucksack. In Pátzcuaro ließ ich den ersten in einem Café zurück, mit Brille drin. Im Zoo, Mexico City, verschwand der zweite wie von unsichtbarer Hand an der Garderobe, wieder mit Brille, außerdem Geld. Eigentlich können wir uns die Benzinkosten sparen, bestimmt hat jemand den Rucksack schon längst mitgenommen. Nach einer halbstündigen Fahrt sind wir wieder da: »Wir haben einen Rucksack vergessen ...« – »Ja, den habe ich zur Seite gelegt, bitte hier ist er!«

Es ist nicht in erster Linie die Kamera über die ich mich freue, sondern die Ehrlichkeit der Mexikaner und meine Bestätigung über ein Bild, dass ich mir von diesem Land gemacht habe: Hilfsbereitschaft, Interesse, Offenherzigkeit sind die Regel, alles andere stellt eine Ausnahme dar.

Vor Ampeln in Puebla verdienen unzählige Verkäufer bzw. Künstler ihren Lebensunterhalt: Ein Junge jongliert mit sechs silbernen Kugeln und behält dabei die Autos immer im Blick. Sobald sich ein Fenster öffnet, sammelt der Junge blitzschnell die Kugeln ein, greift nach den Pesos und setzt danach die Vorstellung fort.

Ein anderer tanzt zwischen den wartenden Fahrzeugen auf hohen Stelzen, er trägt einen farbigen Clownanzug. Wir beobachten auch einen geschminkten Liliputaner und einen Rollstuhlfahrer. Kleine Kinder oder Frauen halten Kaugummi, Kämme, Kopfschmerztabletten, Zeitungen oder Blumen zum Kauf hoch. Wir bemerken, dass es immer jemanden gibt, der Bedarf zu haben scheint oder die Vorführungen honoriert. Eine Ausnahme stellen bettelnde Kinder dar, denen kaum jemand Geld gibt.

Solche Eindrücke werden durch die krassen Gegensätze noch verstärkt. Unser Freund Dieter zeigt uns das Einkaufszentrum »Liverpool«: Jedem Gast werden die Türen persönlich aufgehalten, Sicherheitspersonal ist kaum als solches erkennbar, in ihren blauen Uniformen wirken sie beinahe nett und kommen uns vor wie Angestellte, die höflich Auskunft erteilen. Es gibt sämtliche Luxusartikel, die man sich vorstellen kann. Vielleicht ein kleines Fläschchen Parfüm für 100 Dollar gefällig, eine elegante Krokotasche für 500 Dollar, oder ein italienischer Maßanzug? Wie wäre es mit Probesitzen im nagelneuen Mercedes-Cabrio? Wer hier einkauft, gehört zu der kleinen, extrem wohlhabenden Oberschicht Mexikos, wo Geld keine Rolle spielt. Nach einigen Minuten ist der mexikanische Alltag verschwunden, die Bilder der Straße von vorhin gibt es nicht mehr, man könnte glauben, in Düsseldorf, San Francisco oder Sydney zu sein.

Eigentlich wollten wir »nur« unsere Post hier in Puebla entgegennehmen, und jetzt verabschieden wir uns nach fast zwei Wochen von Dieter: »Warum bleibt ihr nicht ganz hier?« Es gibt Augenblicke, in denen ich mich das auch frage, aber die Pflicht, die Vernunft ...

In größeren Städten halten wir oft auf Campingplätzen und lassen das Wohnmobil dort stehen, wenn wir ins Zentrum wollen. Fahrten mit dem Bus geben uns ungeahnte Einblicke in die Fähigkeiten der Chauffeure. Ich kann mir nicht vorstellen, dass es Fahrschulen gibt, wer würde hier freiwillig Fahrlehrer sein wollen? Feste Haltestellen gibt es bei »Micro«-Bussen meist nicht, eine Hand wird ausgestreckt, und sofort hält der Fahrer. Ein Ruf, ein Schlag gegen die Decke oder ein Zug an einer Nylonschnur, und der Bus stoppt wieder. Unser Fahrer heute scheint nicht älter als 20 Jahre zu sein, eine Baseballkappe der »Chicago Bulls« hat er lässig mit dem Schild nach hinten gedreht. Sein Sitz besteht aus einem Gartenstuhl, mit grünen Plastikschnüren bespannt, über ihm dröhnt eine Stereoanlage, daneben seine Lieblingskassetten. Die Musik übertönt bei weitem das Scheppern und Knarren des Vehikels. In goldenen Lettern steht: »Yo y tú« (du und ich), gleich darüber eine Jesusfigur, mit roter Farbe wird Blut angedeutet, alles von zwei Strahlern eingerahmt. Neben dem Fahrer befindet sich ein Holzkästchen mit Wechselgeld und den *boletos,* winzigen, dünnen Papierstückchen. Beim Wechseln gibt er Peso raus ohne hinzusehen, und manchmal »vergisst« er einen Fahrschein herauszugeben, aber irgendwie muss das schmale Gehalt ja aufgebessert werden, die Fahrgäste zeigen vollstes Verständnis ... Andere Verkehrsteilnehmer gibt es nur scheinbar: Autos, Radfahrer, Fußgänger, gar Hunde oder Katzen, sie alle sind keine Hindernisse. Ein Reißen an der Schnur über seinem Kopf und die überdimensionale Fanfare auf dem Dach sorgt wieder für »klare Verhältnisse«... Die Geschwindigkeit bleibt immer gleich, ob in Kurven, engen Gassen oder bei Gegenverkehr. Und wenn der Fahrer beschließt, etwas gegen seinen Hunger zu unternehmen, wickelt er die mitgebrachten Tacos aus Zeitungspapier und lässt es sich schmecken. Wozu hat man schließlich zwei Hände?

Fasziniert und vollkommen sprachlos steige ich jedes Mal aus und kann es nicht glauben, dass es zu keinem Unfall gekommen ist. Es kommt mir beinahe so vor, als entspanne sich der Fahrer während seines Zwölfstundentages und kommt dann vollkommen ausgeruht nach Hause, um seine ganze Energie der Familie und einer Fiesta zu widmen ...

18. Dezember · Piet: »Jesus wird das Auto beschützen«

Als ich gerade unseren Ford starten will, bemerke ich einen bunten Klumpen Knetgummi auf dem Armaturenbrett. »Was soll der Knetgummi hier vorne?« möchte ich ungehalten wissen. »Aber Papa, das ist Jesus, der wird das Auto immer beschützen. Wir haben ganz bestimmt keine einzige Panne auf der ganzen Reise!« Damit beendet Piet das Thema, weitere Fragen erübrigen sich.

An Tagen, wenn die Sonne das Armaturenbrett fast zum Kochen bringt, schmilzt unser Beschützer zu einem winzigen

Klumpen, und ich muss ihn als erstes neu modellieren. Nach brenzligen Überholmanövern, vor brutalen Pisten, tiefen Sanddurchfahrten führe ich ein kurzes Gespräch mit »Little Jesus«, und dann überträgt er seine Kraft.

Mittlerweile reisen wir über sieben Monate im Wohnmobil und legten etwa 14.000 km zurück. Das entspricht etwa einem Schnitt von 60 km pro Tag, keine allzu großen Abschnitte also. Es gibt kaum Tage, an denen wir nach einer Übernachtung weiterfahren, oft wird aus einem vorgesehenen kurzen Stopp ein mehrtägiger Aufenthalt. Bei dieser Geschwindigkeit werden wir es wohl kaum bis Chile schaffen. Ich vermeide schon lange einen Blick auf eine Gesamtkarte, um von den Entfernungen, die noch vor uns liegen, nicht total entmutigt zu werden.

Das Fahren selbst ist für mich ein unbeschreiblicher Genuss, eine einzige Zeremonie; allein das Starten der zehn Zylinder, das kaum vernehmbare Motorengeräusch ist ein Hochgefühl. Manchmal drehe ich ein Fenster runter, um zu hören, ob der Motor überhaupt läuft. An das Automatikgetriebe habe ich mich gewöhnt, und bei Steigungen oder Gefällstrecken benutze ich die vier verschiedenen Stufen, über einen winzigen Druckknopf lässt sich der nächst niedrigere Gang einlegen.

Die beinahe sechs Tonnen Gewicht und sieben Meter Länge scheinen gar nicht vorhanden zu sein. Der Motor besitzt fast 270 PS, die in kritischen Situationen sehr hilfreich sind, etwa beim Überholen auf steilen Strecken. Die Größe des Autos hat aber noch einen ganz anderen Vorteil: Das einzig erkennbare Straßenverkehrsgesetz in Lateinamerika lautet – der Größere hat Recht und Vorfahrt. Entgegenkommende Lkw oder Busse verhalten sich rücksichtsvoll und relativ vorsichtig.

So viele Vorteile haben natürlich ihren Preis, im wahrsten Sinne des Wortes: »bebe mucho«, wie ein Tankwart richtig feststellt. Durchschnittlich »trinkt« unser Wohnmobil 25 Liter auf 100 km, die Preise bewegen sich um 0,75 Euro pro Liter im Durchschnitt.

Es kommt mir beinahe unheimlich vor, dass wir bis jetzt überhaupt keine Probleme mit dem Auto hatten, abgesehen von Bagatellen, wie zerbrochenem Spiegel oder einem platten Reifen. Manchmal beschleicht mich aber doch ein ungutes Gefühl bei dem Gedanken an ernsthafte Probleme. Was würden wir machen, wenn plötzlich das Auto stehenbleibt? Ich habe von Kfz-Mechanik absolut keine Ahnung, die Mexikaner in Bezug auf diesen Motor sicherlich auch nicht.

Als ich zufällig an einer großen Ford-Vertretung vorbeikomme, möchte ich Öl und Filter wechseln lassen. Der Meister erkundigt sich nach dem Modell: »Ein Zehnzylinder E 350.« – »Ford baut nur Achtzylinder«, korrigiert er mich. Er schlurft mitleidig zur Motorhaube, um mal einen Blick rein zu werfen. Innerhalb kürzester Zeit stehen nun alle Beschäftigten am Auto und raunen sich zu: »Diez cilindros, diez cilindros, madre mía ...« Sofort fallen mir die Worte unseres Freundes Felix aus San Francisco ein: »Und bitte lasst bloß nie die ‚Kaschperl' an diesen Motor!« Bei sämtlichen Inspektionsarbeiten bleibe ich deshalb bei dem »patrón« stehen, der schon mal das Motoröl in den Stutzen mit der Aufschrift »Transmission« (Getriebeöl) kippen will.

Mein absolutes Vertrauen in diese Maschine steigt mit jedem gefahrenen Kilometer, und wenn wir irgendwann Hilfe brauchen, lassen wir uns eine Ferndiagnose aus San Francisco geben.

24. Dezember · Weihnachten in Palenque, »fast« wie zu Hause ...

Wir befinden uns auf dem Weg nach Palenque, einer der großen mexikanischen Maya-Stätten auf der Halbinsel Yucatán (neben Uxmal und Chichén Itzá). Die Anlage liegt mitten im Dschungel. Vor allem die Lage in diesem dichten Regenwald, in dem viele Tiere für eine ständige Geräuschkulisse sorgen, macht seine Faszination aus. Die Maya stammen aus dem Hochland von Guatemala. Um etwa 1000 v.Chr. wanderten sie in das yucatekische Tiefland ein, wo sie später beginnen, Stadtstaaten zu gründen und monumentale Tempelpyramiden zu errichten. Die Entwicklung von Schrift und Kalender übernahmen sie wahrscheinlich von den frühen Olmeken und Zapoteken. Um 300 n.Chr. begannen die Maya, die im Gebiet des Petén lebten (südliches Mexiko, nördliches Guatemala, West-Belize), Stelen zu errichten, auf denen sie die Leistungen ihrer Könige sowie wichtiger Ereignisse gedachten. Diese Inschriften, die einer Bilderschrift ähneln, sind heute größtenteils entschlüsselt. Daraus geht hervor, dass sich die großen Maya-Stadtstaaten, wie Tikal (heute Guatemala) oder Palenque nahezu ständig bekriegten, um die regionale Vorherrschaft zu erringen. Maya-Könige unterzogen sich vor ihrer Inthronisation oft schmerzhaften Ritualen, wie z.B. Durchbohren der Zunge mit dem Stachel eines Rochens mit anschließendem Hindurchziehen einer dornenbewehrten Schnur, damit sie in der Trance des Schmerzes mit den Geistern der Ahnen in Verbindung treten konnten. Ihr sehr genauer Kalender beruhte auf langjährigen präzisen astronomischen Beobachtungen der Gestirne, deren Lauf sie in bebilderten Faltbüchern, den *códices,* festhielten. Wahrscheinlich führten lange Kriege und Hungersnöte (durch zu intensive Nutzung des Bodens) nach 800 zum Verfall und der Aufgabe der Maya-Städte im Tiefland (Palenque, Yaxchilán u.a.), während sich die Städte im Hochland länger halten konnten und endgültig erst Ende des 16. Jahrhunderts von den Spaniern unterworfen wurden.

In der Nähe der Palenque-Ruinen finden wir einen ruhigen Campingplatz und gehen bei 30 Grad Hitze und hoher Luftfeuchtigkeit das Weihnachtsfest an: kurze Hose, T-Shirt und Schwitzen sind »Pflicht«. Wir schneiden Zweige von einem Nadelstrauch, packen eine kleine Krippe aus und holen die Geschenke aus den Verstecken, mein Vater schickte uns selbstgebackene Plätzchen.

Dann kommt der große Regen. Wir haben das Gefühl, unter einer voll aufgedrehten Dusche zu stehen. Die wenigen Meter unter das Strohdach eines Restaurants legen wir sprintend in Badehose, Plastikschlappen und mit freiem Oberkörper zurück, die trockene Kleidung holen wir im Restaurant aus den Plastiktüten. Wir erwischen einen der ganz wenigen heftigen Regentage der gesamten Reise (etwa 15 Tage von insgesamt 25 Monaten). So ein Tropenregen deckt die Niederschlagsmenge mehrerer Monate in Europa leicht ab.

Die Feuchtigkeit, zusammen mit der Wärme, lässt den Dschungel regelrecht dampfen. Palenque wirkt richtig geheimnisvoll, unnahbar, majestätisch. In der großen Ruinenstadt befinden sich heute keine Besucher, wir haben diese tolle Mayastätte ganz alleine für uns. Piet und Stella spielen derweil im Auto – »Ihr könnt uns ja später erzählen, wie es war«, meinen sie.

KUBA

SPAGAT ZWISCHEN SOZIALISMUS UND KAPITALISMUS

3. bis 28. Januar · Kuba –
»Hasta la victoria siempre« (bis zum endgültigen Sieg)

Wir stellen das Wohnmobil in der Großstadt Mérida auf einem Campingplatz ab, packen jeder eine Tasche und verabschieden uns für einen Monat vom Festland, unser Ziel heißt Kuba. Die Informationen aus dem »Mexico und Central American Handbook« hören sich gut an und wir wollen auf eigene Faust eine der letzten »Bastionen des Sozialismus« kennenlernen. Die Zeiten von streng reglementierten Besucherzahlen, ausschließlich aus befreundeten Ostblockländern, sind dort vorbei. In einem Reisebüro bekommen wir Flugtickets und auch die Visa ohne Schwierigkeiten gleich dazu. Bettinas Schwester hat ihren Urlaub genommen und kommt eine halbe Stunde nach unserer Landung in Havanna aus Frankfurt an.

■ *Allgegenwärtig in Kuba: Ernesto »Ché« Guevara*

Es ist nicht lange her, als der Tourismus mit seinen Negativfolgen, wie z.B. Prostitution oder Drogen, von Fidel Castro verdammt wurde und der Besitz von US-Dollars unter Strafe stand. Mit dem Zerfall der Sowjetunion, dem Hauptgeberland Kubas, musste sich das Land neuen Einnahmequellen zuwenden: Tourismus und kontrollierte, erste »privatwirtschaftliche Experimente« sollen Devisen erschließen (Zimmervermietung auf US-Dollar-

Basis, Mietwagen, 24-Stunden-Tankstellen). Allerdings stockt dieser Motor beträchtlich, wie wir schnell feststellen. Die wenigen Autovermieter am Flughafen Havanna zucken nur mit den Schultern: Saison, es gibt keine Fahrzeuge mehr ...

Auf Kuba laufen jedoch viele Dinge nach dem Motto: Probleme gibt es genug, Möglichkeiten sie zu lösen aber viel mehr ... Schnell leert sich das Ankunftsgebäude, wir bleiben alleine zurück. Freundliche Taxifahrer erkundigen sich, ob sie uns helfen können.

»Ich habe zwei Zimmer für euch, ein zuverlässiges Auto dazu, steigt erst mal ins Taxi ein«, versichert einer von ihnen. Natürlich stimmt das so nicht ganz. Er kennt jemanden, der eventuell zwei Zimmer besitzt, aber auf jeden Fall kennt der dann wieder jemanden, und der weiß vielleicht von einem freien Pkw. Pro vermittelter Übernachtung kassiert unser Freund dann eine Provision vom Vermieter.

Wir haben Glück, finden im Zentrum bei Miguel und Yolanda zwei Zimmer. Das ältere Ehepaar bessert so die Minimalrente auf. Bedenkt man, dass zu diesem Zeitpunkt ein Lehrer, Anwalt oder Arzt im Monat etwa ganze 15 US-Dollar verdient (in kubanischen Peso ausbezahlt), so kann man sich vorstellen, wie »wohlhabend« unsere Vermieter sind – ein Zimmer kostet pro Nacht 25 US-Dollar (aber davon muss an den Staat eine hohe Steuer bezahlt werden!).

Offiziell dürfen diese Familien ihre Gäste auch bekochen, aber hochwertige Produkte, wie bestimmter Fisch (Shrimps) oder Fleisch (Lamm) sind nur für den Export bestimmt; theoretisch jedenfalls. »In Havanna gibt es nichts, wenn du keine Dollars hast, und alles, wenn du sie besitzt ... Möchtet ihr heute Abend Shrimps essen?« erkundigt sich Miguel.

Am nächsten Morgen klingelt Hugo Ramirez Sánchez, um uns sein Auto zu vermieten. »Bei Polizeikontrollen erzählt ihr am besten, wir sind Freunde und ich stelle euch meinen russischen Moskowitch unentgeltlich zur Verfügung!« Der blauen »Moko«, wie wir ihn nennen, sieht recht geräumig aus, doch als ich in den Motorraum sehe, bleibt mir die Spucke weg: Ein einsamer Motorblock, viele Kabel, noch mehr Drähte, Isolierband, eine festgebundene Batterie ...

Ich notiere mir die ganzen Besonderheiten: Hier ziehen, wenn die Temperatur steigt, dort wackeln, falls der Motor nicht anspringt, nach jeder Fahrt immer Wasser und Öl kontrollieren und nie, nie, nie in die Berge fahren! Wir versprechen ihm alles, bloß schnell weg mit dem eigenen Auto.

4. Januar · Auto fahren auf Kuba – richtig entspannend

Auto fahren in Havanna kommt mir absolut stressfrei vor. Es gibt wenig Verkehr, die Fahrer sind diszipliniert und rücksichtsvoll. An vielen Kreuzungen stehen Uniformierte mit Trillerpfeifen, jederzeit bereit, die fahrenden Genossen zurechtzuweisen. Manchmal wirkt das ganze Bild wie eine überdimensionale Filmkulisse aus den 60er Jahren. Alte Straßenkreuzer schaukeln gemächlich vor sich hin, ihr Zustand allerdings lässt befürchten, dass sie bei dem kleinsten Zusammenstoß auf der Stelle in sämtliche Teile auseinanderfallen werden.

Aus der Entfernung sieht vieles einfach wundervoll aus, beinahe unglaublich schön und romantisch, aber die Nähe ernüchtert schlagartig. Fährt man den »Malecón« entlang, die Uferstraße und vor der Revolution 1959 die prächtigste, bunteste und lebhafteste Straße der Stadt, hält man den Atem an angesichts der aufregenden Architektur der Häuser. Einige strahlen in hellen Farben, doch die meisten sind leider nur noch Ruinen. Havannas Altstadt wird von der UNESCO als Weltkulturerbe geschützt. Sobald man das Auto abstellt und zu Fuß geht, ändern sich auch hier die euphorischen Gefühle schnell und Ernüchterung macht sich breit. Die Fronten sind voller Risse, die Feuchtigkeit lässt Wände vermodern, Decken sind eingestürzt, Fensterrahmen fehlen oft, viele Häuser sehen absolut unbewohnbar aus. Und doch hängt Wäsche auf den Balkonen. Selbst die »renovierten« Häuser erweisen sich als brüchige Fassaden, die nur überstrichen wurden, der Putz bröckelt bereits wieder, die Risse bleiben. Die meist drei- bis viergeschossigen Gebäude machen den Eindruck, als sei 40 Jahre lang überhaupt nichts daran getan worden. »Es gibt einfach kein Material, keine Farben, keinen Zement, kein Werkzeug«, erklärt ein Bewohner. Stundenlang wandern wir durch die Häuserschluchten, immer schwankend zwischen totaler Begeisterung hinsichtlich der Architektur und tiefem Schock angesichts des Zustandes ...

■ *Havanna, marode Bausubstanz*

Viel Zeit bleibt nicht für deprimierende Stimmungen, die Kubaner sprühen eine so starke Lebensfreude aus, dass man endgültig überzeugt ist, sie sind nur rein zufällig in diese Kulisse geraten: Musik, Musik, Musik, überall ertönt Musik. Aus Fenstern, tragbaren Kassettenrecordern, Hinterhöfen, in Lokalen. Die Menschen bewegen sich, wie es scheint, permanent zu den Klängen, und manchmal denke ich, dass viele sich mehr tanzend fortbewegen als gehend. Oft ergeben sich aus einfachen Fragen nach dem Weg längere Gespräche. Die Menschen teilen sich gerne mit. »Die momentane Situation ist eine Katastrophe. Es gibt kaum Waren, die Einkommen sind zu niedrig, Arbeitsplätze fehlen und immer mehr qualifizierte Kräfte wandern dorthin ab, wo es Dollars gibt – in die Tourismusbranche. Der Gepäckträger eines guten Hotels bekommt leicht an einem Tag soviel Trinkgelder, wie er in einem Monat als Lehrer nicht verdienen kann!«

Solche Gespräche ergeben sich oft. Die Kubaner stellen das fest, ohne darüber zu klagen. »Es wird besser werden, sobald das Embargo mit den USA erst einmal fällt. Dann wird Kuba den optimalen Weg finden: Die Vorteile des Kapitalismus zusammen mit den Errungenschaften des Sozialismus ...!«

Momentan habe ich den Eindruck, als lasse sich die Gesellschaft zweiteilen: Besitzer von Dollars und Kubaner ohne Zugang zu dieser heiß begehrten Zweitwährung, die alles ermöglicht. An den Tankstellen kann man gar nicht mehr mit Peso zahlen. Vielleicht auch dies ein Grund für den geringen Verkehr, denn woher soll der Normalkubaner Dollars beziehen?

Eine Autobahn, die *Autopista Central,* führt von Havanna bis Santiago de Cuba im Ostteil der Insel, etwa 1000 Kilometer entfernt. Hinweisschilder aus der Stadt gibt es keine, wir fragen uns lange durch, bis wir endlich das Asphaltband entdecken. Es gibt keine Begrenzungen, keine Mittel- oder Seitenstreifen, Leitplanken und nur ganz selten Hinweisschilder. An Abfahrten stehen oft viele Menschen und warten auf Mitnahmegelegenheiten, manche winken mit einer Ein-Dollar-Note, Frauen ziehen sich aufreizend an, um aufzufallen und das Glück einer Mitfahrgelegenheit zu genießen. Das öffentliche Transportsystem liegt am Boden. Oft regeln Soldaten das Problem auf einfache Weise: Lastwagen werden angehalten, die Wartenden steigen auf die Ladefläche.

■ *»Öffentliche Verkehrssysteme«*

Verkehr gibt es außerhalb von Havanna so gut wie gar nicht, jedenfalls keinen Autoverkehr. Dafür nutzen Radfahrer, Pferde- und Eselgespanne und vereinzelt Traktoren den glatten Fahrdamm sowie »fliegende Händler«, im wahrsten Sinne des Wortes: Wie aus dem Nichts stürzen junge Kubaner hinter Büschen hervor, halten lange Knoblauchzöpfe, selbstgemachten Käse, Brot, Obst, gebrannten Schnaps hin. Sie stehen mitten auf der Fahrbahn. Wir decken uns regelmäßig ein, da es ansonsten wenig Möglichkeiten gibt, sich tagsüber zu verpflegen. Autobahngaststätten, Restaurants oder Essstände gibt es keine. Sobald das Geschäft abgeschlossen ist, verschwinden die Händler wieder, vermutlich dürfen sie diesem Gewerbe nicht nachgehen.

5. Januar · Auf den Spuren Hemingways – zu Besuch beim »alten Mann«

Von Bettina Kretschmer

Der Fischer Gregorio Fuentes ist ein Fixpunkt für diejenigen, die den Spuren Hemingways auf Kuba folgen wollen. Der wettergegerbte Alte kam zu Ehren, weil er den amerikanischen Schriftsteller zu einer der berühmtesten Figuren der amerikanischen Literatur inspirierte, dem Hauptdarsteller *Santiago* im Roman »Der alte Mann und das Meer«. Fuentes war mehr als 20 Jahre lang Freund und Weggefährte Hemingways. »Ich war sein Koch, sein Seemann, sein Schiffskapitän und sein Begleiter«, verriet er in seinem Stammlokal *La Terraza* allen, die es hören wollten. Als Anfang der 90er Jahre der Tourismus auf Kuba wieder einsetzte, wurde die Finca *La Vigia,* das Domizil Hemingways auf einem Hügel am Stadtrand von Havanna, eine Hauptattraktion. Die Busse, die den Ausflug dorthin unternahmen, hielten oft im La Terraza, wo der Schriftsteller vornehmlich Krabben und Meeresfrüchte verspeiste. Dort war Fuentes der Unterhaltungsknüller schlechthin. Die Zigarre im Mundwinkel spann er für 50 Dollar pro Viertelstunde Seemannsgarn über seine Zeit mit »Papa«. Manchmal erzählte er über die Abenteuer auf dem Meer, manchmal gaben seine Anekdoten Anlass zu literaturwissenschaftlichen Hypothesen, so, als er einem Journalisten von der Nacht erzählte, als Hemingway über einen Titel für seinen Roman nachdachte: »Ich sagte zu ihm: ‚Schau, es geht um einen alten Mann. Und es geht um das Meer.' Und ‚Papa' sagte: ‚Ja, genau, so soll er heißen ...'«

Dennoch, glaubt man dem Exekutivdirektor der Hemingway Foundation, Scott Swar, geriet Fuentes niemals ins »Schwätzen«, obwohl er natürlich dazu in der Lage gewesen wäre, denn während der Zeit von 1932 bis 1960, die Hemingway auf Kuba verbrachte, als er sich von einem jungen Schriftsteller in einen mythosumwobenen Giganten verwandelte und eine ganze Generation beeinflusste, verbrachte er einen Großteil dieser Zeit auf seinem Boot in Gesellschaft von Fuentes. Aber selbst damals, als Gregorio von vielen Touristen umlagert wurde, behielt er die Geheimnisse seines Arbeitgebers. »Er liebte es, Geschichten zu erzählen«, so Swar, »aber er war ebenso diskret.«

Nichts von all dem Rummel ist zu spüren, als wir im *La Terraza* ankommen. Dort soll, laut Reiseführer, der alte Mann noch immer anzutreffen sein, doch diese Information scheint nicht mehr die aktuellste zu sein. 102 Jahre müsste er nun auf dem Buckel haben, der alte Fischer, und wir rechnen kaum damit, dass er noch lebt. Außer einem betrunkenen Schotten, der uns seine Lebensgeschichte ins Ohr brabbelt, befindet sich in dem frisch renovierten Lokal nur noch ein ergebener Hemingway-Fan, der auf einer alten Schreibmaschine Texte des verehrten Meisters abschreibt und verschenkt. *Qué lindo* – wie schön! Wir trinken einen *café negro* und machen uns an den Kellner ran – ob er vielleicht etwas weiß, von dem alten Fischer, dem Patron Hemingways, ob er noch kommt? – Nein, kommen würde er schon lange nicht mehr, der gute Gregorio, aber er lebe noch, ja, ja. Zwei Blöcke weiter, und dann rechts, da wohne er ... Tatsächlich finden wir das bescheidene Fischerhaus, nicht einmal ein Namensschild gibt uns Gewissheit über seinen Bewohner. Etwas zaghaft klopfen wir an, ein Enkelsohn öffnet die Tür und bittet uns herein. Ja doch, seinem Großvater gehe es gut, er freue sich über Besuch, und ganz besonders gern habe er kleine Kinder ...

Auf einen Stock gestützt betritt der Alte die Diele, und sofort wird der Raum ganz mit seiner Präsenz erfüllt. Sein Gesicht ist salzgegerbt und offenbar überhaupt mit allem versehen, was einen alten Kubaner in Touristenaugen zum Original macht. Besonders eindrucksvoll und in Kontrast zu seinem Alter empfinden wir seinen kräftigen Händedruck und die unglaublich klaren und leuchtend blauen Augen, »blue like the sea and undefeated« (»blau wie das Meer und unbeugsam«), schrieb Hemingway über Santiagos Augen, als hätte er die von Gregorio gemeint. Die Behauptung, Fuentes habe dem Schriftsteller als Modell gedient, wird von einigen Biographen nur zum Teil bestätigt, doch die Worte, die Hemingway benutzt, könnten leicht auf Fuentes zutreffen: »Der alte Mann war dünn und hager, mit tiefen Falten in seinem Nacken. Flecken verliefen zu beiden Seiten seines Gesichts, und seine Hände hatten tief eingeschnittene Narben... aber keine dieser Narben waren frisch. Sie waren so alt wie Erosionen in einer fischlosen Wüste«.

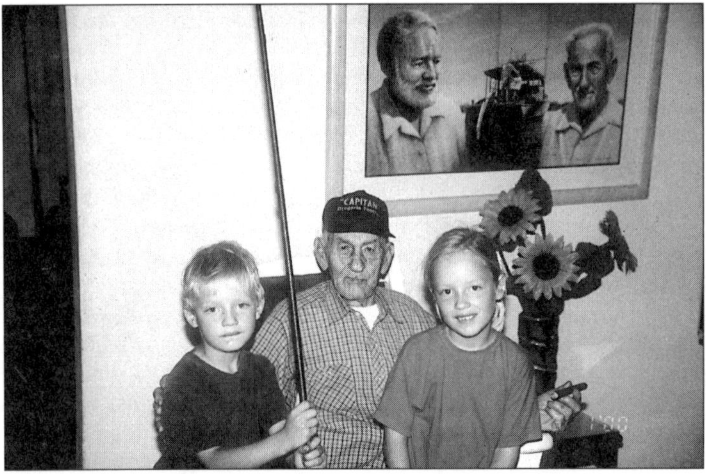

■ *Gruppenfoto mit Gregorio Fuentes (Wandbild: Gregorio u. Hemingway)*

Der Enkel führt den Alten zum Schaukelstuhl und erzählt uns ein bisschen von ihm. 1897 kam der Sohn kanarischer Migranten im Alter von sechs Jahren nach Kuba. Seine Mutter starb bei der Geburt, sein Vater heuerte als Koch auf dem Schiff an, das sie beide nach Kuba bringen sollte. Doch der Vater starb durch einen Unfall an Bord. Als Gregorio auf Kuba ankam, war er allein und wuchs bis zur Pubertät bei anderen Einwanderern in Casablanca auf, einem kleinen Dorf in der Bucht von Havanna. Er besuchte eine Schule für Schiffskapitäne, die er mit 17 Jahren abschloss. Als er genug Geld als Kapitän verdient hatte, ging er zurück nach Lanzarote, um den Rest seiner Familie zu suchen. Dort verliebte er sich in eine entfernte Cousine, Dolores Peréz, die mit ihm nach Kuba kam und ihn heiratete. »Wir lebten 70 Jahre zusammen. Wir hatten drei hübsche Töchter, und das war unser Leben. Das einzige, was mich immer noch traurig macht, ist, dass sie sehr jung verstarb, sie wurde nur 88 Jahre alt ...«

Hemingway begegnete Fuentes im Jahre 1928 während eines Unwetters auf Key West und machte ihn Anfang der 30er Jahre zum Bootsführer seiner Motoryacht »El Pilar«. Nur 15 Kilometer vor der Küste Kubas zieht der Golfstrom vorbei, in dessen

Gewässern das Männerduo von nun an den großen tropischen Fischen nachstellte. »Du und ich, wir sind Brüder«, eröffnete ihm der Dichter. Was sie verband, war die gemeinsame Leidenschaft für das Fischen. »Ich war dabei, als er einen riesigen Fisch an der Angel hatte«, berichtet Gregorio, »wir waren nur zu zweit, und es dauerte drei Stunden, bis wir ihn hatten. Hemingway war unglaublich aufgeregt.« Das Meer schuf den Boden für eine große literarische Karriere und die unendliche Legende Hemingway. Es geschah dann in den 50ern, als sie auf Gregorios Fischkutter an der kubanischen Nordküste entlangschipperten und plötzlich einen alten Fischer in seinem Boot sahen, im Zweikampf mit einem besonders großen Fisch. Haie umgaben ihn, aber Hilfe lehnte er ab, was Hemingway stark beeindruckte. Wenig später erfuhren sie vom Tod des alten Fischers. »Ich weiß, dass er darum das Buch schrieb«, so Fuentes. Während vieler Ausflüge erzählte Fuentes Geschichten, die er in den Häfen der Karibik gehört hatte, und einige mögen ihren Weg in Hemingways Prosa gefunden haben.

Als Hemingway 1954 den Nobelpreis gewann, sagte er zu Fuentes: »Ab jetzt werden wir sehr viel Geld haben.« Das stellte sich als wahr heraus, aber noch etwas geschah: Viele Besucher kamen uneingeladen zur Finca *La Vigia* und Fuentes übernahm den Job, Hemingway und seine vierte Frau Mary Welsh zu einer einsamen Bucht zu bringen, wo sie badeten und Hemingway ungestört arbeiten konnte. Im Juli 1960 verließ Hemingway Kuba und landete nach Zwischenstopps in New York und Madrid in Idaho, wo er ein Haus gekauft hatte.

Im folgenden Frühling starteten Exilkubaner mit Unterstützung des CIA in der Schweinebucht einen Invasionsversuch, der scheiterte. Es war ein erschütterndes Ereignis für die Freunde, weil es den endgültigen Bruch zwischen den USA und Kuba bedeutete und die Rückkehr Hemingways nach Kuba unmöglich machte. Einige Hemingway-Forscher sagen, dieses Ereignis mag den ersten Selbstmordversuch des Dichters am Tag, an dem er von der Invasion erfuhr, initiiert haben. Am 2 Juli 1961 setzte er seinem Leben ein Ende.

Wenig später entschlossen sich die Fischer von Cojímar, jene einfachen Kubaner, die Hemingway in den 28 Jahren seines Lebens in Havanna kennenlernte, eine Büste für den Amerikaner zu errichten, der unter ihnen gelebt hatte. Es war jedoch – wie so vieles auf Kuba – kein geeignetes Metall erhältlich, und so handelten die Kubaner wie sie es immer tun und wir es täglich erfahren, nämlich nach dem Motto: Es gibt nichts, aber alles lässt sich organisieren ... Sie sammelten alte Propeller, eiserne Gitter und alles andere, was sich zusammenschmelzen ließ. Am ersten Jahrestag von Hemingways Tod wurde sein Bildnis auf dem kleinen Dorfplatz von Cojímar enthüllt. Dort steht es noch immer, unspektakulär und bescheiden, als gehöre es eben einfach dorthin.

Obwohl Hemingway nun schon so lange tot ist, werden Gregorio Fuentes Augen feucht, als er uns erzählt: »In meinem ganzen Leben habe ich nur wenige Menschen seiner Art getroffen«, und »Das Herz dieses Mannes war sehr menschlich.« Als Abschiedsgeschenk vermachte Hemingway ihm die »Pilar«, doch Fuentes mochte das Boot nicht mehr betreten. »Es erinnert mich zu sehr an ihn.« So übergab er es der Regierung Castro für das Hemingway-Museum und zog, je älter er wurde, dem Rhythmus des Meeres das Wippen des Schaukelstuhls vor.

Ernest Hemingway hat immer seine Grenzen ausgelotet. Seine zahlreichen Romanzen, sein Abenteurergeist, seine Jagdsafaris, seine Begeisterung für den spanischen Stierkampf sowie seine Erlebnisse als junger Soldat im ersten Weltkrieg und als Reporter im spanischen Bürgerkrieg, all das spiegelt sich in seinen Erzählungen wieder. Hemingway bewunderte und schrieb oft über Männer wie Gregorio: weise, couragiert, naturverbunden und mit unumstößlicher Würde. Er hatte großen Respekt vor Menschen, die ein einfaches, aber ehrenhaftes Leben führten. All das sah er in seinem Freund. Fuentes war der geborene Seemann, der vier Hurrikane durchkreuzte, in haiverseuchten Gewässern schwamm, um einen Ertrinkenden zu retten, und der in seinen Knochen fühlen konnte, wo der größte Marlin aufzufinden war.

Hemingways übergroßen Schatten begegnet man noch heute in den Saloons von Key West, in Pariser Cafés, spanischen Stierkampfarenen oder afrikanischen Jagd-Lodges, doch am unmittelbarsten findet man ihn gewiss in der Erinnerung dieses alten Bootskapitäns auf Kuba. Selbst unsere Kinder überkommt ergreifende Ehrfurcht, als wir eine Weile still beieinandersitzen, dem

Paffen seiner Zigarre lauschen – jeden Tag fünf bis sechs, diese hier sei schlecht gerollt und zu hart, beschwert er sich. Gregorio Fuentes ist wahrscheinlich der einzige Fischer der Welt, der authentische Fotos von Robert Cappa und Karsh besitzt, und unsere Kinder sind wahrscheinlich die einzigen Kinder – vielleicht mit Ausnahme seiner eigenen Urenkel –, die auf einem Foto mit dem 102-jährigen Mann vor einem Originalfoto von Robert Cappa posieren. Ob dies je bedeutsam für sie sein wird, bleibt offen, doch der Moment, in dem der alte Fischer zum Abschied ihre kleinen Finger in seine alten, von der schweren Arbeit auf See gezeichneten Hände einschließt, nimmt sie sichtlich gefangen. Sie erleben das wie die Begegnung mit einem knorrigen alten Baum, und als Piet zwei Jahre später – wir waren bereits wieder in Deutschland – in den Nachrichten vom Tod des 104-jährigen Fischers erfährt und dessen Foto am nächsten Tag in der Zeitung entdeckt, ist er sichtlich berührt und traurig, so, als sei ein guter Freund gestorben. Etwas von der stillen Trauer wehte zu uns allen herüber und mischte sich mit leiser Freude darüber, dem alten Mann begegnet zu sein, bevor sich diese Tür für immer schloss.

9. Januar · Trinidad – Tanzen und Trinken bis zum Abwinken

Die kleine Stadt Trinidad liegt an Kubas Südküste, etwa fünf Autostunden von Havanna. Leben die Menschen tatsächlich im 21. Jahrhundert, oder sind wir ins 19. Jahrhundert eingetaucht? Kopfsteinpflaster, Dächer aus rotgebrannten Ziegeln, Holzbalkone aus handgedrechselten Stäben ... Die Altstadt ist Weltkulturerbe.

Oft fehlen Hinweisschilder an den Häusern, und wir klopfen an eine blaue Holztür eines freistehenden Hauses. Señora Cuca öffnet, vielleicht 60 Jahre, vielleicht Ende 40. Ja, ja, sie vermietet Zimmer, besitzt zwei. Falls wir beide möchten, würde sie solange woanders wohnen und nur zum Kochen kommen. Von der Terrasse guckt man direkt aufs Meer. Orangenbäume wachsen wild neben dem Haus. Wir überlegen nicht lange. Die Küche sieht jedoch nicht vertrauenerweckend aus: ein Gasherd, die Flasche steht direkt daneben, verbeulte Töpfe, alte Essensreste ... Wir werden einen Versuch machen und bestellen Fisch für heute Abend. Was für eine Überraschung, als wir vom Meer zurückkommen! Zwei Tische stehen auf der Terrasse und quellen schier über: gebratener Fisch, Fischfilets, Salate, Reisteller, Früchte und alles dekoriert mit Blumen und Kerzen. Dazu gibt es Wein und natürlich *Cuba libre* (Cola mit viel Rum). Nach dem Essen sitzen wir lange in der Küche mit Señora Cuca zusammen, trinken und reden, reden und trinken. Die Berge an Geschirr stören niemanden. »Morgen früh kümmere ich mich darum. Möchtet ihr abends wieder hier essen?« – »Und ob!«

Es ist Sonntagmittag, wir schlendern durch die Gassen von Trinidad, als uns aus den Räumen der Casa de la Cultura laute Livemusik entgegentönt. Ein alter Mann sitzt vor der Tür. »Es gibt einen *baile* (Tanzball), Eintritt einen Dollar.« Natürlich zahlen die Kubaner in Peso, umgerechnet nur wenige Cent, aber diskutieren hilft nicht viel.

Wir sind die einzigen Ausländer. In einem Innenhof stehen wenige Stühle, das Publikum besteht aus sämtlichen Altersgruppen, von kleinen Kindern bis zu den Großeltern. Aus einem kleinen Loch in einer Wand wird ausgeschenkt – es gibt nur Rum oder Cola. Männer bringen kleine Plastikflaschen mit, stellen sie auf die winzige Theke. Ein Kubaner schöpft mit einer Kelle Rum aus einem großen Eimer in die Flaschen. Eine Literflasche Rum, dazu eine Dose Cola zum Verdünnen scheint um die Mittagszeit ganz normal zu sein.

Ohne Ankündigung beginnt die Musik: Trompete, Schlagzeug, Trommeln, Gitarre, Kontrabass, Gesang. Schlagartig hören die Menschen auf zu reden, erheben sich und tanzen. Ein älterer Herr, vielleicht 70 Jahre, verbeugt sich höflich vor mir: »Guten Tag Señor, dürfte ich bitte mit Ihrer Frau tanzen?« – »Aber gerne doch, mein Herr.« – »Danke sehr, Señor.« Er führt Bettina stolz auf die Tanzfläche, legt einen Arm um ihre Hüfte, mit der anderen berührt er ihre Schulter, und dann bewegt er sich langsam und lässig. Es sieht aus, als verschmelze er mit der Musik und sei Teil von ihr. Zwischendurch sieht er zu mir rüber, strahlt glücklich, dann führt er Betti zurück.

»Vielen Dank für den Tanz, das war wundervoll!« So geht es ständig weiter, ich werde nicht ein einziges Mal die Gelegenheit bekommen, selbst zu tanzen, immer ist ein Kubaner schneller als ich.

Die Menschen geben sich der Musik vollkommen hin, ihre Gesichter drücken tiefe Zufriedenheit aus. Das ist wohl ein Geheimnis der Menschen hier: Sie haben Musik und den Tanz, die ihnen so viel bedeuten, dass der Alltag leichter zu ertragen ist.

Jeder bewegt sich, es gibt keine Regeln: Ein Junge und seine Oma, zwei Frauen, ein älterer Herr und ein Mädchen, zwei kleine Jungen, Stella und drei Mädchen – alle Variationen kommen vor. Wichtig ist der Tanz allein, nicht der Partner. Auch die Zeit passt sich diesem Rhythmus an, sie scheint sich aufzulösen, wird nicht mehr wichtig. Ein weiterer *Cuba libre,* ein weiterer Versuch, wenigstens einmal mit meiner Frau zu tanzen ...

Weiterfahrt. Wir kommen durch weite, ebene Landschaften, alles ist bewachsen: Riesige Zuckerrohrfelder, Bananenplantagen, zwischendrin Palmen, Kakteen, teilweise sogar Nadelhölzer. Der landwirtschaftliche Reichtum ist nicht zu übersehen, die Probleme aber auch nicht. Vorsintflutliche Arbeitsgeräte, uralte Traktoren und Mähdrescher und das Fehlen von Ersatzteilen lassen ganze Ernten brach liegen. Außerdem gibt es für Kuba seit dem Handelsembargo durch die USA, dem sich auf Druck der Nordamerikaner sämtliche andere lateinamerikanische Staaten anschlossen (ausgenommen Mexiko) keine Exportmärkte mehr.

Ochsengespanne ziehen Pflüge, Holzwagen fahren mit Rädern, die mit Resten von Autoreifen überzogen sind. In Orten übernehmen dreirädrige Fahrrad-Rikschas den Transport von Menschen oder Waren. Klapprige Schlepper ziehen Hänger, auf denen sich die Menschen eng zusammendrängen. Diese Bilder passen wenig zu ihrer Mentalität: Sie reden, lachen und gestikulieren ...

17. Januar · Siboney – der Moskowitch will nicht mehr

Santiago de Cuba stellt den äußersten Punkt unserer Kubareise dar, etwa 1000 km von Havanna entfernt. Wir planen sowieso einige Tage Aufenthalt ein, da können wir gut das Auto reparieren lassen. Am Meer, in Siboney, einem winzigen Ort südöstlich von Santiago quartieren wir uns bei Flora ein: große Terrasse, Blick aufs Meer.

«Flora, wir haben ein kleines Problem mit dem Auto!« – »Ach so, ich höre mich mal um, bestimmt finde ich einen Mechaniker!«

Als wir vom Strand zurückkommen, warten die beiden »besten«

Mechaniker schon. Vater und der 16-jährige Sohn lehnen an einem uralten Moped, auf dem Gepäckträger befindet sich ein öliger Jutesack mit dem Werkzeug. Der Vater zieht ruhig an einer selbstgedrehten Zigarette. Unsere Befürchtung bestätigt sich: Die Dichtung am Zylinderfuß ist hin!

»Nun, was sollen wir machen?« – »Was schlagen Sie vor?« möchte ich wissen. – »Motor raus, neue Dichtung rein, fertig!«

Ich liebe es, wenn Dinge so einfach sind und habe wohl immer noch nicht gelernt, dass zwischen Wunsch und Realität Welten liegen.

»Ist das ein großes Problem?« – »Ach nein, keine wirkliche Sache«, antwortet der Vater beiläufig. – »O.k., dann raus mit dem Motorblock!« – »Cómo no!« (na klar).

Acht ganze Werkzeuge, aber darunter immerhin ein Drehmomentschlüssel, werden ausgepackt. Direkt vor unserem Haus wird nun geschraubt.

Es dauert nicht lange und der Vater sitzt breitbeinig vor dem ausgebauten Motorblock, schmiert die Ränder mit Dichtungsmittel ein, die Zylinderwände kratzt er mit einem Taschenmesser sauber, in der Zwischenzeit besorgt der Junior eine Dichtung.

■ *Kubanische Mechaniker – Weltmeister des Improvisierens*

Nachmittags, als wir wieder vom Strand kommen, ist der Motor wieder eingebaut. »Das sieht ja gut aus«, gebe ich mich hoffnungsvoll. »Ja, ja, der Motor ist drin.« – »Und, läuft er wieder gut?« – »Ja, aber der erste Zylinder hat keine Kompression!« – »Kriegen Sie das hin?« – »Denke schon.«

Der Vater rollt sich eine weitere Zigarette, dann wird der Motor wieder ausgebaut. Ich weiß, dass wir an der Situation nichts ändern können, außerdem überträgt sich die Ruhe der beiden auf mich, und nicht zuletzt lernte ich in Mexiko und auf Kuba, dass alles lösbar ist, wenn man es gelassen angeht, beinahe so, als klären sich die Probleme von selbst.

Also Zeit für einen weiteren Abstecher nach Santiago de Cuba, Besichtigung einer Zigarrenfabrik.

Die beiden Amigos stecken sich zwei ausgebaute Ventile in die Taschen und knattern auf dem Moped davon: »So, jetzt wird der Wagen bald fertig!« Die Kinder der Vermieterin spielen mit Schrauben und dem wenigen Werkzeug und ich versuche zu retten, was ich noch bekommen kann, schließe es in den Kofferraum ein.

Mittlerweile arbeiten die beiden den dritten Tag an der Fußdichtung, zwei halbe Nächte inklusive. Etwas stimme nicht mit einer Welle: »Wir haben erst mal eine aus einem anderen Moskowitch genommen.« Jetzt verschrauben sie die Verkleidung, es bleiben nur wenige Schrauben und Scheiben übrig, zum ersten Mal entdecke ich eine Emotion beim Chefmechaniker: Er drückt mir ein Auge zu, der Moko läuft, wir machen eine Probefahrt.

»Was bekommen Sie für die Arbeit?« – Der Vater würde am liebsten im Erdboden versinken und dreht sich hilfesuchend zu seinem Sohn um. Der packt schnell das Werkzeug in den Beutel und ist abgelenkt. »Ja, äh, wir haben drei Tage gearbeitet und äh ... 15 Dollar, ist das o.k.?« fragt er beinahe ängstlich.

Ich zögere und überlege mir, dass 15 Dollar die Stunde ganz schön happig sind, als mir klar wird, dass sie insgesamt 15 Dollar für die ganze Arbeit haben möchten. »Das ist o.k.!« antworte ich, mehr beschämt als erfreut, und bezahle das Doppelte.

20. Januar · Santiago de Cuba –
Zigarrenfabrik mit Vorleser für die Arbeiter

Die Sierra Maestra, ein bis zu 2000 m hohes Gebirgsland um Santiago, spielt in der Geschichte Kubas eine wichtige Rolle: Hierhin flüchtete Castro nach einem missglückten Überfall auf eine Kaserne des verhassten Batista-Regimes und wird am 1. August 1953 festgenommen. Gerade noch 18 Mann seiner Kämpfer haben überlebt. Soldaten der Regierung wollen ihn standrechtlich erschießen, aber Pedro Manuel Sarria, ein Leutnant, hindert sie daran und rettet das Leben des Revolutionärs. Castro kommt ins Gefängnis, der Leutnant ebenfalls. Nach dem Sturz der Batista-Diktatur holt Castro Sarria aus dem Gefängnis und macht ihn zum Hauptmann der »Revolutionären Streitkräfte«.

Die Gegend stellt Kubas zweitwichtigstes Tabakanbaugebiet dar, neben Pinar del Río im entgegengesetzten Nordwesten der Insel. Eine der wenigen »Fabricas de Tabaco« lässt sich besichtigten. Braune Tabakblätter werden leicht gewässert, damit man sie besser ausbreiten kann. Mit einem speziellen Messer werden die Ränder abgeschnitten, dann zusammengerollt. In erster Linie entscheidet natürlich die Qualität der Pflanze: Für den einheimischen Markt werden mindere Qualitäten produziert, für Edelzigarren, wie z.B. die *Monte Christo No. 4* oder die *Cohiba,* kommen nur beste Tabaksorten in Frage. Sie werden in Märkte exportiert, deren Länder sich dem Handelsembargo nicht angeschlossen haben.

Ausschließlich Frauen sitzen an langen Holztischen, sechs Tage hintereinander, acht Stunden täglich. Sie haben eine Vorgabe von mindestens 215 Zigarren täglich. Monatlich verdienen sie umgerechnet acht Dollar (zum Vergleich: fünf Monte Christo No. 4 kosten im Verkaufsladen nebenan fast 20 Dollar!). Manche Frauen kauen auf einem dampfenden Stumpen, andere lehnen sich entspannt zurück hinter einem Berg von 215 Zigarren – ab jetzt verdienen sie einige Peso extra. Obwohl wir in Begleitung einer Angestellten sind, werden wir permanent angesprochen: »Pst, pst, eine Zigarre? Nur ein Dollar! Hast du keinen Kugelschreiber oder ein Stück Seife?«

Vor den Arbeiterinnen steht ein Holztisch, an dem nachmittags ein Mann Platz nimmt und aus Zeitungen oder Büchern vorliest, um die eintönige Arbeit erträglicher zu machen.

Auf der Straße werden wir bereits erwartet: »Heh, eine Kiste Monte Christo (25 Stück) für 15 Dollar!« Ich soll auf einer Bank warten, ich ganz alleine. Einige Minuten später höre ich einen Pfiff aus einer Seitenstraße und werde herangewunken. Zwei weitere Kubaner beobachten die Straße: Rucksack auf, Zigarren rein, Dollars wechseln unauffällig den Besitzer, und schneller als ein Schatten verschwinden die Schwarzmarkthändler wieder.

Santiago de Cuba gefällt uns besser als Havanna. Die Straßen sind breiter, die Häuser gepflegter, das Leben scheint ruhiger und gelassener abzulaufen. Vielleicht liegt es an dem recht großen Anteil der schwarzen Bevölkerung, die der Stadt ein karibisches Flair verleiht.

25. Januar · Viñales – Traumlandschaft im Nordwesten

Der Nordwesten Kubas ist berühmt für seinen außergewöhnlich guten Tabak und für die Gegend um Viñales: Ein kleiner Ort mit bunten Häusern, die mit roten Pfannen gedeckt sind und von Holzveranden eingefasst werden.

Viñales liegt in einem Tal, das die älteste geologische Formation auf Kuba darstellt, etwa 11 km lang und 5 km breit. Riesige, freistehende Felsblöcke, »Mogotes«, stellen das charakteristische Merkmal dar. Sie können bis zu 350 m hoch werden und sind mit Pflanzen vollkommen bewachsen. Wasser- und Winderosion bearbeiteten das einstige Plateau vor 160 Millionen Jahren, bis schließlich nur noch die Mogotes übrig blieben. Das leuchtende Grün der Tabakpflanzen, die spitzen Holzscheunen, wo die Blätter getrocknet werden und vereinzelte Reihen von Palmen ergeben einen einzigartigen Eindruck.

Wir können dem Charme des *Hotel Horizontes las Jasmines* nicht widerstehen, jedenfalls nicht seinen guten mojitos und dem Blick von der Terrasse ins Tal hinab. Als dann noch die Sonne untergeht, erinnern wir uns, dass wir noch nie einer Alkoholkontrolle begegnet sind und bestellen mehr von dem kubanischen National- und auch Lieblingsgetränk Hemingways: Man nehme ein langhalsiges Glas, einen Teelöffel Zucker, den Saft einer halben Limette, ein paar Pfefferminzblätter, zwei Eiswürfel, Havanna Club Light Dry Rum, Sodawasser zum Auffüllen, umrühren – »salud«!

Wir befinden uns mitten in der Tabakerntezeit. Zu beiden Seiten der Straße erstrecken sich Felder in leuchtendem Grün. Ein schmaler Feldweg führt zu einem kleinen Holzhaus, ein altes Ehepaar sitzt davor. Ob wir uns das Trocknen der Blätter ansehen dürfen? Die alte Frau scheint sich richtig zu freuen über unser Interesse, ihre Augen strahlen vor Stolz. Sie trägt Plastikschuhe, die Zehen gucken vorne raus, ihre Kleidung ist voller Löcher. Wir betreten eine Scheune, deren Dach bis an den Boden reicht. Die Blätter hängen an langen Holzstangen, die bis in die Spitze übereinander angeordnet sind, das Trocknen dauert 40 Tage. Der Staat ist alleiniger Abnehmer und bezahlt nach strengen Qualitätskontrollen, natürlich in Peso. »Das Leben wird immer härter für uns. Oft sind die Ernten so unergiebig, die Qualität nicht gut genug, dass wir kaum davon leben können. Unser Leben ist nicht viel besser als das von Sklaven. Aber wo sollen wir hin in unserem Alter?!«

28. Januar · Abschied von Kuba – eine Band nur für uns

Havanna hat uns wieder, der Tacho des Moko zeigt über 3000 km mehr an. Die frühere Prachtstraße Havannas, der Prado, erinnert an den einstigen Glanz der Stadt: Gusseiserne Laternen säumen einen erhöhten Weg in der Mitte, der mit Marmorplatten in verschiedenen Mustern und Farben belegt ist. Die Häuser sind mit überdachten Balkonen, Säuleneingängen und geschmiedeten Toren verziert – nur es rostet und bröckelt überall. Ein kleiner Junge übt auf einem Rollschuh, er besitzt nur einen. Auf einem Balkon steht ein Kubaner, nur in einer Turnhose, und begleitet die laute Musik seines Kassettenrecorders mit einer Rassel, dazu tanzt er. Als er uns bemerkt, hebt er die Hand, Daumen nach oben ...

Ganz anders stellt sich Miramar dar, der Stadtteil, in dem wohlhabende Kubaner und Ausländer bis in die 50er Jahre lebten. Die meisten flohen nach der Revolution und überließen ihre grandiosen Häuser als »Geschenke« der neuen Regierung. Heute befinden sich hier Kindergärten, Kliniken, Clubs, Botschaften, Niederlassungen ausländischer Firmen wie Benetton oder Bayer. Die Villen wurden professionell restauriert, die Gartenanlagen sind gepflegt, und man hat plötzlich eine Vorstellung wie die Altstadt einmal ausgesehen haben muss.

Ein letztes Mal sitzen wir im Flughafen-Café und gehen unseren Gedanken nach. Kuba befindet sich in einem Umbruch, das spürt man überall. Die Menschen möchten eine Veränderung: »Wir lieben Castro und seine Errungenschaften (Gesundheitswesen, Schulsystem), aber der wirtschaftliche Alltag muss sich verändern, wiederholt zum tausendsten Mal »unser« Taxifahrer, der uns am ersten Tag die Unterkunft in Havanna besorgte.

Die »Grupo Cubason«, sechs Musiker, spielt auf Wunsch für die Fluggäste, selbstverständlich gegen Bezahlung. Sie verzaubern uns, und plötzlich ziehen nur positive Erinnerungen an uns vorbei. Ich denke an all die schönen Augenblicke auf der Insel, die lebensbejahenden Menschen. Die kommenden Veränderungen müssen einfach ein gutes Ende für die Kubaner nehmen, eine andere Möglichkeit gibt es nicht.

6. Februar · Mexikanische Karibikküste – Paradies pur

Vor zwölf Jahren bin ich an der mexikanischen Karibikküste mit dem Motorrad gereist und erinnere mich noch genau an den Strand von Tulúm: einige Hütten, Hängematten zwischen den Pfosten, Palmenstrand. Tulúm selbst bestand aus wenigen Häusern, wurde von wenigen Rucksacktouristen besucht, die sich die gleichnamigen Ruinen ansahen. Aber zwölf Jahre sind eine lange Zeit, und das Paradies blieb leider nicht lange unentdeckt. Mittlerweile hat sich eine richtige kleine Stadt etabliert, die ausschließlich vom Tourismus lebt: Restaurants, Pensionen, Hotels, Auto- und Motorradvermieter, Internetcafés, Supermärkte – alles reiht sich zu beiden Seiten der einzigen Durchgangsstraße auf. Ein Zirkus schlägt gerade seine Zelte auf. Permanent fährt ein Pickup die Straße rauf und runter, zwei überdimensionale Lautsprecher sind am verchromten Überrollbügel befestigt. Ein Mexikaner schreit die Anfangszeiten ins Mikrofon und preist die Sensationen an: Die kleinsten Tiere der Welt sind fünf Tage lang zu bewundern. Langstreckenbusse spucken Rucksackreisende aus, die sich ihre riesigen Gepäckstücke auf den Rücken wuchten, zusätzlich einen kleinen Rucksack vor dem Bauch.

Am nahen Meer zwischen Palmen gelegen befinden sich Cabaña-Anlagen, Campingplätze und auch noble Hotels. Ob wir hier überhaupt einen einsamen Platz finden können? Eine

Amerikanerin steht im Wasser, oben ohne, und jongliert mit Keulen. Im Sand liegt eine kleine Gruppe und lässt einen Joint herumgehen. Eine Autospur läuft zum Meer, endet vor einem VW-Camper mit Berliner Kennzeichen.

»Ihr seid die deutsche Familie mit amerikanischem Wohnmobil. Wir warten schon seit einer Woche auf euch«, werden wir begrüßt. Es stellt sich heraus, dass wir zu unterschiedlichen Zeitpunkten die selben Bekannten trafen, die von uns erzählten. Zufall, Vorsehung oder eine weitere tolle Begegnung während unserer Reise? Jedenfalls reisten die zwei gemeinsam mit ihren beiden Kindern, 14 und 16 Jahre alt, durch Südamerika und befinden sich nach etwa 2 Jahren fast auf der Heimreise.

Wir stellen uns direkt an den Strand, das Meer nur wenige Meter von uns entfernt: Die große Markise am Auto ist ausgezogen, Campingstühle, Grill, Tisch stehen im Schatten und wir tauschen uns über die bisherigen Erfahrungen aus. Hubert und Ana schwärmen von Brasilien, das für sie der unangefochtene Höhepunkt ihrer Reise darstellt. Und wieder nimmt uns jemand eine Entscheidung ab. Wir werden durch die positiven Schilderungen total neugierig, und die letzten Zweifel bezüglich Südamerika sind gefallen. Eine andere Frage beantwortet sich damit auch von selbst: Für Brasilien werden wird nicht die Panamericana nehmen, die überwiegend der Pazifikküste folgt, sondern eine nordöstliche Route wählen. Und ob wir dann noch bis Feuerland kommen, wer weiß ...

Wir genießen diese Art von Unabhängigkeit, das Sich-treibenlassen, immer noch sehr. Warum sollen wir uns unter Druck setzen und Ziele abstecken, die uns dann einschränken und einen Zeitplan aufzwingen?

Der Geruch des Grills, Fleisch, Fisch und Folienkartoffeln, lockt einen ängstlichen Hund. Er umkreist in weitem Bogen unser Auto. Einmal werfen die Kinder ihm einen Knochen zu, sofort rennt er panisch in die Dunkelheit und entdeckt erst später, dass es kein Stein oder eine leere Dose war. Mit jedem weiteren Knochen nähert er sich ein Stück mehr, irgendwann liegt er vor meinen Füßen. »Na du, sollen wir dich mitnehmen?« Er sieht mich an, wedelt mit seinem Schwanz, legt seine Vorderpfoten auf meine Beine. Nachts schläft er unter unserem Auto, und sobald sich ein anderer Hund oder ein Tourist nähert, bellt er wütend, so als ob er auf uns aufpassen wollte.

Die Maya-Tempel von Tulúm sind nicht annähernd so groß wie die von Palenque, Chichén Itzá oder Uxmal. Das Besondere stellt die Lage direkt am Meer dar, leicht erhöht auf einem Steilabfall zum Wasser. Man sieht hinunter auf schneeweißen Sand, Palmen und kilometerlange Strände und ein türkisfarbenes Meer, das fast unnatürlich wirkt.

Tulúm hatte seine Blütezeit zwischen 1200 und 1400 und war bis zur Ankunft der Spanier 1518 noch von Maya bewohnt. Die Anlage wird von drei Seiten durch Mauern geschützt, in denen es lediglich drei Durchgänge gibt. Die Tempel wurden nur von Priestern und Adeligen bewohnt, die einfache Bevölkerung lebte außerhalb der Stadtwälle. Viele Gebäude sind teilweise gut restauriert, um die meisten ziehen sich Absperrungen, auch um das Castillo, Hauptgebäude mit breitem Stufenaufgang. Wir sind extrem früh an den Tempeln und von den anrollenden Menschenmassen richtig geschockt. Es müssen Tausende von Touristen sein, die sich in Gruppen um Führer scharen. Einige cremen sich ein, legen sich während des Vortrags mit freiem Oberkörper auf die Wiese, andere fotografieren sich gegenseitig oder unterhalten sich. In einem Besucherzentrum kann man Plastikpyramiden, T-Shirts, Filme, Schmuck und so weiter erstehen.

16. bis 28. Februar · Laguna Bacalar – eine Versuchung für immer

»Der Ort, an den ich unbedingt zurück möchte, heißt Laguna Bacalar«, denkt Hubert laut. Die Lagune befindet sich in der Nähe von Chetumal, dem Grenzort nach Belize und somit auf unserer Strecke. Ein älteres Ehepaar betreibt einen einfachen Camping direkt am Wasser des Sees. Es gibt keine Toiletten, keine Duschen, beides haben wir im Auto. Morgens waschen wir uns in der Lagune, die nur wenige Meter tief ist. Zwischen zwei Palmen spannen wir die Hängematte, gehen vor dem Frühstück bereits zum Schwimmen.

Manchmal werden wir gefragt, was um alles in der Welt wir 14 Tage lang hier machen? Langeweile empfinde ich nicht einen Augenblick, ganz im Gegenteil – abends kommt mir der Tag unglaublich kurz vor. Oft liege ich dann in der »hamaca«, lasse den Tag an mir vorbeiziehen und warte auf den Moment, wenn zwischen den Palmwedeln der Mond aufgeht und sich sein Licht im Wasser der Lagune spiegelt.

Es gibt jeden Tag Dinge, die den Ablauf strukturieren. Morgens, meist vor dem Frühstück, beginnt der Unterricht mit Stella. Ich habe das Gefühl, dass sie unglaublich konzentriert und aufnahmefähig ist. Wir benutzen Hilfsmaterialien wie Muscheln, Blätter oder Stöckchen und ich muss sie manchmal regelrecht bremsen: »Lass uns noch die eine Seite machen im Buch, ja Papa?«

Betti und Piet bereiten das Frühstück vor und beenden damit automatisch die Schule. Es gibt Eier, entweder gekocht oder mit Gemüse, Zwiebeln und gebratenem Speck, überbackenen Käse, dazu Kaffee, Wasser, selbstgepressten Orangensaft, Schinken, Wurst, Marmelade, getoastetes Brot, einen Teller mit Obst, meist Bananen oder Mangos. Dann überlegen wir, was wir unternehmen möchten oder ob es Dinge gibt, um die wir uns kümmern müssen.

Manchmal nähern wir uns verdächtig dem Mittag und ich schlage vorsichtig vor, ob wir nicht ein bisschen »schneller in die Gänge« kommen sollten ... »Warum, was drängt uns denn?« antwortet Betti. Ja, was eigentlich, frage ich mich. Aber die altgewohnte Hektik von zu Hause lässt sich nicht so leicht abstreifen, oft denke ich, dass ich etwas »Produktives« tun muss, was immer das auch bedeutet.

Das Wohnmobil ist mit einem riesigen Kühlschrank und getrenntem, großem Eisfach ausgestattet, sodass wir nicht täglich einkaufen müssen. Im Badezimmer habe ich zusätzliche Regale angebracht, in denen Getränke, Milchpackungen, Mineralwasser, Bier- und Weinvorräte verstaut sind. In unregelmäßigen Abständen nutzen wir die Nähe von Städten, wie jetzt Chetumal, um alles wieder aufzufüllen. Nach mehr als sechs Monaten ist uns Mexiko total vertraut und nach ein bis zwei Stunden sind alle unsere »Fachgeschäfte« wieder gut gefüllt: die *Frutería* (Obst), *Carnicería* (Fleisch), *Pescadería* (Fisch), der *Supermercado* (Kaffee, Konserven ...), die *Panadería* (Brot frieren wir auf Vorrat ein), die *Estación de servicio* (Benzin und Öl) sowie die *Lavandería* (Wäsche).

Eine Wäscherei findet man in jedem Ort und wir laden unsere Berge dort ab, die gewogen und dann pro Kilo berechnet werden. Zehn Kilogramm kosten etwa sieben Euro, Trocknen und Falten inbegriffen, Bügeln kostet extra. Meist können wir die Sachen am nächsten Tag wieder abholen. Selbst zu waschen stellt für uns keine Alternative dar.

Als wir aus der Lavandería kommen parkt ein Gaswagen auf der gegenüberliegenden Straßenseite. In Mexiko wird fast ausschließlich mit Flüssiggas gekocht oder geheizt. Ein Gasleitungssystem besteht nicht, jeder Haushalt verfügt über austauschbare Flaschen oder Tanks, die über einen Schlauch vom Gaswagen gefüllt werden. Unser Wohnmobil besitzt einen 55-Liter-Gastank, der leider fest integriert ist. Das stellt manchmal ein Problem dar, denn wir können nicht einfach Flaschen kaufen, sondern müssen eine Gasstation oder wie jetzt einen Wagen finden. In der Küche des Autos befindet sich eine Kontrollanzeige, meist reichen unsere Vorräte für drei bis vier Wochen, je nach Temperaturen; wenn es sehr heiß ist, brauchen der Kühlschrank und das Eisfach mehr Gas. Außerdem benötigen wir es für den Herd und den Backofen. Mit den Sicherheitsvorkehrungen nimmt es niemand so genau. Wir müssen aussteigen, Zündung abstellen, der lange Schlauch wir abgerollt und auf unseren Tank geschraubt. Manchmal lohnt das Bezahlen gar nicht, so billig ist Gas hier: »Die paar Liter berechne ich euch gar nicht«, winkt der Mexikaner ab, »gute Fahrt!«

Jetzt noch »lavar y engrasar« (waschen, abschmieren, Öl wechseln). Wir rollen über eine Grube, Stella und Betti bleiben im Auto und nutzen die Zeit zum Unterrichten, ich stehe unauffällig in der Nähe, um sicherzugehen, dass das neue Öl nicht etwa in den Behälter für Scheibenwasser gekippt wird. Öl, Filter, Benzinfilter und Abschmieren lasse ich alle 5000 Kilometer machen und habe immer die Worte der Mechaniker in San Francisco in den Ohren: »Das kannst du nicht oft genug wechseln lassen!« Das Auto wird eingeschäumt, abgespritzt und sieht nach fast einem Jahr aus wie am ersten Tag, noch kaum Kratzer. Ein »amigo« winkt mich zurück, ich fahre und vertraue seinen Zeichen, bis er laut gegen den Wagen faustet und ich erschrocken bremse. »Hast du denn das Auto nicht gesehen? Du hast den Polizeiwagen beschädigt!« Tatsächlich ist der schwarze Lack leicht angekratzt, weiße Farbe vom Wohnmobil glänzt auf der schwarzen Tür des »Transito«, dieser Polizeieinheit, mit der wir schon einmal unangenehme Erfahrungen machten. Glücklicherweise habe ich bereits bezahlt und nutze sofort den kurzen Augenblick der allgemeinen Ratlosigkeit: »Das gibt es doch nicht, du hast mich eingewiesen, und jetzt ist unser Wohnmobil verkratzt. Ich werde es wohl in eine Werkstatt bringen müssen!« Ohne eine Antwort abzuwarten, steige ich ein und wir rauschen davon.

Ausgenommen vom Sonntagnachmittag stehen wir mit zwei anderen Wohnmobilen ganz allein an der Lagune. Aber wie sieht so ein typischer Sonntagnachmittag aus bei den Mexikanern? Jeden Sonntag um 12 Uhr kommt ein Auto nach dem anderen an, meist Familien aus Chetumal, mindestens drei Generationen, einmal zähle ich zwölf Leute, die aus einem alten Straßenkreuzer steigen und den Kofferraum ausladen: Grill, Campingstühle, überdimensionales Radio, Kühlboxen. Väter versuchen, ihre Kinder auf riesengroße, aufgeblasene Plastiktiger zu setzen. Die Kleinen fallen sofort wieder runter, jetzt zeigt der Papa, wie es geht: In der Regel sinkt die tierische Schwimmhilfe unter seinem Gewicht, schießt dann zwischen seinen Schenkeln in die Luft. Andere Männer stehen im Wasser, mit einem kühlen Bier in der Hand und geben ihren Frauen gestikulierend Anweisungen, ihnen doch noch ein kühles Corona aus der Truhe zu holen. Die Señoras haben ja »sonst nichts zu tun«, außer Salate anrühren, Fleisch zubereiten, sich um fünf Kinder und die Großeltern zu kümmern. Das Grillen ist dann »Chefsache«, und auf ein Zeichen hin entsteigen die *patrons* dem Wasser und geben sich ihrer zweiten Lieblingsbeschäftigung hin, neben dem Bier trinken.

Gegen 17 Uhr ist die Invasion zu Ende, der Film läuft jetzt rückwärts ab: Kofferräume füllen sich, Menschen quetschen sich in die Sitze, jede Menge Müll bleibt zurück.

Ich hole unsere Fahrräder vom Träger und wir entfliehen diesem sonntäglichen Trubel. In der Nähe befindet sich der *Cenote Azul* (Wassergrotte). Auf der Halbinsel Yucatán gibt es kein Oberflächenwasser, keine Flüsse, keine Seen. Das Regenwasser sammelt sich in kilometerlangen, unterirdischen Kalkstein-Stollen. Manche dieser Höhlensysteme können bis zu 100 Kilometer lang werden. An einigen Stellen bricht die Erdoberfläche über solch riesigen Wasserblasen ein und ein Karsttrichter bzw. eine Doline entsteht. Cenoten waren für die Maya als Trinkwasserreservoirs unentbehrlich, sie waren ihnen heilig. Herrscher war der Regengott Chac, dem sie Gold, Jade-Kunstwerke und selbst Menschen opferten, um den überlebenswichtigen Regen zu erbitten.

Der Durchmesser des kreisrunden Cenote Azul misst mindestens 200 m, das Wasser, das mit seinem Tiefschwarz ein bisschen unheimlich wirkt, soll über 600 m tief sein. Die Hauptattraktion stellt das einzige Restaurant dar, mit einer Betonplattform in etwa sieben Metern Höhe. Ursprünglich als Terrasse gedacht, dient sie jetzt als Sprungplattform, aber man muss Anlauf nehmen, um nicht auf Stühlen oder Tischen zu landen, die am Rande des Cenote stehen.

»Wollen wir mal springen, Piet, Stella?« – »O.k., Piet aber zuerst«, bestimmt sie. – »Guck' nicht runter, sondern ganz weit nach vorne, und wenn ich bis drei gezählt habe, laufen wir los!« – »Na klar«, antwortet Piet, hält meine Hand ganz fest.

»Eins, zwei, drei und los!« Wir rennen, stoßen uns mit lautem Gebrüll ab. Mein Gott ist das hoch, kann ich nicht umkehren? Der Flug dauert endlos lange, dann versinken wir in dem kühlen Wasser.

Als ich mit Stella springen gehe, beschwöre ich sie, bloß nicht nach unten zu sehen, aber sie tut's doch und ich wette, dass sie umkehrt. »Los, zähl bis drei, Papa!« – »Un, dos, tres, vamos!« Danach bin ich nicht unbedingt traurig, als die beiden vorschlagen: »Wir wollen jetzt lieber tauchen und schwimmen. Springen können wir morgen nochmals, für heute reicht es uns!«

Stella und Piet sind in einer Gruppe mexikanischer Freunde integriert, ich darf mich auf einen Stuhl setzen und muss ihre Sprünge vom Wasserrand begutachten.

Wir sind uns alle einig, dass die Laguna Bacalar und der Cenote Azul die entspannendsten Plätze der bisherigen Reise darstellen, außerdem: Warum sollen wir die paradiesische Stelle woanders suchen, wenn wir sie hier gefunden haben? Ich halte es mit Huberts Antwort, der mir einmal auf die Frage »Wo hat es dir während der zwei Jahre am besten gefallen?« antwortete: »Genau hier, sonst wäre ich nicht an dieser Stelle!«

Nach drei Wochen Karibikküste und Laguna freuen wir uns dennoch aufs Weiterfahren. Unsere Akkus sind wieder voll, wir richtig neugierig auf neue Länder und Begegnungen. Der Abschied verläuft wie immer: Lange Umarmungen, beste Wünsche, und als wir auf die Straße biegen, verdrücken wir einige Tränen, während bei den Kindern von trauriger Abschiedsstimmung nichts zu spüren ist. Sie lehnen weit aus den Fenstern und rufen: »Adiós laguna, adiós cenote, hasta luego!«

■ *Der »Baum der Reisenden«*

BELIZE

»HEY MAN, LIFE IS GREAT, MAN ...«

28. Februar · Getränke ausführen verboten

Belize passt nicht richtig in das Bild Mittelamerikas, vor allem wenn man es mit dem Nachbarland Mexiko vergleicht: Mexiko ist etwa 85 mal größer, hier leben ca. 100 Millionen Menschen, in Belize weniger als eine Million. Als einziges Land in Mittelamerika wird Englisch gesprochen, die Bevölkerung ist sehr dunkelhäutig.

Erst mal sehen, wie die Grenzabfertigung abläuft. Es gibt keinerlei Probleme, warum auch? Wir reisen ohne Zulassung, das deutsche Nummernschild scheint das Natürlichste auf der Welt zu sein, Versicherungen sind unbedeutend, aber die Getränke müssen wir abgeben, klärt uns eine Beamtin auf: »Wir produzieren ebenfalls eigenes Bier und Cola ...« strahlt sie dabei, oder täusche ich mich nur? »Das sehe ich gar nicht ein, wir trinken alles hier aus!« beharre ich.

»Wie Sie wollen«, antwortet die Dame. Ich verstecke die Flaschen unter der Couch, eine Dose Cola öffnen wir und lassen sie im Kühlschrank stehen. Fünf Minuten später wird das Auto erneut inspiziert, ein Blick in den Kühlschrank: »Die angefangene Cola können Sie behalten, gute Reise!«

Belize kommt uns vor, als würden wir durch ein Spielzeugland gleiten: Kleine, vereinzelte Holzhäuser, in den unterschiedlichsten Farben grell gestrichen, und die Tropen leuchten grüner als grün. Erste etwas größerer Stadt hinter der Grenze ist Orange Walk. Bevor wir uns richtig umsehen, befinden wir uns bereits am Ortsausgang.

Alles läuft in Belize einen Tick langsamer ab als in Mexiko, manchmal wie in Zeitlupe. Die Menschen begegnen uns mit permanenter Freundlichkeit. Die Stimmung erinnert uns ein bisschen an den Müßiggang eines Sonntagnachmittags. Und immer dieses *»Hey man ...«*

»Hey man, macht ihr einen schönen Spaziergang? Hast du mal einen Dollar für mich, Bruder? Genieß den wunderbaren Tag, man, nett dich zu treffen, man, mach's gut, man ...«

Wir fragen nach einem Supermarkt, ein junger Schwarzer begleitet uns und stellt sich selbst beim Ladenbesitzer vor: »Hey man, diese Familie will jetzt bei dir einkaufen, man!« Wir bedanken uns angesichts der Freundlichkeit: »Schon gut, man, ich bin ein Guide (Führer), hättest du nicht einen Dollar, man?«

Hinter uns hupt ein auffälliger Geländewagen, Lichthupe, überholen, ausbremsen. Ich halte ärgerlich an, als ein Mann aus dem Auto springt: »Sag nicht, ihr seid aus Bochum?« Henning arbeitet seit einem Jahr in Belize City. In Kurzform erzählen wir unsere Geschichte: »Falls ihr wirklich nach Chile kommt, müsst ihr meinen besten Freund Andreas besuchen. Er verkaufte seine Baufirma in Frankfurt und ist Farmer im chilenischen Seengebiet!«

30. Februar · Lamanai – Maya-Ruinen im tiefsten Dschungel

Wie verabredet klopft um 9 Uhr Wilfredo ans Auto, einer der Besitzer von Jungle River Tours. Am Fluss New River wartet sein kleines Boot, außer uns vier ist noch Mariola von der Partie, eine Amerikanerin, die mit dem Motorrad unterwegs ist. Der Außenbordmotor treibt das kleine Boot an, hinter der ersten Biegung stoppen wir. »Haltet eine Banane bereit«, gibt Wilfredo den Kindern zu verstehen. Ein Affe hangelt sich blitzartig von einem tief hängenden Ast herunter, greift nach der Frucht und lässt sich über unseren Köpfen in aller Ruhe zusehen, wie er sie schält und genüsslich verzehrt.

Das Wasser ist flach, an den Rändern wachsen Seerosen, dahinter Mangroven, deren Stelzenwurzeln weit aus dem Wasser ragen. Vögel stehen auf den großen Blättern der Seerosen und schnappen nach Insekten und winzigen Wasserlebewesen. Ein Jabirú-Pärchen richtet sich in seinem Nest auf, das es in einer Baumkrone errichtet hat. Diese Störche können bis zu 1,50 m groß werden und eine Spannweite von drei Metern erreichen. Wasserschildkröten gleiten auf den Mangrovenwurzeln in den Fluss. Bald ein Drittel von Belize besteht aus Naturschutz- und Nationalparkgebieten.

Die Maya-Ruinen von Lamanai liegen tief im Dschungel, ein kleiner Pfad schlängelt sich im Schatten des Urwaldes, Cahoon-Palmen begeistern uns mit ihren riesigen Fächerblättern, die direkt aus der Erde zu wachsen scheinen. Ein ungewohnter Anblick gegenüber den hochgewachsenen Palmen, deren Blätter nach unten hängen. In Lamanai sind gerade mal 27 Bauten von ca. 300 halbwegs freigelegt. Es scheint eher so, als überwuchere die Vegetation die Steine schneller, als die Archäologen sie freilegen können. Wilfredo erzählt: »Jeder neue Maya-Herrscher ließ die alten Bauten überbauen, um sich zu verewigen. Selbst eine spanische Missionskirche wurde 1580 über einem Tempel erbaut.«

Eine üble Wellblechpiste zweigt von der Hauptstraße zum »Community Baboon Sanctuary«, ein Brüllaffenschutzgebiet (eigentlich bedeutet »baboon« Pavian). Das Schutzgebiet wurde 1985 eingerichtet in Zusammenarbeit zwischen dem Primat-Biologen Rob Horwich und einer Gruppe einheimischer Bauern, unterstützt vom WWF. Das Sanctuary erstreckt sich 30 km entlang des Belize-Flusses, schließt acht Dörfer ein mit mehr als 100 Landbesitzern. Farmer haben sich bereit erklärt, ihre eigenen Bedürfnisse mit denen der Tierwelt zu verbinden. Die Schlagworte lauten: Erhaltung, Erziehung, sanfter Tourismus. Das Hauptinteresse gilt den schwarzen Brüllaffen, die in Gruppen von vier bis acht Tieren leben. Vor allem nach Sonnenuntergang und kurz vor Sonnenaufgang hört man ihr Brüllen, ein tiefes Röhren, über viele Kilometer.

Jeder Landbesitzer lässt einen Streifen Wald stehen, der sich jeweils an das Nachbargrundstück anschließt und so ein großes, zusammenhängendes Gebiet bildet, in das auch viele Affen aus Mexiko und Guatemala fliehen, weil dort der Wald systematisch zerstört wird.

Plötzlich bleibt der Guide stehen, über unseren Köpfen turnt eine Truppe von sechs Brüllaffen, zwei kleine Babies darunter. Das Männchen beginnt sofort ein ohrenbetäubendes Brüllen, so als wollte es uns vertreiben. Es gebärdet sich so wild, dass wir Angst bekommen und langsam zurückgehen. Ohne Unterlass röhrt er, scheint uns anspringen zu wollen und hält sich nur noch mit dem buschigen Schwanz an einem Ast fest.

5. März · Moskito-Küste – mit 1000 Mückenstichen ins Krankenhaus

Vielleicht hätte es uns nachdenklich machen sollen, dass die Karibikküste südlich von Dangriga »Moskito Coast« genannt wird. Wir übernachten in einem Orangenhain, eigentlich sehr romantisch, Es duftet überall nach den reifen Früchten. Plötzlich sind sie da – winzige schwarze Fliegen, die selbst durch die engen Maschen unserer Fliegengitter schlüpfen. Betti und Piet werden total zerstochen. Ich ziehe den Schutz einer Lampe ab, tatsächlich fliegen die kleinen Monster gegen die heiße Birne und fallen tot auf den Tisch. Die beiden werden fast verrückt, kratzen sich, Piet wund und blutig. Als ich über die Beine streiche, fühlen sie sich wie Kraterlandschaften an. Nachts hole ich zusätzliche Moskitonetze und spanne sie über die Betten. Der Stoff ist zu engmaschig für die Plagegeister. Wir fliehen ins Inland, nach San Ignacio, das höher gelegen ist und klimatisch nicht so feucht. Die Stiche bei Betti und Piet sehen so bedrohlich aus, dass wir sofort das Krankenhaus aufsuchen. Als ich eine Tür öffne, schließe ich sie schnell wieder: »Ich glaube das war der OP.« Ein dicker Mann, Pepsi-Cola-Kappe, offenes Freizeithemd, kommt uns entgegen. »Ich bin der Arzt, kann ich Ihnen helfen?« Die einzige Schwester an der Rezeption lacht pausenlos. »Sie haben ja gute Laune!« bemerke ich. »Ja, ja, sonst könnte ich den Job nicht ertragen. Es gibt immer etwas zu lachen!« wiehert sie.

Durch eine offene Tür blickt man direkt auf ein Krankenbett. Jemand liegt verbunden und bewegungslos da.

Mr. Pepsi sieht sich die Stiche an. Bei Piet bilden sich schon Krusten, teilweise kleine Narben. »Was, an der Küste wart ihr! Da wimmelt es ja nur so von Mücken und Sandfliegen. Freiwillig würde ich dort nie hingehen!« Er kritzelt etwas auf Papier und dann wendet sich der einzige Arzt einem schwereren Fall zu.

Die Schwester stellt vier große Flaschen mit irgendwelchen Flüssigkeiten vor uns hin, alle in unterschiedlichen Farben: »Wo sind Ihre Abfüllflaschen?« Eine interessante Frage. Offensichtlich muss jeder Patient seine eigenen mitbringen. »Macht nichts, hier sind leere Orangenflaschen!« – »Mama, da ist ja noch Saft drin«, meint Stella. »Da vorne ist ein Wasserhahn, spült die Flaschen aus.« Ihren Kommentar begleitet sie mit fröhlichem Gackern.

Die Behandlung und die Medizin kosten nichts. An der Wand hängt eine Holzkiste mit einem Schlitz: »Donation«. Ich stecke einige Dollars rein, nichts wie raus hier.

Ob es tatsächlich die bunten Wundermixturen sind oder das

Fehlen der Mücken, jedenfalls bilden sich die Entzündungen langsam zurück.

Zusammen mit einem Führer paddeln wir auf dem Macal-Fluss stromaufwärts. Das Wasser ist ganz klar, an den Hängen wachsen Palmen, Mahagonibäume, Riesenfarne, Bambus. Iguanas liegen träge auf Ästen, hoch in den Baumspitzen. Auf großen flachen Steinen schlagen Frauen und auch Männer die Wäsche aus und legen sie zum Trocknen in die Sonne.

Wir kommen an einer wackeligen Holzhängebrücke vorbei, wo die Flüsse Macal und Mopan zusammenfließen: »Kann man hier schwimmen, gibt es Krokodile?« – »Nein, hier ist es absolut sicher.« Einen halben Tag verbringen wir damit, immer wieder ins Wasser zu springen, uns von der Strömung langsam ans Ufer treiben zu lassen. Später lesen wir in einem Reisebüro: »Beobachtung von Krokodilen bei Nacht auf dem Fluss Macal!«

GUATEMALA

IM LAND DER MAYA – VULKANE UND SEEN

11. März · Tikal – Sonnenuntergang von Templo IV

Tikal war für lange Zeit einer der mächtigsten Maya-Stadtstaaten. Zwischen 600 und 800 n.Chr. erlebte die Stadt im Urwald ihre Blütezeit, in der die fünf hohen Haupttempel errichtet wurden, deren Spitzen noch heute aus dem Blätterdach ragen. Der gesamte urbane Bereich Tikals erstreckte sich auf annähernd 80 Quadratkilometern (Zentralbereich 16 qkm mit 3000 Einzelbauten), in dem vermutlich über 80.000 Menschen lebten. Bis heute ist man nicht sicher, was zum Niedergang Tikals führte. Wahrscheinlich waren es lang anhaltende Trockenperioden und die Zerstörung des Waldes als Lebensgrundlage. Unterernährung und Aufstände folgten, und Tikal geriet wie andere Maya-Metropolen in den Sog des beginnenden allgemeinen Zusammenbruchs der gesamten politischen Systeme und Ordnungen im Maya-Tiefland. Erst 1848 entdeckte eine Regierungsexpedition die Ruinen wieder, und heute ist Tikal die meistbesuchte Sehenswürdigkeit Guatemalas.

■ *Maya-Zeremonialzentrum Tikal*

Den berühmten »Templo IV« kann man über wackelige, oft senkrechte Holzleitern ersteigen, bis man ein riesiges Steinpodest erreicht. Die untergehende Sonne strahlt die restlichen vier Tempel an, je nach ihrem Stand von Gelb über Rot bis hin zu Dunkelblau. Auf dem Rückweg fliegt ein Tukan durch das Licht der Taschenlampe. Ein scheuer Fuchs stolpert über den Weg, abgemagert und auf der Suche nach Essbarem. Jede Menge Opossums stecken ihre Schnauzen in den dichten Boden aus Blättern. Der Dschungel gibt eine Geräuschkulisse von sich, die bei der Dunkelheit fast beängstigend wirkt. Plötzlich verstummen Tausende von Stimmen, wie auf ein geheimes Zeichen, so als hätte jemand einen Schalter betätigt, der früh am Morgen wieder angeknipst wird.

Es regnet in Strömen, so wie wir uns das in den Tropen vorgestellt haben. In solchen Augenblicken wissen wir die Größe des Autos sehr zu schätzen. Stella und Piet spielen im geräumigen Alkoven, ich liege auf der Couch und lese, Betti sitzt am Tisch und schreibt am Laptop; dazu das Prasseln der schweren Tropfen. Wir genießen solche Augenblicke auch deshalb, weil wir den Regen fast vergessen haben. Das Innere des Wohnmobils nimmt immer mehr persönliche Züge an: Ich baue Bücherregale, verziere die Wände mit Fotos von Freunden und mit selbstgemalten Bildern der Kinder. Dazu kommen Körbe mit Obst, eine Orangenpresse und die selbstgebaute Garderobe, an der Rucksäcke, Kappen, Machete hängen. Wir kochen heiße Schokolade und Tee und Piet bringt es auf den Punkt: »Es ist richtig gemütlich in unserem Haus ... äh, Auto, meine ich.«

16. März · Finca Ixcabel – genau ein Jahr ist vorüber. Feier mit chilenischem Wein.

Die *Finca Ixcabel* in der Nähe des Örtchens Poptún kommt gleich nach Tikal und dem Atitlán-See an dritter Stelle der Beliebtheitsskala, wenn man Reisende über Guatemala befragt. Die Amerikaner Carole und Mike De Wine kauften dieses Stück Land und bewirtschaften es. Sie züchten Rinder und stellen landwirtschaftliche Produkte her (Käse, Brot, Gemüse, Obst, Marmelade), die auf dem Markt verkauft werden. Bald wird aus dem Geheimtipp für Rucksacktouristen eine feste Adresse für viele. 1990 wird Mike entführt und auf bestialische Weise enthauptet. Bis heute hat man keine Täter gefunden, und es wird spekuliert, dass man auch keine finden will. Mike engagierte sich stark für die Indígenas und deren Rechte, in den Augen vieler Guatemalteken Menschen zweiter Klasse, jedoch als billige Arbeitskräfte willkommen. Seine Frau führt das gemeinsam begonnene Werk fort, mittlerweile kommen 70 Gäste pro Tag an. Jeder wird von Eva, die wie viele andere Freiwillige ein Jahr hier kostenlos arbeitet, empfangen: »Dort drüben könnt ihr Zelte aufbauen, es gibt auch Baumhütten, oder wenn ihr wollt, Zimmer mit eigenem Bad. Morgens gibt es ein Frühstück, abends ein Nachtbüfett. Tragt eure Namen in ein Buch und täglich eure Ausgaben dazu, am Ende des Aufenthaltes rechnen wir gemeinsam ab.«

Das Grundstück ist riesig, wir parken unter schattigen Bäumen.

■ *Finca Ixcabel, Schulunterricht*

Solche Plätze dienen als optimale Informationsbörse und Tipps über Strecken, Grenzformalitäten, Strände, Feste. Ein kleiner Pfad führt zu einem rostigen Eisentürchen, dahinter wartet ein kleines Paradies: Ein Schwimmteich, in der Mitte eine Holzinsel, eine Rutsche für die Kinder und zum Entspannen Hängematten und schattenspendende kleine Palapas.

Morgens, beim Matheunterricht mit Stella: Ein Guatemalteke reitet ein Pferd, nur auf einer Decke und barfuß. Er treibt langsam zehn andere Pferde vor sich her. Einige kommen zu uns an den Tisch, Stella streichelt sie.

Den Höhepunkt des Tages, und von allen fast ungeduldig herbeigesehnt, bildet das Abendessen. Stundenlang bereiten Köchinnen und Helfer Salate, Nudeln, Soßen, Rindfleisch, Obst, Kartoffeln zu und stellen die Schüsseln auf eine lange Anrichte. Alles wird selbst produziert. Roberto, eigentlich Robert aus Deutschland, der seit acht Jahren die rechte Hand von Carole ist, steht mit verschränkten Armen davor, dann schlägt er eine Glocke: »Guten Abend, ich darf euch heute recht herzlich begrüßen ...« Er zählt die Speisen auf, dann endlich gibt er das Büfett frei.

Für uns gibt es heute etwas zu feiern: Genau vor einem Jahr starteten wir in Bochum und wir ziehen ein Fazit – alles verläuft optimaler als optimal; keine Unfälle, schwerwiegende Krankheiten; überhaupt keine Probleme mit dem Fahrzeug; beinahe täglich interessante Begegnungen mit Menschen; wir erlebten die unterschiedlichsten Landschaften und Orte ...

Dieses besondere Ereignis würdigen wir mit einer Flasche Wein. »Wir haben nur chilenischen.« – »Das sieht ganz wie ein Vorzeichen aus ...«

»Ob es wohl mal Tage geben wird, an denen wir unbedingt weiterfahren wollen?« frage ich Betti. Was Stella und Piet über die Finca Ixcabel denken, weiß ich sowieso: »Noch einen Tag bleiben, ja?« Das wiederholt sich jeden Morgen aufs Neue. Sie sind mit den Fahrrädern unterwegs, füttern Tukane, die sich auf ihre Schultern setzen, spielen mit anderen Touristen oder schwimmen.

Natürlich stellt so eine Oase nicht das typische Bild von Guatemala dar, das erleben wir im kleinen Ort Poptún. Über die Hälfte der Landesbevölkerung ist indianischen Ursprungs, mindestens soviel können nicht lesen und schreiben. Auf dem Markt kaufe ich 20 Orangen und warte auf den Preis. »Eine kostet einen halben Quetzal«, sagt eine alte Frau, die auf dem Boden vor einem großen Haufen von Früchten sitzt. Mir wird klar, dass sie mir den Preis nicht nennen kann. Kinder spielen im Staub mit Murmeln: »Macht zehneinhalb Quetzales«, meint ein kleines Mädchen, ohne aufzublicken. »Ja, zehneinhalb Quetzales kosten die Orangen«, antwortet jetzt die Marktfrau, überzeugt, dass ich von all dem nichts mitbekomme.

24. März · Aufstieg auf den aktiven Vulkan Pacaya

Antigua erinnert uns ein bisschen an unsere Lieblingsstadt San Miguel de Allende in Mexiko – enge Straßen, Kopfsteinpflaster, alte Häuser mit gepflegten Gärten hinter hohen Mauern. Bis 1773 war die Stadt das politische, geistige und kirchliche Zentrum Zentralamerikas und stand mit Lima und Mexiko auf einer Stufe, bis ein Erdbeben die Stadt zerstörte. In Guatemala City entstand die neue Hauptstadt, heute leben nur etwa 45.000 Menschen in Antigua, darunter viele Ausländer, die das Flair des verblassten Ruhmes, das angenehme Klima auf 1500 m und die vielen Sprachschulen schätzen.

Allerdings bekommt unsere Begeisterung erst einmal einen Dämpfer. Unsere vier Fahrräder, die ich mit einer dicken Kette um einen Laternenpfahl sicherte, sind weg! Wir stellten sie mitten am Hauptplatz ab, dem »Parque Central«.

»Die Polizei hat das Schloss abgesägt und die Räder mitgenommen«, klärt uns ein Luftballonverkäufer auf. Also zur Polizei, Abteilung *Policía de Turismo.* Umgerechnet 28 Euro Strafe sollen wir zahlen, das teure Schloss ist natürlich unbrauchbar. Ich tobe vor Wut, drohe (womit eigentlich?) und sehe immer nur gelangweilte, völlig unschuldige Gesichter: »Aber ihr hättet doch das Halteverbot sehen müssen!« Wir geben es auf, zähneknirschend lösen wir die Räder ein, eine Quittung gibt es nicht, gerade heute ist der Block unauffindbar. Eines würde mich ja noch interessieren: »Welche Aufgabe hat eigentlich die »Policía de Turismo«? – »Bueno, wir beschützen die Touristen ...«, klärt uns jemand auf. Betti zieht mich aus dem Büro, kurz bevor ich die Beherrschung verliere.

Tatsächlich entdecken wir dann, von einem Busch überwuchert, ein Verkehrsschild – roter Rand, Fahrrad in der Mitte, schwarzer Balken mittendurch. Verkehrte Welt: Das Wohnmobil parken wir im absoluten Halteverbot, ohne irgendwelche Konsequenzen.

Der *Volcán de Pacaya* eruptierte zuletzt 1987 und raucht immer noch. Für Kinder stellt der Weg angeblich kein Problem dar: »Er ist ganz leicht, maximal eineinhalb Stunden.« Soviel zur Theorie.

Während der Anfahrt sehen wir Guatemala City tief unter uns, eingehüllt in eine blaubraune Wolke aus Autoabgasen und

Industrieluft. Es hat in den letzten Jahren vereinzelte Überfälle in den Bergen gegeben, deshalb steigen irgendwo zwei Sicherheitskräfte zu. Waffen sehe ich keine, sie tragen Zivil. Im Ernstfall werden sie wohl schneller laufen als die Touristen, da bin ich mir sicher.

Und dann beginnt der Aufstieg auf fast 2600 m Höhe, der Vulkan selbst ist fast 4000 m hoch. Ein *guía* (Führer) geht vorne, ein anderer am Ende der Gruppe. Der Weg führt konstant bergauf, wir schlucken aufgewirbelten Staub. Piet muss ich immer wieder auf den Schultern tragen, Stella stapft mit unglaublicher Energie Schritt für Schritt voran. Der Kegel ist perfekt geformt, die schwarze Asche ist warm – nach jedem Schritt rutscht man ein Stück runter. Erkaltete Lavabrocken, sehr scharfkantig, dienen als Fußstützen. Von einem schmalen Grad aus können wir in das Innere des Pacaya sehen – in rotes, flüssiges Magma, das brodelt und dampft. Es stinkt nach Schwefel und uns wird schwindelig. Windgeschützt hocken wir uns hinter einen großen Lavabrocken, essen unsere Brote, trinken Wasser. Die Sonne geht unter, zum Fotografieren bleibt kaum Zeit, die Führer drängen zum Aufbruch, Taschenlampen müssen als Licht reichen. Das hätte eine wirklich schöne Tour werden können, wenn wir nicht so unter Zeitdruck stehen würden. Täusche ich mich, oder sind die Guías angespannt, wirken nervös? Von den beiden Sicherheitskräften sehen wir nichts mehr, und ich will gar nicht an den bösen Verdacht denken, den Einheimische äußern: »Viele Überfälle werden von der Polizei selbst verübt. Warum fasst man wohl nie die Täter ...?!«

Im Rückblick glüht die Vulkanspitze tiefrot, und die Lichter der Hauptstadt lassen *La Capital* von weitem fast schön aussehen. Dann erreichen wir endlich den Bus. Die Kinder schlafen bereits auf den ersten Metern ein, es ist 22 Uhr als wir abfahren und nach Mitternacht, als wir in Antigua ankommen.

Abends füllen sich die Straßen und Plätze in Antigua mit Menschen. Teure Autos, schwere Motorräder parken an den Seiten. Restaurants und Terrassen-Cafés füllen sich, viele Menschen verbringen das Wochenende hier und entfliehen der Hektik und Luftverschmutzung von Guatemala City. Es wird Billard gespielt, auf Holzkohlefeuern Fleisch gegrillt und immer wieder dasselbe

Bild: Indígenas bieten ihre Waren an – handgefertigte Püppchen, Decken, Hüte, gebrauchte Karnevalskostüme. »Ladinos« (Mestizen der Oberschicht) steigen aus ihren Wagen, stolzieren herum, lassen sich Tacos zubereiten und weisen Indígenas, die ihre Waren zeigen, mit ungeduldiger, herablassender Handbewegung ab. Alte Männer sitzen auf steinernen Bänken und unterhalten sich, kleine Indígena-Mädchen tragen barfuß Geschwisterkinder auf dem Rücken, ein junges Pärchen, lässig gekleidet, gleitet im Mercedes-Cabrio um den Parque Central.

31. März · Atitlán-See – Maximón, der »böse« Heilige

Auf über 1500 m befindet sich der Atitlán-See, umgeben von Vulkanen. Die Dörfer am Seeufer sind nur mit *lanchas* (kleinen Motorbooten) zu erreichen. Den einzigartigen Anblick des See- und Bergpanoramas können wir nicht genießen, da die Sicht verhangen ist. Wir entschließen uns so lange zu bleiben, bis wir »die ständig wechselnden Blautöne der Oberfläche« selbst sehen, wie es der Reiseführer beschreibt.

■ *Am Atitlán-See*

Panajachel, auch »Gringotenango« genannt, in Anspielung auf die vielen Touristen hier, ist der Hauptort am See. Glücklicherweise entdecken wir eine Stellmöglichkeit für unser Auto: Direkt am Ufer, ganz alleine. Den großen Swimmingpool und die Duschen eines Hotels dürfen wir mitbenutzen.

Panajachel scheint ausschließlich aus Souvenirläden, Cafés, Restaurants und Reisebüros zu bestehen. Dieses Bild ändert sich schlagartig, sobald wir den Ort verlassen und auf einer Lancha über den See fahren. Auf terrassierten Feldern, die regelrecht an den steilen Hängen zu kleben scheinen, wird Gemüse angebaut. Vereinzelte Häuser, überdachte Bootsanlegestellen, Villen mit gepflegten Gärten, kleinere Hotels, alle können nur über den Wasserweg angesteuert werden.

Vielleicht sollten wir auf dem See bleiben und keinen Ort betreten, geht es uns durch den Kopf, als wir durch San Pedro La Laguna schlendern. Uns fällt die große Anzahl an Kirchen, christlichen Zentren etc. auf, die wie Fremdkörper zwischen den kleinen Steinhäusern der Bewohner thronen. Ich werde das Gefühl nicht los, als seien hier Seelenfänger tätig. Aus riesigen Lautsprechern ertönen beschwörende Stimmen von *evangelistas,* ködern Menschen, die ganz offensichtlich andere Probleme haben, verarmt wirken, irgendwie verschreckt. Selbst vor dem Einsatz großer Leuchtreklamen, riesiger Kreuze und grellfarbener Transparente mit den jeweiligen Heilsbotschaften der unterschiedlichsten Kirchen schrecken die Eiferer nicht zurück: »Gott ist glorreich« – »Gott liebt auch dich!« – »Eure Armut ist unwichtig, Erfüllung findet ihr nur beim Herrn!« Manchmal beschallen zwei gegenüberliegende, konkurrierende Gotteshäuser gleichzeitig eine enge Gasse. Selbst aus offenen Fenstern dringen die monotonen Botschaften, Autoradios plärren Aufforderungen zu einem reinen, sündenfreien Leben ...

Wir steigen aufs Boot, nehmen das Wassertaxi nach Santiago Atitlán und folgen den Indígenas in die koloniale katholische Kirche, direkt an der Plaza. Ein altes Pärchen steht von einem Glassarg, in dem eine Christusfigur aus Plastik liegt, mit Dornenkrone, roter Farbe auf der Stirn und einem Schlitz für die Geldscheine. Die Frau leert einen Stoffsack auf dem Steinboden und zählt Kerzen in zwei gleichen Mengen ab. Ihr Mann legt mit zitternden Fingern Geldstücke daneben und teilt es genau in zwei gleiche Hälften. Die Kerzen werden angezündet und vor die Glasvitrine gestellt, das Geld fällt in die Vitrine, dann stützen sich die beiden

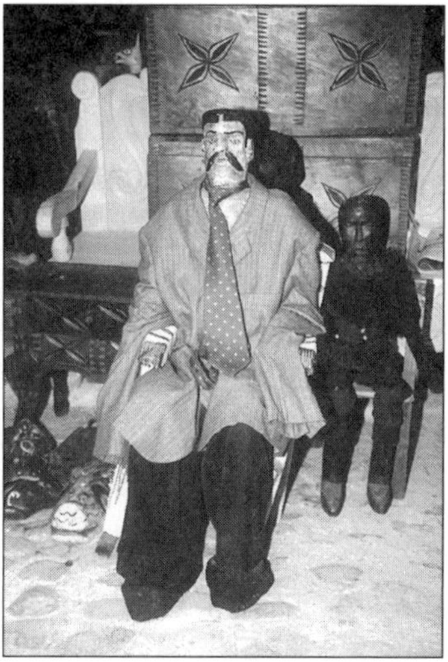

■ *Maximón, der »böse Heilige«*

gegenseitig und verlassen die Kirche. Warum zählte sie die Opfergaben so penibel ab?

Einige Minuten später erfahren wir das Geheimnis. Volkskatholizismus spielt im Leben der Menschen hier eine wichtige Rolle und wird von der offiziellen Kirche zähneknirschend geduldet: Besser eine halbe Seele als keine.

In Santiago Atitlán wird »Maximón« verehrt, der »böse Heilige«. Er ist verantwortlich für die alltäglichen Gemeinheiten, Tricks, Bestechungen, Lottogewinne, Ehestreitigkeiten ... Kleine Kinder zeigen uns den Weg zur »Casa Maximón«, einem unscheinbaren kleinen Haus. In einem niedrigen Raum, der Boden ist aus festgestampfter Erde, müssen wir uns erst einmal an das Halbdunkel gewöhnen. Die Luft ist voller Rauchschwaden, vereinzelt bewegen sich Personen und knien vor *San Simón,* wie der »gute Böse« auch genannt wird: Eine Holzpuppe in Originalgröße sitzt auf einem Stuhl, in dunklem Anzug gekleidet, mit Schlips, Hut und einer dicken Zigarre im Mund. Zu seinen Füßen Bier- und Schnapsflaschen, Kerzen brennen. Ein altes Paar holt ständig Münzen und Kerzen aus einem Beutel – es sind die Frau und der Mann, die gerade erst in der anderen Kirche waren. »Es schadet nichts, wenn man sich mit Gott und Maximón gut stellt«, flüstert uns eine Stimme ins Ohr und fordert mich auf etwas zu spenden ...

2. April · Mit dem »Hühnerbus« nach Chichicastenango

Wir wollen nach Chichicastenango, wo einer der buntesten Märkte Lateinamerikas stattfindet. Wir halten den ersten Bus an, der Kassierer brüllt »Chichi«, wir quetschen uns durch die hintere Tür. Es ist unglaublich voll, ständig hält der Bus, um Menschen,

Tiere, Kisten voller Waren mitzunehmen. Der Kassierer wuchtet die schweren Taschen aufs Dach, befestigt sie, der Fahrer startet bereits wieder, nur keine Zeit verlieren ... Irgendwann klettert der »Mann für alles« – kassieren, Gepäck verstauen, Chichi rufen – vom Dach durch die Tür. Wir werden gefragt, ob wir zwei oder vier Plätze einnehmen? Wenn die Kinder auf dem Schoß sitzen, zahlt man nur für zwei Personen. Neben uns sitzt eine Frau, aus ihrem Korb guckt der Kopf eines Huhnes hervor, natürlich lebendig – deshalb wohl »*pollero*«-Bus. Ein Schwein quiekt unglücklich aus einem Rucksack, Obst rollt aus Beuteln über den Boden, als der Fahrer zu schnittig in eine Kurve fährt. Die Stimmung ist heiter und ausgelassen.

Jeden Donnerstag und Sonntag verwandelt sich Chichicastenango in einen riesigen Markt, und es kommt zum einzigen Verkehrsstau im Lande (außerhalb der Hauptstadt). Besonders Bauern nutzen diese Möglichkeit, um ihre Produkte zu verkaufen: kleine Ferkel, Hühner, Pferde, Schafe. Der Käufer sieht sich die Tiere mit aller Genauigkeit an, guckt ihnen ins Maul, reißt an den Beinen, dann beginnt das Verhandeln um den Preis.

Die zahllosen Gassen werden von blauen Plastikplanen überdacht, gleichermaßen als Schutz vor Sonne und Regen. Frauen und Männer tragen traditionelle Kleidung, selbst gewebt und in bunten Farben. Meterhoch stapeln sich Decken, Hemden, Hosen, Westen oder hängen an den Wänden und von den Decken der offenen Verkaufsstände. Es sind die bunten Farben, die diesen Flecken für einen Tag in einen überdimensionalen Malkasten verwandeln.

Viele Männer genehmigen sich nach dem Kauf oder Verkauf der Waren »noch schnell ein Bierchen.« Hinter einem Vorhang sitzen sie an einfachen Holztischen, lallen nur noch, der Kellner räumt die leeren Flaschen nicht ab, damit es später keinen Streit beim Bezahlen gibt. Andere schaffen den Weg bis zur Bushaltestelle nicht ganz und liegen lang ausgestreckt neben der Straße, einer hält das Fahrgeld verkrampft fest, während er laut schnarcht.

Natürlich verlassen wir schwer bepackt den Markt – die blaue Decke mit den feinen grünen Streifen passt so gut über die Couch im Auto, die dicken Pullover sind so günstig und die Westen passen gut zu Jeans ...

»Letzter Bus nach Pana!« ruft der Kassierer, aber niemand beeilt sich besonders. Jeder Bus ist der letzte, das ist den Besuchern bekannt. Jetzt chauffiert ein junger Fahrer, höchstens 18 Jahre alt. Er rast wie der Teufel, in einer unübersichtlichen Kurve verliert er fast die Kontrolle und gerät auf die Gegenfahrbahn, als ein anderer Bus entgegenkommt ... Wir stöhnen laut auf, Gepäck löst sich auf dem Dach und fliegt über die Straße, heftiges Bremsen. Irgendwie schlittern die Busse aneinander vorbei und ich gebe Piet uneingeschränkt Recht: »Papa, das ist aber kein sehr guter Fahrer!«

6. April · Barra de Santiago – Kinder arm aber glücklich?

Nicht weit hinter der Landesgrenze von El Salvador kommen wir an einem schweren Unfall vorbei. »Bitte haltet euch die Augen zu Kinder, bitte, bitte!« rufe ich Stella und Piet verzweifelt zu und kann nur hoffen, dass sie sich daran halten. Ein Lkw ist frontal mit einem Pickup zusammengestoßen, es sieht böse aus. Zwei Insassen liegen auf der Straße, ein Bein ist abgetrennt, Blut läuft über die Fahrbahn. Mir wird schlecht, Betti ist schneeweiß im Gesicht.

»Was war denn, Papa?« wollen die Kinder wissen.

In solch einem Augenblick bekomme ich regelrecht Panik und stelle mir vor, wir hätten so einen Crash! »Bin ich eigentlich verrückt, uns solchen Gefahren auszusetzen?!« Ich muss mich zwingen, nicht anzuhalten, um mich zu übergeben. Es hilft nur absolutes Verdrängen ...

Wahllos folgen wir einem Abzweig von der Hauptstraße Richtung Meer, auf einem Schild steht: »Barra de Santiago«. Egal wo wir landen, erst einmal abschalten, ablenken, vergessen. Eine ältere Dame winkt uns: »Stellt euch zu mir auf mein Grundstück. Das Meer beginnt gleich da vorne.«

Unzählige Kinder umringen uns, Stella und Piet springen aus der Tür, werden begrüßt als seien sie alte Freunde, ich bekomme das Gefühl, als werden wir erwartet. Die Frau zieht einen Eimer aus einem tiefen Brunnenloch und bietet uns Wasser an, ihr Sohn erzählt unaufgefordert seine Geschichte: Frau in die USA mit einem Mexikaner durchgebrannt, den Sohn mitgenommen, die Tochter bleibt zurück. Wie wir das finden?

Die Familie kocht über einem offenen Feuer, eine Stromleitung versorgt die einfache Hütte, Hunde bellen sich heiser und rennen weg, sobald man eine Kokosnuss aufhebt. Abfälle werden auf einen Haufen gekippt, es riecht unangenehm. Die Hütten sind mit Stroh bedeckt und schützen nur notdürftig bei starken Regenfällen. Es ist heiß, und Betti meint später: »Hier wäre ich auch weggelaufen ...!«

Am nächsten Morgen begleite ich die Großmutter ans Meer, sie will Fisch kaufen. Hinter dem Strand zieht sich eine lange Reihe einfacher Behausungen, bunte Fischerboote liegen im Sand. Gerade ziehen Leute, darunter viele Kinder, ein großes Netz an Land. Piet und Stella sind mit ihren neuen Freunden darunter, der Fang ist dürftig.

Später bringt uns eine Frau einen ganzen Teller mit Fischen, nimmt sie für uns aus und verweigert jegliche Bezahlung.

Die Großmutter erzählt: »Die Schule kostet viele Geld, und das können wir uns nicht leisten« (etwa zehn Euro/Monat). Ich bin erschüttert. Was für eine Tragödie, und welch ausweglose Situation für Kinder. Sie werden das gleiche Leben wie ihre Eltern führen: waschen, putzen, kochen, Fische fangen und nie genug Geld haben für die nötigsten Dinge des Lebens. Dazu gehört nicht die Schule, solange sie Geld kostet. Natürlich lassen wir den Schulunterricht mit Stella ausfallen, die Kinder sehen wir stundenlang nicht, und wenn sie mal vorbeischauen, unterscheiden sie sich nur durch Haar- und Augenfarbe von ihren Freunden. Alle strahlen eine unglaubliche Harmonie, Lebensfreude aus.

EL SALVADOR, HONDURAS UND NICARAGUA

VIELE GRENZÜBERTRITTE AN WENIGEN TAGEN

7. April · Trabajando?

Von Bettina Kretschmer

Hat unsere bisherige Reise uns oftmals zu überaus frohen, interessanten und nicht zuletzt auch vergnügten Begegnungen mit anderen Menschen geführt, so fängt mit der Weiterfahrt durch die zentralamerikanischen Länder El Salvador, Honduras und Nicaragua in dieser Hinsicht ein neues Kapitel an. Nichts von der ausgelassenen Musik der Mexikaner und ihrer Angewohnheit, immer und überall ein Feuerwerk abzuschießen sowie ihrer Passion, die ganze Nation mit Papiergirlanden und Pappmaché-Figuren zu dekorieren, nichts von der berauschenden Farbenpracht guatemaltekischer Textilien, nein, hier wird alles schmucklos, nackt und kahl. Verhielten sich schon die Indígenas in Guatemala als introvertierte, dem Fremden eher mißtrauisch gesonnene Menschen (und wer wollte es ihnen verdenken angesichts ihrer jahrhundertelangen Unterdrückung), so kommt es jetzt noch schlimmer. In Zentralamerika sind die meisten nicht nur arm, sondern auch hoffnungslos. Auf Kuba haben wir auch Armut gesehen, aber keine Trostlosigkeit. In Anbetracht der Geschichte dieser Länder, einer langen Reihe von Aufständen, Bürgerkriegen und Revolutionen, dazu noch in ständiger Gefahr verheerender Erdbeben, Wirbelstürme und vulkanischer Katastrophen, ist das auch kaum ein Wunder. Sie erlebten eine grausame Ungleichheit und erlitten eine unvorstellbare Welle der Gewalt, wurden tyrannisiert von verbrecherischen Generälen und korrupter Polizei. Zurückgeblieben sind Menschen ohne Vertrauen, verunsichert, oft wirr und ihrer Identität beraubt.

Wie mit einer außerirdisch anmutende Fortbewegungsmaschine rauschen wir mit unserem V-10-Motor durch die Ödnis, unterbrochen von Ausweichmanövern um achsenbrechende Schlaglöcher, die ein paar Straßenrandbewohner in zerlumpter Kleidung mit Schaufeln, Schutt und Schotter notdürftig zu flicken versuchen, um sich damit ein paar *Lempiras* zu verdienen. Die Felder sind trocken, die Berge nackter Fels, die Flussbetten voller Geröll. Die Länder wechseln, die Dörfer ähneln sich auf bizarre Weise: Hier ein paar Hütten, da ein Abwasserrinnsal, Frauen mit Körben auf dem Kopf, verblichene Cola-Schilder an jedem noch so kleinen Erfrischungsstand, Bananenstauden, dösende Männer in der Hitze mit runtergezogenem Campesino-Hut, Autowracks, pickende Hühner, verdreckte Kinder, die ihre kleineren Geschwister mit sich herumschleppen. Das alles wiederholt sich auf so frappante Art, dass du dir nach tagelanger Fahrt die Augen reibst und dich fragst, ob du überhaupt vorangekommen bist.

Aber ja. Wir erreichen die Grenze von Honduras nach Nicaragua. Jede Menge »Helfer« stürzen sich auf uns und wollen uns gegen ein paar *Córdobas* – so heißt das Geld jetzt – bei den Papierformalitäten behilflich sein. Inzwischen wissen wir, dass es mit ihrer »Hilfe« mindestens drei Mal so lange dauert und ziehen alle Register, um uns gegen die Hartnäckigkeit ihrer Bemühungen durchzusetzen. Rudi nimmt die beiden Kinder und stapft los, ich bleibe zurück und bewache das Auto. Und hier treffe ich den kleinen Alejandro Gonzáles – ein Beispiel dafür, wie eine schlichte Begegnung einem Ort seine Bedeutung und einem Land seinen unvergesslichen Eindruck verleihen kann. Wegen der großen Hitze habe ich die Beifahrertür geöffnet und lasse die Beine herausbaumeln. Ein kleiner Junge, etwa so alt wie Stella, kommt zu mir. Er trägt einen kleinen Holzkoffer, kniet sich nieder und fragt mit Blick auf sein Werkzeug – einer kleinen Dose schwarze Schuhwichse mit Bürste –, ob er mir die Schuhe putzen darf. Ich zeige ihm meine Gummilatschen und winke ab. Der Kleine scheint nicht einzusehen, warum Gummilatschen keine Reinigung vertragen und bleibt beharrlich bei mir sitzen. Soll ich ihm einen Vortrag halten darüber, dass Kinderarbeit schlecht ist, dass er lieber zur Schule gehen und mit seinen Kameraden spielen soll – angesichts des sich darbietenden kleinen Häufchen Menschs und seiner herzerweichenden Anwesenheit scheinen solche Gedanken anmaßend und lächerlich.

Ich schaue mir den Wicht genauer an. An seinem verschlissenen T-Shirt klemmt autoritätsgebietend sein eingeschweißtes Paßbild samt Namen und Stempel der nicaraguanischen Grenzbehörde, die den Kleinen als amtlich zugelassenen Schuhputzer ausweist. »Alejandro Gonzáles« lese ich. »Wie alt bist du denn?« frage ich. – »Acht Jahre«, antwortet er stolz. – »Aha, und gehst du zur Schule?« – »Cómo no?« (»Ja, warum nicht?«) erwidert er mit trotzigem Unterton. Wann er denn zur Schule gehe, will ich weiter wissen. »En la tarde« (»Nachmittags«).

Ich beschließe, nicht weiter nachzuhaken. Er will nun seinerseits wissen, wie alt ich sei, um sogleich einen Vergleich mit seiner Mutter anzustellen: »Mi mama tiene 36 años.« – »Und dein Papa?« Er schlägt die Augen nieder. »No tengo« (»Ich habe keinen«), und weiter: »Er ist fortgegangen und hat eine andere Frau geheiratet.«

»Hast du noch Geschwister?« – »Sí, ocho« (»Ja, acht«). – »Wo wohnst du denn?« – »Dos horas de aquí« (»Zwei Stunden von hier entfernt«). – »Und, fährt ein Bus?« – »Sí, sí.«

Erst später wird mir klar, dass er niemals mit dem Bus fährt, denn dies würde einen Teil des hart verdienten Geldes gleich wieder aufzehren.

■ *Schuhputzjunge Alejandro*

Nirgendwo auf der Reise gab es etwas Schmerzlicheres für mich als der Anblick dieses kleinen Jungen, doch wäre ich nicht hierher gekommen, hätte ich das Ausmaß dieser Tragödie nicht kennengelernt. »Wir sammeln für die Straßenkinder« heißt es manchmal in den ach so säuberlich gekehrten Fußgängerzonen unserer Städte, aber man hat keine Vorstellung, wie so ein Straßenkind aussieht, in welchem Schmutz es lebt – den Staub als seinen ständigen Begleiter, den ganzen Tag ohne elterlichen Schutz, ohne regelmäßiges Essen und Trinken, ohne medizinische Versorgung. Für mich hat »das Kind« nun einen Namen: Es heißt Alejandro Gonzáles.

Unser ruhiges Gespräch wird von zwei anderen, etwas älteren Schuhputz-Kindern unterbrochen. Sie klettern auf das Trittbrett, hängen sich an den Außenspiegel und rücken mir immer näher auf die Pelle. Im Gegensatz zum kleinen Alejandro haben sie ihre kindliche Sanftmut bereits verloren und die fordernde Penetranz angenommen, die ihnen der Überlebenskampf diktiert. Auch sie frage ich, ob sie zur Schule gehen. Die Auskünfte sind vage. Auf die Frage, was sie schon schreiben können, drucksen sie herum, und nun weiß ich mit Sicherheit, dass keiner von ihnen je eine Schulbank gesehen hat.

Inzwischen habe ich eine ganze Traube von Schuhputzern an meiner Seite. Es wird mir zuviel, und ich bitte sie, vom Wagen zu steigen. Sie gehorchen aufs Wort. In ihrem ärmlichen Aufzug haben sie kein Selbstbewußtsein und sind leicht einzuschüchtern.

Endlich kommen Rudi und die Kinder zurück – geschafft! Wir sind in Nicaragua. Die Sonne geht bereits unter. Wir beschließen, uns auf den bewachten Parkplatz neben der Bank zu stellen und hier die Nacht zu verbringen. Ein paar hundert Meter weiter gibt es ein kleines Restaurant, das hauptsächlich von Truckfahrern besucht wird, die hier ebenfalls Station machen. Wir lassen uns ein *almuerzo* bringen, das Tagesgericht, Schweinerippchen mit Reis, Salat und den nach wie vor obligatorischen *frijoles* (Bohnen). Und wer schleicht da plötzlich mit seinem Köfferchen um die Ecke? – Alejandro! Er ißt mit uns und trinkt eine Limonade. Dann stellt er sein Werkzeug hin und verwandelt sich in ein fröhliches Kind, vergessen die Arbeit, vergessen die Müh', ein Kind, das spielt, genau wie unsere Kinder und wie alle Kinder dieser Welt. Erst Fangen, dann Verstecken, und schließlich führt er uns mit seinen wenigen verdienten Münzen ein paar Zauberkunststücke vor. Als wir begeistert klatschen, genießt er seine Rolle sichtlich und ist stolz auf die Anerkennung. Der eine oder andere Gast verläßt den Tisch, kommt an uns vorbei, streicht dem Kleinen kurz über den Kopf. Die Lkw-Fahrer sind gutherzige Männer, viele von ihnen haben selbst Kinder, und ich tröste mich mit dem Gedanken, dass sie dem Jungen sicherlich ab und zu eine Mahlzeit spendieren. Es ist stockdunkel. Ich frage Alejandro, wann er denn nach Hause gehe. »A las diez« (»Um zehn Uhr«). »Mit dem Bus?« – »No hay un autobus« (»Es gibt keinen Bus mehr«). Also dann: »Hasta luego!« – »Hasta luego!«

Am nächsten Morgen geht es weiter Richtung Chichigalpa, wo wir uns eine Zuckerrohrfabrik ansehen wollen. Etwa acht Kilometer hinter der Grenze erreichen wir das erste Dorf. Hier sieht man nichts als das angegraute Szenario einfacher Hütten aus Pappe und Wellblech, Lehm und Hühnerdraht. Die Dächer sind erstaunliche Ansammlungen von Schrott: Autoreifen, Bauholz, alte Bettgestelle, Kisten und Stangen. Plötzlich schaut Rudi zur Seite und ruft: »War das nicht Alejandro?« Er hält, setzt ein Stück zurück. Tatsächlich, da steht er, genauso wie am Abend zuvor, ungewaschen, ungekämmt, die schwarze Schuhcreme seines kleinen Schuhputzerdaseins unter den Fingernägeln.

»Hola, Alejandro!« – »Hola!« Er kann es gar nicht fassen, dass wir seinetwegen halten. »Trabajando?« (»Bei der Arbeit?«). – »Sí«, nickt er. – »A dónde van?« (»Wohin geht ihr?«). – »Por acá« (»in diese Richtung«). – »Y tú?« (»Und du?«). – »Por allá …« Sein ausgestreckter Finger zeigt in Richtung Grenze.

7. April · Viele Grenzübertritte an wenigen Tagen – Trostlosigkeit

Je kleiner die Länder, um so komplizierter und bürokratischer scheinen die Grenzabfertigungen zu verlaufen, ständig begleitet von Zahlungen, deren Berechtigung ich anzweifle, aber zähneknirschend leisten muss.

Zuerst müssen wir hier in Nicaragua den Rest der vorherigen Währung tauschen. Banken gibt es direkt an der Grenze keine, Männer mit dicken Bündeln abgegriffener Lappen übernehmen das: »Change money, amigo – dólares, córdobas, colones?« Aber wie steht der Nicaragua-Córdoba zum Colon in Costa Rica? Ich frage mich bei Reisenden durch, um später eine ungefähre Ahnung zu haben, denn die Wechsler nutzen jede Unwissenheit schamlos aus.

Rein theoretisch gestalten sich Grenzübergänge ganz einfach: Immigration zuerst (Reisepässe), dann Zoll (Fahrzeugpapiere), sollte man meinen. Aber dies gilt nur eingeschränkt für El Salvador, Honduras und Nicaragua, wo das blanke Chaos regiert, und Einheimische ihre Papiere einem »Helfer« in die Hand drücken – im Auto lange warten, bis der Bote mit den Stempeln wiederkommt, er eine vorher ausgehandelte Bezahlung kriegt und beide Seiten zufrieden auseinander gehen. Von früheren Reisen weiß ich, dass die Helfer total autoritätshörig sind, sich vor lauter Angst und Respekt gegenüber den Grenzbeamten brav in die Schlange der Wartenden einreihen und den Grenzübertritt nicht beschleunigen.

Die Länder El Salvador, Honduras und Nicaragua wurden vom letzten Wirbelsturm »Mitch« schwer heimgesucht, große Teile der Infrastruktur sind zerstört. Viele Brücken sind nur notdürftig hergerichtet, ganze Orte immer noch ohne Strom. Man spürt an allen Ecken das Ausmaß der Zerstörungen – vielleicht ist auch das ein Grund für uns, nicht lange zu bleiben, und wir reisen an einem Tag über zwei Grenzen: El Salvador/Honduras und Honduras/Nicaragua. Von der gefahrenen Strecke her stellt dies kein Problem dar (wir legen knapp 150 km zurück). Es sind die Einreiseformalitäten, die uns den letzten Nerv rauben, das heißt mir. Zum Beispiel bei der Ausreise aus El Salvador: Ich packe Pässe, Autopapiere, Passfotos, Geld und Kugelschreiber in eine Mappe und will losgehen. Ein junger Typ springt plötzlich aufs Trittbrett, hält sich am Spiegel fest und sagt: »Die Grenze nach Honduras kannst du ohne Hilfe nicht schaffen. Ich habe super Beziehungen, nach wenigen Minuten habe ich alles für dich erledigt!« Er drängt sich mir dermaßen auf, dass ich mich überrumpeln lasse. Wofür ich ihm die fünf US-Dollar später geben werde, weiß ich nicht, er zeigt mir zwar die vielen Stellen, die ich der Reihe nach anlaufen muss, ansonsten behindert er eher eine zügige Abfertigung. Ich verliere den Überblick über die Anzahl der Büros und Schalter.

Eine Angestellte muss etwas tippen. »Gib mir fünf Dollar«, raunt mein Helfer mir zu. Ich bin der Annahme, dass es offizielle Gebühren sind. Das Mädchen freut sich: »Oh, das ist aber nett, vielen Dank!« Ich werde ziemlich wütend, weil mein »Freund« jetzt auch noch großzügig mit meinem Geld um sich wirft.

Es kommt aber noch viel besser. Daten werden in einen Computer gegeben. Vor verschlossener Tür drängeln sich die Passagiere eines Busses, Lkw-Fahrer und die Gruppe von Helfern, meiner ebenfalls, warten und bitten. Manchmal lässt sich ein Angestellter an den vergitterten Fenstern blicken, um dann sofort wieder zu verschwinden. Eine Beamtin kommt, mein »amigo« flüstert ihr etwas zu, sie scheint ziemlich genervt und abweisend. »So, jetzt habe ich mal meine Beziehungen spielen lassen«, meint er zu mir. Aber nichts passiert, er wedelt genauso halbherzig wie verzweifelt weiter mit den Papieren, niemand beachtet ihn.

Mir reicht es. Ich klopfe laut gegen die Tür, Panik zeichnet sich bei meinem »Freund« ab. »Das geht nicht, da darf niemand rein, komm zurück«, fleht er mich an. Die Tür öffnet sich einen Spalt, genug für mich, ich schlüpfe hindurch und gebe dem Beamten die Hand. »Guten Tag, ich soll zu Ihrem Chef kommen, er erwartet mich!« – »Ja, dann ist es o.k., da ist sein Büro!«

Der »jefe« ist beschäftigt. Eine Frau sitzt mit überkreuzten Beinen auf seinem Schreibtisch, es sieht so aus, als käme ich im unpassendsten Moment. Ich drehe mich um, durch die Gitterstäbe sehe ich meinen »amigo«, sein Gesichtsausdruck scheint zu sagen: »Jetzt dreht der Deutsche völlig durch, er muss den Verstand verloren haben ...!«

»Was wollen Sie denn hier?« will ein ungläubig dreinblickender Chef wissen. »Ja, ich sollte doch persönlich zu Ihnen kommen, Sie wollten meine Papiere fertigmachen!«

Er weiß nichts davon, wie sollte er auch, erkennt sofort, dass er sich den wirklich schönen Dingen in seinem Leben nur widmen kann, wenn er mein Problem schnell löst. »Gib her, zeig mal!« Eine Schublade fliegt auf, Stempel knallen, Unterschrift, 30 Sekunden später verlasse ich das Büro. Mein Helfer steht fassungslos an derselben Stelle, ich kann nicht genau verstehen, was er brabbelt, irgendwas von »loco« (bekloppt), »mierda« (Scheiße), »aleman« (deutsch). Der ganze Papierkram dauerte zweieinhalb

Stunden, und hätte ich mich auf meinen »guía« verlassen mindestens doppelt so lange ...

Um ganz ehrlich zu sein, machen mir solche »Begegnungen« meistens eine Menge Spaß, und ich freue mich diebisch über die Überrumpelungstaktik.

In Nicaragua sind die Straßenverhältnisse katastrophal, Loch reiht sich an Loch, Ausweichen ist oft unmöglich. Kinder, Frauen oder Männer nutzen manchmal diesen Zustand, um sich ein paar Münzen zu verdienen: Sobald sich ein Fahrzeug nähert, werfen sie einige Schaufeln Erde in die tiefen Löcher, stützen sich dann mit einer Hand auf den Stiel und halten die andere auf: Selbsternannte Straßenarbeiter, von denen natürlich niemand weitermacht, sobald die Autos wieder außer Sicht sind.

Wir kommen mit einem Kellner ins Gespräch. Als wir wie üblich »qué tal, amigo« (wie geht's, Freund) sagen, sprudelt es nur so aus ihm heraus: »Schlecht geht es mir. Ich arbeite an sechs Tagen jeweils 15 Stunden und verdiene 50 US-Dollar im Monat. Die wirtschaftliche Lage in Nicaragua ist einfach nur schlecht, es gibt keine spürbare Entwicklung, überall nur Stillstand. Am liebsten würde ich nach Costa Rica gehen, wo man viel mehr verdient als hier. Aber ich will meine Familie nicht zurücklassen!«

Irgendwie deprimiert uns Nicaragua. Ganz konkret kann ich die Gründe nicht nennen; es ist eine gedrückte Stimmung, die man bei vielen Menschen zu spüren glaubt.

Am Lago de Apoyo, in unmittelbarer Nähe der Stadt Granada, parken wir direkt am Ufer, ein selbsternannter Aufpasser »erlaubt« es uns großzügigerweise. »Was, habt ihr wirklich nur zwei Kinder?« fragt er mitleidig und scheint darauf zu warten, dass noch mindestens zehn weitere aus dem Auto purzeln. »Ich habe sechzehn! Bei sechzehn Kindern gibt es keine Probleme mehr, alle sind miteinander beschäftigt, meine Frau und ich leben total glücklich. Sie arbeitet im Haus, macht den Garten, versorgt die Tiere, kocht für mich, und ich versorge die Familie!« Er klingt so überzeugend, dass ich das nicht anzweifeln will. Seine »Arbeit« besteht tatsächlich darin, Gebühren für Autos zu kassieren, die auf einem Grundstück parken, das ihm nicht selbst gehört. Zufällig trifft Betti die Mutter der sechzehn Kinder, die bereitwillig ihre Sicht der Dinge darstellt, weniger rosig allerdings: »Ich habe kein schönes Leben. Die Kinder, Haus, Garten, mein Mann trinkt ...« Eine Gesichtshälfte ist geschwollen. Ihr Alter schätzt Betti auf 60 Jahre, in Wirklichkeit ist sie 20 Jahre jünger.

Überall spürt man die Versuche, das Beste aus dem Alltag zu machen: In Granada etwa ersetzen Pferdekutschen die Pkw und übernehmen Taxidienste. Sie sind mit einer Registrierung, einem Nummernschild versehen und parken hintereinander in dafür vorgesehenen Buchten mit den Schildern: »Taxi«. Benzin ist für viele Autobesitzer unbezahlbar geworden.

In einer Kirche beobachten wir Besucher, die ihr Fahrrad mitgenommen und neben sich in die Bank stellen, aus Angst vor Diebstahl.

Der Betreiber eines Supermarktes kann sich keine Klimaanlage leisten und versucht, die Waren mit überdimensionalen Ventilatoren zu kühlen. Reklametafeln und Preisschilder flattern in den Regalen, es ist zwar windig, aber genauso heiß und schwül wie draußen. Beim Obst und Gemüse findet man selten ein Teil, das keine faule Stelle aufweist. Am Eingang steht der obligatorische Sicherheitsposten mit seinem Repetiergewehr, das er neben der Kasse abgestellt hat, um sich eine Zigarette zu drehen.

Vielleicht färbt der Alltag auf die Stimmungen der Menschen ab. Eine Begebenheit verdeutlicht den Unterschied zu Mexiko. Am Strand von Marsella, kurz vor Costa Rica, stehen wir wieder mal direkt am Meer. Aussicht und Lage: ein Paradies. Eine Großfamilie feiert Kindergeburtstag in einem kleinen Restaurant. Musik, Kinder schlagen Piñatas, Männer betrinken sich, alles beinahe wie in Mexiko. Wir grüßen, bekommen kurze, freundliche Antworten, aber es ergibt sich kein Gespräch und niemand lädt uns ein. Selbst zwischen den Kindern scheint eine unsichtbare Barriere zu bestehen.

COSTA RICA

VON ALLEM ETWAS AUF ENGSTEM RAUM

13. April · Costa Rica – »Deutsche Holzofenbäckerei«

Wir gleiten auf einer gut ausgebauten Straße in Richtung Halbinsel Nicoya. Es gibt große Farmen, flaches Land, der Reiseführer erwähnt außer den Traumstränden nichts Sehenswertes. »Deutsche Bäckerei«, lese ich im Vorbeifahren, ein bisschen schläfrig geworden vom Motorengeräusch. Ich drehe mitten auf der Straße. »Was ist los«, erkundigt sich Betti. »Überraschung!« Wir träumen nicht: In einer Auslage warten Rosinenschnecken, Nussecken, Apfelkuchen, Marmorkuchen, Schweineöhrchen und Sauerteigbrot. Hans, ein etwa 40-jähriger Schwabe, betreibt seit vier Jahren mit seiner Frau die Bäckerei. Jahrelang reiste er selbst auf allen Kontinenten: »Irgendwann erreichte ich einen Punkt, an dem ich mich fragte, was ich eigentlich will. Weiter unter Palmen liegen, einen Joint ab und zu, oder ob es nicht Zeit für einen Wechsel wird. Ich habe Bäcker gelernt und überall immer richtiges Brot vermisst. Die helle Weichbrotpampe kann ich nicht mehr ertragen. Was lag also näher, als Maschinen in Deutschland zu kaufen und hier eine Bäckerei zu starten?« Der Erfolg gibt ihm Recht. Er beliefert Hotels, Restaurants, vorbeifahrende Touristen. In der Hochsaison arbeitet er täglich bis zu 20 Stunden.

Wir räumen das komplette Gefrierfach leer und stapeln Brote, Brote, Brote. Während der nächsten zehn Tage kommen wir »rein zufällig« noch zweimal bei Hans vorbei und wir nehmen dabei »kleinere« Umwege von 150 km selbstverständlich in Kauf.

Der Norden von Costa Rica ist übersät mit Vulkanen, wir fahren ständig leicht bergauf. Die tropische Vegetation der Küstenlandschaft geht schließlich über in richtige Mittelgebirgsregionen, mit dazu »passenden« Hotels, wie etwa dem »Helvetia«: Fenster mit Schlagläden aus Holz, Dachgauben, Fachwerk, einer kleinen Kapelle mit einem Holztürmchen, schwarzweiße Kühe grasen auf sattgrünen Weiden.

Der Volcán Arenal ist 1633 m hoch und seit 1968 ständig aktiv. Der letzte Ausbruch fand 1995 statt.

USA

Im Tal des Yosemite-Nationalparks

Spektakuläre Sandsteinformationen im Bryce-Canyon-Nationalpark

Mexiko

Traumstrand auf Halbinsel Baja California

Die südlichste Spitze der Baja California mit dem Felsenbogen El Arco

Im kolonialen **San Miguel de Allende** nehmen wir eine zweieinhalbmonatige »Auszeit« vom Reisen. Links eine Festzug-Szene beim Fest des Heiligen Sankt Michael, bei der Pamplonada (unten) werden wilde Stiere durch die engen Gassen getrieben. Zur Unterhaltung und zum Tanz spielen Mariachi-Musikanten (rechts).

Kuba

Pinar del Río, Tabakblätter trocknen in speziellen Scheunen

In einer Zigarrenfabrik in Santiago de Cuba – niedriger Lohn für teure Zigarren

»Straßencowboys« an der einzigen Autobahn auf Kuba verkaufen Käse, Zwiebeln u. Knoblauch

Praktisches Transportmittel ohne Benzinverbrauch

Mexiko

Die Maya-Ruinen von Tulúm, direkt an der Karibik-Küste

Idyllischer Platz an der Laguna Bacalar

Guatemala

Markt in Chichicastenango ...

– ein Fest der Farben

Weihrauch gegen böse Geister –
Kirche zwischen Katholizismus und indianischem Volksglauben

Mittelamerika

El Salvador (oben): Ins Netz gegangen. Alle helfen beim Einholen der Fischernetze.

Links: Die traumhaften San-Blas-Inseln vor Panama – das »letzte Paradies auf Erden«. Daneben Molas, buntbestickte Stoffe mit indianischen Symbolen von den San-Blas-Inseln.

Kinder allerorten: Ganz egal, wohin die Reise führt – zwischen Stella, Piet und den einheimischen Kindern gibt es keine Barrieren. Sofort sind sie ins Spiel vertieft, Sprache – kein Problem.

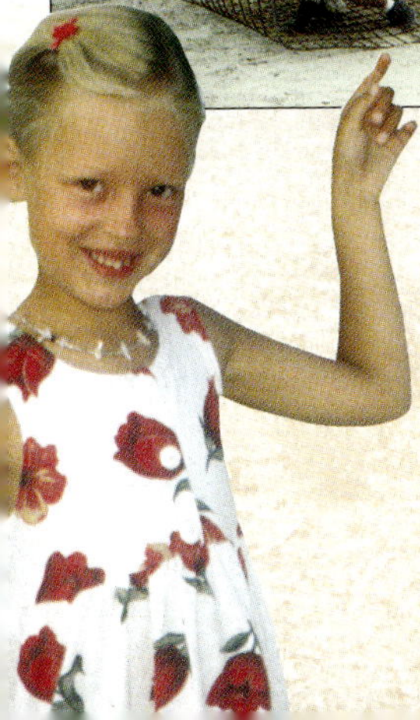

Venezuela

In einem einmotorigen Flugzeug über den Dschungel zu den Angel-Fällen

Der Río Carrao stürzt in der Nähe von Canaima spektakulär in eine Lagune

Canaima ist Ausgangspunkt einer mehrstündigen Fahrt mit dem Einbaum zu den Angel-Fällen, den höchsten der Welt, 979 m hoch, davon alleine 807 m im freien Fall. Am Fuß befinden sich natürliche Schwimmbecken, die Luft ist voll mit aufsteigendem Wassernebel.

Im Dünen-Nationalpark von Coro im Norden Venezuelas

Brasilien

Ausgewaschene Piste nach einem starken Regenfall

Im Pantanal in Südbrasilien. Große Jabirú-Störche sitzen auf den Bäumen.

Traumstrände südlich von Pôrto Seguro

Bucht an der Küstenstraße zwischen Rio de Janeiro und São Paulo

Argentinien

Buenos Aires, kunterbuntes Hafenviertel La Boca

Die »Ruta 3« – eine der einsamsten Straßen Südamerikas

Wilde Halbinsel Valdés – Natur pur in Patagonien

Argentiniens »blaues Wunder«, der mächtige Gletscher Perito Moreno

Chile

Oben: Schneeüberzogene, graue Granitsäulen, fast immer in Wolken gehüllt, Seen mit türkisfarbenem Schmelzwasser – herbe Naturschönheit im Nationalpark Torres del Paine.

Links: Die wilde »Ruta 40« bringt uns zum größten Binnensee Chiles, zum Lago General Carrera.

Unten: Patagonische Weihnachten im Wohnmobil – fast wie zu Hause

1. Mai · Fahrt ans Meer – jeder Kilometer ein Unfall

Costa Ricas vulkanische Böden sind ausgesprochen fruchtbar und werden u.a. zum Anbau von Kaffee genutzt, das Land gehört zu den größten Exporteuren der Welt. Wir besichtigen in der Nähe der Hauptstadt San José die *Britt Coffee Farm.* Für eine gute Ernte ist neben dem Boden auch eine bestimmte Höhenlage und Niederschlagsmenge notwendig. Einmal im Jahr wird gepflückt, nur die roten Früchte, die man zum Trocknen auslegt und regelmäßig wendet. Die Sorte »Arabicum« zählt zu den anspruchsvollsten. Zuerst baute man Kaffee in Afrika an, bevor er über die arabischen Länder an den europäischen Königshöfen Geschmack fand und schließlich nach Zentral- und Südamerika gelangte. Zum Rösten werden die Bohnen nach Deutschland geschickt, wo es die besten Anlagen gibt.

Natürlich endet der Vormittag in einem »Coffee Shop«, wo man neben Videos, T-Shirts, Stofftieren, Postkarten, Kaffeetaschen auch abgepackten »Britt-Kaffee« bekommt.

In Costa Rica muss man keine großen Entfernungen zurücklegen; die Pazifikküste liegt gerade mal 100 km entfernt von der Hauptstadt San José, die Straßen sind in sehr gutem Zustand, was man von den Fahrern und ihren Autos nicht immer behaupten kann. Heute ist Feiertag, und alles, was mindestens zwei Räder besitzt, scheint bewegt zu werden: Fahrräder, Motorräder, Autos, Turismo-Busse, Lastwagen. Frauen sammeln Fahrpraxis – unfreiwillig, da die betrunkenen Ehegatten ab mittags oft nicht mehr dazu in der Lage sind. Beinahe ständig fahren wir bergab, immer im zweiten Gang. Überall parken Autos mit aufgestellter Motorhaube, das Kühlwasser kocht, die Familie sitzt unbeeindruckt am Straßenrand und picknickt. Der Vater kämpft derweil mit dem heißen Wasser.

Abschleppwagen rasen uns entgegen, ein Bus ist auf nasser Straße in den Graben gerutscht. Ein Lkw schiebt sich auf seinen profillosen Reifen widerstandslos durch eine Kurve und bleibt am Fels hängen. Der Fahrer steht ratlos daneben. Meist ereignen sich Unfälle unmittelbar vor Kurven oder an unüberschaubaren Stellen, etwa kurzen Steigungen. In den Kurven rasen besonders Busse so eng an uns vorbei, dass ich auf das Brechen des Spiegelglases warte.

■ *Unfallträchtige Strecke*

Im Tiefland werden auf riesigen Plantagen Ölpalmen gepflanzt, die nur wenige Meter hoch sind. Das Fett der Früchte wird zur Herstellung von Margarine und ähnlichem genutzt. Die Bäume stehen kilometerlang, die Abstände sind immer gleich und man blickt in endlos lange Reihen.

Nationalpark Manuel Antonio: Palmen am Meer, das Auto parkt darunter, vom Fenster sehen wir direkt aufs Wasser. Ein kleiner Pfad führt in den Nationalpark, den man vor Einbruch der Dunkelheit wieder verlassen muss: Wir blicken auf Buchten mit schneeweißem Sand, direkt dahinter dichter Dschungel. Krebse huschen über den Boden, Ameisenstraßen ziehen sich quer durch den Wald, Kapuzineraffen springen von Ast zu Ast und begleiten uns. Bis zu einem halben Meter lange Iguanas bleiben erschrocken stehen, während Faultiere bewegungslos und fast perfekt getarnt in Baumwipfeln verharren.

Schautafeln informieren über das Ökosystem, Ranger weisen auf Tiere hin, leihen ihre Ferngläser aus. Irgendwo befindet sich eine Open-air-Dusche: Drei einfache Köpfe sind in einer Wand eingelassen, Vorhänge oder ähnliches gibt es nicht. Es ist heiß und feucht, unsere Kleidung klebt am ganzen Körper.

Die Wellen werden leicht einige Meter hoch, vielleicht hätte ich vorsichtiger sein sollen: Ich schwimme mit Piet raus, kurz vom Brechen des Wassers tauchen wir unter, ich fasse seine Hand, danach treiben wir wieder nach oben und schwimmen. Es ist herrlich, die Rollbewegungen zu spüren, wir lachen ausgelassen – bis ich eine Welle total unterschätze! Sie stürzt direkt auf uns, die Wucht der Wassermassen wirbelt uns zwischen Sand unkontrolliert herum, plötzlich verliere ich Piets Hand und gerate in Panik. Ein Fuß schlägt gegen einen spitzen Fels. Als ich endlich zwischen der weißen Gischt auftauche kann ich den Kleinen nicht sehen. Ich habe Todesängste, und als ich seinen Kopf sehe, kommt es mir wie eine Ewigkeit vor. Er streckt seine Hand entgegen, auf seinem Gesicht steckt die nackte Angst, er starrt aufs Meer. Ich drehe mich um und erkenne sofort den Grund: Der nächste Brecher öffnet sich. Ich greife nach seinen Fingern: »Luft anhalten!« – und drücke seinen Kopf auf den Grund, die Welle erwischt uns diesmal nicht. »Ich möchte lieber raus, Rudi!« – »Ja, ich auch. Vielleicht sollten wir Betti nichts davon erzählen«, schlage ich vor.

4. Mai · Quetzales – Paradiesvögel im Nebelwald

Wir verlassen die Küste, ein Hinweisschild verkündet: »Cerro Buena Vista 3491 m, höchster Pass in Costa Rica«. Nach gerade mal zweistündiger Fahrt tauschen wir kurze Hosen und Sandalen gegen Jacke, dicke Schuhe mit Socken!

■ *Höchster Pass in Costa Rica*

Das Restaurant *Vista del Valle* (Blick übers Tal) zieht uns magisch an. Ständig schwirren Kolibris über Blüten, sie stecken ihre langen Schnäbel hinein und verharren für Augenblicke wie Minihubschrauber auf der Stelle. Die Bedienung verabschiedet uns mit einem Tipp: »Bei Kilometer 80 Sur biegt eine kleine Straße links ab, und nach neun Kilometern seit ihr an der *Albergue Savegre,* wo oft Quetzales zu sehen sind.« – »Wie sind diese neun Kilometer?« – »Gut, kein Problem mit dem Auto.«

Die herrlichen Quetzal-Vögel wollen wir unbedingt sehen. Doch wie können wir ahnen, dass diese neun Kilometer das Gefährlichste werden sollen, das wir, beziehungsweise das Auto, bis jetzt erleben?! Genau wie vorausgesagt steht südlich beim 80 km ein Schild mit einem Pfeil: »Albergue Savegre«. Der enge Weg ist nicht befestigt, der Untergrund besteht aus gewalztem Schotter. Der erste Kilometer ist steil, wir überlegen, ob wir umkehren sollen, aber keiner trifft eine Entscheidung. Ich wüsste auch gar nicht, wie wir mit dem langen Fahrzeug wenden sollten. Es wir immer steiler, oft rutschen wir. Dann windet sich der Weg in steilen Serpentinen nach unten, natürlich ohne seitlichen Schutz. Ich benutzte zusätzlich die Feststellbremse, irgend etwas knarrt verdächtig. Wie wäre es mit dem Getriebe, eine »passendere Stelle« könnten wir uns nicht aussuchen ... Die neun Kilometer wollen kein Ende nehmen. Die armen Kinder, denke ich besorgt und sehe in den Innenspiegel: Piet schläft auf der Couch, Stella liest vollkommen unbeteiligt in einem Buch. Ich beneide die beiden.

Die Bremsen setzen immer aus, wenn wir über holprige Stellen schaukeln, was oft der Fall ist; ABS in Ehren, aber hier könnte ich gut darauf verzichten. Meine Anspannung lässt sich nicht mehr steigern, links sehe ich hundert Meter tief ins Tal. Es könnte so schön sein: Obstbäume, Nebelwald, dazwischen Wiesen mit Kühen, ein kleiner Fluss schlängelt sich durchs Tal. Die Abfahrt dauert über eine Stunde!

Dann haben wir es geschafft, wir werden einige Tage hier bleiben. Vor der Rückfahrt graut mir jetzt schon.

Wir befinden uns im Nebelwald, im wahrsten Sinne des Wortes. Die Stämme der Bäume sind mit Moosen überzogen, der Wald dampft regelrecht, Blätter, Äste und alles andere schimmern feucht und es gibt nur eine Farbe: grün, grün, grün.

Unser Stellplatz: kleiner See mit zwei Ruderbooten, überdachte Sitzecke, Grillanlage, Schaukeln für die Kinder. »Morgen früh zeige ich euch eine Lichtung, wo ihr Quetzales beobachten könnt«, schlägt ein Obstanbauer vor. Diese Vogelart ist in Mittelamerika vom Aussterben bedroht und ist nur ganz selten anzutreffen. Während der Brutzeit zwischen Februar und April wechseln sich Männchen und Weibchen regelmäßig ab. Nester bauen sie in abgestorbenen Bäumen, wo sie sich Höhlen bauen, die durch enge Löcher gut geschützt sind. Für die Maya war der Quetzal Götterbote, die Krönung alles Schönen. Die bis zu ein Meter langen Schwanzfedern des Männchens schillern grün und blau, die Brust ist tiefrot: Als der Spanier Pedro de Alvarado in Guatemala den Indianerhäuptling Tecum Uman besiegte, soll sich ein Quetzal auf die blutende Brust gesetzt haben. Die Vögel können nur in Freiheit leben. Eingesperrt in Käfigen verweigern sie jede Nahrung und sterben.

Wir verstecken uns zwischen Bäumen und beobachten ein Loch hoch oben in einem astlosen toten Stamm. Lautlos, fast in Zeitlupe, gleitet ein Männchen an den Stamm, krallt sich fest und steckt den Kopf durch das Loch. Dann sitzt es bewegungslos da, die Federn leuchten genau so grün, der Bauch so rot, wie wir es auf Fotos gesehen haben.

PANAMA

SEEKRANK NACH SÜDAMERIKA

15. Mai · Panama City –
suchen Schiffsverbindung nach Südamerika

Seit wir Mexiko verlassen haben, sind wir, bis auf eine Ausnahme, keinen anderen Wohnmobilreisenden begegnet. Um so begeisterter sind wir, als an der Grenze Costa Rica/Panama ein großes Chevy Motorhome mit NZ-Kennzeichen parkt. Christina und Sam, beide aus Neuseeland, kauften ein 20 Jahre altes Wohnmobil und sind seit acht Jahren damit unterwegs. Sie finanzieren ihren Lebensunterhalt während der Reise durch Arbeiten: Sam gibt Massagen und baut mobile Massagetische. Er hat einen Generator, Bohr-, Schleif-, Hobelmaschinen dabei. Christina glaubt sich in der Lage, die Aura, welche Menschen umgibt, zu sehen und bietet »Aura readings« an.

Wir verstehen uns vom ersten Augenblick gut und beschließen, in Panama City gemeinsam eine Verschiffungsmöglichkeit nach Südamerika zu suchen, denn die legendäre Panamericana-Straße von Alaska bis Feuerland hört etwa 100 km südöstlich des Panamakanals auf: Sümpfe, tiefster Dschungel und keinerlei Straßen machen eine Fortsetzung der Reise nach Kolumbien unmöglich. Statt dessen soll es sporadische Fähr- bzw. Schiffsverbindungen zwischen Colón (Atlantikküste, Panama) und Cartagena in Kolumbien geben.

Panama City gefällt uns auf Anhieb. Die Skyline erinnert ein bisschen an San Francisco, auch durch die Lage am Meer. Straßen, Häuser und Grünanlagen wirken gepflegt und die vielen Geschäfte, Einkaufszentren, Banken und Hochhäuser lassen spüren, dass sich hier eine der Hauptbankenmetropolen der Welt befindet.

Das *Plaza Paitilla Inn* wird für die nächsten zwei Wochen unser Hotel, zumindest der Parkplatz und der Swimmingpool sowie das klimatisierte Foyer mit seinen Telefonen. Wir besorgen uns eine Liste der Schiffsagenturen, rücken uns gemütliche Sessel heran, sind mit Telefonkarten ausgestattet, und dann geht's los. Sam arbeitet den einen Teil der Adressen ab, ich den zweiten:

»Guten Tag, sprechen Sie englisch?« – »Un momentito, por favor ...« Langes Warten. »Ich möchte zwei Wohnmobile nach Kolumbien oder Venezuela verschiffen.« – »Was, Autos verschiffen? Neue?« – »Nein, Wohnmobile, gebrauchte!«

Diesen Begriff kennt niemand. Ich zähle sämtliche mir bekannten Bezeichnungen auf: Camper, Mobilehome, Casa rodante, Caro coche. Endlich versteht jemand – *Caro coche* ist die spanische Bezeichnung. Vorsichtshalber gebe ich die Maße durch.

Der erste Tag gestaltet sich ermutigend. Zwei Agenturen können uns sofort Preise nennen – 2000 Dollar pro Fahrzeug! Die Autos passen in keinen Container und müssten auf eine Plattform, die an Bord gehievt wird. Nein, Passagiere würden grundsätzlich nie mitbefördert, aus versicherungstechnischen Gründen, hören wir.

Unsere Listen füllen sich mit Telefonnummern, Namen und Uhrzeiten, an denen wir zurückrufen sollen. Nach drei Stunden sind unsere Ohren leicht geweitet, rot geschwollen. Wir sind platt und machen für heute Schluss. Ich habe einen roten Kreis um die »Grupo Coremar« gemacht, Ansprechpartner ist Kapitän Newball: »Alles kein Problem! Im Augenblick liegen zwei Schiffe in Colón und laufen nach dem Beladen Richtung Kolumbien aus. Am Besten, ihr sprecht mit dem Kapitän selbst und holt euch sein Einverständnis, dann regle ich die restlichen Formalitäten«, schlägt er vor.

Keiner von uns hat wirklich Lust nach Colón zu fahren, erst recht nicht mit dem Wohnmobil: »Die beiden Hauptstraßen und einige Querverbindungen werden von bewaffneten Streitkräften kontrolliert. Halten Sie sich niemals außerhalb ihrer Sichtweite auf ...«, warnt unser Guidebook.

Sam und ich nehmen den öffentlichen Bus, nach einer Stunde Fahrt erreichen wir den Atlantik; was für ein Unterschied gegenüber der Hightech-Stadt Panama City: zerfallene Holzhäuser, Müllhaufen und in den Straßen Mütter, die selbst noch Kinder sein könnten, mit ihren Babies. Ein Taxi bringt uns zur besagten Anlegestelle der »Dove«. Auch hier Endzeitstimmung pur – rostige Silos, verlassene, zusammengefallene Verladeanlagen, aufgegebene Lkw, armselige Hütten und ein Kapitän, dem man seinen Rang nicht unbedingt ansieht – unrasiert, ölverschmiertes Hemd,

Plastikschlappen. Sein Schiff lädt Schrott, der in Kolumbien verarbeitet wird. Ein Stahlfaltdeck wird nach dem Beladen zugezogen, wir müssten die Fahrzeuge oben draufstellen. Kabinen gibt es keine. »Kein Problem, ich nehme die Autos mit, euch auch. Aber ihr müsst euch selbst ernähren und in den Fahrzeugen schlafen«, antwortet der *capitán,* froh, wieder in den Gängen seines alten Kahns verschwinden zu dürfen. Das Schiff legt die Strecke nach Cartagena regelmäßig etwa einmal pro Woche zurück.

Sam und ich lassen uns zum Cristóbal Yacht Club bringen, um zu feiern. Segelyachten aus aller Welt liegen hier, viele von ihnen seit Jahren unterwegs. Zwei Holländer, Oliver und Matheius, Ende 20, sprechen uns an: »Habt ihr keine Lust, den Panamakanal auf einer Segelyacht zu erleben?« – »Ja schon, was kostet das?« – »Kosten? Nichts müsst ihr bezahlen. Wir grillen an Bord, es gibt Wein, Bier, Sekt, alles was ihr wollt!« Sam sieht mich an, ich weiß was er denkt (wohl ein bisschen *poco loco* ... verrückt).

»Wir dürfen die Kanalpassage nur machen, wenn mindestens vier Personen an Bord sind, weil die vorgeschrieben sind, um in den Schleusen das Festmachen und Manövrieren zu garantieren. Wir warten schon über eine Woche auf jemand, also wie sieht's aus? Morgen abend hier auf dem Boot?« – »Können wir noch zwei Kinder und zwei Frauen mitbringen?« – »Von mir aus auch zehn Kinder, Hauptsache, ihr kommt«, meint Oliver.

19. Mai · Auf einer Segelyacht den Panamakanal entlang

Der Bau des Panamakanals lässt sich nur in Superlativen erfassen. Der Franzose Ferdinand de Lesseps, Erbauer des Suezkanals, gründete 1880 eine Finanzgesellschaft zum Bau des Kanals. Missmanagement in Frankreich und Tropenkrankheiten vor Ort brachten das Projekt nach knapp 20 Jahren zum Scheitern. Nach der Unabhängigkeit Panamas von Kolumbien 1903 erwarben die USA die französischen Rechte zum Weiterbau. Zehn Jahre später, unter Einsatz von 75.000 Menschen (der Bau des Kanals forderte insgesamt fast 20.000 Tote), eröffnete am 15. August 1914 die »SS Ancon« offiziell die Verbindung zwischen Atlantik und Pazifik.

Fast eine Million Schiffe haben seither die sechs Schleusen passiert. Die etwa 80 Kilometer lange Strecke dauert im Schnitt acht bis zehn Stunden, ein Wasserstands-Unterschied von fast 80 Metern muss überwunden werden. Auf der Atlantikseite (Colón) heben die drei Gatún-Schleusen das Schiff jeweils 26 Meter an, jede Schleuse ist 32,5 Meter breit und 304 Meter lang. Anschließend gelangen die Schiffe in den künstlich erschaffenen Gatún-See, immerhin fast 40 km lang. Die schwierigste Teilstrecke stellte der »Gaillard Cut« dar, ein 13,7 km langer Kanal, der durch harten Fels gesprengt werden musste. Die Rinne ist hier 150 m breit, an beiden Seiten fallen die Hänge steil ab. Schließlich öffnen sich die größten Tore der Welt, die Miraflores-Schleusen, zum Pazifik in Panama City. Der Tidenhub kann hier bis zu sechs Metern betragen, alle Schleusentore sind wegen des enormen Drucks doppelt angelegt.

Wir fahren wieder nach Colón und besteigen abends die 13-Meter-Yacht. An der Reling hängt tatsächlich der Edelstahlgrill, Oliver und Matheius halten ihre Versprechen: Barbecue mit Fisch, Fleisch ... Wir ankern außerhalb des Hafens.

Nach einer kurzen Nacht meldet sich ein Lotse und wird an Bord gebracht. Pünktlich um 5 Uhr geht es los, die gesamte Durchfahrt darf nur mit Motorkraft gemacht werden. Es ist noch dunkel, ein riesiges Containerschiff gleitet an uns vorbei, die Wände wohl 20 Meter hoch, nur Positionsleuchten, keine Menschen sind zu sehen.

Es ist schwül, bald heiß, sobald die Sonne aufgegangen ist. Dann öffnet sich die erste Schleuse, wir gleiten hinein, wie eine Ameise in ein Puppenhaus. Arbeiter schmeißen einen Tennisball an Bord, an dem ein dünnes Seil hängt. Wir ziehen die »springrope« aufs Schiff und befestigen sie leicht an den Winden. Dann schließen sich die Tore langsam, das Dock wird geflutet und wir heben uns innerhalb weniger Minuten um 26 Meter. Das Seil ziehen wir ständig nach, damit das Boot nicht durch das einströmende Wasser gegen die Mauern gedrückt wird. Von jeder Seite kommen je zwei Seile an, deshalb die Vorschrift, mindestens »four hands« an Bord zu haben.

Abgestorbene Bäume, winzige grüne Inseln, einst die Kuppen von Hügeln oder Bergen, gucken aus dem Gatún-See hervor. Der Außenborder schiebt uns langsam durch dieses Labyrinth, der Lotse weist uns den Weg, den man anhand der roten und grünen Bojen nicht verfehlen könnte.

Bei einem Kaffee erzählen Oliver und Matheius uns von ihrer Reise: Yacht in Griechenland gekauft, vorher Kredit aufgenommen, mit Chartergästen zusätzlich Geld verdient, Boot nach eigenen Vorstellungen umgebaut. Sie haben eineinhalb Jahre geplant und wollen im Herbst in Sydney ankommen, zum Beginn der Olympischen Spiele. Dort hoffen sie, das Boot wieder verkaufen zu können.

Am frühen Nachmittag nähern wir uns der letzten Schleuse, den »Miraflores Locks«. Für einen kurzen Augenblick sehen wir auf den Pazifik runter, der fast 30 Meter unter uns liegt, dann wird das Wasser aus den sich langsam öffnenden Toren gelassen. Wir sinken auf Meeresniveau, voll konzentriert, die Taue langsam und gleichmäßig nachzulassen. Geschafft. Unsere Freunde bedanken sich überschwänglich bei uns, machen an einer Schwimmboje fest, ein Wassertaxi bringt uns wieder an Land.

Zurück in Panama City erwarten uns zwei Überraschungen: Kapitän Newball hat das o.k. des Schiffseigners per Fax erhalten: Unsere Autos dürfen mit, Passagiere ausnahmsweise auch, aber es wird keinerlei Haftung gegeben.

Ein gelber VW-Bus parkt neben unseren Wohnmobilen, Berliner Kennzeichen: Gisela und Georg mit Hund Willi. Auch sie wollen nach Kolumbien. Ich telefoniere noch einmal mit dem Kapitän, um neu zu verhandeln, denn jetzt sind es drei Fahrzeuge: »Mein letztes Angebot lautet 2500 US-Dollar, die Passagiere berechne ich nicht.« Das ist ein Traumpreis für drei Autos, sechs Erwachsene, zwei Kinder und einen Hund (der unerwähnt bleibt und rein zufällig irgendwann auftauchen wird, als wir mitten auf dem Meer sind).

»Wann können wir verladen?« – »Die ‚Dove' legt morgen ab, aber bis dahin schaffen Sie die Formalitäten nicht. Ich denke, wir sollten in acht Tagen nochmals telefonieren«, meint Mr. Newball.

Wir richten uns häuslich ein auf dem Parkplatz. Der Grill wird fast nicht mehr kalt, Wäscheleinen ziehen sich von Auto zu Auto, Betti und ich nehmen unsere Freunde als Babysitter in Anspruch und gehen abends aus: Kubanische Band, Kino, Eisdielen ... Und Christina wedelt mit einem Angebot vor unseren Nasen: Flug auf die San-Blas-Inseln, »dem letzten Paradies auf Erden« ...

25. Mai · San-Blas-Inseln – das letzte Paradies?

Nur wenige Kilometer von Panamas Atlantikküste entfernt liegt die Inselgruppe San Blas, 365 Eilande an der Zahl, etwa 50 sind bewohnt. Einige sind so winzig, dass nur wenige Palmen dort stehen, auf anderen leben hunderte Kuna-Indianer, die zu den drei Hauptgruppen der Urbevölkerung Panamas zählen. Sie verwalten ihr Territorium nach eigenen Gesetzen und haben Vertreter bei der Nationalversammlung in Panama City. Die Kuna haben ihre eigene Sprache behalten. Frauen tragen goldene Nasen- und Ohrringe, Blusen mit Mustern, die geometrische Figuren, stilisierte Flora- und Faunamotive oder aktuelle Ereignisse darstellen. Sie unterliegen nicht den Steuergesetzen des Staates und führen einen regen Handel mit Kolumbien. Die Männer arbeiten auf dem Festland.

»Unsere« Insel besteht ausschließlich aus Sand, Palmen und wenigen Häusern, niemand trägt Schuhe. Kuna-Frauen breiten ihre selbstgefertigten schönen *molas* aus, viele dieser bestickten Stoffstücke sind etwa 30 cm im Quadrat.

Kleine Stege führen aufs Meer, am Ende befindet sich ein winziges Wellblechhäuschen mit offenem Boden: die Toilette.

Wir machen einen Ausflug zur Insel Karty Suytuyu, wo wir in einem winzigen Museum, das von Vater und Sohn aufgebaut und geleitet wird, einige Informationen zum Alltagsleben bekommen: »Leute, die ihre Tradition verlieren, verlieren ihre Seele«, steht über dem Eingang. Der »Museumsdirektor« José Davis, in einer Person Touristenführer, Besitzer und Kuna-Vertreter, erzählt: »Die Eltern eines heiratsfähigen Jungen suchen die Eltern einer geeigneten Braut aus und verabreden die Hochzeit. Von den Betroffenen ahnt keiner etwas, die vier Dorfältesten übernehmen die tragende Rolle. Einer lockt den ahnungslosen jungen Mann unter einem Vorwand an einen entlegenen Ort, wo die drei Ältesten warten und ihn dann, teils gewaltsam, ins Haus der Braut bringen, wo die Hochzeit stattfindet. Das Paar wird in einer Hängematte getraut. Manchmal flieht der Auserwählte, erkennt aber schnell, dass seine Eltern eine »gute Wahl« getroffen haben ...«

Die Haupteinnahmequelle der Kuna ist der Tourismus, doch Massenhotelbauten gibt es (noch) nicht. Meist übernachtet man bei Familien, in kleinen Hotels oder Pensionen. Es gibt nur wenige Inseln, auf denen Touristen übernachten, die anderen werden nur für wenige Stunden angelaufen. Einige sind so winzig, dass nur eine Familie dort wohnt. Man bezahlt einen Dollar, weil das Eiland sauber gehalten wird: Ein Teil ist wirklich gepflegt, der Sand sogar geharkt und der ganze Müll wird auf einen großen Haufen am anderen Ende gebracht, oft ins Meer gespült oder verbrannt. Das Leben der Bewohner besteht darin, Molas anzufertigen und den Touristen anzubieten. Ansonsten scheinen sie einem Tageslauf nachzugehen, der vor hundert Jahren nicht viel anders aussah.

Die Kuna sehen in den Besuchern die Möglichkeit, Geld zu verdienen, ansonsten wirken sie auf mich sehr autark und unabhängig, noch nicht sehr stark beeinflusst vom »Segen« der westlichen Zivilisation: Kuna-Männer stechen ihre Paddel lautlos ins Wasser und gleiten auf schmalen Einbäumen vorbei; Schulkinder in blau-weißen Uniformen, barfuß, spielen Fußball im Sand; zwei Frauen schlendern ans Ende eines Steges, eine öffnet die rostige Tür und betritt die Toilette, das Gespräch wird durch die Wellblechwände fortgesetzt ...

1. Juni · Überfahrt von Panama nach Kolumbien – seekrank bei schwerem Sturm

In Panama City ist es heiß und schwül. Mittlerweile hängen wir schon über 14 Tage auf dem Parkplatz des Plaza Paitilla Inns fest und wollen weiter. Dann kommt endlich das o.k.: »Die ‚Dove' liegt im Hafen von Colón, wird nur noch eben mit Schrott beladen, dann steht eurer Verschiffung nichts mehr im Wege!«

Ein Zollagent wird uns behilflich sein und die Formalitäten erledigen. Uns hält nichts mehr in der Hauptstadt, nach knapp einer Stunde Fahrt parken wir an einem Seitenarm des Panamakanals. Gegenüber liegt der fünfzigjährige Kahn, Lastzüge voller Schrott stehen in einer langen Reihe vor einem Kran, eine überdimensionale Zange greift nach den Containern, entleert sie über dem Schiffsrumpf.

Ich mache einen Abstecher in die Zona Libre von Colón, der zweitgrößten Freihandelszone der Welt, die von einer hohen Mauer umgeben wird. Es ist unüblich, dass Privatpersonen einzelne Güter erwerben, in der Regel werden ganze Containerladungen gekauft, verpackt und weiter verschifft. Ein hilfsbereiter Chinese bietet mir einen digitalen Camcorder an, die Originalverpackung lasse ich zurück, verstaue die Kamera im Rucksack und verlasse unbehelligt in einem Taxi die Ausgangskontrollen.

Und dann wird es plötzlich hektisch. Die Stahlfaltböden werden über die Schrottladung gezogen, der Kapitän drängt, die Agenten wollen das Geld von uns: »Erst, wenn wir alle an Deck stehen!« beharren wir.

Natürlich ist überhaupt kein Lade-Equipment vorhanden, ein Hafenarbeiter zieht zwei Bananennetze heran: »Das ist doch perfekt ...!«

Zuerst kommt Sams Auto dran, uns stockt allen der Atem, als sich die sechs Tonnen langsam vom Boden heben und in Richtung Schiff schweben. Mir bleibt das Herz fast stehen, als wir an der Reihe sind. Ich warte darauf, dass die maroden Netze genau jetzt reißen, als der Kranarm übers Wasser schwenkt. Doch butterweich setzt das Wohnmobil auf. Wir ziehen uns mit den Zollagenten in eines unserer Autos zurück und zählen ihren 2500 Dollar vor, Handschlag, auf Wiedersehen.

Zwei Bananennetze heben unser Fahrzeug an Deck

Unsere kolumbische Besatzung sieht leicht verwegen aus: Kopftuch, schwarze Sonnenbrillen, tätowierte Oberarme, Zahnlücken ... Aber das Erscheinungsbild täuscht. Freundlich, fast fröhlich helfen sie uns beim Verzurren der Fahrzeuge. Wir stehen zwei Meter von der Bordkante entfernt, eine seitliche Befestigung gibt es nicht. Es wäre ein Leichtes, aus der Autotür direkt ins Meer zu springen. Dann starten die Dieselmotoren, nach 18 Stunden sollen wir in Kolumbien ankommen. Wie bestellt fahren wir in einen Sonnenuntergang hinein, über Colón steht ein Regenbogen, Delfine begleiten das Schiff ...

Wir sitzen in unseren Campingstühlen, die See ist absolut ruhig, über uns ein sternklarer Himmel. Die Kinder liegen in ihren Betten und schlafen. Wir freuen uns auf diese wundervolle, ruhige Überfahrt und wünschen uns eine gute Nacht.

Und dann beginnt das Schiff zu rollen. Zuerst leicht, dann legt es sich von einer Seite auf die andere, das Wohnmobil wird aus den Federn gedrückt und schaukelt wie eine Kinderwiege. Ich bekomme Angst, kontrolliere ständig die dünnen Vertäuungen, mir ist schlecht. Dann fällt mir unsere Seilwinde ein. Ich verbinde das Chassis mit einer dicken Stahlöse am Schiff und spanne das Stahlseil so stramm ich kann. Jetzt liegt das Wohnmobil bedeutend stabiler und macht nur noch die Bewegungen des Schiffes mit, ohne ständig nachzufedern.

Endlich wird es hell, ich schlief nicht einen Augenblick, den anderen erging es nicht besser. Außer Betti sind alle seekrank, am schlimmsten Hund Willi, der völlig orientierungslos auf dem Deck herumstolpert und einen Baum oder Strauch zum Pinkeln sucht.

Ein abgewetzter Autositz dient dem Steuermann als Unterlage, niemand trägt Uniform. Fast im Liegen bedient er mit einem Fuß das Ruder und erzählt gerne vom Alltag. »Ich glaube, dass wir noch eine Nacht auf See sind, eher werden es 40 Stunden als 18 Stunden, bis wir ankommen!« – »Ist das Meer immer so wild?« – »Meistens, bei der letzten Überfahrt ging der Koch über Bord. Aber das war nicht weiter schlimm, er konnte sowieso nicht kochen!« Brüllendes Gelächter folgt diesem Satz. Mir wird noch schlechter.

Dann werden die Wellen höher, jetzt schaukeln wir zusätzlich quer. Mitten in der Nacht leuchtet der Deckscheinwerfer auf, die Matrosen kontrollieren die Befestigungen an den Autos. Ich liege wach und steigere mich in wahre Horrorszenarien: »Die Befestigungen müssen irgendwann der Spannung nachgeben, das Auto wird über Bord gehen ...« Ich will die Schwimmflügel holen und sie den Kindern umbinden. Wir sollten besser das Auto verlassen und uns an Deck setzen, die wichtigsten Papiere mitnehmen. Immer wieder falle ich in kurze Träume, die so schrecklich sind, dass ich aufwache: Wir treiben im Wasser, Haie sind um uns herum ....

Dann endlich geht die Sonne auf, und mit dem Tageslicht kommt auch die Zuversicht wieder: Wir haben es geschafft!

Jemand klopft ans Wohnmobil, ich solle hinten aufs Deck kommen und die Kamera mitbringen. Wie kleine Kinder stehen die Matrosen vor einem anderthalb Meter langen Dorado, der goldgelb glänzt. Sie filetieren den Fisch sofort, wir bekommen eine dicke Scheibe, aber an Essen kann keiner denken, wir frieren den Fisch ein.

Ich sehe zu unseren Freunden in ihren Autos: Alle liegen apathisch auf den Betten, ein müder Gruß, die Hand immer am Eimer. Nur lang ausgestreckt kann man das Stampfen und Rollen halbwegs ertragen. Wenn ich aus dem Fenster sehe, blicke ich in den Himmel, nach einem Augenschlag plötzlich auf eine Wasserwand, dann hebt sich das Schiff sofort wieder und das erste Bild erscheint ...

Der Kapitän korrigiert seine ersten Berechnungen von ursprünglich 18 Stunden: »Wir werden etwa um 13 Uhr ankommen!« Da liegt er doch sehr genau, doch immerhin brauchen wir »nur« 25 Stunden mehr, trösten wir uns. Bitte, bitte nur keine dritte Nacht mehr, das überstehe ich nicht ...!

Piet bekommt ein Zäpfchen, das hilft bei ihm immer, Stella liegt fast unbeteiligt auf ihrem Bett und liest, nein, sie verschlingt seitenweise Geschichten von Pipi Langstrumpf.

Möwen fliegen auf einmal über uns, dann ruft jemand: »Land, ich sehe Kolumbien!« Es kommt mir vor, wie der Rettungsschrei eines Schiffbrüchigen. Jemand stellt das Gebläse ab, das Schaukeln lässt schlagartig nach, wir fahren in die »Zona Franca«, in die Freihandelszone von Cartagena ein.

KOLUMBIEN

DIE UNSICHTBARE BEDROHUNG

3. Juni · Cartagena – faszinierendste Stadt Kolumbiens

Muss ich es extra erwähnen, dass es hier in Kolumbien überhaupt kein geeignetes Ladegeschirr für die Autos gibt, selbst keine maroden Bananennetze ? Der junge Kranführer erkundigt sich nach dem Wert der Fahrzeuge, seine Gesichtsfarbe verändert sich, und er stammelt etwas von »keine Verantwortung übernehmen, keine Ladehilfen, heute erst mal krank fühlen ...«, und verschwindet. Kapitän, Mannschaft, Hafenagenten und Touristen stehen ratlos zusammen. Nach etlichen Telefongesprächen bringt ein Taxi einen älteren Kolumbianer: »Das machen wir schon, überhaupt kein Problem«, äußert er sich überzeugt.

Sam findet ein paar alte, feuchte Haltegurte, das einzige womit wir uns behelfen könnten. Wir ziehen jeweils zwei durch die Löcher der Radfelgen, hängen sie am Haken des Krans ein, der »gruista« (Kranführer) zieht das erste Auto hoch und setzt es so weich wie ein rohes Ei auf den Hafendamm. Dann endlich stehen die drei Fahrzeuge unbeschädigt nebeneinander, die Überfahrt gehört endgültig der Vergangenheit an. Wir entkorken eine Flasche Sekt und verteilen die Getränkereserven unter der Mannschaft.

Cartagena wurde 1533 gegründet und ist eine der ersten spanischen Städte in Südamerika. Sie ist die faszinierendste Stadt Kolumbiens, wurde von der UNESCO zum Weltkulturerbe ernannt. Nach der Gründung entwickelte sich der Hafen zum Hauptumschlagplatz an der Karibik und zur Schlüsselposition der spanischen Kolonien in Mittelamerika. Von hier wurden die Schätze, die von den Indianern geraubt wurden, auf Galeonen nach Spanien verschifft. Allerdings lag Cartagena schutzlos am Meer und wurde regelmäßig von Piraten geplündert, alleine im 16. Jahrhundert sechsmal. Am Übelsten trieb es der Engländer Francis Drake 1586, den die englische Krone in den Adelsstand erhob und der als »Sir« unter britischer Fahne raubte. Die Spanier errichteten daraufhin hohe Mauern, vorgelagerte Forts machten den Hafen uneinnehmbar.

Hauptattraktion heute ist die denkmalgeschützte Altstadt. Innerhalb der hohen Schutzmauern, die man durch das »Uhr-Tor« betritt, liegen gepflegte, renovierte Kolonialbauten mit Mahagonibalkonen, die Fassaden farbig gestrichen, geschwungene Dachziegel. Parkanlagen, schattige Plazas mit Steinbänken, Kopfsteinpflaster, gußeiserne Straßenlaternen, kleine Märkte. Ein wirkliches Erlebnis.

Der Norden von Kolumbien soll sicher sein. Die Auseinandersetzungen zwischen Regierung und Guerillas finden angeblich in den Hoch- und Tieflandregionen des Südens statt. Uns wird während der Zeit in Kolumbien nichts passieren, aber ein ständiges Gefühl von unterschwelliger Verunsicherung, Angst und Vorsicht begleitet uns, bedingt durch die Horrormeldungen in den Medien und den ständigen Warnungen der Bevölkerung. Seit Ausbruch der Kämpfe zwischen Regierung und den Gruppierungen der FARC und ELLN 1984 fielen über 200.000 Menschen dem Terror zum Opfer. Gerade verhandeln die Parteien wieder mal und beschließen für diese Zeit einen Waffenstillstand.

Unsere Freunde aus Neuseeland verabschieden sich, sie wollen die Panamericana nehmen, südlich in Richtung Ecuador. Georg und Gisela mit Hund Willi reisen erst mal mit uns zusammen weiter. Für uns alle ist das eine große Beruhigung, und wir fühlen uns als Gruppe etwas sicherer.

Diesen unsichtbaren, allgegenwärtigen Ängsten steht ein Land mit wundervoller Natur und unglaublich netten, hilfsbereiten Menschen gegenüber. Ein Verkäufer weist mich gleich am ersten Tag darauf hin, dass ich ihm viel zuviel Geld gebe. Ich bin mit dem Kurs noch nicht vertraut, verwechsele 200 Peso (etwa ein Euro) mit 2000 Peso und gebe ihm das Zehnfache: »No, no, Señor, Sie haben sich vertan!« Und dann folgt sofort eine Warnung: »Passen Sie beim Bezahlen auf, zeigen Sie nie Ihr Portemonnaie, es ist hier alles sehr gefährlich!«

Als wir die Altstadt verlassen, an allen Kreuzungen schwerbewaffnete Polizei, ändert sich das gepflegte Bild schlagartig: kleine, heruntergekommene Geschäfte, Straßenverkäufer mit Styropor-Kühlkisten auf den Schultern: »Bebidas, bebidas!« (Getränke), die sich in Tüten befinden. Die Ecken reißt man auf, Strohhalm rein, anschließend zusammengeknüllt und achtlos auf den Boden geworfen. Eine Frau bittet uns, ihr ein Getränk zu kaufen und anschließend – sichtlich verlegen –, es doch für sie zu öffnen. Ihr fehlen sämtliche Zähne, sodass sie die Tüte nicht öffnen kann.

Plötzlich werden wir von Kindern umringt. Wir sitzen auf Holzhockern an einem Essstand – dicke Käsescheiben werden auf heißen Platten angebraten und gewürzt. »Kauf mir auch etwas zu Essen«, fordert mich ein etwa Achtjähriger auf. Seine Augen sind ausdruckslos, leer, er wirkt völlig deprimiert. Seine Freunde scheinen high zu sein, einer steckt sein Gesicht tief in eine Tüte und atmet Benzindämpfe ein. Der Besitzer des kleinen Standes macht einen hilflosen Versuch, die Gruppe wegzuschicken. Die Aufforderungen werden immer aggressiver: »Kauf mir doch etwas zu essen, ich habe Hunger!« Beim Abfahren sehe ich, wie die Kinder sich auf unser Essen stürzen, es von den Tellern reißen, die Becher mit Getränken im Weglaufen leeren.

■ *Nationalpark Tayrona*

7. Juni · Nationalpark Tayrona – verdächtige Ruhe

Über einen holprigen Weg, vorbei an einem Militärposten am Eingang des Tayrona-Nationalparks, rumpeln wir an die Bucht Gairaca. Außer uns keine Menschen, abgesehen vom Besitzer des kleinen Restaurants, der offensichtlich nicht mit Gästen rechnet. Alle Stühle stehen auf den Tischen. Wir parken direkt am Wasser, romantischer geht's nicht mehr, kühler dürfte es gerne werden. Mit dem Restaurantbesitzer einigen wir uns: Wir essen beim ihm, dafür dürfen wir umsonst übernachten. Aber was kann die Küche bieten? Ein Blick dort hinein – kaum Geschirr und Töpfe nur eine rußige Feuerstelle mit einer Styroporkiste. Es gibt weder Strom noch Süßwasser in der Bucht. Am späten Nachmittag verabschiedet sich der Koch von uns. »Hier ist es ganz sicher!« Wir wollen es ihm glauben.

Als wir nach ein paar Tagen später am Parkausgang mit dem Militärposten sprechen, klärt er uns auf: »Der Park ist erst seit einigen Tagen für die Öffentlichkeit wieder zugänglich. In den Bergen kommt es öfter zu Kämpfen, erst letzte Nacht ist ein Soldat von Untergrundkämpfern ganz in der Nähe getötet worden ...«

12. Juni · Aracataca – Geburtshaus von Gabriel García Márquez

Wir folgen unserem Gefühl und möchten noch in Kolumbien bleiben, allen Warnungen zum Trotz. An Ortseingängen stehen schwerbewaffnete Militärkontrollen, verschanzt hinter hohen Barrieren von Sandsäcken. Die Soldaten sind sehr jung, fast noch Kinder, viele sind betrunken, sie hantieren lässig mit Maschinengewehren. Ich soll meine Papiere zeigen: »Hast du kein Bier für mich?« fragt mich einer ungeniert. Vielleicht ertragen sie nur so die Angst und den Druck vor Überfällen.

Der Literaturnobelpreisträger García Márquez beschreibt in einigen seiner Werke den Ort Macondo, vor allem in dem Buch »Hundert Jahre Einsamkeit«. Der Bezug zu seinem Geburtsort Aracataca, durch den wir jetzt kommen, ist offensichtlich: Ein tropisch-schwüles Dorf, in dem Familienfehden, Korruption und Ausweglosigkeit den Alltag bestimmen. Sein Geburtshaus ist heute ein Museum: wenige verblichene Bilder an den Wänden, ein Kolumbianer, der mitten aus einer seiner Geschichten entsprungen zu sein scheint, gibt sich selbst den Titel *»director«*. Er zeigt uns die wenigen Andenken, führt uns in einen Raum voller Bücher von Márquez – Übersetzungen in sämtlichen Sprachen: »Geschenke der Botschaften«. Ob wir welche kaufen können, wollen wir wissen. »Oh nein, die sind alle unverkäuflich!« Irgend etwas in seiner Stimme lässt uns das Gegenteil vermuten. Wir dürfen die Autos im Innenhof abstellen, hinter hohen Mauern.

Als das Museum schließt, höre ich ein Zischen: »Pssst, Señor, por favor!« Der Museumsdirektor winkt uns zu sich: »Welche Bücher möchten Sie denn kaufen?« Er schließt die Tür hinter uns ab, ob wir wohl in Dollars bezahlen könnten, fragt er.

Aracataca scheint sich seit den Beschreibungen von Márquez nicht verändert zu haben: Eine winzige Plaza, feuchte, schimmelige Hauswände, Straßenstände ohne Verkäufer. Die sitzen oder liegen hinter offenen Hauseingängen und scheinen den ganzen Tag lang zu dösen. Ich gehe in ein Friseurgeschäft, eine Angestellte lackiert ihre Fußnägel. »Haben Sie Zeit?« – »Moment, ich muss noch den linken Fuß trocknen lassen.« Ich nehme Platz und warte. Es gibt schließlich Wichtigeres als Kundschaft. Ein Losverkäufer sitzt in einer Ecke, unrasiert, zerknitterter Hut vor sich auf dem Boden. Er geht kleine weiße Zettel durch: »Ich will ein Los mit der Endnummer 136«, klärt mich die Friseurin auf, »die bringt mir ganz bestimmt Glück!«

Ein Beispiel für die grenzenlose Hilfsbereitschaft der Kolumbianer erfahren wir, als wir nach einer Straße fragen. Sofort bedeutet uns ein Mopedfahrer, dass wir ihm folgen sollen. Er ist aber zu schnell, sodass wir ihn in den engen Gassen verlieren und an einer Ampel noch einmal fragen. Auch der zweite Kolumbianer winkt uns hinter sich her, und plötzlich werden wir von zwei Fahrzeugen eskortiert, erhalten nochmals genaue Beschreibungen, freundliches Winken, *adiós*.

15. Juni · Vom Meeresniveau auf über 3000 m – höhenkrank

Unser Reiseführer erwähnt den »wunderschönen« Ort Río Negro, eine Kaffeestadt mit Lagune und einem Wasserfall, die man ganz in der Nähe erwandern kann. Die Straßen sind hier so eng, dass wir oft die Spiegel einklappen. Direkt an der Plaza parken wir, neben einer Kathedrale. Sofort umgeben uns Menschen und reden alle gleichzeitig auf uns ein. Nein, der Weg zur Lagune sei zu gefährlich wegen der Guerillas, und dasselbe gelte für die Wasserfälle ...

Ein junger Mann bietet sich an und will auf die Autos achten. In größeren Orten nehmen wir so eine Gelegenheit oft war, handeln einen Preis aus, meist etwa einen Dollar, den wir bei Rückkehr zahlen. Hinter seinem Rücken zieht jemand die flache Hand an der Kehle vorbei und flüstert mir zu: »Der bestiehlt euch auf jeden Fall!« Ein Losverkäufer raunt mir zu: »Loco, todo loco!« (alle bekloppt). Drei Alte klopfen auf unsere Schultern, ihre Blicke vollkommen wirr. Die Gruppe wird immer größer, keiner gebärdet sich normal. Die Situation erscheint uns nicht bedrohlich, eher irreal. Die Menschen sind nicht aggressiv: »Hallo, geht es gut?« – Ein Mann schüttelt meine Hand. »Danke, dass es gut geht. Wie geht es?« – »Geht es gut, ja?«

Wir verlassen den Ort. Die Straße steigt kontinuierlich bis über 3000 m an, keine Gerade, Kurve an Kurve. Aus dem Nichts taucht plötzlich ein Mädchen auf und rennt vor mir über die Straße. Im Zeitraffer sehe ich die Bilder vor mir: Mädchen tot, Fahrerflucht ... Ich steige voll auf die Bremse, hupe gleichzeitig, reiße das Lenkrad herum und schlittere um Zentimeter an ihr vorbei. Meine Füße zittern, es läuft mir eiskalt den Rücken herunter und ich zwinge mich, dieses Erlebnis aus dem Gedächtnis zu streichen. Egal, wie vorsichtig ich fahre, es wird immer Situationen geben, die ich nicht beeinflussen kann ...

Hochland in Kolumbien

Mit zunehmender Höhe wird die Landschaft immer karger. Nur wenige Stunden vorher starteten wir in kurzen Hosen und schwitzten, jetzt sind wir auf über 3000 m, oberhalb der Baumgrenze. Hügel sind mit widerstandsfähigen Gräsern bedeckt, wir genießen einen endlos weiten Blick. Mitten im Nichts steht ein kleines Haus und wir fragen, ob wir in der Nähe übernachten dürfen: »Claro, Selbstverständlich.«

Nachts klagen wir alle über Atemnot, Herzrasen und Kopfschmerzen, uns ist richtig schlecht. Wir schlucken einige Aspirin und kommen erst jetzt auf den Gedanken, dass wir höhenkrank sind. Der schnelle Anstieg von Meeresniveau auf über 3000 m, die extremen Temperaturunterschiede setzen uns erheblich zu. Tatsächlich verschwinden sämtliche Symptome, nachdem wir wieder tiefere Regionen erreichen.

Kurz vor der venezolanischen Grenze, etwa 500 km südlich der Küste, beenden wir unseren Aufenthalt in Kolumbien, uneinig darüber, wie wir diese Zeit einordnen sollen. Es bleiben viele, ausschließlich positive Begegnungen mit den Menschen, aber auch die ständige Vorsicht, die unterschwellige Angst vor Überfällen. Sinnigerweise heißt die Stadt hier »Valle del Rosario« (Rosenkranztal). Im Zentrum finden wir einen sicheren Stellplatz hinter drei Meter hohen Mauern, parken zwischen anderen Autos, abends wird ein hohes Eisentor zugeschlossen. An der Wand lehnt die armselige Behausung einer Familie, die auf etwa sechs Quadratmetern zu viert hier lebt und auf die Parkgebühren angewiesen ist.

Ein letzter Gang noch, ein Blick auf das »Nachtleben«. Vor den Häusern stehen winzige Tische, meist nur ein bis zwei Stühle. Die Besitzer bieten gegrilltes Fleisch, Hamburger, Getränke und Obst an. Männer, eher Jugendliche, tuckern in ihren verbeulten Autos die Straße rauf und runter, die Kassettenrecorder bis zum Anschlag aufgedreht, andere flanieren Arm in Arm. Wir sitzen gemütlich an einer Ecke und vergessen für einen Augenblick die Trostlosigkeit des Alltags hier. Es ist noch keine 22 Uhr, als die Tische und Stühle reingestellt werden, keine Autos, keine Menschen sind mehr zu sehen, die Lichter gehen überall aus. Wie in einer Geisterstadt bleiben wir ganz alleine zurück. Als wir hinter die Mauern des Abstellplatzes verschwinden, das dicke Tor abgesperrt wird, fühlen wir uns sicher, aber auch eingeengt. Es wird das letzte Mal sein, dass wir solche Maßnahmen treffen (müssen). In den folgenden Ländern werden wir nicht zuerst fragen, wo es besonders sicher, sondern wo es am schönsten ist.

VENEZUELA

IM EINBAUM ZUM HÖCHSTEN WASSERFALL DER WELT

22. Juni · Mérida – bergwandern bis über 4000 m Höhe

Als wir über die Grenze nach Venezuela hineinrollen, spüren wir, dass ein großer Druck von uns weicht. Schlagartig fühlen wir uns wie befreit, niemand warnt uns ständig, unterwegs ja bloß aufzupassen.

Als wir tanken, halte ich die Benzinpreise zuerst für einen Irrtum: Ein Liter Diesel kostet umgerechnet lächerliche vier Cent, ein Liter Super bleifrei nur 15 Cent. Vielleicht sollten wir in Venezuela bleiben und den ganzen Tag Auto fahren ...

Wenige Kilometer vor Mérida, einer Stadt auf über 1600 m Höhe, machen wir halt und stehen neben dem abgelegenen Hotel *La Casona de Tabay*: weiter Blick über ein langgestrecktes Tal, der schneebedeckte Pico Bolívar – mit 5007 m der höchste Berg des Landes – in Sichtweite und ein angenehmes Frühlingsklima.

Ein »Por puesto« (Kleinbus, etwa: »zur Stelle«) bringt uns ins Stadtzentrum. Das Wohnmobil bewegen wir zwei Wochen nicht von der Stelle. Die Hauptattraktion ist nicht die Stadt Mérida, sondern die vielfältigen Landschaften drumherum und damit verbundene Touren. Kleinere Reisebüros organisieren die Fahrten. Morgens um 7 Uhr steigen wir in einen klapprigen Jeep, der uns in ein winziges Bergdorf mit Namen Los Nevados fährt. Rechts fällt die Geröllpiste fast senkrecht ab, nach links steigt spitzer Fels auf, Ausweichen ist hier unmöglich. Auf steilen Hängen pflügen Bauern mit Ochsengespannen, dirigieren die Tiere mit einem langen, spitzen Stock, wenden können sie nur in Bergrichtung, sonst würde das Gespann die Kontrolle verlieren und den Hang herunterstürzen. Begleitet wird diese harte Arbeit von lauten Zurufen, die durch das ganze Tal hallen.

Los Nevados besteht aus wenigen Häusern, weiß getüncht und der obligatorischen Kirche. Von hier führt ein Weg bis Loma Redonda (4045 m), gleichzeitig eine Station der »Teleférico«, der längsten Seilbahn der Welt (12,5 km). Betti fährt mit den Kindern im Jeep zurück, ich möchte unbedingt die 14 Kilometer nach Loma Redonda durchs Gebirge wandern.

Um 6 Uhr stapfe ich los, es ist stockdunkel. Hinweistafeln gibt es keine, gestern zeigte mir ein Venezolaner die Richtung. Im Tal liegt dichter weißer Nebel. Winzige Häuschen kleben an den Hängen, nackte Glühbirnen brennen vor den Türen, grobe Holztore unterbrechen Stacheldrahtzäune. Es ist absolut still, nur einmal höre ich einen Hahn. Selbst die Hunde schlafen noch. Es geht ständig bergauf, der Pfad besteht aus grobem Geröll. Die Luft wird immer dünner, die Temperaturen zunehmend kühler, bis auf zähe Bodendecker gibt es keine Vegetation.

Nach über drei Stunden liegt das letzte Drittel vor mir, mit Abstand das steilste. Ich zähle die Schritte – bis 100, dann stütze ich mich auf meinen Wanderstock und atme zehnmal ruhig durch, bevor das gleiche Spiel von vorne beginnt.

Schmelzwässer verwandeln den Boden oft in schlammige Passagen, Baumstämme dienen teils als Flussübergänge. Der Nebel löst sich und steigt auf, kriecht langsam die Hänge hoch, immer neben dem Weg, sodass rechts neben mir eine riesige weiße Wand hängt. Ein Mann taucht aus dem Nichts auf, das Gesicht mit einer Wollmaske bedeckt: »Eine Stunde noch bis zur Seilbahnstation.« Das verleiht mir neue Kräfte, und tatsächlich erkenne ich von weitem ein Holzkreuz: der höchste Punkt. Von hieran wird es nur noch bergab gehen. Ein dunkelblauer Bergsee taucht auf. Wenig später lasse ich mich total erschöpft, aber glücklich, an einem Holztisch nieder und bestelle in der Station einen heißen Kakao.

25. Juni · Wildwasserfahrt endet fast mit Katastrophe

Wir genießen es alle, mal nicht selbst zu fahren, zu kochen, Schulunterricht zu geben und schließen uns für zwei Tage einer organisierten Tour an, um auf dem Fluss Paguey Wildwasserfahrten zu erleben. Der Organisator ist zuversichtlich: »Am ersten Tag können selbst die Kinder mitfahren, am zweiten Tag geht es etwas wilder zu, da sollten nur Erwachsene teilnehmen.«

Über unbefestigte Pisten, vorbei an abgelegenen Farmen mit weiß gestrichenen Zaunpfählen und durch tropischen Dschungel gelangen wir zu einem Camp. Außer uns vieren befindet sich eine Gruppe junger Venezolaner aus Caracas hier. Wath, ein Neuseeländer, leitet das Rafting: »Egal was passiert, ihr müsst nur meinen Kommandos folgen, dann kann nichts schief gehen.«

Mit Helm, Schwimmweste und Paddel sitzen wir auf dem Rand des großen Schlauchbootes und üben: Backwards right or left, over right or left, stop, hold on. »Ich bin in diesem Fluss noch nie gekentert«, tönt er, und ab geht's. Die Kinder sitzen auf dem Boden, das Boot bewegt sich schlängelnd wie eine Raupe durch die Stromschnellen, Wasser spritzt in die Gesichter. Nach den ersten *rapids* haben sich Stella und Piet an das Schaukeln gewöhnt und schreien vor Begeisterung, wenn wir tief eintauchen, um sofort wieder aus dem Wasser katapultiert zu werden. Die Stunde vergeht viel zu schnell. »Morgen wollen wir auch mit«, betteln die beiden. Ich frage Wath, was er davon hält: »Überhaupt nichts. Morgen gehen wir in einen Fluss der Kategorie 5 plus, das ist die höchste befahrbare Stufe und nicht ungefährlich!«

Diesmal fällt das *briefing* sehr intensiv aus, ich meine, Wath etwas angespannt zu erleben. Vorsichtshalber setze ich mich in das Boot, das er steuert, die beiden venezolanischen Bootsmänner wirken ein bisschen chaotisch.

■ *Rafting*

Und dann geht alles so schnell, dass ich mich später kaum erinnere. Das erste Boot legt ab, steigt über eine Stromschnelle, gerät in einen Strudel und kentert. Paddel schwimmen auf dem Wasser, einige Teilnehmer treiben ans Ufer, andere halten sich an der Sicherheitsleine fest. Beinahe sieht es zum Lachen aus – aber auf den Gesichtern der Venezolaner steht Angst, bei einigen richtige Panik.

Unser Boot meistert dieselbe Stelle ohne Probleme, wir reißen die Paddel aus dem Wasser und klatschen sie in der Luft zusammen, dann steuern wir an den Rand des Flusses, um auf das dritte Boot zu warten. Es schießt völlig unkontrolliert auf uns zu, rammt uns von hinten, sodass wir kentern. Einer fällt nach dem anderen über Bord. Nach einer Zeitspanne, die mir endlos lange vorkommt, finde ich mich unter dem Boot wieder und will wegtauchen – ohne Erfolg, irgend etwas hindert mich daran. Ich habe noch genügend Luft, bin absolut ruhig und spiele verschiedene Möglichkeiten durch: Das Boot sitzt fest, vielleicht kann ich in einer Luftblase atmen. Ich kann nichts sehen und will kein Wasser schlucken. Ich taste mich an den Rand des Bootes, drücke mich mit aller Kraft nach unten und quetsche mich irgendwo durch. In diesem Augenblick überkommt mich richtige Todesangst: Ist es die richtige Richtung, oder werde ich von den Wassermassen gegen einen Fels gedrückt? Meine Luft reicht nicht mehr lange, und wenn ich nicht sofort aus dem Wasser komme, werde ich ertrinken. Ich sehe Stella und Piet vor Augen, stelle mir ihre Verzweiflung vor ... Plötzlich wird es hell, ich spüre die Bewegung des reißenden Stroms und tauche auf. Paddel strecken sich mir entgegen, aber ich will nicht nach ihnen greifen, lasse mich mit der Strömung ans Ufer treiben und möchte ganz alleine mit meinen Gedanken sein. Ich muss alles erst verkraften. Die Anspannung löst sich, ich weine und kann es immer noch nicht fassen, wie knapp ich dem Ertrinken entgangen bin.

Nach dem Kentern treibt unser Boot mit dem Bug unter einen riesigen umgekippten Baum im Wasser und keilt sich dort drunter. Die Wassermassen drücken von oben drauf, und zwar mit einer solchen Macht, dass es nicht gelingt, es herauszuziehen. Wir lassen Luft raus um es freizubekommen, natürlich ist auch die Pumpe weg. Hinter einer letzten Biegung haben wir es geschafft, Piet hat einen Stock ins flache Wasser gesteckt, ein Blatt symbolisiert die »Wiedersehensflagge«.

»Na, hat's Spaß gemacht, Papa?« – »Ja ...« Viel mehr kriege ich nicht raus, dann umarme ich ihn und Stella so fest, dass sie laut aufschreien. Betti brauche ich nichts zu sagen, sie liest in meinem Gesicht ab, dass etwas passiert sein muss.

Nachts werde ich oft wach, reiße die Augen auf und vergewissere mich, dass ich tatsächlich im Wohnmobil liege, höre das Atmen der drei und möchte am liebsten gar nicht mehr einschlafen.

4. Juli · Coro-Sanddünen – Militär weckt mich am Geburtstag

Der Abschnitt durch die Nordausläufer der Sierra Nevada Richtung Küste stellt einen der schönsten Abschnitte Venezuelas dar. Die Straße windet sich in endlosen Kurven bis zum Pico de Aguila auf 4700 m Höhe, wo nur noch *frailejones* stehen, eine niedrige Kakteenart, deren stachelige Blätter sich samtig weich anfühlen. Danach senkt sich die Landschaft kontinuierlich über Hunderte von Kilometern bis ans Meer. Wir passieren kleine Orte mit netten Plazas und Steinbänken, Blumen und schattenspendenden Bäumen. Bauern verkaufen ihre Produkte direkt an der Straße: Erdbeeren, Käse, Knoblauch, Blumenkohl, Kartoffeln, Äpfel, Salat ... Kleine Wasserfälle laufen über Berghänge, Flusswasser bewässert die Felder, man könnte meinen, durch einen riesigen Garten zu gleiten. Allerdings erfordert die Fahrt vollste Aufmerksamkeit: In einer engen Kurve überholt uns ein »Brett« – ein Mann sitzt darauf, winzige Rollen, lenkbare Achsen, vollgeladen mit grünen Bananenstauden. Gegenverkehr scheint er nicht einzukalkulieren.

Leider verlassen wir mit der Höhe auch die angenehmen Temperaturen und schwitzen bald wieder. Extremer könnte auch der Landschaftsunterschied nicht sein: Wir stehen plötzlich mitten in Sanddünen, in einem Teil des über 90.000 ha großen Medanos-(Wanderdünen) Nationalparks direkt am Meer.

Heute feiere ich meinen Geburtstag, die Kinder bereiten schon seit zwei Monaten Geschenke vor. Ganz alleine übernachten wir auf einer riesengroßen Ebene, vor uns 20 bis 30 Meter hoher Sand. Es ist noch früh am Morgen, als jemand energisch gegen das Auto klopft. Angst haben wir auch an so einsamen Stellen nicht. Meist erkundigen wir uns bei den Anwohnern nach dem Besitzer des Grundstückes, und zur eigenen Beruhigung verstauen wir am Vorabend Stühle, Tische und so weiter. Der Autoschlüssel steckt im Zündschloss, im Erstfall bräuchte ich nur auf den Sitz zu springen und los ginge es.

Verschlafen schiebe ich einen Vorhang zur Seite – und bin sofort hellwach. Fünf Soldaten haben sich vor dem Auto postiert, breitbeinig, Hände in den Hüften, Gewehre vor dem Bauch. Ein Mann in Zivil bittet mich herauszukommen. In Sandalen, kurzer Hose und schnell übergeworfenem T-Shirt stapfe ich raus.

»Entschuldigen Sie vielmals die Störung, Señor, wir wollten nur sehen, wer hier übernachtet!«

Stella und Piet gucken aus den Fenstern, die Situation entspannt sich schlagartig. Ich bin nicht besonders erschrocken, fast tun mir die Soldaten jetzt leid in ihren dicken, schwarzen Uniformen.

»Bitte verzeihen Sie nochmals, auf Wiedersehen«, und genauso schnell sind sie wieder weg.

Es ist gerade mal 7 Uhr, Betti wird wach: »Was ist los, was machst du schon so früh draußen?« – »Nichts, jemand wollte mir nur zum Geburtstag gratulieren!«

In der heißen Zeit zwischen 12 Uhr und 15 Uhr hört das Leben in Venezuela auf, zumindest hier an der Küste: Läden oder Museen haben geschlossen, Autoverkehr gibt es fast keinen mehr, nur ein paar verrückte Touristen schwitzen in der Hitze. Von einem bekommen wir den rettenden Hinweis: »Marschiert einfach an der Rezeption des Intercaribe-Hotels vorbei, direkt an den Swimmingpool.« Tatsächlich fragt uns niemand, ob wir hier Gäste sind, und bei eisgekühlter Cola und hoteleigenen Handtüchern lässt es sich ganz gut aushalten.

Im Dünen-Nationalpark von Coro benutzen wir die teilweise zwanzig Meter hohen Hänge aus Sand wie Riesenrutschen. Die meisten Venezolaner begnügen sich mit einigen Fotos. Niemand käme auf die Idee, sich hier länger aufzuhalten, und so können wir die absolute Stille genießen und beobachten, wie ein leichter Wind die Sandkörner über die Rippen bewegt und die Dünen im wahrsten Sinne des Wortes wandern.

15. Juli · Puerto La Cruz – wehe, wenn das Wochenende kommt!

Eigentlich beginnt es damit, dass wir wieder mal einen unbeschreiblich romantischen und gleichzeitig ruhigen Platz für die Nacht finden. In Puerto La Cruz parken wir das Wohnmobil am Paseo Colón, der Uferpromenade: Blick aufs Meer, Segelyachten und ein Dreimaster aus Holz schaukeln im Wasser, die Sonne geht gerade unter. Vielleicht hätten wir zur Abwechslung den Wochentag berücksichtigen sollen – heute ist Samstag!

Als wir nach einem Spaziergang zum Auto zurückkommen, schwant uns, dass dieser Tag vielleicht nicht sehr ruhig bleiben wir: Überall parken Fahrzeuge, Kofferraumdeckel sind offen, damit die überdimensionalen Lautsprecher besser zur Wirkung kommen. Niemanden scheint es zu stören, dass jeder die eigene Anlage bis zum Anschlag hochfährt. Wir liegen schon lange in den Betten, als auf einmal jemand seinen voll aufgedrehten Lautsprecher mitten in unser Auto stellt – jedenfalls kommt es uns so vor. Wir sehen einen weißen Pickup, auf dessen Ladefläche riesengroße Konzertboxen stehen. Die Ohren schmerzen uns, obwohl wir einige hundert Meter entfernt stehen. Paare tanzen, andere sitzen mit Trommeln auf dem Boden.

Ich will starten und am liebsten den Pickup rammen, die Kinder schlafen unschuldig in ihren Betten. Aber wo sollen wir mitten in der Nacht hin? Um 4.15 Uhr hat der Pickup endlich ein Einsehen, er fährt davon.

Aber 4.15 Uhr bedeutet nun nicht, dass wir noch zwei oder drei Stunden schlafen dürfen. Zwei Taxis müssen genau neben uns parken, die Fahrer klappen ihre Sitze runter und schlafen. Dagegen ist auch nichts zu sagen – hätte bloß nicht einer die Klimaanlage angelassen, die in Intervallen anspringt und von einem losen, jaulenden Keilriemen betrieben wird, etwa alle fünf Minuten. Ich laufe Amok: Lichthupe, Hupe, Auto starten, aber die Kerle sind entweder tot oder taub oder beides. Wir rollen einige hundert Meter weiter – was für eine herrliche Ruhe. Von wegen: aus einem Karaoke-Restaurant plärrt die schrille Stimme einer Amateursängerin zu Playback-Musik.

Ohne eine Minute Schlaf geht die Sonne auf. »Guten Morgen, Mama, Papa, seit ihr schon lange wach?« fragt eine ausgeruhte Stella.

Freitag- und Samstagnacht kann man es hier eigentlich nirgendwo aushalten, wo es Menschen gibt – in keiner Stadt, nicht am Strand. Das sind für uns die besten Tage um zu fahren, es gibt wenig Verkehr auf den Straßen. Während der Woche haben wir dann oft das Privileg, an den Stränden ganz alleine zu sein.

22. Juli · Carupano – Proyecto Paria

Vor unserer Abreise hatte uns ein Freund die Adresse eines Schulkameraden gegeben, Wilfried Merle, »der in Venezuela irgend etwas mit naturnahem Tourismus macht ...« Jetzt sitzen wir in dessen Hotel *Posada la Colina* und lernen einen unglaublich inspirierenden Menschen kennen. Wilfried ist 60 Jahre, kam als Entwicklungshelfer 24-jährig nach Venezuela und verliebte sich sofort in dieses Land. Er gründete eine Straßenbaufirma und verdiente viel Geld: »Aber keines meiner Kinder wollte die Firma übernehmen und wir beschlossen, sie zu verkaufen.« Danach gründet Wilfried die *Fundación Proyecto Paria* auf der gleichnamigen Halbinsel im äußersten Nordosten des Landes.

Mit verschiedenen Programmen unterstützt die Stiftung die einheimische Bevölkerung, vergibt Kleinstkredite, veranstaltet Kurse in den Dörfern und organisiert gemeinsam mit der Bevölkerung Gesundheitsprogramme. Sie gibt Anreize zum Anbau von Kakao- und Obstkulturen, um der Brandrodung für die Maisfelder entgegenzuwirken.

Eine zweite Stiftung, die *Fundación Thomas Merle,* wird nach seinem Sohn benannt. Schwerpunkte sind dessen Ideen zu Themen wie Jugend, Umwelt und Bildung. Die FTM organisiert den Schultransport in abgelegene Bergdörfer und veranstaltet sogenannte »Jornadas«, gemeinschaftliche Umweltsäuberungs- und Baumpflanzaktionen. Eine Krankenstation sowie eine Schulbibliothek werden errichtet.

Es gibt noch verschiedene weitere Projekte, etwa kleine Cabaña-Anlagen an Stränden, eine Wasserbüffelfarm, Thermalquellen. Die Projekte werden fast ausschließlich von Venezolanern betreut, etwa 150 Menschen finden Arbeit. Die einzigen Ausländer sind Wilfried, dessen Kinder sowie eine Praktikantin, die in der Administration tätig ist. Das Büro befindet sich in der »Casa del Cable«, dem alten Kabelhaus, von wo das erste Überseekabel nach Europa gezogen wurde. Wir sitzen nur da und sind vollkommen verzaubert von einem Menschen, der seine Ideen verwirklicht, seine Träume realisiert und nicht ausschließlich profitorientiert denkt, sondern die Menschen vor Ort mit einbezieht.

Wilfried gibt uns den Tipp, die Bucht Pui Puy zu besuchen und verabschiedet uns mit den Worten: »Ich habe immer davon geträumt, mit meinen Kindern so eine Reise zu machen, wie ihr es jetzt tut.« Verkehrte Welt, geht es mir durch den Kopf. Ich könnte mir nichts Erfüllenderes vorstellen als sein Leben.

23. Juli · Strand Pui Puy – für die nächsten zwei Monate das letzte Mal ans Meer

Pui Puy hört sich nach Südsee an – und sieht auch genau so aus. Eine 2 km lange Bucht, breiter, weißer Strand, hohe Palmen dahinter – und außer uns ist weit und breit niemand zu sehen. Fast niemand jedenfalls. Gut getarnt steht ein großer, umgebauter Mercedes Truck, ausnahmsweise nicht aus Deutschland, sondern aus der Schweiz. Sepp verschiffte vor über zehn Jahren das Auto nach Südamerika und fährt jedes Jahr in den Ferien mit der Familie (vier Kinder) für etwa zehn Wochen hierher, um immer einen neuen Teil des Kontinents zu bereisen. Eigentlich wollen sie gerade abreisen, aber »was soll die Eile?«

Am Ende des Strandes wohnen einige Fischerfamilien. Die Zeit ist hier stehengeblieben. Drei Männer flicken Netze, Mütter stillen unter Palmen ihre Babies, Kinder paddeln auf einem selbstgebauten Floß im Wasser.

»Verkaufen Sie Fisch?« – »Nein, heute nicht, vielleicht morgen.«

Am nächsten Tag, so gegen 6 Uhr, höre ich jemanden »Pescados, Señor« rufen. Ein Mann steht neben unserem Auto und hält eine Schüssel mit Fisch hoch, etwa 12 cm lang. Ein anderer Venezolaner reitet auf einem Esel vorbei, aus einem Korb schauen lange Flossen hervor. Ich kaufe ihm zwei ab, natürlich auch die ganze Schüssel des ersten Fischers. Die Männer nehmen die Tiere sofort aus, schneiden sie in Stücke, wir packen fünf Portionen ab und frieren sie ein, den Rest werden wir abends grillen. Später sitzen wir zu zehnt an zwei Tischen mitten am Strand, Holzkohle brennt ...

■ *Pui Puy, einsamer Strand*

Und wieder keine Chance, dass wir nach einem Tag weiterfahren. Warum auch?! Ab jetzt werden wir die Küste für längere Zeit verlassen und uns landeinwärts bewegen, südlich bis tief nach Brasilien. Es soll über zwei Monate dauern, bis wir wieder das Meer sehen, und irgendwie ahnen wir das wohl. Jeden Morgen stellt einer die Frage: »Bleiben wir oder geht's weiter?« Eigentlich bedarf es keiner Antwort, wir sind uns tagelang einig, da müssen schon überzeugende Argumente her ... Die Zeit drängt nie richtig, und wir haben auch dies gelernt: »Warum sollen wir nach dem Traumstrand suchen, wenn wir ihn gefunden haben?!«

28. Juli · Jimmy-Angel-Wasserfälle – die höchsten der Welt

Die höchsten Wasserfälle der Welt sind die Angel-Wasserfälle im Südosten Venezuelas. Sie wurden 1937 von dem amerikanischen Buschpiloten Jimmy Angel gesichtet, als er über den 1000 m hohen *Auyán Tepui* flog (ein *tepui* ist ein riesiger, senkrecht abfallender Tafelberg in der Hochebene *Gran Sabana*). Zum Angel-Wasserfall führt keine Piste, und deshalb fliegen wir mit einem Kleinflugzeug von Ciudad Bolívar ins kleine Canaima, das direkt an einer Lagune am Fluss Río Carrao liegt, der spektakulär über sieben Stufen in die Lagune stürzt.

Die erste Nacht verbringen wir im *Bernal Camp.* Unter einem riesengroßen, strohgedeckten Dach auf Holzstämmen sind Hängematten gespannt, die durch Moskitonetze geschützt werden. Alles ist offen, in einer Ecke stehen lange Bänke und Tische, dahinter die offene Küche. Wir haben noch nie in *hamacas* übernachtet: »Daran gewöhnt ihr euch schnell«, meint Wladimir, unser Führer (sein Großvater kaufte dieses Stück Land vor 50 Jahren). Danach bekommen wir noch einen Kurzvortrag über »kleinere Gefahren im Dschungel«: gelbschwarz gestreifte Frösche sollen tödlich sein; die 24-Stunden-Ameisen sollen Bisse hinterlassen, die sich zu riesigen Anschwellungen entwickeln; andere Insekten können richtige Fleischstücke aus der Haut reißen ... Als wir nachmittags zum *Salto* (Wasserfall) *El Sapo* laufen, tragen die meisten Gäste Plastiksandalen und kurze Hosen.

Am nächsten Tag beginnt die vierstündige Bootsfahrt zu einem der absoluten Highlights unserer Reise, dem Besuch der Angel-Wasserfälle. Jeder darf nur ein Minimum an Gepäck mitnehmen, da wir Stromschnellen passieren werden und der zehn Meter lan-

■ *Angel-Wasserfälle – die höchsten der Welt*

ge Einbaum schon jetzt recht tief liegt. Ein 48-PS-Motor treibt ihn gegen die Strömung an, ein 2. Ersatzmotor ist Vorschrift. Fotosachen und Kleidung stecken wir in Plastiksäcke, unter Rettungswesten tragen wir Badehose, eine Regenjacke schützt gegen die aufspritzende Gischt.

Wir gleiten durch dichten Dschungel, der Fluss wird immer schmaler, zum Schluss nur noch wenige Meter breit. Dann tauchen die ersten *tepuis* auf, die höchsten bis zu 1500 m hoch. Selbst die senkrechten Wände sind noch bewachsen, überall dampft es, die Luft ist voll mit aufsteigendem Wassernebel, *saltos* überall, von den Kanten der Tepuis, manchmal aus einem überdimensionalen Loch mitten im Fels oder aus einem Einschnitt im Berg.

Dann taucht der riesige Auyán Tepui auf, dessen Fläche immerhin 600 qkm misst. 979 m sind die Angelfälle hoch, davon alleine 807 m freier Fall. Jetzt, zur Regenzeit zwischen Juni und November, ergießen sich die Wassermassen gleich aus verschiedenen Felseinschnitten nebeneinander und kommen unten als feine Nebel an. Am Fuß befinden sich natürliche Schwimmbecken, in denen wir uns treiben lassen, immer auf dem Rücken mit Blick zu diesem Naturwunder über uns.

Die zweite Nacht im leicht schwankenden »Bett« wird ein Traum – morgens leuchtet die aufgehende Sonne die Fälle und die Felsen an. Der Ruf »Desayuno esta listo« (Frühstück ist fertig) weckt uns. Im Camp gibt es außer dem Dach und den Stützpfählen nichts weiteres. Hängematten, Moskitonetze und Lebensmittel müssen mitgebracht werden, das Wasser entnehmen wir dem Fluss. Als wir zurückfahren, ziehen Nebel, Wolken und dichter Regen auf, der Salto Angel verschwindet unsichtbar, nur sein donnerndes Geräusch bleibt ...

3. August · Goldgräbernest El Dorado

Bei El Dorado, direkt am braunen Río Cuyuni, hat Michael ein *Campamento,* ein wundervoller Platz mit Blick auf eine alte Hängebrücke. Es könnte so schön sein, wenn da nicht diese Horrorgeschichten wären. Michael, 50 Jahre, lebt schon seit langem in Venezuela, gibt uns einen Einblick in sein Leben: »Ich bildete die Guardia Civil in Caracas aus, dann folgte ich meinem Vorgesetzten nach El Dorado. Nein, Probleme mit der Sicherheit kenne ich nicht, seit ich einen dieser Affen (gemeint ist ein Venezolaner) erschossen habe, der auf mein Grundstück eingedrungen ist. Seitdem bleiben die Ratten fern.« Seine Hau-, Stech- und Schießgeschichten setzen sich in einem fort: »Mit zehn Leuten organisierten wir eine Bürgerwehr, auf die Justiz ist ja kein Verlass mehr. In kürzester Zeit erschossen wir drei von diesen Affen, jetzt herrscht in El Dorado wieder Ruhe und Ordnung!«

Wir hatten gehört, dass Michael Fahrten zu Goldgräbersiedlungen organisiert: »Ich gebe euch meinen Privatneger Cesár mit, da wird niemand wagen, euch anzurühren ...!«

Über schlammige Pisten, Löcher so tief, dass der Geländewagen bis zum Bodenblech verschwindet, quälen wir uns durch den Dschungel. Die Minenstadt besteht ausschließlich aus armseligen Wellblechhütten, oft aus schwarzen Plastiksäcken, die notdürftig vor Regen schützen. Ein Holzverschlag versorgt die *mineros* mit dem Notwendigsten: Zigaretten, Cola, Bier, Rum, Sexzeitschriften. Ein Fußpfad zieht sich zwischen diesen Baracken, alles wirkt hoffnungslos, deprimierend. Die Menschen grüßen freundlich, Frauen sitzen auf Holzbänken und denken wohl dasselbe über uns wie wir über sie: »Was machen die hier?«

Cesár führt uns zu einer Mine und bereitet uns vor: »Hier seht ihr die härteste Arbeit, die ihr euch vorstellen könnt. Die Leute machen alles mit der Hand, Maschinen kann sich kaum jemand leisten!« Vier Mineros stehen um ein Loch, ein wackeliger Verschlag sorgt für Schatten, das Loch ist nicht breiter als vielleicht einen Meter und verliert sich 35 Meter senkrecht nach unten, wo man ein winziges Licht erkennt. Eine Plastiktüte ist über einen

Ventilator gestülpt und mit Plastikrohren verbunden; so wird Frischluft nach unten geblasen. Sonst erkenne ich keine Maschine.

»Möchtest du da runter und dir die Mine ansehen?« Natürlich möchte ich nicht, aber meine Neugier ist stärker als meine Angst. Über dem Loch befindet sich eine Drehvorrichtung mit Holzkurbeln. Ich bekomme einen Ast als Sitzgelegenheit, halte mich an dem Plastikseil fest, dann drehen mich zwei Mineros langsam runter. Es ist unheimlich eng und dunkel, mit den Schultern berühre ich die Wände und bekomme totale Beklemmungen, Panik, dass das Seil reißen könnte, die ungesicherten Wände einstürzen ...

Unten angelangt, zweigt ein kurzer Schacht ab, vielleicht zwei Meter hoch, in dem ein Minero sich mit einem Presslufthammer vorarbeitet. Alleine das Graben des 35 m tiefen Einstiegs dauerte drei Monate! Der Traum eines jeden besteht darin, eine goldhaltige Ader zu finden, der man dann folgt. Für die meisten bleibt es ein Traum. Die Menschen werden angezogen von Geschichten, wie etwa die der drei Kolumbianer, die ganz in der Nähe ihren Claim absteckten und täglich etliche Kilo Gold fördern sollen. Die drei Mineros berichten, dass sie an einem Tag etwa 8 g Gold gewinnen, etwa 15 Dollar.

■ *Goldgräber im Schacht*

»Wie lange wollt ihr das noch machen?« frage ich. »Ich weiß es nicht. Irgendwann stoßen wir auf eine Goldader und dann ...« Cesár ist da anderer Meinung, als wir die Goldgräber verlassen. »Ohne Maschinen gebe ich ihnen noch drei Monate.«

El Dorado selbst ist ein heißes, schmutziges Kaff mit heruntergekommenen Diskotheken, Billardräumen, Goldankaufschaltern, Läden mit Arbeitsmaterialien. Jeder hält eine Flasche Bier in der Hand. »Es gibt Leute, die machen 1500 Dollar am Tag, kommen abends in den Ort, nehmen sich zwei Mädchen, saufen durch und am nächsten Tag bleibt ihnen kein Bolívar mehr in der Tasche«, sagt Cesár.

7. August · La Gran Sabana – eines der ältesten Plateaus der Welt

Eine neue Asphaltstraße führt mitten durch die *Gran Sabana*, einer 500.000 qkm großen Hochebene, eine der ältesten geologischen Formationen der Erde, mindestens 1,8 Milliarden Jahre alt. Unsere Begleiter Richtung Brasilien sind Wasserfälle und Tepuis. Für die Pemón-Indianer stellen die Tepuis die Sitze ihrer Götter dar, niemals würde jemand einen Berg besteigen.

An einer Straßenkontrolle erzählt ein Soldat etwas von einem Wasserfall, ganz in der Nähe, dem *Salto Tarota*. »Er liegt auf Militärgebiet, ihr müsst beim Kommandanten eine Erlaubnis einholen!« Der *capitán* zeigt sich sehr hilfsbereit, normalerweise sei das Gebiet nicht zugänglich, aber er mache mal eine Ausnahme und notiert Namen, Passnummern, Kennzeichen: »Die Straße ist gut, ihr braucht etwa zehn Minuten!«

Von wegen »Straße« und »zehn Minuten«! Auf einem Esel könnte man das schaffen, im hochgelegten Geländewagen auch, mit einem Wohnmobil eigentlich nicht. Aber das heißt nichts, mittlerweile trauen wir dem Ford alles zu, und als ein Schild auftaucht »Salto Tarota 900 m«, fahren wir weiter. Die Piste ist von tiefen Rinnen ausgewaschen, oft steige ich aus, um den Untergrund zu prüfen. Manchmal bewegen wir uns im Schritttempo, Betti weist mich zentimetergenau über Längsrillen, wo gerade das Rad draufpasst. Hilfe können wir hier keine erwarten. »Warum müssen dich solche Stellen immer so magisch anziehen?« beschwert sie sich. Stella und Piet können von der Schaukelei gar nicht genug bekommen. Hoffentlich lohnt sich dieses Risiko, denke ich.

Es erwartet uns ein breiter, etwa zwanzig Meter hoher Wasserfall, der in ein großes Naturschwimmbecken fällt. Wir parken mit dem Auto direkt am Ufer und sind ganz alleine. Das Meer vermissen wir überhaupt nicht, hinsichtlich der angenehmen Temperaturen fühlen wir uns hier sogar wohler und die Regenzeit, in der wir uns befinden, hält sich zurück. Es schüttet, aber nicht länger als eine Viertelstunde, dann trocknet alles schnell ab, die

Wolken verschwinden wie durch ein Wunder – und kommen 24 Stunden später wieder zurück.

Zurück auf der Hauptstraße reihen sich südwärts weitere Wasserfälle, aufgereiht wie auf einer Perlenschnur. Bei Kilometer 217 zeigt ein selbstgemaltes Schild nach Osten zum Aussichtspunkt *Iru-Tepui.* Wir biegen ab auf die Erdpiste. Heute haben wir richtiges Pech mit dem Wetter: grauer Himmel, starker Regen und begrenzte Sicht, die Tepuis verschwinden im Nirgendwo. Meine Ahnung sagt mir, dass uns am Ende der Spuren ein Plateau erwartet, die Wolken aufreißen und wir einen Blick auf den Mt. Roraima (2810 m) genießen werden. Oft ist die Fahrspur eingebrochen, wir müssen uns eine eigene suchen. Der Sand ist tief und feucht, und um nicht steckenzubleiben gebe ich ständig Gas.

■ *Ein Wasserfall für uns alleine*

Alles in mir sagt: Umkehren! Doch mein Fuß bleibt durchgedrückt. Der Regen verwandelt sich in Sturzbäche, und als wir einen festen Untergrund erreichen, will ich wenden. Doch inzwischen steht das Wasser in den Spurrillen so hoch, dass ich es nicht mehr wage. Das beunruhigt uns nicht besonders: Wassertank, Gas und Kühlschrank sind voll, und wir machen es uns gemütlich. Der Regen prasselt laut auf das Dach, jetzt wissen wir den großen Innenraum zu schätzen. Piet kippt auf seinem Bett die Legokiste aus, Stella malt am Tisch, Betti sitzt auf einer Bank und schreibt am Laptop, ich liege auf der Couch und höre Musik über Kopfhörer. Heute Nacht bleiben wir auf jeden Fall hier.

Es wird dunkel, in den Tropen immer schlagartig. Wenn die Sonne untergegangen ist gibt es kaum Übergänge, innerhalb weniger Minuten ist alles um uns herum pechschwarz. Der Regen hat aufgehört, es herrscht absolute Stille – unheimlich! Am nächsten Morgen scheint die Sonne, wir bleiben aber noch einen halben Tag, damit der durchweichte Boden weiter abtrocknen kann und dann riskieren wir es. Einmal krachen wir hinten tief ein. Mit Sicherheit ist etwas abgerissen, aber bei dem tiefen Untergrund traue ich mich nicht anzuhalten. Tief durchatmen, dann biegen wir wieder auf die Asphaltstraße ein. Tatsächlich ist hinten eine Alu-Leiste abgerissen, die beiden Auslaufvorrichtungen von Wasser- und Toilettentank sind stark beschädigt, lassen sich aber provisorisch wieder reparieren. Wir werden uns die Teile später schicken lassen.

In der Savannenlandschaft wirken vor allem die Farben und die Weite: das Grün des Bodens, vereinzelte Palmen und tausende überwachsene Termitenhügel, die blauschwarzen Berge und als Krönung über allem schneeweiße Wolkenformationen. Man kann leicht 100 km weit sehen.

BRASILIEN

NUR SUPERLATIVE – KÜCHE, STRÄNDE, MENSCHEN

11. August · Boa Vista – Benzin mit Alkohol gestreckt

Brasilien macht flächenmäßig fast die Hälfte von ganz Südamerika aus. Die »rodas« (Autostraßen) sind ein Traum, das wird uns sofort bewusst, als wir die Grenze überfahren; und was hatten wir für schlimme Geschichten über die etwa 1000 km bis Manaus gehört: Schlammpiste, Löcher, in denen Lastwagen »ertrinken«, bei Regen völlig unbefahrbar – jetzt gleiten wir auf einem Asphaltband, ich kann den Tempomat einstellen, muss lediglich aufpassen, dass ich nicht einschlafe ...

Einmal huscht eine etwa zwei Meter lange gelbschwarze Schlange über die Straße. Ich kann ihr nicht ausweichen und höre ein lautes Knacken beim Überfahren. Ich mache mir Vorwürfe, dass ich ein Tier getötet habe, das Bild verfolgt mich lange, es ist das erste Mal, dass mir so etwas passiert. Plötzlich fliegt ein Vogel genau auf uns zu. Hupen hilft überhaupt nicht, bremsen auch nicht, er knallt gegen die Motorhaube, Federn kleben am Kühler, Blut läuft auf die Fahrbahn, das verendete Tier rutscht zwischen Stoßstange und Kühler. Das werden doch nicht böse Vorzeichen sein?

■ *Brasilien, endlose Entfernungen*

Zu beiden Seiten des hoch aufgeschütteten Fahrdamms befindet sich Weideland, eingezäunt. Große Teile davon stehen unter Wasser, nur die Spitzen der Zäune gucken noch raus. *Vaqueiros* treiben große Rinderherden über die Straße. Vereinzelt wachsen Palmen, abgestorbene Baumstämme liegen im Wasser, an vielen Stellen schimmert der nackte Kalksandsteinboden durch.

Nur mit der Verständigung gibt es erste Schwierigkeiten. »Dónde está el centro?« (»Wo befindet sich das Zentrum«) fragen wir auf Spanisch einen Passanten. Interessierte Reaktionen zwar, Staunen, Schulterzucken. Wir betonen »centro« in allen möglichen Varianten, abwechselnd auf jedem Buchstaben, dann zeigen wir schließlich mit dem Finger auf das Wort im Lexikon. »Ah, centro!« (gesprochen »schehntro«, fast gesungen). Uns schwant, dass wir in diesem riesigen Land zumindest die wichtigsten Worte auf Portugiesisch einstudieren sollten.

Zwei Tage lang werden wir uns jetzt mit einer einzigen Frage beschäftigen: Gibt es hier »Bleifrei« oder nicht? Ich möchte auf gar keinen Fall riskieren, dass eine falsche Benzinsorte dem Katalysator zusetzt. In meiner Not rufe ich von Boa Vista bei der Deutschen Botschaft in Brasilia, der 3000 km entfernten Hauptstadt, an: »Sie können problemlos ‚Aditivada' tanken, das benutzen unsere Leute alle bei den Botschaftsfahrzeugen. Es ist die blaue Säule. Dieses Benzin ist bleifrei und enthält etwa 20% beigemischten Alkohol.«

Mir fällt ein Stein vom Herzen. Wir halten an der ersten Tankstelle, direkt vor der »Aditivada«-Zapfsäule. Der Manager bestätigt in bestem Englisch: »In ganz Brasilien ist Blei im Benzin verboten. Aditivada hat die beste Qualität.«

15. August · Manaus – unerträgliche Hitze

Weiterhin glatter Asphalt, wenig Verkehr, kaum Menschen. Etwa 400 km vor Manaus ein Schild: Äquator; eine Fahrstunde vor Manaus dann die ersten Restaurants, oft an Flüssen, die sich zu kleineren Naturschwimmbecken stauen. Tische mit bunten Holzstühlen stehen draußen, ein überdimensionaler Grill brennt, die Musik macht eine Unterhaltung schwierig. Viele Gäste sitzen im Badeanzug, das Wasser tropft auf den Sand. Wir bestellen Fisch – es gibt nur *pescada,* die normale Portion besteht aus einem etwa 2 kg schweren und 40 cm langen Brocken! Nachbarn nicken uns zu, heben Bierflaschen, Daumen hoch – »*tudo bem*« (alles in Ordnung). Wir springen von einer Mauer in den Fluss, lassen uns mit der Strömung treiben.

In Manaus am Amazonas endet die Straße von Venezuela. Die BR 319 nach Pôrto Velho besteht nur noch auf dem Papier. Die

Kraft des Tropenregens unterspült Fahrbahnen, reißt sie auf langen Stücken einfach weg, bis sie schließlich ganz aufgegeben wird und sämtlicher Verkehr auf den Amazonas ausweicht.

Mit Manaus ist Kautschuk untrennbar verbunden. Im 18. Jahrhundert entdeckten Omagua-Indianer die Eigenschaften des milchigen Baumsaftes. Durch die Erfindung der Vulkanisierung und Dunlops Entwicklung des aufblasbaren Reifens (1888) explodierten die Preise für diesen Rohstoff, Manaus erlebte einen grandiosen Boom. Der Reichtum gipfelte in dem Bau des »Teatro Amazonas«, einhundert Familien finanzierten ihn, um Veranstaltungen zu organisieren – und um ihren Schmuck zeigen zu können. Einweihung war 1896, nach einer Bauzeit von 17 Jahren. Säulen und Treppengeländer wurden in England gefertigt, der 15 m hohe Bühnenvorhang in Frankreich bemalt. Er wird in einem Stück hochgezogen, nicht gerollt, um die Struktur nicht zu gefährden. Marmor und Porzellan kommen aus Italien. Selbst die Holzarbeiten werden in Europa gefertigt: Edelhölzer aus dem Amazonasgebiet werden verschifft, in Deutschland und Portugal bearbeitet und aufwendig wieder zurücktransportiert! Fünf Ränge ziehen sich um das Parkett, etwa 700 Zuschauer finden hier Platz. Der Niedergang der Stadt vollzog sich genauso dramatisch wie ihr Aufstieg: Neue Kautschuk-Anbaugebiete in Asien, fallende Preise und die Erfindung von Kunststoffen lassen die Bedeutung des Kautschuk rapide sinken. Heutzutage erlebt die Stadt einen kleinen Aufschwung dank einer Freihandelszone und mit Hilfe des Tourismus. Ansonsten kommt es uns so vor, als stemme sich Manaus mit letzter Kraft und Energie gegen den umgebenden Dschungel, die Hitze und unerträgliche Feuchtigkeit.

■ *Das Opernhaus in Manaus*

Wir parken direkt am Rio Negro, dessen gegenüberliegendes Ufer nicht zu sehen ist. Man könnte meinen, es handelt sich um einen großen See und nicht um einen Nebenfluss des Amazonas. Mitten in der Nacht trommelt jemand gegen das Wohnmobil, brüllt etwas Unverständliches. »Geh nicht raus«, warnt Betti. Ich bin viel zu wütend über den Ruhestörer, als dass ich Angst hätte und springe in meine Shorts. Vor mir schwankt ein Mann, Alter nicht abschätzbar, und lallt: »Verboten, stehen ...« Mir reißt der Geduldsfaden, ich brülle ihn an, und zwar auf deutsch: »Lass' mich schlafen, sonst werfe ich dich in den Rio Negro!« Er versteht natürlich nichts, ahnt wohl, dass ich um 3 Uhr morgens nicht in der Stimmung bin, mit ihm einen zu trinken. »Oh, schlafen?« Ich verrolle die Augen und krieche zurück ins Bett.

Tagsüber ist die Hitze unerträglich. Sobald die Sonne untergeht, fast genau um 18 Uhr, werden die Temperaturen erträglicher. Fliegende Händler tragen kleine glühende Grills in der einen Hand, in der anderen Käsespieße, die sie innerhalb weniger Minuten zubereiten.

Wir suchen den Hafen, um ein Schiff zu finden, das uns bis Pôrto Velho, etwa 800 km südwestlich gelegen, mitnehmen kann. Ein Mann zeigt mit der rechten Hand in eine Richtung, in der linken hält er eine tote Ratte am Schwanz, lässt sie durch die Stäbe eines Kanaldeckels fallen und puhlt sich anschließend etwas aus den Zähnen.

Der Güterhafen befindet sich außerhalb der Stadt, Boote legen täglich ab. Lastwagen, Busse und Pkw fahren auf lange flache Frachtpontons, die von einem Schubschiff den Fluss raufgeschoben werden. Die Fahrt bis Pôrto Velho soll sechs Tage dauern, doch da momentan der Wasserstand sehr niedrig ist, könnte es länger werden. Allerdings kann uns niemand die genaue Abfahrtszeit nennen. Wir verstehen um 11 Uhr und warten an der Verladestelle.

Die Hitze macht uns völlig fertig, Betti bleibt im Hafenbüro, weil dort eine Klimaanlage läuft, mein Hemd färbt sich dunkel vor Schweiß, die Kinder liegen apathisch auf der Couch. Seit Cartagena in Nordkolumbien haben wir keine so unerträgliche Hitze mehr erlebt.

17. August · Rio Madeira –
sechs Tage von Manaus bis Pôrto Velho

Irgendwann am Abend kommt plötzlich Hektik auf, Lkw-Motoren dröhnen, Angestellte winken und weisen ein. Wir dürfen wie versprochen als erste auf den Ponton und parken auf der Stahlplattform ganz vorne, um den Fahrtwind zu spüren. Zwei ungefähr 50 m lange Pontonschiffe sind miteinander verbunden, ein qualmender Dieselschlepper setzt sich zum Schieben nach hinten. Unser Ponton ist nur zu einem Drittel beladen, ich kann das Wohnmobil sogar quer stellen, aus unseren Fenstern sehen wir direkt auf den Fluss.

Der Schlepper tuckert Tag und Nacht, der leichte Fahrtwind sorgt zumindest nachts für angenehme Temperaturen, ein überdimensionaler Scheinwerfer sucht nach Hindernissen im Fluss. Bei dem extrem niedrigen Wasserstand tauchen immer wieder riesige Sandbänke auf oder vereinzelte Felsspitzen. Vor vier Jahren übersah ein Kapitän einen Felsen, der Rumpf wurde aufgeschlitzt, Wasser lief in die Pontons und sämtliche 22 Lkw versanken in den Fluten.

■ *Ganz vorn: Unser Camper auf dem Pontonschiff*

Wir freunden uns mit einigen Lkw-Fahrern an, für die diese Tage eine willkommene Ruhepause bedeuten. Viele spannen ihre Hängematten unter ihr Auto, dösen, trinken, spielen Karten. Emerson zeigt Piet und Stella das Cockpit seines Skania, startet, legt Gänge ein, rollt vorwärts, ein bisschen rückwärts. Ich ziehe die Markise am Auto raus, damit wir tagsüber Schatten haben. Emerson lässt einen alten Farbtopf an einer Schnur in den Fluss, zieht ihn hoch und gießt das Wasser über sich. Piet und Stella lassen sich gern minutenlang von ihm duschen.

Ein Pfeifton zur Mittagszeit, die Trucker schlurfen mit Tellern und Töpfen Richtung Schubschiff. Neugierig folgen wir ihnen mit einer Schüssel und Löffeln. Eine dicke Köchin schöpft mit einer riesigen Holzkelle Reis, Spaghetti, Hähnchen oder Bohnen aus Kesseln. Wir können es nicht glauben, die Fahrt versteht sich inklusive »Vollverpflegung« und entwickelt sich zu einer richtigen »Luxusreise«. Der Urwald zieht fast in Zeitlupe an uns vorbei, meist fahren wir in Ufernähe. Überall sind Stimmen von Vögeln zu hören, ein etwa vier Meter langes Krokodil gleitet träge ins Wasser.

Ein Einbaum, die Antriebsschraube an einem langen Ausleger befestigt, macht während der Fahrt an unserem Schlepper fest. Zwei jugendliche Indianer schmeißen halbmeterlange Welse an Bord und bekommen dafür ihren 20-l-Kanister mit Diesel gefüllt. Die Köchin wird die Fische heute Abend servieren. Hier im Amazonasgebiet scheint alles etwas größer. Im Laufe der Tage legen andere Indianer an, verkaufen Melonen, eine wiegt etwa 10 kg!

■ *Welse gegen Benzin – willkommener Tausch auf dem Rio Madeira*

Oft kommen Trucker zu uns ans Auto, setzen sich, bieten Zuckerrohrschnaps an und wir versuchen uns mit einem Gemisch aus Spanisch, Portugiesisch und der Zeichensprache zu »unterhalten«. Die meisten sind selbständig und legen nicht selten 5000 km in ihren Autos zurück – pro Woche! Immer sind sie ausgesprochen höflich, nie penetrant, und als Betti einmal Teller auf den Tisch stellt, stehen sie sofort auf, verabschieden sich und entschuldigen sich für die Störung.

Die Tage vergehen, unser täglicher Rhythmus passt sich der Gleichmäßigkeit des monoton tuckernden Schleppers an. Manchmal muss ich mich richtig konzentrieren, um herauszufinden, wie viele Tage wir nun schon an Bord sind.

Wind kommt plötzlich auf. Schaumkronen bilden sich auf dem Fluss, die Pontonschiffe werden langsam gegen das Ufer gedrückt, das Schubschiff kann es nicht verhindern. Die Trucker sind hoch erfreut über diese kleine Pause und holen ihre »Angeln« – eine Plastikflasche mit aufgerollter Schnur. Emerson schreit laut auf, zieht einen dicken Fisch aus dem Wasser. Plötzlich taucht das Maul eines Krokodils auf, schnappt nach Fisch samt Haken und verschwindet damit in der braunen Brühe. Der Trucker ist gleichermaßen fasziniert wie wütend. Spätestens jetzt glaube ich auch, dass man nicht lange in diesem Fluss überleben würde. Und tatsächlich fällt uns auf, dass nie Menschen im Wasser baden.

Der Fluss ist deshalb so extrem fischreich, weil es kaum industrielle Verschmutzung gibt, die Gegend ausgesprochen dünn besiedelt ist und keine Gefahr des Überfischens besteht.

Ab und zu gibt es Ausnahmen: Ein Wasserflugzeug ankert direkt neben einigen schwimmenden Goldwaschanlagen. Auf leeren Ölfässern sind Bretter befestigt, ein Wellblechdach sorgt für Schatten. Ein qualmender Motor saugt den goldhaltigen Boden des Flusses ab. Die Arbeit der *garimpeiros* ist verboten, weil unkontrolliert Quecksilber, das beim Gewinnungsprozess eingesetzt wird, ins Wasser läuft. Viele Kilos pro Tag sollen keine Seltenheit sein und werden mit dem Flugzeug direkt zum Aufkäufer geflogen – das ist sicherer als ein Transport auf dem Schiff und spart auch Zeit. An einem Tag passieren wir alleine 14 solcher Arbeitsinseln.

Einzig die Moskitos stören die perfekte Idylle. Zweimal am Tag tauchen sie regelmäßig auf: kurz nach Sonnenaufgang, aber da schlummern wir noch fest, und abends vor Sonnenuntergang. Da gibt es für etwa eine Stunde lang nur zwei Möglichkeiten: entweder im Auto bleiben oder bei 40 Grad in langer Hose, festen Schuhe und Sweatshirt an Deck bleiben. Während des Tages bleiben wir unbehelligt.

Von den Truckern sitzen einige schon morgens in unseren bequemen Campingstühlen, schlürfen Kaffee, halten uns den erhobenen Daumen hin. Ich habe manchmal das Gefühl, als befänden wir uns alle seit Jahren auf diesem Pontonschiff. Wenn ich dann selbst tief in einem Stuhl liege, in einer Reihe mit den Kindern und Truckern, habe ich die Vision, dass wir stehen und die ganze Welt des tiefen Grüns, der Geräusche und des Flusses an uns vorbeizieht, ohne Ende, ohne Ankommen ...

Die letzte Nacht verläuft unruhig. Viele Fahrer sind wach, laufen wie aufgescheuchte Hühner über das Deck, der Suchscheinwerfer tastet unruhig nach Hindernissen. Als wir nach fünf Nächten in Pôrto Velho anlegen, spürt man die Erleichterung bei den Truckern. Und plötzlich ist die Ruhe weg, Motoren dröhnen, Daumen fliegen hoch, Abschiedsumarmungen.

Während der Fahrt sammelten wir pflichtbewusst unseren Müll und verschlossen ihn in großen Säcken. Ein Besatzungsmitglied »entsorgt« sie jetzt: Ein Fußtritt, sie landen im Fluss und treiben ab! Wir sehen uns an, dann den Säcken hinterher ...

**24. August · Postos –
Tankstellen mit Übernachtungsmöglichkeiten**

Die Suche nach einem Übernachtungsplatz gestaltet sich in Brasilien zu einem absoluten Verlangen und heißt *Posto de gasolina* (Tankstelle). Viele dieser Postos sind mehr als nur Orte zum Tanken. In diesem riesigen Land werden die meisten Güter per Lastwagen transportiert, oft reisen Ehefrauen und Kinder mit und sind manchmal wochenlang unterwegs.

An den Postos findet man riesige Abstellflächen für die Lastzüge, es gibt Kinderspielplätze, getrennte Wasch- und Duschräume, selbstverständlich alles kostenlos, 24 Stunden geöffnet. Oft findet man auch einen Supermarkt, Friseur, Reifenreparaturdienst, Werkstatt. Die Restaurants verfügen manchmal über Steckdosen an den Tischen. Wir stöpseln unseren Laptop ein und schreiben, Kaffee ist kostenlos, niemanden stört es, wenn wir stundenlang hier sitzen. Vor allem ersparen uns die Postos das Suchen nach guten Stellplätzen. Wir wissen, dass wir theoretisch bis kurz vor Sonnenuntergang fahren und dann den nächsten Posto ansteuern könnten.

Der ungekrönte Höhepunkt der Postos und der ersehnteste Augenblick bei uns allen ist Mittagspause mit *churrasco,* ursprünglich eine Esstradition der Gauchos im Süden Brasiliens, die ihr Fleisch über offenem Feuer grillen. Eine erweiterte Form des Churrascos ist *rodízio.* Dabei werden Spieße mit verschiedenen gegrillten Fleischsorten – Rind, Schwein, Hähnchen – von Gast zu Gast getragen, jeder kann sich von den Kellnern, die in kurzen Abständen vorbeikommen, von den etwa einen Meter langen Spießen soviel (selbstausgesuchte) Stücke abschneiden lassen wie er will. Der Festpreis, umgerechnet etwa zwei bis drei Euro pro Person, Kinder die Hälfte, schließt Salate, Gemüse, Nudeln, Kartoffeln, Saucen, Kaffee und Obst auf langen Büfetttischen mit ein. Ich muss wohl nicht erwähnen, dass wir bei diesen Köstlichkeiten und Preisen erst recht nicht ein einziges Mal selbst kochen in Brasilien, mit Ausnahme des täglichen Frühstücks.

Abends, wenn Stella und Piet in ihren Betten liegen, parken wir das Wohnmobil direkt neben dem Tisch eines Restaurants und genießen ein eiskaltes Brahma-Bier. Die Einliter-Flaschen werden in Styroporbehältern serviert, damit sie schön kühl bleiben. Selbst die Benzinpreise von ca. 1,15 Euro pro Liter können uns da nicht mehr schocken.

Unterwegs stehen oft Verkäufer an der Straße und bieten selbstgepresste Orangensäfte an, die sie mit Trockeneins kühlen. Und endlich gibt es wieder Mineralwasser mit Kohlensäure! All diese kleinen Mosaiksteinchen fügen sich von Tag zu Tag zu einem großen Bild zusammen: Brasilien ist unser Lieblingsland geworden.

Es gibt keine Straßensperren mehr wie in Venezuela, Kolumbien und Mexiko, abgesehen von Posten an den Grenzen der Bundesstaaten. Nie sehen wir Militärstopps und schon gar nicht schwer bewaffnete Soldaten, die plötzlich aus dem Nichts auftauchen. Die wenigen Polizisten in den größeren Städten tragen dezente Uniformen, die eher Freizeitkleidung ähneln, schlendern zu zweit nebeneinander, unterhalten sich angeregt.

Hinter Pôrto Velho führt die Strecke fast immer nur geradeaus, kaum Kurven, kaum Steigungen. Zu beiden Seiten der Straße dehnen sich riesige Weideflächen aus, die von großen Rinderherden abgegrast werden.

Der Himmel wird tagelang nie richtig blau. Die Luft riecht nach Feuer. Überall wird Brandrodung betrieben, um dem Urwald Boden abzugewinnen. Nur sind die Böden sehr dünn und können bei starkem Regen schnell weggewaschen werden, sodass hartes, steiniges Erdreich zurückbleibt, auf dem lange gar nichts mehr wächst.

Oft gleiten wir kilometerlang durch abgebrannte Gebiete, teilweise lodern noch Feuer. Verkohlte Baumreste und riesige Aschehaufen müssen dann von Waldarbeitern beseitigt werden. Kalk und Dünger reichern die Böden an. Wasser gibt es durch den Regen zur Genüge. Offiziell ist Brandrodung verboten, aber in einem Land, wo es oft auf 500 km nur eine Polizeistation gibt – wenn überhaupt –, sind das nur theoretische Verbote.

■ *Brandrodung im Amazonasgebiet*

30. August · Pantanal –
über 130 wackelige Holzbrücken durchs Tierparadies

Wir erkundigen uns nach einem Restaurant: »Gleich um die Ecke findet ihr ein *Comida à quilo,* das Kilo zu neun Real (etwa fünf Euro). Was ist das jetzt wieder für eine Auskunft? Tatsächlich steht auf einem Schild: »*Comida à quilo*« (etwa: Essen pro Kilogramm).

Erst mal die anderen Gäste beobachten. Tatsächlich füllen sie ihre Teller an einem langen Büfett. Der Teller wird auf eine Wage direkt neben der Kasse gestellt und auf dem Display leuchtet: 375 Gramm, 3,30 Real! Zum Nachtisch genehmigen wir uns ein Eis und bedienen uns wieder selbst, löffeln heiße Schokosauce über die Kugeln, fügen Erdbeeren dazu, die Kinder streuen Schokostreusel, bunte Smarties drauf und wieder zur Waage damit.

Im Bundesstaat Mato Grosso do Sul befindet sich der Pantanal, ein 230.000 qkm großes Feuchtgebiet – das größte der Erde – und eines der tierreichsten Schutzgebiete dazu. Das riesige Sumpflandgebiet ist fast vollkommen eben, auf einem Kilometer neigt es sich maximal um einen Zentimeter, sodass das Wasser kaum abfließt. Nirgendwo in der Welt, außer vielleicht in Afrika, gibt es eine so dichte Fülle tropischer Tiere und Pflanzen.

Von Norden von Cuiabá führt eine unbefestigte Piste etwa 150 km lang direkt durch diesen »Wasserzoo«, die *Transpantaneira,* die dann plötzlich in Pto. Jofre aufhört. Der Straßendamm ist etwa fünf Meter hoch aufgeschüttet, um auch nach längeren Regenfällen befahrbar zu sein. Ständige Querrippen und -rillen schütteln das Wohnmobil ununterbrochen durch, ich kann nicht schneller als 10 bis 20 km/h fahren, aber das ist in diesem Falle nur von Vorteil. Hunderte von Jabirústörchen sehen wir. Sie können bis zu anderthalb Meter groß werden. Auf langen, dünnen Beinen staksen sie durch flaches Wasser. Ihr Körper ist weiß, der dicke Hals schwarz, dazwischen liegt ein roter Streifen. Mit seinem überdimensionalen Schnabel pickt er ständig nach kleinen Wassertierchen, lässt sie im Hals verschwinden, wo er sie aufhebt, um sie später an die Jungen zu verfüttern. Meterbreite Nester befinden sich in den Astgabeln abgestorbener Bäume.

Kolibris begleiten uns, setzen sich auf eine Stromleitung oder bleiben einfach in der Luft stehen, indem sie ihre Flügel unsichtbar schnell bewegen. Schwärme von giftgrünen Papageien kreischen, drei riesige blaue Aras sitzen bewegungslos auf einem Ast.

Der brasilianische Quatro-Rodas-Straßenatlas warnt vor den 130 Brücken. Hätte uns nicht ein schwerer Lkw überholt, ich weiß nicht, ob wir nach den ersten sogenannten Brücken nicht abgedreht hätten. Aber so versichern wir uns gegenseitig: »Wenn der schwere Laster die Brücken schafft, sollten wir es auch können.« Auf dicken Holzstützen liegen lange Holzträger, etwa 40 x 40 cm in Fahrtrichtung. Darüber sind Querbretter befestigt, von denen oft einige fehlen, durchgebrochen sind oder sich verschoben haben. Und als oberste Schicht, gleichsam als Richtungshinweis, sind Längsbretter genagelt, die man besser nicht verlassen sollte, sonst würde man wohl sofort einbrechen. Oft haben sich die Stützpfeiler an einer Seite gesenkt, und damit neigt sich die gesamte Brücke. Wir rattern mit brutaler Schräglage darüber, viel fehlt nicht, und das Auto kippt um.

■ *Eine Brücke pro Kilometer …*

Auf halber Strecke passieren wir ein kleines Hotel, die Jaguar-Lodge. Es wird bald dunkel, wir sind durch die Anspannung der Brückenüberquerungen ziemlich geschafft und fragen, ob wir auf der Wiese übernachten dürfen. »Fahrt durch das Tor und stellt euch irgendwo hin.« Das Tor ist eng, wird immer enger, schließlich fahre ich mich fest, das Auto rutscht gegen einen der dicken Holzpfähle – nichts geht mehr. Ich will mich mit dem Auto nicht bewegen, weil ich Angst habe, dass die hintere Einstiegstür eingedrückt wird.

Mit schlechtem Gewissen klopfe ich noch mal an, um Hilfe zu holen. »Aber, aber, wo ist das Problem?« Fünf Brasilianer sind zur Stelle und graben den Pfosten einfach aus.

Nachts regnet es stark, die Temperaturen fallen, und wir holen sogar Schlafsäcke raus, schließen die Fenster. Die Piste trocknet schnell wieder ab, dafür bietet sich uns jetzt unter jeder Brücke ein unglaubliches Bild: Hunderte von *jacarés* (brasilianische Krokodile) liegen an den Ufern der Wasserstelle, wohl weil der Regen die Tümpel kühlt und die Krokodile sich jetzt in der Sonne aufwärmen.

Wir folgen einem fast unlesbaren Schild und landen auf einer kleinen Farm am Rio Clarino. Jabirústörche staken unbeeindruckt an uns vorbei, eine drei bis vier Meter lange Anakonda hat sich im Schatten eines Baumes eingerollt. Die Haustiere der Familie – Pferde, Schweine, Kühe –warten aufs Füttern. Ein Junge rennt hinter einem aufgeregten Hahn her und verschwindet in der Küche.

Ein kleines Boot liegt am Wasser, Stechpaddel drin. Ausgerüstet mit Angeln, nämlich dünnen Bambusstöckchen, Perlonschnur mit Haken und Fleischstückchen werden wir jetzt Piranhas fischen – das zur Theorie. Tatsächlich spüren wir ein kurzes Reißen und ziehen den Haken aus dem Wasser – abgefressen. Dieses Spiel dauert bis zum letzten Köder, dann geben wir es auf und verbeugen uns vor der Gerissenheit der Fische. Viel aufregender ist die Umgebung: Tukane mit ihren bunten Schnäbeln begleiten uns, Krokodile tauchen langsam ins Wasser und verschwinden unter einer dichten Schicht von Seerosen.

Der Pantanal gehört für uns zu den absoluten Naturhöhepunkten in Südamerika, neben der Gran Sabana in Venezuela.

7. September · Hauptstadt Brasília und Gustavo

Bis Brasília sind es 1100 km. Für solche Entfernungen brauchten wir in Mexiko manchmal mehrere Wochen, weil wir uns nirgendwo losreißen konnten. Jetzt beflügelt uns die Vorstellung, diese Etappe in drei Tagen zu schaffen. Laut Karte und Reiseführer gibt es auf unserer Strecke nichts Besonderes zu sehen – nur riesige Farmen, endlos-eintönige Ebenen, wenige Orte.

Wir halten an einer Gasabfüllanlage um den Propantank füllen zu lassen. Ich habe immer Fotos von den Orten, wo wir zuletzt gereist sind, diesmal zeige ich einige aus dem Pantanal. Der Manager winkt mich in sein Büro, schiebt eine Diskette in seinen Computer: Eine riesige Anakonda liegt zusammengebunden auf einem Pickup. An einer Stelle ist sie auffallend dick. Dann klickt er weiter zum nächsten Bild: Die Schlange ist aufgeschnitten, ein Erwachsener mit Kleidern liegt im Inneren ... »Das war ein Fischer«, erzählt uns der Brasilianer und schenkt uns eine Kopie der Diskette. Wir unterhalten uns noch weiter über Krokodile und Schlangen, der Gastank ist längst gefüllt. »Was kostet das Propan?« – »Ach lass' mal, das waren ja nur ein paar Liter, kommt auf dem Rückweg wieder bei mir vorbei.«

Im Seitenspiegel sehe ich einen Mann, der wild gestikulierend angelaufen kommt. »Sprechen Sie deutsch, ich kann auch, wollen wir nicht bitte zusammen reden?« Sein Großvater sei deutschstämmig, und die Familie spräche zu Hause ausschließlich die frühere Muttersprache. Er besitze 3000 ha Land, Strom erzeuge ein Generator, die Farm bewirtschafte er alleine mit den zwei Kindern und seiner Frau ... Wir kommen selbst kaum zu Wort, so sprudelt es aus ihm heraus. »Ich baue Grünfutter an, habe 25 Rinder und will große Herden züchten!« Die Farm liegt abseits der Straße, die einzige Abwechslung stellt der Weg in das kleine Restaurant dar, wo seine Frau aushilfsweise bedient. »Einen Tag nur will ich Deutschland sehen, meine Heimat.« Dabei wird er richtig melancholisch. Wir tauschen die Adressen aus und verabschieden uns.

In diesem riesigen Land sind wir nie richtig alleine. Immer ergeben sich Kontakte, immer erzählen die Leute von sich, über ihre Lebensumstände und wollen viel über uns erfahren. Das geschieht nie aufdringlich, nie penetrant, sondern höflich, manchmal zurückhaltend und oft entschuldigen sich unsere Gesprächspartner anschließend für die »Störung«.

Für Brasiliens Hauptstadt, die auf dem Reißbrett entworfen wurde, planen wir nicht allzu viel Zeit ein – ein Tag sollte reichen. Der einzige Camping in der Stadt glänzt durch einen hohen Gitterzaun, der verschlossen ist: keine Zelte, keine Autos, gähnende Leere. Nach einem Dauerhupton schlurft tatsächlich ein Angestellter in Zeitlupe zum Tor: »Kein Campieren mehr möglich, geschlossen für immer, tschüs.« Es ist dunkel, wir fahren zum benachbarten Gebäude, um dort eventuell den Parkplatz benutzen zu dürfen, und treffen wieder einen »Engel« – Gustavo. Er spricht Englisch: »Ihr bleibt so lange ihr wollt, ich gebe euch einen Schlüssel für die Dusche, das Büro, den Internetzugang benutzt ihr selbstverständlich auch.« Gustavo ist Geschäftsmann, leitet unter anderem eine riesige Reiseagentur, arbeitet als Firmenberater. Aber ganz tief in seinem Inneren ist er ein Kind geblieben: »Mein Traum war es immer, Woodstock nach Brasília zu holen. Letztes Jahr organisierte ich ein dreitägiges Rockfestival mit 35 Bands und 35.000 Zuschauern. Okay, ich verlor viel Geld, aber was für ein Gefühl, als ich nach drei friedlichen Tagen ans Mikrofon ging und mich bei den Menschen bedankte. In diesem Augenblick war es mir jeden Dollar wert, den ich reingesteckt habe.«

■ *Brasília – Brasiliens auf dem Reißbrett entworfene Hauptstadt*

Es besteht auch nicht einmal die theoretische Chance, dass wir nach einem Tag weiterreisen. »Ihr parkt morgen neben meinem Haus und benutzt den Swimmingpool.« Jeden Sonntag bauen sie ein Büfett auf, Familienmitglieder, Freunde und Nachbarn kommen zusammen, wir werden wie alte Bekannte aufgenommen. Gustavo in kurzer Hose und mit nacktem Oberkörper verteilt Drinks – süffige *caipirinhas* auf der Basis von Zuckerrohrschnaps und Limonen. Er dreht die Anlage auf, spielt auf einer imaginären Gitarre zu Carlos Santana, seine Mutter und die Tanten essen unbeeindruckt ihre Kuchen mit Sahne.

Erst 1960 wurde der Grundstein für die neue Hauptstadt gelegt, etwa 1000 km entfernt von der Küste und der früheren Kapitale Rio de Janeiro. Sie liegt klimatisch angenehm auf einem Plateau. Die Verfassung Brasiliens sah schon lange vor, dass die Hauptstadt ins dünn besiedelte Hinterland verlegt werden soll, um dadurch diesem Teil wirtschaftliche Impulse zu verschaffen. Geld spielte keine Rolle, Brasília solle radikal anders sein. Die Geradlinigkeit der kühnen, schnörkellosen Architektur ist überwältigend, alles schön spiegelbildlich ausbalanciert. Die Entfernungen sind autogerecht und riesig, Fußgänger sieht man kaum. Aus der Luft wirkt das Stadtbild wie ein Bogen mit einem Pfeil in der Mitte. Entlang der Kurve des Bogens befinden sich sechsstöckige Wohnbezirke, die Super-Quadras. Diese Wohnsilos wirken trostlos und dienen den Angestellten der Ministerien, Banken und anderer Behörden als notwendiges Übel. Alle Quadras verfügen über eigene, kleinere Geschäftszentren. Weiter draußen, am künstlichen Lago do Paranoá, findet man Villen mit gepflegten Gärten, Swimmingpools, Parkanlagen.

Es ist schon beeindruckend zu sehen, wie die theoretische Planung innerhalb von wenigen Jahren in die Praxis umgesetzt wurde, und man kann sich kaum vorstellen, dass vor 1956 niemand in dieser Gegend lebte. Zu beiden Seiten der Zentralachse *Esplanada dos Ministérios* stehen die verschiedenen Ministerien: Landwirtschaft, Verkehr, Verteidigung, Finanzen ... Jedes der 16 Gebäude ist gleich: Hohe Kästen, nur die goldenen Hinweisschilder unterscheiden sie voneinander. Am Ende der Esplanada befindet sich die *Praça dos Três Poderes* (Platz der drei Gewalten: Justiz, Senat und Kongress). Die Architekten Oscar Niemeyer und Lucio Costa erhoben Form, Funktion und Futuristisches zum obersten Prinzip: Das Außenministerium scheint in einem Teich zu schweben, an der Seite des Justizpalastes erinnern sechs künstliche Wasserfälle an den Wasserreichtum des Landes, Nationalkongress und Senat residieren in zwei Schalenhälften in Form einer durchgetrennten Orange, überragt von den Hochhaustürmen. Die *Catedral Nossa Senhora Aparecida* (die Erschienene) versinnbildlicht eine gigantische Dornenkrone, vier überlebensgroße Apostel aus Bronze wachen vor der Kirche, drei riesige Engel aus Aluminium schweben im Inneren von der Decke.

Nach acht Tagen kommen wir weiter, Gustavo hat Jeans gegen Anzug getauscht, sein Fahrer hält ihm die Tür des Wagens auf: »Rudi, Betti, Stella und Piet ihr ward wundervoll. Auf Wiedersehen.« Und weg ist er, beinahe als würde er fliehen. Eine Angestellte bestätigt uns später: »Gustavo hat Angst vor dem Abschied, ihr seid ihm so ans Herz gewachsen, das soll ich euch ausrichten.«

15. September · Lencois –
Chapada Diamantina – Wasserfälle, Naturschwimmbecken

Eine der schönsten Landschaften stellt das Bergland der *Chapada Diamantina* dar, wo vor 150 Jahren Diamanten gefunden wurden: grüne Täler und Berge, kleine Flüsse. Der kleine Ort Lencois ist Ausgangspunkt für verschiedene Naturattraktionen. Das Städtchen liegt an einem Bach, verzaubert durch Kopfsteinpflaster, Kolonialbauten, restaurierte Häuser und enge Gassen.

Eine Capoeira-Schule probt unter einem Dach. Capoeira wurde früher von Sklaven als Kampftanz entwickelt, der von den weißen Kolonialherren verboten wurde. Um ihn weiter auszuführen, tarnten die Schwarzen ihn als Turnübungen. *Berimbais* werden gezupft: ein Bogen mit einer Saite, am unteren Ende ein Resonanzkörper in Form einer Halbschale. Zwei Partner wirbeln aufeinander zu, Füße wirbeln, Räder werden geschlagen, Überschläge nach hinten; Körperberührungen sind streng verboten. Ein Abklatschen, dann verbeugen sich zwei Kinder voreinander und tanzen bzw. kämpfen weiter.

Ein schmaler, steiniger Pfad zieht sich den Berg hoch, bis zu einem Talkessel, von dessen Rand der Primavera-Wasserfall stürzt. Die Felsen sind teilweise mit Kakteen bewachsen.

Abends parken wir das Wohnmobil direkt vor einem Straßencafé, bringen die Kinder zu Bett. »Aber einer bleibt so lange, bis wir eingeschlafen sind«, verlangen sie. Das dauert in der Regel nur ein paar Minuten, denn die beiden sind vom Wandern müde. Manchmal steckt Piet oder Stella den Kopf aus dem Fenster und sieht direkt auf unseren Tisch: »Ich wollte nur noch mal gute

Nacht wünschen!« – »Gute Nacht!« Wir essen etwas, unterhalten uns mit Tischnachbarn.

Christiano sitzt am nächsten Tag vorn im Wohnmobil und zeigt uns den Weg zur *Lapa Dolche,* einer riesigen Höhle, die man durchqueren kann. Wir steigen ab und hinein in ein überdimensionales Loch entlang steiler Felsen. Der Boden ist sandig, riesige Stalaktiten hängen von der Decke. Eine flackernde Gaslampe weist uns den Weg, das Tageslicht verschwindet ganz, es gibt auch keine Geräusche mehr.

Am Ende der Höhle scheint Sonnenlicht auf eine Wasserfläche, die fast unnatürlich blau aussieht. Das Wasser ist so klar, dass es unsichtbar erscheint und die winzigen Fische in der Luft zu schweben scheinen. Es wirkt richtig mystisch.

Später quält sich der Ford über eine unbefestigte, steile Piste auf den *Pai Inacio,* von dem man einen überwältigenden Blick über die Chapada bekommt: Freistehende Berge, ähnlich den Tepuis der Gran Sabana in Venezuela. An windgeschützten Stellen wachsen Pflanzen auf dem felsigen Untergrund. Ganz tief unten sehen wir das schwarze Asphaltband, das sich schnurgerade Richtung Osten zieht, bis zum Atlantik, 400 km entfernt.

Heute steht der Rio Mucageziñho auf dem Programm: baden, baden, baden ... Beinahe wäre es unser letzter Tag geworden, wenn nicht wieder unser Schutzengel gewacht hätte: Ich parke neben der Straße, sehe dann auf der anderen Seite einen besseren Platz unter einem Baum. Als ich anfahre, gucke ich nur in einen Außenspiegel statt in beide und gehe davon aus, dass die Straße frei ist. Wir befinden uns gerade quer zur Fahrbahn, als ich lautes Hupen, Bremsen, Lkw-Röhren höre und überhaupt keine Chance habe zu reagieren. Ein schwerer Tanklastwagen schießt an uns vorbei, der Aufleger schlingert von einer Seite zur anderen, weil der Fahrer wohl dachte, ich würde mitten auf der Straße stehen bleiben. Er quetscht sich an uns vorbei, eine schrille Stimme schreit etwas aus dem Fenster, dann ist der Alptraum vorbei – mir steht Todesangst im Gesicht! Wenn ich gebremst hätte statt weiterzufahren, wären wir alle nicht mehr am Leben! Betti ist vor Schreck ganz blass. Mit aller Willensstärke versuche ich, die Gedanken über die Konsequenzen eines Zusammenstoßes weit von mir zu schieben und zu verdrängen. Als wir aussteigen, zittern mir die Beine so stark, dass ich die Fersen nicht auf den Boden gedrückt bekomme. Stella und Piet springen aus dem Auto, sie haben von dem Vorfall nichts mitbekommen.

Ich bin richtig froh über den Wunsch von Stella und Piet, noch weiter in der Chapada Diamantina zu bleiben. An einem Posto wollen wir tanken und noch schnell duschen. Unter dem hohen Dach der Tankstelle hängt ein TV, gerade wird die Olympiade aus Sydney übertragen, etwa 20 Leute sehen zu: Tankwart, Lkw-Fahrer, Kassierer, andere Fahrer. Einige Zuschauer haben nur ein Handtuch um die Hüfte geschlungen, die Shampooflasche, das Stück Seife noch in der Hand.

21. September · Bahia – die Seele Brasiliens

Im Bundesstaat Bahia vermischen sich Kulturen und Rassen wie sonst nirgendwo. Der Romanautor Jorge Amado wurde hier geboren, die Musiker João Gilberto, Baden Powell, Gilberto Gil beeinflussten die Musikszene weltweit. Am Wochenende wird an den Stränden, Straßenecken Musik gemacht, die ihre Wurzeln im Verehrungszeremoniell des *candomblé* hat. Die Musik mit ihren elektrisierenden Rhythmen ruft die Götter an, und das Ritual besteht darin, in Trance mit den Göttern in Verbindung zu treten. Die Vermischung von Katholizismus mit afrikanischen Religionen ist typisch für den Alltag und ergibt sich aus dem früheren Verbot für die Sklaven, ihren Gottheiten zu huldigen und statt dessen katholische Heilige anzubeten. Die Meeresgöttin *Iemanjá* ist gleichzeitig die Jungfrau Maria, der Gott *Ogun* der heilige Antonius. Die katholische Kirche duldet diesen Zustand zähneknirschend: Besser ein »halber« Christ als gar keiner ...

Das Glück ist mal wieder auf unserer Seite, als wir in Salvador da Bahia zum Yachthafen »Bahia Marina« rollen: schneeweiße Boote, ein Parkplatz, von Palmen umgeben, und eine kleine Notlüge, damit wir hier stehen dürfen: »Wir warten auf ein Boot von Freunden«, schwindle ich in der eleganten Rezeption. »Wie heißt die Yacht bitte?« – »Alemania 2« – »Kein Problem.«

Ein perfekter Platz für uns, auch deshalb, weil wir zu Fuß zum *Elevador lacerda* gelangen können, einem riesigen Aufzug, der die *Cidade baixa* (Unterstadt) mit der *Cidade alta* (Oberstadt) verbindet, wo sich der historische, vielbesuchte Altstadtkern

Pelourinho befindet. Bereits auf diesem einen Kilometer Fußweg von der eleganten Marina zum Untergeschoss des Aufzuges könnten die Kontraste kaum größer sein: Obdachlose kauern an einer Wand, Ratten flitzen durch stinkendes Abwasser, jemand liegt auf einem Stück Pappe unter den hohen Stützpfeilern der Straße. Die Häuser sind heruntergekommen, Glas fehlt in den Fenstern, Feuchtigkeit färbt die Wände, hier kann unmöglich jemand leben. Abends leuchtet Feuer in Eingängen, Musik dröhnt aus den Fenstern, grelle Lichter flackern in den Hinterhöfen. Wenn wir bis nachts in der Altstadt bleiben, lassen wir uns immer mit dem Taxi zur Marina bringen.

Der Pelourinho ist UNESCO-Weltkulturerbe mit der schönsten Kolonialarchitektur in Südamerika. Die renovierten Barockhäuser sind jedes in einer anderen Farbe gestrichen; Galerien, Boutiquen und Restaurants befinden sich in den Untergeschossen, Wohnungen darüber. Pompös die goldstrotzende Franziskaner-Kirche. Auffällig und für Brasilien eine Ausnahmeerscheinung (abgesehen von Rio) ist die Menge an Polizei. An jeder Ecke stehen zwei Beamte und sollen für die Sicherheit von Touristen, Geschäftsleuten und Einheimischen sorgen.

Vom 21. bis 24. September wird das Primavera-Fest gefeiert, Frühlingsanfang. Überall werden Bühnen aufgebaut. Blumenstände, überdimensionale Papiersträuße hängen an Balkonen, Reihen mit bunten Fähnchen ziehen sich über den Köpfen von einer Hausseite zur andern. Kindergruppen in thematisch unterschiedlichen Kostümen üben in Seitenstraßen: als Clowns, lebende Sonnenblumen, Glitzerengel.

Wir treffen mit Piet und Stella eine Vereinbarung: zurück zum Auto, ein längeres Schläfchen am Nachmittag, dann dürfen sie so lange aufbleiben, wie sie wollen.

Wir lassen uns ziellos treiben. Dunkelhäutige *baianas* in schneeweißer, traditioneller Tracht mit riesigen Ohrreifen und Armringen legen uns einen Papierstreifen ums Handgelenk: *Nossa Senhora do Bonfim* (Mutter Gottes). »Vielen Dank, sehr nett«, bedanken wir uns – »ja, es kostet nichts, aber vielleicht eine kleine Spende?« Wir wollen nicht riskieren, dass wir die katholische Kirche oder einen afrikanischen Fluch gegen uns haben und spenden ein paar Reales.

■ *Baianas in traditioneller Tracht*

Tische und Stühle versperren den Weg. Ein Feuerspucker erhellt den Himmel. Aber am beeindruckendsten wirkt die Vielfalt der Musik. Überall spielen Bands: Jazz, Rock, Klassik und vor allem Samba. Wir setzen uns zwischendurch immer wieder, sehen und hören zu. Die Menschen tanzen selten, es wird kaum geklatscht nach Vorführungen, eher herrscht eine zufriedene, glückliche Zurückhaltung. Aggressionen und Betrunkene gibt es nicht. Die Leute plaudern miteinander, schlendern Arm in Arm, lachen. Pünktlich um Mitternacht endet das Fest, die Bands packen zusammen, Familien, Freunde und Paare gehen nach Hause. Mir kommt alles vor wie ein großer Ausflug.

In Bahia ist der Anteil der schwarzen Bevölkerung besonders hoch. Über vier Millionen Sklaven wurden von Afrika nach Südamerika verschleppt, um als Arbeitskräfte auf Plantagen der Portugiesen und Spanier zu schuften, meist unter menschenunwürdigen Bedingungen. Im *Museu Afro Brasileiro* erinnern Schautafeln an diese grausame Zeit.

Die unterhaltsamen Alltagsbegegnungen begleiten uns weiter: Stella braucht neue Sandalen und wir betreten ein Schuhgeschäft. Die Verkäuferin ist mit sich beschäftigt, drückt hingebungsvoll einen Pickel über dem rechten Auge aus, überprüft das Ergebnis vor einem Spiegel, um dann in einem zweiten Anlauf das Werk zu vollenden und jetzt in vollster Zufriedenheit und mit größter Freundlichkeit nur für uns da zu sein: Sie schleppt Kisten voller Sandalen an, versorgt die Kinder mit Bonbons, streicht entzückt über ihre Köpfe.

Vor einem Supermarkt sind wir von beiden Seiten so eng zugeparkt, dass ich kaum aus der Parklücke komme. Zwei Wachleute halten erst mal den Verkehr an, damit ich Zentimeter für Zentimeter vor- und zurückrangieren kann. Natürlich kann ich nur vorwärts raus und muss verkehrt in die Einbahnstraße, aber das stört niemanden. Neben uns schrillt plötzlich eine Alarmanlage, ich muss mit der Stoßstange den nagelneuen Pkw berührt haben. Die beiden Wachmänner stehen direkt daneben, aber keiner sah etwas. Mittlerweile bricht der gesamte Verkehr auf dem riesigen Parkplatz zusammen, weil wir den Abfluss blockieren. Die beiden wollen uns jetzt nur los werden, um endlich wieder in Ruhe zwischen den Autos spazieren gehen zu können. Ich halte ihnen Geld hin, leicht versteckt für die anderen Leute. Aber sie schütteln unmißverständlich den Kopf und schieben meine Hand zurück. In Millimeterarbeit rollen wir auf die Straße zurück, die Alarmanlage schrillt immer noch ...

26. September · Praia do Forte – Meeresschildkröten

80 km nördlich der Millionenmetropole Salvador da Bahia befindet sich Praia do Forte: 100.000 Palmen an einem 12 km langen Sandstrand, strenge Auflagen beim Bau von Hotels und Campingplätzen, für jede gefällte Kokospalme müssen vier neue gepflanzt werden. Jorge, der Betreiber eines romantischen Campingplatzes, fragt: »Möchtet ihr brasilianische Musik hören?« Ohne eine Antwort abzuwarten eilt er strahlend in sein Haus. Er wird doch wohl nicht den Kofferraum seines Autos öffnen ...?! Es ist dunkel, über uns der Sternenhimmel, wir stellen die Campingstühle raus, zünden Kerzen an und hören Jorge zu, der sentimentale Bossa-Nova-Stücke auf der Gitarre spielt. Die Kinder sehen ihn an aus einer Mischung von Ehrfurcht und Staunen.

Wir legen hier alle Entfernungen mit den Fahrrädern zurück. Früh am Morgen gehe ich frische Brötchen kaufen, kleine Geschäfte öffnen gerade, ein Besitzer schleppt riesige Holzstatuen auf die sandige Straße, andere fegen vor ihren Türen, stellen Tische und Stühle raus. Eine kleine Bäckerei hat bereits geöffnet, ich genehmige mir ein Vor-Frühstück: Kakao, Kaffee, warme Teigtaschen mit Käse gefüllt.

Weltberühmt ist das Tamar-Projekt, das sich für den Schutz der bedrohten Meeresschildkröten einsetzt. In verschiedenen Salzwasserbecken kann man die einzelnen Stadien der Tiere beobachten. Bis vor 20 Jahren töteten Fischer die Schildkröten, um deren Fleisch und Eier zu verkaufen, der Panzer wurde zu Schildpatt-Artikeln verarbeitet. Erst 1982 wurde das Fangen von Schildkröten in Brasilien unter Strafe gestellt. Durchschnittlich legt eine Schildkröte 120 Eier auf einmal, die sie an einer geschützten Strandstelle in den Sand eingräbt und dort alleine zurücklässt. Nach 45 bis 60 Tagen platzen die Schalen, die kleinen Tiere schlüpfen aus, helfen sich gegenseitig und eilen direkt ins Wasser. Sie sind gerade mal 5 cm klein. Viele fallen Krabben, Vögeln und Raubfischen zum Opfer, andere verhungern. Man schätzt, dass von 1000 Babies nur eines oder zwei das Erwachsenenalter erreichen. Ein »Leatherback« (Lederrücken) wiegt nach der Geburt 30 g, kann ausgewachsen bis zu 750 kg schwer werden! Auf der Suche nach Nahrung legen sie unglaubliche Entfernungen zurück, bis Westafrika oder Mittelamerika, und kehren zum Ablegen der Eier an den selben Strand in Brasilien zurück. Bis heute können Forscher diese phantastische Navigationsfähigkeit nicht erklären.

Tamar soll die vom Aussterben bedrohten Schildkrötenarten retten, gleichzeitig aber auch den Fischern alternative Einkommensmöglichkeiten bieten. Heute arbeiten viele für das Projekt, bewachen die Brutstätten, kontrollieren Strände oder werden angelernt, um gemeinsam mit Touristen die Tiere beim Eierablegen und Ausschlüpfen zu beobachten. Der gesamte Erlös aus Eintrittsgeldern und dem Verkauf von Büchern und Souvenirs fließt ausschließlich in das »Projeto Tamar«. Fast 100 Freiwillige aus den verschiedensten Ländern helfen ehrenamtlich bei einer der 21 Stationen in acht Bundesstaaten Brasiliens.

3. Oktober · Caraiva – Idylle ohne Strom, Autos, Wasser

Die Küste von Bahia ist ein einziger Traum: Palmen, Sand, glasklares Wasser, kaum Menschen. Südlich von Pôrto Seguro folgen wir einer Erdstraße, fünf Meter breite Wasserstellen zwischendurch, dann liegt eine einsame Bucht vor uns. Vorher müssen wir tiefhängende Äste absägen, passen unter einem riesigen Stamm nur um Zentimeter durch, dann halten wir direkt am Meer.

Wir packen jeder einen Rucksack und folgen dem Strand Richtung Süden. 9 km entfernt gibt es den Ort Caraiva, den man nur Fuß zu erreichen kann. Kleinere Wasserläufe münden ins Meer, einige überqueren wir auf umgekippten Palmen, andere durchwaten wir und halten das Gepäck dabei hoch über dem Kopf. Einen richtigen Weg gibt es nicht, wir müssen die Zeit der Ebbe nutzen. Nach vier Stunden erreichen wir den Rio Caraiva, ein winziges Motorboot setzt uns zu unserem Ziel über. In der *Pousada Flor do Mar* (Pension Meeresblume) hat eine Brasilianerin drei doppelstöckige Bungalows errichtet, mit Sicht aufs Meer. Wir sind die ersten Gäste. »Ein halbes Jahr arbeite ich in Brasilia, die andere Hälfte hier«, erzählt Andrade, eine Designerin. Im winzigen Caraiva gibt es keine Elektrizität, Strom wird mit Dieselgeneratoren erzeugt. Autos gibt es ebenfalls keine. Die winzigen Häuschen haben alle unterschiedlichste Farben: Fenster blau, Rahmen grün, Wände lila usw. Wasserleitungen sind ebenfalls nicht vorhanden, Regenwasser wird in einem großen Behälter gespeichert, der auf Stelzen über dem Niveau des Hauses steht.

Nachts stapfen wir durch tiefen Sand, auf der Suche nach einem Bier. Es ist dunkel, kein Licht außer dem Schein der Taschenlampe. Schwarze lehnen an Häuserwänden, rauchen, grüßen freundlich. Tatsächlich gibt es einen Laden, dessen Generator laut brummt, damit die Kühltruhen für kurze Zeit mit Energie versorgt werden, aber auch der einzige Fernseher. Etwa 20 Kinder und Erwachsene stehen am Eingang oder sitzen auf dem Boden und starren auf die Mattscheibe: *Telenovelas* (Seifenopern) sind in Brasilien die Lieblingsserien. Die Kasse ist nicht besetzt, irgendwo zwischen den Zuschauern befindet sich der Angestellte, der nur ungern die Augen vom Geschehen auf der Mattscheibe nimmt.

Tatsächlich gibt es ein Restaurant: gelbe Plastikstühle, weiße Tische unter runden Strohdächern. Eine zwei Zentner schwere Dame hält verliebt die Hand ihres Freundes, der höchstens ein Viertel ihrer Masse ausmacht. Am Eingang befindet sich eine offene Dusche, damit sich die Gäste das Meerwasser abspülen können. Andere Passanten nutzen sie ebenfalls, einer zieht seine Badehose aus, um sich überall einseifen zu können, dabei unterhält er sich wie selbstverständlich mit einem Freund, der am Tisch sitzt.

Wenn es einen Ort gibt, an dem die Uhren still stehen, dann hier. »Manchmal möchte ich die Reise abbrechen und hier in Caraiva das letzte halbe Jahr bleiben«, seufzt Betti.

Punkt 22 Uhr werden die wenigen Generatoren abgeschaltet, es ist jetzt stockdunkel und absolut still. Wir liegen unter Moskitonetzen. Den Kindern ist diese Stille und die Schwärze der Nacht unheimlich. Ein Vogel macht eigenartige Klopfgeräusche und wandert dabei um unseren Bungalow. Stella und Piet heben ihre Netze und krabbeln zu uns unter die Decken.

13. Oktober · Rio de Janeiro – unnötige Angst in einer faszinierenden Stadt

Vor uns liegen die Städte Rio de Janeiro und São Paulo. Der Verkehr ist mörderisch, unglaublich viele Lastwagen sind auf den Straßen, teilweise mit drei langen Anhängern. Pkw-Fahrer rasen wie die Irren auf dreispurigen Fahrbahnen. Dafür begeistert uns die Landschaft in Espíritu Santo (Heiliger Geist): riesige Ackerflächen, Weiden voller Rinder, Bananenplantagen, Felder mit Ananasbüschen. Dahinter zieht sich das Hochland im selben Farbton.

Wir befinden uns im Zwiespalt, was Rio betrifft: Die »Schönste Stadt der Welt« macht uns neugierig, doch Einheimische, Touristen und Reiseführer versorgen uns mit Geschichten über Raub, Mord, Entführungen, gestellte Unfälle. »Wenn wir schon in Brasilien sind, sollten wir uns unbedingt Rio ansehen. Wer weiß, wann wir dazu wieder die Gelegenheit bekommen!«, überzeugen wir uns gegenseitig.

Vor der Brücke, die die Vorstadt Niterói mit Rio verbindet, kommen wir in den ersten Stau der Reise – alles steht, wie zu besten Zeiten auf der A 40 zwischen Essen und Dortmund. Allerdings mit kleinen Unterschieden: Die Brasilianer steigen aus, unterhalten sich, stellen die Autoradios laut, Kühlboxen werden geöffnet. Jemand nutzt die Gelegenheit, seinen alten Reifen zu entsorgen und rollt ihn auf den Seitenstreifen ...

Rio stellt eher ein langes Band von Buchten als eine einheitliche Stadt dar: Flamengo, Botafogo, Copacabana, Ipanema, Leblon. Zwischen Meer und einem schmalen bebauten Streifen voller Hochhäuser zieht sich eine sechsspurige Straße, dahinter steigen bereits die Berge auf, deren steile Hänge keine Bebauung zulassen. Im Grunde genommen empfinde ich das Fahren hier als nicht problematisch, solange wir auf der Stadtautobahn bleiben.

Überall an den Stränden wird Sport getrieben. Andere surfen, machen Klimmzüge oder heben Hanteln, kleine Gruppen spielen Fuß- oder Volleyball. Skater, Jogger und Radfahrer toben sich auf extra angelegten Wegen aus. Männer kontrollieren beim Laufen ihren Pulsmesser, 80-Jährige setzten fast in Zeitlupe einen Fuß vor den anderen, sind aber genauso sportlich gekleidet: kurze Seidenhose, Sonnenbrille, Schildkappe, Trägerhemd.

Der Camping Club do Brasil betreibt einen Platz – allerdings 30 km südlich vom Zentrum Rios entfernt. Die Richtung ist einfach, immer in Richtung *sul,* links die Strände im Blick. Dort lassen wir das Auto stehen. Stella lernt eine kleine Brasilianerin kennen, Marianna. Tja, da brauche ich wohl gar nicht mit dem Vorschlag zu kommen, heute eine Tour nach Rio zu machen: »Papa, wir wollen nicht in die Stadt, was sollen wir da?« Recht hat sie. Erst als ihre Freunde nach zwei Tagen weiterreisen, »erlauben« uns Stella und Piet, dass wir in den »Rio City Bus« steigen. Diese Linie verkehrt auf drei verschiedenen Routen, die alle an den verschiedensten Sehenswürdigkeiten halten und im 30-Minuten-Takt abfahren. Kopfhörer liegen bereit, eine Stimme informiert über die Stopps.

Ich spüre, wie erholsam es ist, nicht selbst zu fahren und mich überhaupt nicht auf den Verkehr konzentrieren zu müssen. Eine Seilbahn fährt auf den 396 m hohen »Pão de Açúcar«, den berühmten »Zuckerhut«. Von der Spitze des Granitkegels wird einem klar, dass keine Beschreibung der Stadt übertrieben ist: Unter uns liegt der Yachtclub; vom Stadtflughafen Santos Dumont starten Flugzeuge, meist nach São Paulo; die weißen Bänder der Buchten ziehen sich endlos weit, wir können leicht die 30 km bis zu unserem Camping sehen.

Ansonsten lassen wir uns treiben, spazieren durch Häuserschluchten. Koloniale Fassaden stehen neben funktionalen Hochhäusern, in keiner Sekunde fühlen wir uns bedroht oder unsicher. Niemand belästigt uns.

Abends steigen wir in den letzten Bus und wundern uns, als die Gegend draußen immer dunkler und bedrohlicher wird. Wir haben die falsche Linie genommen und sitzen jetzt in einem städtischen Bus, der in die Randbezirke fährt, wo sich die Favelas befinden: Große Löcher in den Straßen, kaputte Laternen, verbeulte Autos ... Die Schaffnerin hinter einer dicken Glasscheibe meint:

»Hier würde ich nicht aussteigen, zu gefährlich!« Am Busbahnhof nehmen wir die Linie in entgegengesetzter Richtung und kommen spät in der Nacht auf unserem Camping an. Ich bin froh, als wir die Tür unseres »Hauses« aufschließen und mache mir Vorwürfe, so unüberlegt gehandelt zu haben. Aber warum eigentlich!? Die ganzen Geschichten, Gerüchte und Erzählungen sind offensichtlich bedrohlicher als die Wirklichkeit, und die sah für uns immer gleich aus: keine Gefahr, nicht der leiseste Anflug einer Bedrohung.

Wir verlassen Rio, mit Betti bin ich mir wieder mal einig: »Irgendwann machen wir beide eine romantische Weltreise, dann gehört Rio de Janeiro auf jeden Fall dazu!«

■ *Rio de Janeiro, Blick vom Zuckerhut*

18. Oktober · Parati – Energie tanken vor São Paulo

Parati war im 17. Jahrhundert der Haupthafen für den Gold- und Kaffee-Export. Ein bisschen erinnert uns der kleine Ort an unsere Lieblingsstadt San Miguel de Allende in Mexiko – koloniale Fassaden, in Pastelltönen gestrichen, Kopfsteinpflaster, Cafés, Restaurants, Boutiquen und der Garantie, dass hier der Alltag ruhiger verläuft, entspannter als in Großstädten. Ein Pferd zieht einen Holzwagen. Der Lenker stoppt, um schwarze Plastiksäcke auf die Ladefläche zu stellen: die öffentliche Müllabfuhr.

In einer kleinen Galerie verlieben wir uns sofort, kaufen insgesamt 18 Bilder, wunderschöne, abstrakte Werke. Die Rückwände und Passepartouts werden entfernt, eine Kiste aus Hartfaser gebaut. Das Verschicken stellt überhaupt kein Problem bei der Post dar. Ich wähle immer die billigste Art der Verschiffung. Bereits neun Tage später kommt das Paket in Deutschland an.

Das Café Parati wirbt mit täglicher, abendlicher Livemusik – Bossa Nova, Oldies oder heute Samba. Ein klarer Fall für ein allgemeines Nachmittagsschläfchen, damit wir abends länger durchhalten. Betti trägt ein langes schwarzes Kleid, ich hole mein einziges weißes Hemd aus dem Schrank. Im Café spielen auf einer kleinen Bühne vier Musiker. Wir genießen die Musik und den Abend. Piet ist jedoch nicht wach zu kriegen und schläft weiter in meinen Armen. Stella kann die Augen kaum noch offenhalten: »Ich bin überhaupt nicht müde, wie kommst du darauf!« Sie streckt uns ihre Zunge raus.

25. Oktober · São Paulo – Monte Azul –
Hoffnung mitten in den Favelas

Nie anhalten! Diese Devise stellen wir uns, bevor wir nach São Paulo reinfahren, in diesen gigantischen Stadtmoloch, der größte in Südamerika, ein endloses Betongebirge. Aber auch der wirtschaftliche Motor in Brasilien, wenn nicht des ganzen Kontinents. Unter all den Reisenden treffen wir niemanden, der auf die wahnsinnige Idee käme, dort Halt zu machen. Und schon gar nicht in einem Elendsviertel, von denen es angeblich über 700 gibt, die sich wie ein Gürtel um die Stadt ziehen. Einige von ihnen sollen 100.000 Menschen zählen, in viele traut sich die Polizei nicht mehr hinein. Wir wissen es ja mal wieder besser. Bis jetzt läuft die Reise so unkompliziert ab, warum müssen wir unbedingt das Schicksal herausfordern? Wir möchten die andere Seite dieses wundervollen Landes kennenlernen: nicht immer nur Traumlandschaften und wohlhabende Menschen treffen.

Vor 21 Jahren arbeitete eine Frau an der Waldorfschule in São Paulo, Ute Krämer. Sie gründete die *Associação Monte Azul* mitten in den Favelas: Mit *creche* (Kinderhort), Kindergarten, Vorschule, *casa abrigo* (Obdachlosenunterkunft) ... Wir lernten sie auf einem Vortrag in Deutschland kennen und möchten jetzt die

Gelegenheit nutzen, das Projekt zu besuchen, etwas zu spenden und später anderen Menschen davon zu erzählen. Einige Jahre nach der Gründung erwarb die *fundação* (Stiftung) ein großes Grundstück außerhalb der Stadt, um einen Platz zu schaffen, wo Kinder sich erholen können, Abstand von dem unmenschlichen Leben gewinnen: Horizonte Azul. Dies wird auch unsere Anlaufstation sein. Wie brutal schnell sich die Randsiedlungsgebiete ausdehnen, erkennt man hier: Vorher gab es nur Landschaft, jetzt leben um Horizonte Azul 12.000 Menschen!

■ *Favela in São Paulo*

Wir haben noch keinen Stadtplan von São Paulo und benutzen eine telefonische Wegbeschreibung, sind über drei Stunden unterwegs, immer nur durch Vorstädte. Die Straßen sind schlecht, Häuser unverputzt, Stromleitungen überspannen die Straße. Längst sind wir ohne Orientierung, und dann kommt der Augenblick, wo wir uns hoffnungslos verfahren haben. Ich kurble ein Fenster runter, mache den Motor nicht aus: »Entschuldigung, könnten Sie uns helfen?«

Zwei Männer gucken sich an, ich will sofort durchstarten. Einer kommt langsam auf uns zu, Daumen hoch, lächelt: »Ja, was ist passiert?« – »Wir suchen Horizonte Azul.« – »Horizonte Azul, Horizonte Azul, schon mal gehört, einen Augenblick bitte!«

Er bespricht sich mit einem Freund, andere werden gerufen, alles Beängstigende löst sich auf. Wir steigen aus, müssen Fragen beantworten, woher, wie lange ... Jemand fertigt eine Zeichnung an, und als wir starten, ein Bild wie unter Freunden: Daumen hoch, Winken, »boa viagem« (gute Reise)-Rufe. Das wiederholt sich noch zweimal, nur stelle ich mittlerweile den Motor ab und gehe direkt auf die Leute zu, um mir helfen zu lassen.

Dann stehen wir tatsächlich neben einem Schild: »Horizonte Azul«. Ein *voluntário* führt uns zu dem Haus, wo noch andere Freiwillige ein Jahr lang leben und arbeiten. »Das Auto können Sie hier abstellen. Wir informieren die Anwohner, dann seid ihr absolut sicher.« Es ist dieses unerklärliche Gefühl von Sicherheit, fast Geborgenheit, das wir von Anfang an empfinden. Alexandra, eine Freiwillige aus dem Sauerland, nimmt sich ein paar Tage Zeit für uns, führt uns herum.

Alles beginnt in der Favela: Menschen ohne Geld, aber in der Hoffnung auf einen Arbeitsplatz ziehen nach São Paulo. Oft errichten sie aus Brettern und Pappe eine kleine Behausung, die als Übergangsstation gedacht ist: Es gibt keine sozialen Bindungen, niemand fühlt sich richtig zu Hause, Kriminalität, Drogen, Krankheiten bestimmen den Alltag. Solche Favelabewohner leben in der täglichen Angst, dass sie eines Tages von Bulldozern weggeschoben werden.

Der Teil, in dem sich das Projekt Horizonte Azul befindet, hat diese Stufe hinter sich. Viele Häuser sind fest gemauert, es gibt teilweise fließendes Wasser und sogar Elektrizität, selbst eine asphaltierte Straße: »Die wurde noch schnell vor den Wahlen gebaut!« Das Zentrum dieses Viertels ist Horizonte Azul geworden. Mit Hilfe von Spendengeldern entstehen in Selbsthilfe kleinere Gebäude: Kinderbetreuung, Kindergarten, Vorschule, Förderprogramme und Freizeitangebote für Schulkinder der staatlichen Schulen. Die kostenlosen Plätze sind begehrt.

Jugendliche können in einer eigenen Schreinerei eine zweijährige Ausbildung machen. Mit dem abschließenden Diplom finden sie in der Stadt relativ leicht einen Job. Im Laufe der Jahre entsteht ein Musikraum, eine Bibliothek und eine Küche, die drei

Mal täglich für über 200 Kinder und Erwachsene Essen austeilt. Überall sieht man Kinder, die hier das tun, was sie in der Enge der winzigen Wohnungen (oft leben zehn Menschen in einem Raum) nicht können: spielen – Fußball, Volleyball, Seilchenspringen. Eine kleine Krankenstation befindet sich im Aufbau. In der Creche kümmern sich Tagesmütter um Babies.

■ *Kinderkrippe in Horizente Azul*

Ein Ehepaar pflanzt Gemüse für die Projekte Horizonte Azul und Monte Azul an. Mit einfachsten Mitteln erwirtschaften sie Erträge für die Einrichtungen. Sie führen uns herum, erklären den Anbau, Erntezeiten. In einer Puppenwerkstatt werden Stofftiere gefertigt, teilweise für den eigenen Verkaufsstand oder für Auftraggeber.

Die Voluntários, viele aus Deutschland, bekommen außer Unterkunft und Verpflegung kein Geld. Ohne sie würden solche Projekte nicht existieren können. Und die Erlebnisse sind teilweise brutal, die sie erfahren müssen. Die heile Welt gibt es nicht, auch wenn es innerhalb des Projektes so erscheint. Kindesmisshandlungen, sexuelle Übergriffe, schlechte Ernährung, Analphabetentum sind an der Tagesordnung innerhalb der Familien.

»Ich zeige euch heute eine öffentliche Schule, aber seid auf alles vorbereitet«, bietet uns Alexandra an. Nur ein paar Fußminuten entfernt von der »Oase« steht ein langer Betonbau, keine Fenster, nur Gitter aus Stein und dicke Glasbausteine, mit einem zwei Meter hohen Zaun mit scharfen Eisenspitzen. Ein Hausmeister schließt auf. Vor einem langen Flur steht ein Wachposten, Pistole im Halfter, ein zweiter hinter ihm. Nirgendwo Farbe, nackter Beton überall, es hallt bei jedem Schritt. Die Klassentüren können von außen nicht geöffnet werden, nur mit einem Spezialschlüssel. Die Lehrerin nimmt den Türgriff mit hinein, damit die Kinder sicher unterrichtet werden können, Schüler von außerhalb griffen aber auch schon die Lehrer an. In vier Perioden besuchen über 3000 Kinder diese Einrichtung, die jüngsten ab 7 Uhr, die letzte Klasse endet um 23 Uhr. Wir finden nur ein Wort: »Horror«. – »Die Eltern sind froh, ihre Kinder hierher schicken zu können: kein Schulgeld, eine kostenlose Mahlzeit.« Durch einen engen Schlitz werden gefüllte Teller geschoben, bei der Entgegennahme herrscht das nackte Chaos, es wird gedrängelt, geschoben, Beine weggezogen ...

»Das ist der Alltag. Vielleicht habt ihr jetzt eine Vorstellung, was sich erst in den Familien abspielt, wie zerstört, desillusioniert die Kinder zu uns kommen!«

Wir begegnen Peter, einem 50-jährigen Engländer. Jedes Jahr fliegt er für einige Monate nach São Paulo und betreut Straßenkinder. Er zieht alleine nachts durch die Favelas, redet mit den Kleinen, leistet einfache medizinische Hilfe und ist da, um sich ihre Sorgen anhören zu können.

Es ist beeindruckend, wie selbstlos Projekte helfen, Einzelpersonen anpacken. Ohne ihre Unterstützung gäbe es noch weniger Hoffnung in diesen Randgebieten. Die Regierung hält sich mit Unterstützungen jeglicher Art stark zurück, Geld wird lieber in Großprojekte, Hochhäuser gesteckt, die medienwirksamer präsentiert werden können.

Allerdings gehen viele der Helfer bis an den Rand ihrer Kräfte. Alexandra weiß von Bekannten, die tablettenabhängig wurden und den Alltag in den Favelas nur noch mit Psychopharmaka bewältigen können.

Das 21-jährige Bestehen von Monte Azul wird gefeiert. Busse fahren Kinder, Lehrer, Betreuer und Eltern von Horizonte Azul dorthin, wo alles seinen Ursprung hat. Und hier sind die Kontraste noch brutaler. Gerade mal hundert Meter entfernt steht ein Monster-Supermarkt, Carrefour, mit riesigen Angebotstafeln: Käse aus Holland, französischer Wein ... In Sichtweite finden sich die Glaspaläste von Banken und Versicherungen. An einem Hang ziehen sich die Hütten der Favela steil hoch. Eine stinkende Kloake schlängelt sich zwischen ihnen durch und führt unmittelbar am Haupthaus von Monte Azul vorbei, dem »Wunderland«, Wahrzeichen für Hoffnung. Die Stimmung ist ausgelassen, nichts erinnert an diesem Abend an die Trostlosigkeit der Lebensbedingungen der meisten Menschen hier. Aber vielleicht empfinden sie den Alltag gar nicht so, wie wir es uns zwangsläufig ausmalen. Sie sind arm, leben beengt, haben kaum Geld, dafür aber Lebensfreude und vor allem Hoffnung, die ihnen dieses Projekt gibt.

Für einen kurzen Augenblick lernen wir die andere Seite dieses Kontinents kennen, mit Bildern, die uns immer begleiten werden.

1. November · Iguaçu-Wasserfälle – 275 Fälle auf 3 km Breite

Etwa 800 km südwestlich von São Paulo, im Länderdreieck von Brasilien, Paraguay und Argentinien und wo die Flüsse Iguaçu und Paraná zusammenfließen, liegen die Iguaçu-Wasserfälle, *das* Natur-Highlight Südamerikas schlechthin. Das *Paudimar Campestre* wird für die nächsten neun Tage unser Zuhause: Mitten im Grünen, weit weg von der Stadt Foz do Iguaçu, errichtete das Ehepaar Gladis und Cano ein kleines Paradies für Reisende: Bungalows, Wiese für Zelte oder Autos, Swimmingpool, Internetcafé, Abendbüfett, kostenloser Bus zur Hauptstraße, Kinderspielplatz.

Jeden Nachmittag wird »gepölt«, denn Canos Leidenschaft ist Fußball, er legte einen gepflegten Rasenplatz an, den man nur auf Socken oder barfuß betreten darf. Meist spielt eine Auswahl Europa gegen Südamerika. Touristen aus Holland, Frankreich und Deutschland gegen Gäste aus Argentinien, Brasilien und Kolumbien. Pünktlich um 18 Uhr schlägt der Koch einen Gong, das Büfett ist freigegeben.

Die *Cataratas do Iguaçu* bestehen aus zahllosen Haupt- und Nebenfällen auf einer Breite von etwa drei Kilometer. Das hinabdonnernde Wasser erzeugt einen dauernden Sprühnebel mit vielen Regenbögen, eingebettet in tropischen Wald. Ein Weg führt auf Betonstelzen bis an den Rand zum Teufelsschlund, »Garganta del Diablo«, wo das schäumende Gebrodel und das ohrenbetäubende Getöse der 90 m tief fallenden Wassermassen besonders eindrucksvoll ist. Man kann die Fälle von Brasilien aus sehen, wo wir das Gesamtpanorama genießen, und von der argentinischen Seite, wo man auf Wegen und Stegen entlang des Rio Iguaçu besonders nah an den Fluss gelangt. Entlang der Dschungelpfade laufen *coatis,* kleinen Waschbären ähnlich, durchwühlen Abfallbehälter nach Eßbarem. Spinnen legen Netze an und warten auf

Insekten, Tausende von Schmetterlingen flattern vorbei. Sie leuchten in grellen Farben, manche orange, gelb oder blau.

Für den Blick vom argentinischen Ufer nehmen wir das Wohnmobil. Eine direkte Verbindung über eine Brücke gibt es nicht, wir müssen einen etwa 30 km weiten Bogen fahren. Drüben in Argentinien ist alles etwa doppelt so teuer: Getränke, Eintrittspreise, das Benzin kostet 1,30 Dollar pro Liter. Ein kleines Boot setzt uns auf die Insel San Martín, von der man Fälle sieht, die nur von hier aus zugänglich sind.

■ *Iguaçu-Wasserfälle*

Zurück in Foz do Iguaçu, Brasilien, lassen wir in einer kleinen Druckerei farbige Karten anfertigen mit unserer Reiseroute, einem Foto auf jeder Seite und einem Text. Wir vernachlässigten viele Freunde und wollen uns zu Weihnachten damit entschuldigen. Der Drucker macht uns ebenfalls Verkaufsschilder fürs Auto: »Se vende«, dazu unsere E-Mail-Adresse, die wir ins Fenster hängen wollen. Bis jetzt haben wir uns nicht mit der Frage beschäftigt, wie wir das Auto am besten verkaufen könnten. Und so richtig möchten wir das auch nicht tun, die Schilder wandern erst mal irgendwo in einen Schrank.

Es ist dunkel geworden, im Ort Foz do Iguaçu füllen sich Straßencafés und teure Pizzerien mit Menschen, Cabrios halten vor Ampeln. Die Stadt wirkt elegant, fast zu sauber, denke ich nach São Paulo. Man sieht lachende, gutgelaunte Gesichter. »Ich habe Hunger, bitte hilf mir«, höre ich eine Kinderstimme neben dem Wohnmobil. Ein Junge, vielleicht acht Jahre, bettelt mich an, beinahe weint er. Wir geben ihm Brötchen und Saft. An der nächsten Ampel hocken sechs Kinder, keines scheint älter zu sein als Piet oder Stella. Hoffnungslosig- und Desillusioniertheit steht in ihren Gesichtern. Dies sind Augen von Verzweifelten, Wehrlosen und nicht die von Kindern. Ziellos laufen sie zwischen den Fahrzeugen, manchmal betteln sie, aber nur halbherzig. Mit einem Knopfdruck schließen die Fahrer die getönten Scheiben, man will sich den Abend von diesem Anblick nicht verderben lassen. Nachts trauen sich die Kleinen aus ihren Ecken, weil ihnen die Dunkelheit einen gewissen Schutz bietet.

Ich bin nie sicher, was Stella und Piet empfinden. »Warum betteln die Kinder?« – »Ich glaube, sie haben nichts zu essen, vielleicht keine Eltern mehr. Sie sind arm.« Eine Pause entsteht, dann meint Piet: »Sie tragen aber Schuhe und Anziehsachen, so arm sind sie nicht!« Für sie stellen Kinder immer nur Spielkameraden dar, sie machen ausschließlich positive Erfahrungen, und das Äußere spielt bei ihnen absolut keine Rolle. Manchmal frage ich mich, ob wir ihnen die Umstände nicht eindeutig genug erklären, damit sie betroffener sind. Aber warum?! Stella und Piet sind selbst noch Kinder, mit kleinen, unschuldigen Seelen, die selbst in der größten Trostlosigkeit etwas Positives entdecken, und das beschützt sie auf wundervolle Weise.

Auf dem Rio Iguaçu warten große, rote Schlauchboote mit 2 x 200 PS Außenbordmotoren. Wir ziehen uns bis auf die Badesachen aus, stülpen Schwimmweste und Regencape über, dann rasen wir den Fluss hoch über Stromschnellen, bis in die Teufelsschlucht hinein. Für eine Sekunde befinden wir uns unter einer Monsterdusche. Was für eine Kraft, wie klein und hilflos wirken wir gegenüber diesem Naturphänomen. Erkennen kann man für Augenblicke nichts, hoffentlich weiß der Kapitän, wo er sich befindet ... Er steuert lässig zurück, die Touristen sind tief ergriffen: Jetzt ist klar, dass die Bezeichnung »Garganta del Diablo« nicht übertrieben ist.

Die Fälle begeistern uns so stark, dass wir nachmittags oft mit dem Wohnmobil in den Nationalpark fahren, bei offenem Fenster einfach nur sitzen und staunen.

11. November · Santa Catarina –
Wiedersehen mit Ueli, Senhor Rui kocht für uns

Wir befinden uns im Bundesstaat Santa Catarina, der wegen seiner guten Böden einst von europäischen Einwanderern, hauptsächlich deutschen Bauern, im 19. Jahrhundert als neue Heimat auserwählt wurde: Häuser mit Spitzdächern, mit Holzschindeln gedeckt, weiße Obergardinen in den Fenstern, gepflegte Vorgärten. An kleinen Ständen kann man geräucherte Salami, Käse, selbstgebrannten Schnaps, Graubrot und zu dieser Zeit Weihnachtsplätzchen kaufen. Oft überholen uns hupende Autos, Grund ist unser riesiges »Alemania« und das Bochumer Kennzeichen BO-KY 110. An einem Posto spricht uns ein Brasilianer auf deutsch an: »Hallo, hier ist meine Visitenkarte. Ihr müsst mich in Florianópolis besuchen …«

Weiter, vorbei an Windmühlen, Fachwerkhäusern, deutschen Firmennamen: Becker, Hausmann, Müller … Der Höhepunkt deutscher Traditionen wird in Blumenau gefeiert, wenn über eine Million Besucher das dreiwöchige Oktoberfest feiern, nach dem Karneval in Rio das zweitgrößte Spektakel in Brasilien.

Uns zieht es auf die große *Ilha de Santa Catarina* mit ihren über hundert Stränden. Es ist Sonntagnachmittag, am endlosen *Praia Moçambique* verlassen die letzten Autos den Strand. Wir stehen auf den leicht erhöhten Dünen – 25 km weißer Sand!

Am nächsten Morgen befinden wir uns absolut alleine, keine Autos, keine Menschen, nur wir an diesem endlos langen Strand. Wir haben ja schließlich »so viel« zu tun, dass wir uns erst mal auf eine Woche einrichten. Im Laufe der Zeit summierten sich kleinere Arbeiten am Wohnmobil, die ich immer aufschob. Die Markise klemmt beim Einfahren etwas – also aufschrauben, fetten, danach lässt sie sich ein- und ausholen, als wäre sie neu. Ich stehe auf einer kleinen Leiter und säubere sie. »Schnell Rudi, das Auto brennt!« schreit Betti und reißt die hintere Tür auf. Direkt neben dem Eingang hängt ein Feuerlöscher, ich habe ihn schon in der Hand und versuche den Brandherd auszumachen. Es ist eindeutig der Backofen. Als ich die Tür des Herdes aufziehe, schießt mir eine Stichflamme entgegen. Betti hatte die Pizza rausgenommen, und irgendwie muss Papier einer Küchenrolle auf das Backblech gelangt sein und sich später im Ofen entzündet haben. Ich ziehe das brennende Blech raus und schmeiße es vorsichtshalber nach draußen, kippe einen Eimer Wasser darüber. Das hätte ganz anders enden können, wenn wir nach dem Essen einen Spaziergang gemacht hätten ...

Wir haben uns ein »bodyboard« zugelegt, ein etwa ein Meter langes Brett aus Schaumstoff, mit dem man liegend versucht, von einer Welle bis an den Strand zu surfen. Ein kleiner Pinguin liegt im Sand, er scheint krank zu sein, und es sieht nicht so aus, als habe er noch lange zu leben. Dunkle Vögel, vielleicht Geier, kreisen hoch über ihm.

Als wir von einem Spaziergang zurückkommen, läuft uns ein Brasilianer entgegen und gestikuliert aufgeregt, zeigt zu unserem Wohnmobil. Mein erster Gedanke gilt dem Backofen. Dann sehen wir die Bescherung. Direkt neben uns parkt sein Pkw, die Seitenscheibe ist mit einem dicken Stein zerstört, Scherben im Auto: »Alles weg, Kreditkarten, Papiere, zwei Handys, Geld! Ich war nur zehn Minuten mit meinem Freund spazieren!«

Wir ziehen immer die Vorhänge vor, wenn wir das Auto alleine zurücklassen, vielleicht schreckt das Diebe ab, die nicht wissen, ob sich jemand im Innern befindet. Wahrscheinlicher aber ist, dass wir einfach Glück haben – und vielleicht zu naiv sind? Wir reisen nun seit 20 Monaten, nie passierte etwas, und das wiegt uns in einer Sicherheit, die uns vielleicht unüberlegt handeln lässt. Oder ist die Welt in der Regel gut und nur in Ausnahmefällen schlecht? »Wir kommen seit Jahren an diesen Strand, und nie, nie sind wir bestohlen worden«, erzählen die beiden Brasilianer.

Nach einigen Tagen sind unsere Abwassertanks voll. Sie befinden sich hinten unter dem Wohnmobil und können von außen mit einem Schieber geöffnet und entleert werden. Wir tun dies meist irgendwo abseits der Straße, ein schlechtes Gewissen haben wir nicht, fällt es doch unter die Rubrik »natürliche Bodendüngung«. Wir verlassen den Strand heute, um zu »dumpen«. Ein Polizeifahrzeug kommt uns auf der Hauptstraße entgegen mit der Aufschrift »IBAMA« (Umweltschutzpolizei). Im Seitenspiegel verschwinden sie. Ich halte zwischen Bäumen, öffne die Tanks – die Beamten scheinen das geahnt zu haben, plötzlich dreht das Fahrzeug um. Es stinkt ganz fürchterlich, mir ist die Situation absolut peinlich, ich möchte im Erdboden versinken.

»Warum benutzen Sie nicht einen offiziellen Platz zum Entleeren? Dies ist ein Naturschutzgebiet! Zeigen Sie bitte Ihren Pass!« Der Tonfall ist keineswegs wütend oder aggressiv. »Sollten wir Sie noch einmal erwischen, müssen wir Sie bei der »Policia Nacional« melden. Bitte merken Sie sich das. Und jetzt wünschen wir einen schönen Tag, auf Wiedersehen!«

Ich bin tief beschämt. Diese Art empfinde ich schlimmer als ein Bußgeld von 500 Dollar. Als wir in den kleinen Ort Lagoa kommen, steht die IBAMA am Ortseingang, ich möchte unsichtbar vorbeigleiten und sehe verlegen rüber: Sofort fliegen Daumen in die Höhe – »tudo bem«.

Das Wohnmobil parken wir an der Hauptstraße, weil wir mal wieder reif sind für ein Mittagessen »à quilo«. Mit vollen Mägen, in Gespräche vertieft, schlendern wir Hand in Hand zurück zum Auto. Ein Mann lehnt lässig dagegen, irgendwo habe ich ihn schon mal gesehen, geht es mir durch den Kopf, aber wo nur ...? »Hallo Betti, hallo Rudi«, begrüßt er uns. – »Ueli, aus der Schweiz?« Tatsächlich, es ist unser Freund, den wir vor 15 Monaten in Mexiko trafen, auf der Baja California. Seine brasilianische Freundin begrüßt uns überschwänglich. Es trat genau das ein, was Ueli uns vor über einem Jahr prophezeite: »Ich werde erst mal wieder in die Schweiz fliegen, dort alles verkaufen, und dann zurück nach Santa Catarina zu Bia.« Sie leben bereits ein Jahr zusammen. Abends laden uns die beiden ein, der frühere Chefkoch lässt es sich nicht nehmen, Nudeln selbst zu machen, eine Soße zu kreieren. Für ihn kommt eine Rückkehr nach Europa nicht mehr in Frage. »Ich habe meinen Platz gefunden. Vielleicht eröffne ich auf der Insel irgendwann ein Restaurant, mal sehen.«

Es kann gar nicht sein, dass schon wieder eine Woche vergangen ist. »Morgen fahren wir ganz bestimmt weiter«, versichern wir uns gegenseitig.

Vor Sonnenuntergang halten wir an einer Tankstelle, um den Wassertank zu füllen. Vor einem kleinen Café parken Motorräder, einige wunderschöne alte Harleys. »Hallo, ich bin Rui, möchtet ihr ein Bier?« Die Frage erübrigt sich, denn Rui hat schon zwei für uns gekauft. Jeden Sonntagabend trifft sich dieselbe Clique hier auf ein Schwätzchen und lässt die Woche ausklingen. Rui stellt uns seinen Freunden vor, einige sprechen deutsch. Jemand zeigt uns seine 6-Zylinder »Goldwing« mit Automatikgetriebe, Funk, CD-Spieler, Hydraulik ... Die Atmosphäre ist ungezwungen, einige tragen Leder, andere gucken nur mal schnell in kurzer Hose und T-Shirt vorbei.

Kurz vor Mitternacht verabschieden wir uns. »Betti, Rudi, warum übernachtet ihr nicht in meinem Appartement direkt am Strand?« Wir reden uns mit dem langen, einsamen Strand heraus, wollen nicht in unserer gewohnten deutschen Zurückhaltung jemandem zur Last fallen oder aufdringlich erscheinen. Rui wirkt fast beleidigt: »Wie ihr wollt! Aber morgen komme ich vorbei, und dann müsst ihr die Wohnung sehen!« Selbst nach so vielen Monaten fällt es uns schwer zu glauben, dass es Leute gibt, die es richtig glücklich macht, wenn sie uns helfen. Uns kommt oft der Gedanke: »Würde uns so etwas in Deutschland passieren? Würden wir nach einer kurzen Begegnung Fremden unsere Wohnung zur Verfügung stellen?«

Stella und Piet sammeln Muscheln, ich liege faul im Auto und lese. »Eine Motoradpolizist kommt direkt auf uns zu«, ruft Piet. Der Mann entschuldigt sich für die Störung. »Es ist hier nachts sehr gefährlich. Ich möchte Sie davor warnen, hier zu campen!« Er verabschiedet sich freundlich, wünscht noch einen schönen Tag. »Vielleicht ist es ja doch etwas gefährlich, und wir sollten auf den Polizisten hören«, meint Betti. Kurz danach hält ein anderes Fahrzeug neben uns. Zuerst springt ein Boxer raus, hält ein Bein hoch und markiert sein Territorium an unserem Wohnmobil, später ist die Strandliege von Betti dran. »Ihr müsst unbedingt diesen Ketchup von Heinz probieren, das ist der beste«, ruft jemand auf englisch .... es ist Rui, der Motorradfahrer von gestern. »Jetzt packt zusammen und kommt, ich zeige euch mein Appartement. Wenn es euch nicht gefällt, übernachtet wieder hier draußen, also los!« Zufall, oder begegnet uns einfach nur wieder einer der unzähligen »Engel« dieser Reise?

Die Wohnung befindet sich im 4. Stock – zwei Schlafzimmer, Küche und Wohnraum, zwei große Terrassen mit Blick aufs Meer.

Rui und seine Frau Teca nutzen sie als Rückzug am Wochenende. Überall stehen Objekte – Teca töpfert, arbeitet mit Keramik. Eine Wand quillt über mit CDs, Reiseliteratur. »Also, was ist?« – »Tja, können wir hier wirklich übernachten«? – »Können? Ihr müsst, ich will so viel von euch erfahren, bleibt solange ihr wollt!«

Schwer bepackt mit Taschen voller Fisch, Fleisch, Gemüse, Brot und natürlich Bier verwandeln Rui und Teca das Wochenende in eine einzige Völlerei. Rui trennt sich von Jacke und Hemd, trägt nur eine Küchenschürze und steht am Grill.

»Warum bleibt ihr eigentlich nicht ganz hier? Wir würden schon das richtige Häuschen für euch finden«, schlägt Rui vor.

■ *Rui kocht für uns*

27. November · Canela – vorweihnachtliche Stimmung

Europäischer bzw. deutscher geht es im Bundesstaat *Rio Grande do Sul* kaum noch. Und vier Wochen vor Weihnachten kommt eine richtig festliche Stimmung auf. Die Häuser im Ort Canela sehen mit Sprossenfenstern und Schlagläden, Fachwerk, Blumenkästen und Gardinen nicht anders aus als irgendwo in Bayern. In manchen Vorgärten stehen Gartenzwerge. Lichterketten hängen von Bäumen, überdimensionale Sterne, Schlitten sind mit kleinen Lämpchen umwickelt. Nachts leuchten drei Meter hohe Engel aus Metall, die mit Posaunen die Straßen säumen, riesige Notenschlüssel, Rentiere, tausend einzelne Lichter an der Kirchenfassade – alles verwandelt den Ort in ein vorweihnachtliches Märchen und überträgt sich auf uns. Die Umgebung mit Tannenwäldern und Pinien passt dazu, lediglich die 25 Grad warme Temperatur weicht vom gewohnten Bild ab. »Der beste Apfelstrudel«, wirbt ein Schild vor dem *Castelinho* (Schlösschen), einem der ersten Häuser hier, von Familie Franzen gebaut und mittlerweile Museum mit deutscher Küche. In der Küche schälen Frauen Äpfel und bereiten den Strudel nach altem Rezept zu: umgerechnet drei Euro das Stück! Er ist warm, die Sahne frisch geschlagen.

Eine Gruppe älterer Damen spricht uns an, auf deutsch. Viele leben seit Generationen in Brasilien. Immer wieder möchten sie unseren Familiennamen hören: »Wo kommt ihr denn her in der Heimat?« Ihre Worte überschlagen sich, man spürt immer noch die Sehnsucht, die Brasilianerinnen hängen regelrecht an unseren Lippen. Manchmal muss ich mir einen Ruck geben, um daran erinnert zu werden, dass wir im tiefsten Südamerika sind. »Warum gefällt es Ihnen so gut in Brasilien?« – »Ach weißt ihr, hier hama das gute Klima. Das Leben ist ruhiga und die Menschen irgendwie ausgeglichena, glücklicha ...« erzählen uns die Damen in seltsamem Akzent.

Christsterne in Töpfen stapeln sich zu einer fünf Meter hohen Pyramide, Weihnachtsmusik klingt aus Lautsprechern, die hoch oben an Straßenlaternen befestigt sind.

Stella und Piet genießen die Kontaktfreudigkeit der Kinder genauso. Auf einem einsamen Camping lernen sie einen zwölfjährigen Jungen kennen. Stella möchte am liebsten nur reden, sie genießt es, sich in einer anderen Sprache verständlich zu machen und ständig neue Worte zu lernen. Piet zieht das Fußballspielen vor. »Schnell, kommt her!« Die Kinder stehen in respektvollem Abstand um etwas haariges und starren auf den Rasen – eine faustgroße Tarantula (Vogelspinne) mit ihren acht behaarten Beinen wirkt furchteinflößend.

Völlig unbeeindruckt krabbelt sie in Richtung Duschräume. Ihre Spur zieht sich quer über den Fußballplatz. Abends beim Feuer legen wir die Füße hoch und leuchten ständig mit der Taschenlampe auf den Boden.

Manchmal kann man das Gefühl bekommen, als sei Portugiesisch die Zweitsprache im Süden Brasiliens. Am Ortsausgang sehe ich zufällig eine kleine Halle, in der jemand schweißt. Unsere hintere Eingangsstufe ist gebrochen, ich baue sie aus und gehe über die Straße. »Zeig mal her«, meint der Chef (auf deutsch). Er und sein 20-jähriger Sohn arbeiten hier alleine. Während der Jüngere geschickt die Stufe zusammenschweißt, muss ich erzählen: »Ich sprech ja nimmer gut, aber verstehn tun ma noch alles, ja«, entschuldigt er sich. Die Stufe liegt längst fertig auf dem Boden, wir reden über alles mögliche. »Was kostet das, bitte?« – »Ach lass' mal, nichts bekomme ma dafür.«

11. November · São Lourenço do Sul – Motoraufhängung gerissen

São Lourenço do Sul liegt am Ufer der über 200 Kilometer langen *Lagoa dos Patos,* die an einer Stelle mit dem Meer verbunden ist. Beim Fahren über dickes Kopfsteinpflaster bemerke ich ein Geräusch vorne rechts. Es kommt nicht aus dem Motorbereich, was mich etwas beruhigt. Bald werden wir durch Patagonien reisen, wo es kaum noch Orte gibt und Möglichkeiten, etwas reparieren zu lassen.

Der Besitzer eines Restaurants empfiehlt uns eine »gute« Werkstatt: Eher ein Schuppen, aber ich vertröste mich, dass nicht das Aussehen der Firma, sondern die Fähigkeit der Mechaniker entscheidend ist. Eine Grube gibt es nicht, das Auto passt gar nicht in die winzige Garage. Ein Pappstück wird unter das Wohnmobil geschoben und dient als Arbeitsunterlage. Ich robbe flach auf dem Rücken neben den Mechaniker und sehe die Ursache für das schlagende Geräusch: Ein etwa 3 mm breiter Riss zieht sich durch die untere Motoraufhängung. Bei jedem Einfedern drücken die auseinander gerissenen Seiten aufeinander. Der Mechaniker scheint völlig unbeeindruckt zu sein: »Wie lange reist ihr denn schon ...?« Bedeuten seine belanglosen Fragen jetzt, dass es aussichtslos ist, über den Schaden zu sprechen, oder das genaue Gegenteil?

»Ist es eine große Sache?« will ich wissen. – »Nein, das lässt sich schon machen«, meint er lapidar.

Ich überlege, ob wir nicht eine größere Werkstatt suchen sollen, aber warum? Er hat die Ursache entdeckt, und ich vertraue ihm. Eine warnende Stimme von unserem Freund Felix aus San Francisco ersticke ich: »Lass' nie die ‚Kaschperl' an das Auto!«

Die ersten Schrauben kullern über die Straße. Das Auto steht aufgebockt neben dem Bordstein, andere Fahrzeuge rasen vorbei. Man muss aufpassen, nicht überfahren zu werden. Das Federbein muss raus, dann liegt die Stelle relativ gut erreichbar zum Schweißen. Kabel, Benzinleitungen, Schläuche liegen unmittelbar neben der Flamme, nichts wird abgedeckt: »Ist das nicht gefährlich?« – »Nein, warum? Alles in Ordnung.«

Ich öffne vorsichtig die Fahrertür und berühre die kleine Jesusfigur, die Piet mir vor einem Jahr aus Knetgummi formte und die für solch' heikle Fälle »zuständig« ist.

Nach einer Stunde wird das Auto von den Böcken gelassen. Probefahrt. Das Geräusch ist weg. 25 Dollar kostet die Reparatur, die Mechaniker wenden sich dem nächsten Auto zu, das fast nur noch auf zwei Rädern fährt. Ich kenne schon ihren Kommentar: »Kein Problem ...«

Wir stehen direkt an der Lagoa unter hohen Bäumen, vor uns sandiges Ufer. Die Vorbereitungen für Piets 6. Geburtstag laufen auf vollen Touren: Betti backt Kuchen, wir packen Geschenke ein, und nachts werden Luftballons unter die Decke gehängt, dazu Tüten mit Chips, Bonbons, Kärtchen mit Wünschen. Piet darf entscheiden, wie der Tag ablaufen soll: »Zuerst will ich die Geschenke auspacken und dann gemütlich draußen frühstücken!«

Wir sind oft schon Monate vor solchen Ereignissen damit beschäftigt, die Überraschungen zu besorgen, denn es gibt nicht überall die Möglichkeit zum Beispiel einen kleinen Ferrari zu kaufen. Es geht weiter mit Topfschlagen, Baden, Rad fahren, Lego bauen. Abends grillen wir. »Das ist mein allerschönster Tag«, flüstert der Kleine.

Manchmal denke ich, dass für die Kinder jeder Tag ein Geburtstag sein muss, so glücklich kommen sie mir vor, wenn sie abends in ihren Betten liegen, wir uns noch über die Erlebnisse und Begegnungen des Tages unterhalten.

Am nächsten Tag kommt ein älterer Mann auf dem Fahrrad

vorbei, eine Holzkiste auf dem Gepäckträger: »Habt ihr keine leeren Aluminiumdosen?« Ich erinnere mich an die Bierdosen, die sich aber zusammen mit Müll in einem Plastiksack befinden. »Das macht gar nichts«, antwortet er, wühlt in den Säcken, findet die Dosen, klopft sie mit einem Stein platt und wirft sie in seinen Holzkasten. Wir sammeln ab heute für ihn. »Ein Kilo bringt etwa einen halben Dollar, die Laschen der Dosen über 100 Dollar!« Als hätte er meine Gedanken gelesen, meint er: »7000 Laschen etwa ergeben ein Kilo!«

Vier Monate Brasilien gehen zu Ende, wir sind uns einig – kein Land hat uns so gefallen, nirgendwo begegneten uns die Menschen sympathischer, ist die Küche besser, sind die Strände schöner als hier. Es war die richtige Entscheidung, nicht der Panamericana am Pazifik entlang zu folgen, sondern die seltener gefahrene Route über Brasilien zu wählen.

URUGUAY

ZU SCHADE ZUM SCHNELLEN DURCHFAHREN

5. Dezember · Auf der Durchreise

Jetzt wird wieder Spanisch gesprochen. Ein Blick auf die Speisekarte der Restaurants überzeugt uns davon, dass wir demnächst wieder selbst kochen werden: Alles ist in Uruguay drei- bis viermal so teuer wie in Brasilien. An einem Strand bestellen wir *milanesa,* eine Art paniertes Schnitzel mit Tomatenscheibe und Zwiebelring zwischen Brötchenhälften. Warm zwar, aber sehnig, und für diese drei »Pappen« hätten wir alle in Brasilien einige Kilos essen können.

Wir wählen die Küstenstraße, Ruta 10. Über Stichverbindungen erreichen wir kleine Orte: Punta del Diablo (Teufelspunkt), Aguas Dulces (Süßwasser) ... Alles wirkt noch sehr ursprünglich, kein Massentourismus. Die Häuschen ähneln mehr größeren Gartenlauben, viele stehen zum Verkauf. Das Land ist dünn besiedelt, riesige Weiden mit Rindern, vereinzelt Schafen, mittendrin kleine Farmgebäude. Es gibt kaum Verkehr, die betagten Autos erinnern ein bisschen an Kuba.

Irgendwo überhole ich bei durchgezogener Linie und werde wenig später von einem Polizisten gestoppt. Er sieht in seiner sauberen Uniform, Falte in der Hose, Schlips, Gel im Haar richtig elegant aus. Höflich zückt er einen Block, notiert sich das deutsche Kennzeichen – und steckt ihn etwas verwirrt sofort weg: »Eine wundervolle Reise wünsche ich Ihnen noch!«

Besonders die kleineren Orte (die Hauptstadt Montevideo und das Touristenmekka Punta del Este meiden wir) wirken ein bisschen so, als seien sie vergessen worden. Die Auslagen in den Geschäften zeigen Mode, die an die frühere DDR-Kleidung erinnert. Manchmal befinden sich Campingplätze mitten im Zentrum, dürfen kostenlos benutzt werden. Am Wochenende oder während der Ferien nutzen Familien diese Möglichkeit, die Luxusresorts von Punta del Este sind für die meisten unerschwinglich.

Die Menschen wirken reserviert. Einmal erkundigt sich Betti bei drei Frauen nach der Adresse eines Reisebüros: Keine Reaktion, keine nimmt Notiz von ihr. Als wir dann das Büro finden, ein ähnliches Bild: Die Angestellte nennt uns Preise für die Fähre nach Buenos Aires, aber kein Wort mehr und schon gar keine Gegenfrage, aus der ein nettes Gespräch werden könnte wie in Brasilien.

Eine Mutter steht mit der Tochter am Straßenrand und trampt. Wir nehmen sie mit. Stella bietet ihnen einige Plätzchen an. Das kleine Mädchen nimmt nichts an, die Mutter wehrt ebenfalls ab. Ist es Stolz, Bescheidenheit oder was steckt dahinter? Arroganz jedenfalls nicht, denn als wir sie am Ziel absetzen, bleiben sie noch lange stehen und winken uns nach.

Vielleicht sehe ich zu oft und zu lange in den Seitenspiegel. Jedenfalls überfahre ich ein Schild und höre plötzlich ein schabendes Geräusch. Das gefällt mir gar nicht. Ein Straßenschild ist stark durchgebogen und drückt gegen das Autodach, die Markise droht einzureißen. Mit einem Besen drücke ich das Schild weg, Betti setzt den Wagen vorsichtig zurück. Einige Männer bleiben stehen und sehen interessiert zu. Ein Polizist gesellt sich zu ihnen und scheint sich nicht darüber zu wundern, dass das Schild nun völlig verdreht ist.

Und dann kommt es unerwarteterweise zu einem kleinen Erfolgserlebnis: Unser Gastank ist leer, und nirgendwo können wir Propan auffüllen, weil unser Einsatz nicht auf die Schläuche der Stationen passt. In einem winzigen Hinterhof stehen 100-kg-Flaschen, aber keine Abfüllanlage, dafür gibt es einen Angestellten, der Kubaner sein muss, so perfekt improvisiert er. »Ich lasse euch einen Schlauch anfertigen, das eine Ende passt auf euren amerikanischen Ausgang, das andere auf die Südamerika-Norm.« Mir ist zwar noch nicht ganz klar, wie wir das Gas in unseren Tank bekommen, aber das werden wir sofort sehen: Der Señor rollt eine 100-kg-Flasche an, schraubt den Regulator bei uns ab, Schlauch dran und mit der Flasche verbinden, Flasche aufdrehen, das Gas strömt langsam, der Zeiger der Armatur bewegt sich in Minutenabständen auf voll. Mit einer Rohrzange zieht er alles wieder fest. »Nie den Regulator lösen! Explosionsgefahr! Darf nur von autorisiertem Personal gewartet werden!« So steht es jedenfalls auf englisch und in dicken Buchstaben auf dem Tank. Mir fällt ein Stein vom Herzen. Mit diesem Schlauch sollten wir nirgendwo mehr Probleme mit Propan bekommen, höchstens damit, dass das ganze Wohnmobil in die Luft fliegt ...

Bei Benzinpreisen von 1,50 Dollar pro Liter verzichten wir in Uruguay aufs Tanken und hoffen, dass »gasolina« in Argentinien wieder billiger ist.

Das riesige Mündungsgebiet des Río de la Plata (Silberfluss) kann man mit einer Fähre innerhalb von drei Stunden queren und erreicht Buenos Aires. Ausgangspunkt ist die Kolonialstadt Colonia del Sacramento: Oldtimer, renovierte Häuser, Kopfsteinpflaster. Abends rücken die Bewohner Stühle und Bänke vor ihre Türen und schlürfen Mate-Tee aus einem Becher. Blätter des Matestrauchs werden bis zum Rand hineingestopft, heißes Wasser darübergegossen und aus einem Saugröhrchen abwechselnd getrunken. Meist steht eine Thermoskanne mit heißem Wasser dabei. Derselbe Becher wird von mehreren Leuten benutzt. Mir schmeckt Mate ziemlich bitter, aber hier schwören die Menschen drauf und glauben an gute Wirkungen: Die Lkw-Fahrer hält er länger wach, die Gauchos verspüren weniger Hunger. Jeder kann eine kleine Geschichte über die wundersamen Folgen von Mate berichten.

Es ist schade, dass wir nur wenige Tage in diesem Land bleiben, unsere Eindrücke dementsprechend flüchtig ausfallen. Aber zur Silvesterparty möchten wir in Ushuaia sein, der südlichsten Stadt der Welt.

Ganz früh am Morgen rollen wir auf die Autofähre. Niemand stört sich daran, dass wir im Auto bleiben. Einmal gehen wir über eine rostige Eisentreppe in die Aufenthaltsräume, wo Passagiere in Sesseln liegen und schnarchen. In einem luxuriösen Duty Free Shop warten gelangweilte Verkäuferinnen vergeblich auf Kunden. Wer möchte schon eine Jacke für 300 Dollar kaufen oder kubanische Zigarren, das Stück für 20 Dollar? Nach drei Stunden bietet sich uns der grandiose Anblick der Anlegestelle vor der Hochhaus-Skyline von Buenos Aires. Es wird die letzte Großstadt unserer Reise sein, danach gibt es nur noch Natur.

ARGENTINIEN

WALE, PINGUINE, SEELÖWEN UND BERGMASSIVE

8. Dezember · Buenos Aires – Überraschungsbesuch aus Deutschland

Tja, zwischen Wunsch und Realität bestehen oft kleinere Unterschiede. Wir sind mittlerweile großstadtmüde geworden und möchten in Buenos Aires nur unsere Post abholen, die bei deutschen Freunden von Bettis Eltern liegt. Es warten aber nicht nur Briefe und Pakete mit Weihnachtsplätzchen, sondern auch Bettis Eltern, die spontan ihre Freunde besuchen und uns überraschen wollen! Sie bleiben noch eine Woche. Es wird uns beiden auch mal gut tun, ganz alleine zu sein, ohne die Kinder in der City zu bummeln, ohne Zeitdruck in Straßencafés zu sitzen oder ungestört in Buchgeschäften zu stöbern.

Für die Großeltern müssen diese fast zwei Jahre Trennung eine Ewigkeit bedeutet haben. Von Stella und Piet sollen wir eine Woche lang nicht viel sehen, sie tauchen mit Opa im wahrsten Wortsinn im Swimmingpool ab – »Wir wollen die Stadt nicht besichtigen, die sind doch alle gleich ...« Wir können sie verstehen.

Das Haus unserer Gastfamilie Renate und Teo besitzt 800 Quadratmeter Wohnfläche, von einer riesigen Terrasse blicken wir direkt auf den Río de la Plata, einige Kilometer entfernt erhebt sich die Skyline der Hauptstadt. »Ihr könnt im ‚Playroom' wohnen, einer abgeschlossener Etage mit 200 Quadratmeter hinter riesigen Glasschiebetüren ...«

Es ist imposant, das kann ich nicht bestreiten, aber uns verwirrt es im gleichen Maße auch. Wir wissen, dies ist nicht das typische Argentinien, und werden während der Woche hier noch oft auf krasse Gegensätze stoßen. Gibt es überhaupt »das« Argentinien? Eher nicht, genauso wenig wie es »das« Brasilien gibt, wo Favela-Hütten neben Villen stehen, Obdachlose neben Bankern die Straßen bevölkern.

Theo nimmt sich eine Woche frei, um uns die Stadt zeigen zu können, die vor 400 Jahren gegründet wurde. Während des Rindfleischbooms um 1880 errichtete man viele Gebäude nach Pariser Vorbild, riss dafür einen Teil der spanischen Kolonialarchitektur ab. Die ersten Siedler, italienische Fischer aus Genua ließen sich im Stadtteil »La Boca« nieder. Heute erfährt das Viertel eine Renaissance – die Häuserfronten, oft mit Wellblech beschlagen, sind kunterbunt angestrichen. Cafés, Restaurants, Souvenirläden, Straßenkünstler bestimmen das Bild. An einer Stelle fließt der Río Chuelo in den La Plata, es stinkt entsetzlich. Kleinere Werften vergammeln, Schiffsrümpfe rosten vor sich hin, zwei Wracks liegen umgekippt im Wasser. Eine Stimmung zwischen altem, miefigem Untergang und grellem Neuanfang. Auf einem kleinen Platz tanzt ein Paar Tango zur Musik eines Kassettenrecorders. Zuschauer bleiben stehen, werfen etwas Geld in einen Hut auf dem Boden. Aus Lautsprechern erschallt: »Ich muss trinken, bin alleine, ohne Freunde. Meine Heimat ist woanders, weit überm Meer ...« Zu den Themen von Einsamkeit, Verzweiflung, Trauer, Heimweh und natürlich Eifersucht bewegt sich das Paar leidenschaftlich und erotisch, die Körper verschmelzen beinahe ineinander. Man hat das Gefühl, die beiden tanzen für sich alleine. Für Augenblicke überträgt sich diese Atmosphäre auf die Betrachter, manche beginnen selbst zu tanzen, andere bekommen einen schwermütigen Gesichtsausdruck.

Der Friedhof im Viertel Recoleta ist mehr eine kleine Stadt mit seinen pompösen Krypten, wo die wohlhabendsten und berühmtesten Toten bestattet werden. Richtige Straßen ziehen sich zwischen den einzelnen Reihen endloser Gräber (beinahe hätte ich gesagt »Paläste«), die in jedem nur denkbaren Stil errichtet werden, meist in Marmor, oft Zentimeter an Zentimeter gebaut. Da es in der Breite keinen Platz mehr gibt, wird der Bedarf unterirdisch befriedigt, oft in zwei oder drei Untergeschossen. Die berühmteste Krypta, aus schwarzem Marmor mit täglich einer frischen Rose davor, steht über dem Grab von Evita Perón, das zum Mausoleum der Duarte-Familie gehört.

Buenos Aires hat wirklich Flair, das muss man sagen: überall gepflegte Grünanlagen, Bäume säumen die Straßen. Es ist richtig schön, Hand in Hand in Fußgängerzonen zwischen den Häuserschluchten zu schlendern. Wir sitzen lange in Cafés, beobachten die Menschen. Viele ältere Männer, oft alleine, weißhaarig und elegant gekleidet, lesen oder telefonieren. Irgendwie wirken alle wie Schriftsteller, Schauspieler, pensionierte Bankdirektoren, Großgrundbesitzer.

Am späten Nachmittag nehmen wir eine Stadtbahn, um »nach Hause« zu fahren. Die Waggons sind klimatisiert. Ein Blinder packt eine alte Gitarre aus seinem Kunstledersack, stimmt sie und singt mitten im Gang mit einer so durchdringenden Melancholie, dass es uns schwer ans Herz geht. Nach jedem Lied tastet er sich mit seinem Stock einen halben Wagen weiter. Einige halten ihn an, legen Münzen in seine Hand. Schließlich steht er ganz alleine vor dem Ende des Zuges, ohne dass Fahrgäste in seiner Nähe sind, und singt.

Junge Frauen in dunklen Kostümen, Männer in Anzügen, Aktentasche aus Leder zwischen den Füßen und das Handy am Gürtel, machen um diese Zeit, etwa 18 Uhr, das Gros der Fahrgäste aus. Richtig verschüchtert steht eine Mutter mit ihrer Tochter, vielleicht 14 Jahre jung, dazwischen. Jede trägt ein Baby auf dem Arm, sie stecken in alter, löchriger Kleidung, die Schuhe sind abgetragen. Das Mädchen kann seine Augen nicht von einer Frau lassen, die ein elegantes weißes Kleid trägt: »Könnte ich doch einmal so sein wie du«, sagen ihre Augen. Niemand nimmt Notiz von den beiden, sie werden übersehen wie jemand, der nicht hierher gehört und hoffentlich bald wieder aussteigt.

Viele *Porteños,* wie die Einwohner von Buenos Aires genannt werden, entfliehen der Millionenstadt am Wochenende und machen einen Ausflug ins Tigre-Delta. Dieses Gewirr von Inseln, Kanälen und Flüsschen ist ausschließlich auf dem Wasserweg zu erreichen. Häuser, Restaurants, selbst eine Kirche befinden sich im Deltagebiet. In den Vorgärten qualmen Grillroste, vor einer Kirche findet ein Gottesdienst im Freien statt. Wir mieten ein kleines Boot samt Kapitän, unser »Teak«-Dampfer hat bereits 80 Jahre auf dem Buckel, der Kapitän auch schon 71. Nach seiner Pensionierung reichte die Rente nicht und er machte sich selbständig. Wir schippern vorbei an Schulen, einer Krankenstation, Polizeistation und verschiedenen Clubs. Schwimmende »Supermercados« versorgen die Bewohner. Auf dem Dach dieser Boote stapeln sich Säcke mit Grillkohle, Getränken und Kartoffeln, die Regale sind gefüllt mit Lebensmitteln und Haushaltswaren. Eine schwimmende Konditorei bietet Brot, Kuchen und Teigwaren an. Die Ausflugsboote von Großfamilien haben meist einen eigenen Koch an Bord, und für Stimmung sorgen »mobile« Musikgruppen. Wenigstens hier scheint die Welt der Wohlhabenden in Ordnung zu sein. Ihr Alltag sieht für viele ganz anders aus: Hinter hohen Mauern und unüberwindbaren Zäunen, zusätzlich gesichert durch Alarmanlagen, verstecken sich ihre Villen. Fenster und Türen sind einbruchssicher vergittert, oft wachen abgerichtete Schäferhunde in der Nähe, Überwachungskameras überprüfen jedes Gesicht am Tor. Polizeistreifen patrouillieren rund um die Uhr, das Blaulicht dreht sich unübersehbar, jede unbekannte Person wird angehalten. Begründete Vorsicht oder übertriebene Panik? Ich kann es nicht beurteilen.

Vor Ampeln beobachte ich, wie die Fahrer ihre Zentralverriegelung betätigen, nur auf das Grün warten und ausdruckslos nach vorn starren – eine junge Frau mit einem Baby auf dem Arm klopft an die Scheibe, hält ihre Hand auf – keine Reaktion. In solchen Augenblicken wird mir bewusst, dass wir einfach viel zu wenig begreifen, nicht tief genug in den Alltag eindringen, allzu oft nur beobachten können und auf viele Fragen keine Antworten bekommen.

Dann wieder die andere Seite: Das Teatro Colón, 1908 fertiggestellt, zählt zu den schönsten Opernhäusern der Welt. Vieles erinnert an Manaus: italienischer Marmor, Leuchter mit 300 Lichtern, goldverzierte Säulen, Spiegel, Treppenaufgänge, Stühle mit rotem Samt. Die Akustik ist so perfekt, dass Aufführungen ohne Mikrofone auskommen. Unter der Decke schwebt ein tonnenschwerer Leuchter, der gleichzeitig als Minibühne dient.

Buenos Aires ist zweifellos eine der faszinierendsten Städte Südamerikas – für diejenigen, die finanziell gut gestellt sind.

In den Seitenspiegeln verschwindet langsam die Metropole, wir befinden uns auf der RN 3, Ruta Nacional 3, dem endlosen Asphaltband, das nach etwa 3000 Kilometern in Ushuaia auf

Feuerland endet: immer nur geradeaus, wunderbarer Belag, Tempomat auf 55 Meilen eingestellt, extremer Wind von der Seite, kaum Verkehr, flache, endlose Pampa.

Irgendwo im Nirgendwo halten wir vor einem Café-Restaurant. Die knarrende Tür ist mit vergilbten Gardinen verhangen, drinnen ist es heiß, ein Holzofen brennt. Sämtliche Gäste drehen ihre Köpfe in unsere Richtung, es sind eher Gestalten in dicken Baumwollhemden, Pullovern und Arbeitshosen. Nach einigen Sekunden des Abtaxierens essen sie weiter, würdigen uns keines weiteren Blickes. Die Bedienung schlurft gelangweilt an unseren Tisch, ein Fernseher unter der Decke überträgt irgendein Gewinnspiel. Niemand redet. Vor dem Restaurant wirft der Wind lange Staubfahnen auf, wenn ein Fahrzeug abfährt. Auf den Tischen stehen Einliter-Bierflaschen der Marke Isenbeck, auf Kronkorken lesen wir: Warsteiner, die Königin unter den Bieren.

18. Dezember · Halbinsel Valdés – Natur pur: Wale, Seelöwen

»Seelöwen« steht auf einem Schild, darunter ein selbstgemalter Pfeil Richtung Osten. Eine schaurige Wellblechpiste lässt das Wohnmobil bis in die letzte Schraube erzittern. Von einer Aussichtsplattform über dem Meer beobachten wir einen Seelöwen-Harem. Unbestrittener Herrscher ist ein dicker Bulle, der seinen Besitz mit seiner ganzen Masse verteidigt und unbeholfen zwischen den etwa 20 Weibchen watschelt. Ein zweiter Bulle versucht sein Glück, schwimmt ans Ufer und nähert sich auf dem dunklen Kies vorsichtig, aber nicht unbeobachtet. Der Platzhalter stellt sich hoch auf, brüllt mit unglaublicher Lautstärke und vertreibt den Konkurrenten sofort. Zufrieden mit sich selbst »stolziert« er zwischen seinen »Damen«: »Vergesst nie, ich bin hier der alleinige und euer einziger Bulle!«

An anderen Stellen beobachten wir zwei Seelöwen, die ihre Ansprüche auskämpfen: Sie sind ständig in Bewegung, stellen sich auf, reißen die Mäuler auseinander und versuchen den anderen wegzudrängen. Mit ihren langen Stoßzähnen verletzen sie nie den anderen. Wie auf ein Zeichen lassen sich beide Rivalen gleichzeitig auf den Boden sinken, um sich zu erholen, nach wenigen Augenblicken geht es weiter. Die Weibchen dösen unbeeindruckt in der Sonne, und sollte der Sieger Lust auf sie verspüren, fliehen sie über den Kiesstrand und versuchen im Wasser zu entkommen.

Wir befinden uns auf der Halbinsel Valdés, einem Naturreservat mit Salzpfannen auf teilweise vierzig Meter unter Meeresniveau und einer Meerestierwelt, die einzigartig ist. Bis auf Trockengräser und widerstandsfähige Sträucher ist die Insel weitgehend vegetationslos. Die einzelnen *Areas protegidas* (Schutzzonen) sind über staubige Pisten zu erreichen.

Wenige Holzhäuser bilden den einzigen Ort Puerto Pirámides, gleichzeitig Ausgangspunkt für Walbeobachtungen. Kaianlagen gibt es nicht, das Boot wird an langen Stangen von einem Traktor ins Wasser geschoben bzw. ans Ufer geschleppt. Wir besteigen ein Boot und hoffen auf Glück, denn die Walsaison soll schon zu Ende sein. Kaum sind wir einige Minuten vom Ufer entfernt, als Wale direkt neben uns auftauchen: Eine Kuh mit ihrem Baby. Das Kleine misst einige Meter, scheint gestillt zu werden, ständig kommt eine Flosse nach oben, der riesige Rücken der Mutter treibt bewegungslos, wird lediglich von den Wellen hin- und hergeschaukelt. Zwei andere Wale kommen hinzu, ein Schlag mit ihrer Flosse würde unser Boot sofort zum Kentern bringen. Über eine Stunde beobachten wir das Treiben, und auch an anderen Stellen des Meeres sehen wir kleine Wasserfontänen in die Luft steigen.

Wir bleiben auf der Halbinsel und folgen einer 10 km lange Piste über kleine Sanddünen. Tiefe Löcher lassen nur Schritttempo zu. Auf einem felsigen Untergrund stellen wir das Wohnmobil direkt am Meer ab, fünf Meter unter uns. Wir sind ganz alleine, fast jedenfalls: Nur wenige Meter vom Ufer entfernt tauchen wieder Wale auf, springen wie Delfine komplett aus dem Wasser und verursachen beim Eintauchen ein mittleres Seebeben. Die ganze Bucht ist voller Tiere, überall tauchen sie auf und unter. Wir haben das Gefühl, uns inmitten einer vollkommen intakten Natur zu befinden. Vor tausend Jahren hat es hier genauso ausgesehen, nichts hat sich verändert und wird es hoffentlich ganz lange nicht.

24. Dezember · Rada Tilly – patagonische Weihnachtsmesse

»Die Ruta 3 ab Buenos Aires ist nach Süden total eintönig, es gibt nichts als Öde, Weite und Wind auf 3000 km«, so die Aussage vieler Reisender.

Das empfinden wir vollkommen anders. Diese unendliche Weite, mit Sichten über einhundert Kilometern, das Ineinanderfließen von Himmel und Erde am Ende der endlosen Geraden, Sonnenuntergänge in den spektakulärsten Farben, gewaltige Wolkenformationen, und immer wieder die unmittelbare Nähe von Tieren – einfach toll!

■ *Über die Staubpisten Patagoniens*

Wir verlassen die RN 3 und folgen einer 70 Kilometer langen Piste ans Meer. Hier, an der Punta Tombo, befindet sich das größte Brutgebiet der Welt für Magellan-Pinguine: An einem verwitterten Häuschen zahlen wir Eintritt. Der Ranger erklärt uns Verhaltensmaßnahmen. Pinguine sind überall, watscheln auf beiden Füßen und rudern mit den Flossen dabei in der Luft, um das Gleichgewicht zu halten. Ein Weg führt durch ihr Reservat. Der Boden ist übersät mit Tausenden von Erdhöhlen, in denen die Jungen ausgebrütet werden. Tiere liegen auf dem Kiesstrand oder bewegen sich zu ihren Höhlen, manche benötigen dafür bis zu einer Stunde. Jedes Jahr zwischen August und September kommen sie an diesen Küstenabschnitt zu ihren Nestern. Die Mütter legen im Oktober zwei Eier, nach 40 Tagen schlüpfen die Kleinen aus. Die Partner wechseln sich gegenseitig ab bei Pflege und Fütterung. Die jungen Pinguine sind mit dunkelgrauen Daunen bedeckt, die sie erst im Februar verlieren.

Die Tiere sind neugierig und nähern sich uns, picken vorsichtig an unseren Schuhen. Ein lautes Wort, und plötzlich werde sie sich bewusst, dass sie nicht alleine sind: Zuerst hasten einige, später hunderte ins Wasser, ihre Köpfe immer in unsere Richtung. Bis sie es vor Neugier nicht länger aushalten und sich vorsichtig wieder nähern. Wir sitzen bewegungslos auf den Kiessteinen, Pinguine um uns herum, einige berühren sich mit den Schnäbeln, so als wollten sie fragen: »Was ist das für eine Spezies Tier ...?«

■ *»Standplatz Pinguin-Kolonie«*

Nachts wird es so kalt wie noch nie auf dieser Reise – wenn ich abends ein Glas Wasser nach draußen stelle, ist es morgens gefroren! Wir liegen unter Decken und Schlafsäcken, binden uns Tücher um den Hals, Betti rettet sich mit einer Wärmflasche.

Morgen feiern wir das zweite Weihnachten auf der Reise, wir wollen es in Rada Tilly verbringen – ein Geheimtipp unseres Motorradfreundes Uwe, der dort vor einem Jahr vorbeikam. Im Nachbarort decken wir uns in einem Supermarkt ein. Die Leute füllen ihre Einkaufswagen, als nahe der Weltuntergang: 30 Kassen stehen nebeneinander, vor jeder bilden sich lange Schlangen. Die argentinische Regierung subventioniert in Patagonien Lebensmittel, Benzin, alkoholische Getränke, um durch die niedrigeren Preise (halb so teuer wie in Buenos Aires) einen Anreiz zu schaffen, in diese dünn besiedelte Gegend zu ziehen.

Der Wind fegt mit Orkanstärke, wirbelt Staub auf, kippt Müllbehälter um und treibt sie über die Straße.

Wir suchen uns für das Fest einen abgelegenen Platz, schlängeln uns einen steilen Weg hoch, bis wir auf einem Plateau stehen, direkt an einem Steilabfall: Unter uns lange Sandbuchten, dahinter die endlose Weite Patagoniens. Im Backofen bereitet Betti einen Lammbraten zu, es gibt Rotkohl, Gnocci mit Sahnesoße. Zurück auf dem Campingplatz schneiden wir einen Fichtenzweig, dekorieren ihn mit Stoff-Nikoläusen aus Brasilien, selbstgebastelten Sternen, Äpfeln mit Kerzen. Geschenke stapeln sich zu einem Berg, und dann nur noch eine Hürde für Stella und Piet: Weihnachtslieder singen, Flöte spielen ...

Zwei schwer bepackte Fahrräder quälen sich gegen den Wind. Georg und Klaus steigen fix und fertig ab, wir laden sie auf einen Kaffee ein. Sie flogen samt Fahrrädern nach Chile und kämpften sich bis hier durch: »Wenn der Wind nicht wäre, könnte es hier so schön sein.« Klaus packt eine Miniaturkrippe aus dem Erzgebirge aus und schenkt sie uns.

In Rada Tilly gibt es viele Häuser, aber nur zwei asphaltierte Straßen, der Rest besteht aus dunklem Kies, bei jedem Schritt sinkt man einige Zentimeter ein. Vor der Kirche begrüßt der Pfarrer die Gäste mit Handschlag, das Innere wirkt beinahe wie ein großes Wohnzimmer – viel Holz, hohe Fenster.

Die Weihnachtsgeschichte wird gespielt, ein Baby liegt in der Krippe, fühlt sich nicht besonders wohl. Kein Problem: Der Vater holt den Kindersitz, die Krippe wird zur Seite gerückt, dann blicken Josef und Maria andächtig auf die Autoschale.

Gitarristen begleiten die Lieder, der Pfarrer fordert die Gäste auf mitzuklatschen. Vielen Menschen kullern Tränen über die Wangen, andere umarmen sich gerührt.

Zurück im Auto bereitet Betti ihren legendären Punsch vor: Rum, Rotwein, Tee, Orangensaft, Vanille, Nelken und ein wenig Zucker. Unsere beiden Fahrradfreunde erzählen vom täglichen Kampf gegen den Wind: »Manchmal bläst er so stark von der Seite, dass wir bergab schieben müssen, weil uns eine Böe quer über die Straße drücken könnte und wir unkontrolliert mit einem entgegenkommenden Fahrzeug zusammenstoßen würden ... bergauf geht es besser, weil wir langsam fahren müssen!«

Die Ruta 3 verläuft lange direkt am Meer vorbei. Der Sturm drückt den grünblauen Atlantik, der hier *Mar Argentino* heißt, weit zurück, sodass sich ein breiter Sandstrand bildet.

Die Nationalstraße verläuft jetzt nicht mehr eben, sondern steigt leicht bergan. Dann fällt sie kilometerlang wieder ganz langsam ab. Der Seitenwind zwingt mich, das Lenkrad leicht nach rechts einzuschlagen, so als führe ich ständig eine weite Kurve.

Manchmal tauchen Tankstellen auf, wir füllen jedesmal nach. Die Benzinpreise von etwa 0,70 Dollar sind eine deutliche Entlastung für unser Budget – aber in Wirklichkeit sind wir »heiß« auf die leckeren *cortados* (Kaffee mit wenig Milch), die es hier in kleinen Espresso-Tassen gibt.

Mitten im Nirgendwo öffnen wir ein Holzgatter und stellen das Auto auf einer riesigen Grasfläche ab. Weit entfernt stehen Farmgebäude, Hunde bellen, Männer reiten auf Pferden. Ein Auto nähert sich: Großvater, Sohn, Enkel – »Guten Tag, möchtet ihr hier bleiben? Seid unsere Gäste, so lange ihr wollt!« Der Ältere erzählt vom Leben hier draußen: »Wir besitzen 4000 ha Land, 30.000 Rinder. Momentan sind die Fleischpreise im Keller, deshalb läuft es nicht besonders gut. Wir sind noch nie weiter als 100 km von unserer Farm gekommen. Habt ihr denn kein Haus, müsst ihr immer im Auto leben?« fragt er mitleidig.

Stella und Betti raspeln Schokolade, um die »Schokofabrik« auszuprobieren, Stellas Weihnachtsgeschenk. Sie wird in Pfännchen geschmolzen, läuft in kleine Formen, Stiel rein, Schokostreusel darüber und in den Kühlschrank damit. »Fertig ist das Eiskonfekt, so einfach geht das«, klärt mich Stella auf. Zurück bleibt eine »kleine Schweinerei« und bei mir leise Zweifel, warum man die Tafel Schokolade nicht direkt essen könnte ...

27. Dezember · Irgendwo in Patagonien – neun Reisende warten auf Eintopf

Bei Puerto Deseado fließt der Río Deseado (»verwunschener Fluss) als 40 km lange Trichtermündung ins Meer und bildet ein einzigartiges Naturreservat, Heimat der seltenen weiß-schwarzen Flussdelfine. Mit Ricardo, dem Besitzer des kleinen Unternehmens »Naturaleza y Aventura« (Natur und Abenteuer), wollen wir es erkunden. Auf felsigen Inseln sonnen sich Seelöwen und Robben, in den steilen Wänden nisten Kormorane, unter ihnen die seltenen Rotfüßler. Tausende von Magellan-Pinguinen liegen auf dunklen Kiesstränden. »Es leben noch etwa 20 bis 25 Delfine hier«, erzählt Ricardo, während er das Schlauchboot steuert. Dann springt plötzlich einer direkt vor uns aus dem Wasser. Stella und Piet legen sich weit über den Rand hinaus, um vielleicht einen zu berühren. Manchmal tauchen mehrere unter das Boot, mit einer solchen Geschwindigkeit, dass die Kamera meist dann auslöst, wenn sie längst wieder verschwunden sind. Die kleine Rückenflosse, der Kopf und der Schwanz sind schwarz, der restliche Körper schneeweiß. Lange begleiten uns die *delfines australes.*

»Zur Feier des Tages lade ich euch zum Essen ein«, verspreche ich. Auf unserer Karte wird der Ort Tres Cerros erwähnt, Kilometerschilder zeigen alle fünf Kilometer die Entfernung an. Unsere Mägen knurren, als wir an einer Tankstelle, zwei Häusern und einem geschlossenen Restaurant vorbeikommen. Wo bleibt der Ort? Vielleicht hätte man diese Ansammlung *Tres Cabañas* (»Drei Hütten«), statt »Drei Hügel« nennen sollen ... Die Tankstelle, mehr eine Bretterbude, bietet Kaffee, heiße Schokolade und gefüllte *empanadas* (Teigtaschen) an, die unseren Hunger erstmal stillen. Später im Auto meint Betti: »Die fettigen Teile liegen mir schwer im Magen, ich könnte einen Schnaps gebrauchen.«

Zwischen verrosteten Autowracks und den grauen, verwitterten Holzhäusern schleichen Argentinier ziellos umher, können sich ganz offensichtlich nicht entscheiden, ob sie sich für den Winter oder den offiziell begonnenen Sommer kleiden sollen: Eine Frau trägt T-Shirt und Rock, ein Mann Gummistiefel, dicken Wollpullover, Weste und Strickmütze.

Die Menschen sind in dieser Gegend nur Randerscheinungen. Die Landschaft, die Schafherden, das Wetter stellen eindeutig die zentralen Merkmale dar. Weit vor uns schwebt eine riesige schwarze Wolke. Von den Rändern sieht man Regen, wie von einem Wasserfall. Die Sonne kommt in Zeitlupe hervor, Regenbogen entstehen, wir befinden uns wohl über 100 km entfernt von diesem Naturschauspiel.

Am Rand der Straße stehen zwei riesige Rucksäcke, eine Gitarre, Tüten und daneben zwei noch riesigere Tramper. Die Frage nach dem Ziel erübrigt sich, die einzige Straße in den Süden führt nach Ushuaia. Die beiden deutschen Abiturienten nehmen eine einjährige Auszeit, wollen später bis Alaska hoch. Piet drückt ihnen erst mal sein Autoquartett in die Hand und fragt uns nach zwei Stunden hoffnungsvoll: »Bleiben die bis

Ushuaia bei uns?« – Ich antworte für die beiden: »Natürlich.«

Das Verhältnis zwischen Argentinien und seinem Nachbarn Chile ist nicht besonders, manchmal denke ich, es gibt überhaupt keines. Auf argentinischen Straßenkarten hören die Markierungen an der Grenze auf, und man muss mit zwei unterschiedlichen Karten reisen.

Vor uns zwei Radfahrer im Schritttempo – Georg und Klaus! Sie schieben ihre Räder und halten den Daumen zum Trampen hoch. Tatsächlich stürmt es so heftig, dass sie kaum die Einstiegstür zum Wohnmobil aufbekommen. »Jetzt einen heißen Kaffee ...« Eine schwer beladene BMW stellt sich in unseren Windschatten, steif gefroren stolpert Erwin rein. Er reiste über Sibirien und Alaska innerhalb von zwei Jahren hierher, und ihm fallen fast die Augen aus dem Kopf: Acht Leute sitzen im Warmen, es duftet nach Kaffee, Betti rührt in einem riesigen Topf voller Bohnen, Fleisch und Zwiebeln. »Sagt mal, ist das hier normal? Mit wieviel Leuten reist ihr denn?« – »Auf einen mehr oder weniger kommt es nun auch nicht an!«

An einer schmalen Stelle setzt die Autofähre über die Magellanstraße, der Meeresverbindung zwischen Atlantik und Pazifik, benannt nach dem portugiesischen Seefahrer, der 1520 diesen verschlungenen Meereskanal auf seiner Weltumsegelung verzweifelt suchte und schließlich entdeckte. Eigentlich sollte dieser Augenblick für uns alle einen erhabenen Moment darstellen, aber wir sind durchgefroren, Wasser peitscht aufs Deck, die Fähre schwankt und schaukelt beunruhigend, dann erreichen wir Feuerland! Als Magellan hier vorbeisegelte, sah er nachts die Feuer der heute ausgerotteten Ona- und Yahgan-Indianer und taufte die Insel »Tierra del Fuego«. Der nördliche Teil Feuerlands besteht aus flachem Weideland für Schafe, eine Fortsetzung Patagoniens. Der Süden dagegen ist zerklüftet und teilweise bewaldet.

Bis dahin liegt aber noch ein Hindernis vor uns – »*ripio*«, übelste Wellblechpiste auf Schotteruntergrund. Ich finde nie die optimale Geschwindigkeit, das Auto knallt durch Löcher, fliegt über Querrippen. Entgegenkommende Fahrzeuge setzen den Blinker, um anzuzeigen, wir sollen so weit wie möglich rechts fahren, damit aufwirbelnde Steine nicht in die Windschutzscheibe knallen. Ein Stein zertrümmert uns einen seitlichen Scheinwerfer, oft sehen wir Autos mit geplatzten Frontscheiben. Einige Fahrer befestigen Spezialgitter, andere Pappen mit einem winzigen Loch darin. Selbst wenn ich bei Gegenverkehr fast stehenbleibe, rasen die Autos uns so schnell entgegen, dass wir in einer Wolke voller Staub und Steinen verschwinden – ich muss meinen rücksichtsvollen Fahrstil »etwas« ändern: Von jetzt an bleibe ich mitten auf der Piste, schalte Lichthupe und Warnblinkanlage ein, sobald ich eine Staubwolke entdecke. Entgegenkommende Fahrer bremsen ab, die Pkw erkennen unsere Größe an, fragender Blick beim langsamen Vorbeirollen. Wir winken freundlich und stören uns nicht am ratlosen, manchmal verärgerten Gesichtsausdruck.

Die einzige Zeit, in der man Feuerland einigermaßen erträglich bereisen kann, ist der dortige »Sommer«, der am 21. Dezember beginnt. Darunter darf man sich aber keine mitteleuropäischen Temperaturen vorstellen. Es beginnt zu regnen, der Regen verwandelt sich in Schnee, vor Ushuaia steigt die Straße steil an, am höchsten Punkt liegt die weiße Pracht 30 cm hoch, wir rutschen verdächtig mit Schrittgeschwindigkeit ... Stella und Piet sind begeistert: »Wir wollen raus, einen Schneemann bauen!« Ich habe tatsächlich Schneeketten dabei, aber sie waren eher gedacht für den Matsch und Schlamm im Dschungel des Amazonasgebietes. Wer denkt schon an Schnee im Sommer?!

31. Dezember · Ushuaia – Silvesterparty am Ende der Welt

Ushuaia – das Ende der legendären Panamericana von Alaska bis Feuerland. Von hier an geht es wieder nördlich. »Vielleicht sollte ich überhaupt keine Erwartungen haben«, geht es mir durch den Kopf, als wir von oben die Stadt sehen. Etwa 30.000 Menschen leben am Beagle-Kanal mit Blick auf schneebedeckte Berge. Freude will sich nicht richtig einstellen. Eher keimt in mir Trauer, Ernüchterung, beinahe so, als sei ein schöner Film zu Ende gegangen ...

Heike, eine Freundin aus Deutschland, besucht uns für zwei Wochen. Wir bitten sie, uns einige Zeitungen mitzubringen, weil wir das Gefühl haben, das Weltgeschehen zu verpassen. Spiegel, Focus und Stern warten mit dem Jahresrückblick auf, in Hochglanzfotos springen uns Kriegsszenen, Hungersnöte, Naturkatastrophen entgegen, unsere Stimmung sinkt auf den Nullpunkt.

■ *Ushuaia, Argentiniens südlichste Stadt am Beagle-Kanal*

Besteht die Welt nur noch aus Negativschlagzeilen?

Es schockiert mich, wie vergänglich und beinahe vergesslich Ereignisse behandelt werden, die lange Zeit allerwichtigste Themen waren, wie z.B. BSE, Krieg in Afghanistan – ein paar Monate später kein Wort mehr darüber, alles vergangen und vergessen. Je mehr ich lese, um so deprimierter werde ich – wo bleiben die positiven Dinge des Lebens? Man bekommt das Gefühl, als würde überall und ständig nur gemordet, entführt, betrogen, beherrsche Korruption und Unehrlichkeit den Alltag. Mich verwirrt das, nein, es macht mich total wütend, denn zumindest unsere Erfahrung ist vollkommen anders und lässt sich auf die einfache Formel bringen: Negative Erfahrungen stellen die absolute Ausnahme dar. Uns begegnen fast immer nur Menschen, die zwar oft am Rande des Existenzminimums leben, immer aber ihre Würde und ihren Stolz behalten, hilfsbereit sind und in uns keine potentiellen Opfer sehen, sondern Menschen, für die sie sich genau so interessieren und offen zeigen, wie wir es tun. Mein Weltbild wird während dieser Reise von Tag zu Tag zuversichtlicher und hoffnungsvoller, und dann bekomme ich einen Spiegel vorgehalten, der mir vermittelt, dass die Realität das genaue Gegenteil bedeuten soll. Ich packe die Zeitschriften weg und werde nicht mehr hineinsehen. Der Alltag, die »Realität«, wird uns in Deutschland noch früh genug einholen.

Eigentlich besitzt Ushuaia doch Charme, beobachte ich, als wir durch die Innenstadt schlendern, auf der Suche nach Handschuhen (!) und Mützen für die Kinder. Die Leute tragen dicke Bergschuhe, Winterjacken, regenfeste Hosen. Gemütliche Cafés erinnern an Skiorte in den französischen Alpen: Weinflaschen auf

Tischen, Zigarettenrauch, Kellner servieren cortados, und im Hafen liegen Schiffe, die Exkursionen in die Antarktis anbieten.

Viele Reisende richten es so ein, dass sie zum Jahreswechsel Ushuaia erreichen: Fahrrad- und Motorradfahrer, Wohnmobile, Tramper, alle wissen, wo sich die große Party abspielt, und wenn nicht, fragt man einen anderen Traveller. Treffpunkt ist fast immer der Camping am Río Pipo im Nationalpark *Tierra del Fuego,* kein offizieller Platz, keine Duschen, keine Toiletten, dafür ein glasklarer Fluss, blühende Wiesen und der in Patagonien seltene Anblick von Bäumen. Wege führen ans Meer, an den Beagle-Kanal, die steinigen Strände sind voller Muscheln, einige lila gefärbt; und immer das Weiß der Berge, das Blaugrün des eiskalten Wassers und phantastische Wolkenformationen, die sich minütlich verändern ...

Wir erklären uns bereit, zurück in die Stadt zu fahren, um einzukaufen: Salate, Gurken, Knoblauch, Paprika, Soßen, für etwa 20 Personen. Wir begegnen Erwin, der auf seiner BMW ein geschlachtetes Lamm mitbringt, etwa 13 kg schwer. Das werden wir nach argentinischer Art grillen. Mit Draht binden wir es an ein Eisenkreuz und zünden ein Feuer daneben an. Ständig drehen wir den Braten, schmieren ihn mit Öl ein, in kleine Schnitte stecken wir Knoblauchstücke. Etwa vier Stunden später wird diniert, jeder schneidet sich mit einem Messer das beste Stück ab.

Am nächsten Morgen gedrückte Stimmung: Vielen Reisenden ist etwas gestohlen worden – Kamera, Video, Pullover, Geld, Essgeschirr, Messer ... Einem Motorradfahrer fehlen 500 Dollar. Das neue Jahr 2001 fängt ja gut an. Wir fangen alle gemeinsam an zu suchen. Unter Büschen und Sträuchern finden wir tatsächlich die meisten Dinge wieder, das bedeutet, die Diebe sind noch auf dem Camping und haben die Sachen versteckt, um sie irgendwann mitzunehmen, wenn die Touristen abgereist sind. Aber was nützt es, die Gruppe Argentinier zu verdächtigen, die völlig besoffen »natürlich« von nichts weiß und gelangweilt die Schulter zuckt, als wir damit drohen, die Polizei zu rufen. Bis auf das Geld taucht tatsächlich alles wieder auf.

4. Januar · Nationalpark Torres del Paine

Wir entscheiden uns über Pisten, wie die argentinische *Ruta 40* und die legendäre chilenische *Carretera Austral,* in Richtung

Norden zu fahren, bis ins Seengebiet Mittelchiles. Eine Strecke von etwa 3000 km. »Das ist mit eurem großen Wohnmobil nicht zu schaffen«, raten uns viele Allradfahrer ab. Aber wir wollen nicht die spektakulärsten Teile Patagoniens auslassen: riesige Gletscherfelder, Eisseen, zerklüftete Bergmassive, Fjorde. Die Chilenen und Argentinier sehen das nicht ganz so dramatisch: »Die Piste ist gut, kein Problem.« In solchen Augenblicken glauben wir, was wir hören möchten.

Punta Arenas ist die südlichste chilenische »Großstadt« mit etwa 100.000 Einwohnern und die letzte »richtige« Einkaufsmöglichkeit für die nächsten 1500 km.

Danach – Ende des Asphalts, Anfang von Schotter, Wellblech, Löchern. Es hat geregnet, und die Löcher stehen voller Wasser. Ich habe das Gefühl, dass der Ford nicht ganz so stark durchschlägt, weil der Aufprall der Räder durch das Wasser gedämpft wird. Die endlosen Geraden hören auf, es wird kurvig und gebirgig. Oft ist die Piste so schmal, dass zwei Fahrzeuge nur knapp aneinander vorbeikommen. Aber was für eine Aussicht: Berge, Seen, Urlandschaften. Wir gleiten wie auf Schienen, wenn auch extrem holprigen. Hinter jeder Kurve folgen neue, aufregendere Ausblicke, und schon lange gibt es keine Adjektive mehr für diese Naturpanoramen. Keiner redet, so sprachlos macht uns diese Schönheit.

■ *Baquianos mit Hunden*

Die ungekrönten Herrscher des südlichen Patagoniens sind die *baquianos:* harte Männer, einsam, aber mit großer Herzlichkeit. Sie reiten, begleitet von ihren Hunden, die Weiden ab und kontrollieren Zäune, treiben die Schafe zusammen.«

Wir liegen noch in den Betten, unser Auto parkt neben einer alten Scheune, dem einzigen Gebäude auf vielen Kilometern. Neben uns hält ein Pickup. Zwei Viehhirten, ein Junge und vier Hunde springen von der Ladefläche. Die Hunde toben ausgelassen um die Männer herum. Ich bin neugierig, springe in meine Sachen und folge ihnen zur Scheune. »Willst du mitreiten?« Sie ziehen dicke Jacken über, Stiefel bis zum Oberschenkel, satteln ihre Pferde. Jede Bewegung drückt eine tiefe Zufriedenheit aus, beinahe majestätisch führen sie die Pferde zum Tor einer Koppel.

»Heh, *Basura* (Abfall), komm her!« rufen sie einen großen schwarzen Hund, dessen Fell so lang ist wie bei einem Schaf. »Warum heißt er ‚Basura'?« – »Wir haben ihn mal aus einer Mülltonne gerettet.«

Im Zentrum des 180.000 ha großen Nationalparks *Torres del Paine* erheben sich die drei *»torres«* (Türme) und etliche *»cuernos«* (Hörner), schneeüberzogene, graue Granitsäulen, die fast immer in Wolken gehüllt sind. Aber das Wetter ist diesmal optimal: Seen mit türkisfarbenem Schmelzwasser liegen morgens im Sonnenlicht, die Spitze des *Cerro Paine Grande* ist 3050 m hoch. Der Park kann nur während der Monate Januar bis April besucht werden, wenn die Pisten schneefrei sind.

Wir stehen an einer schönen Campingstelle mitten vor einer überdimensionalen »Fototapete«. Direkt vor uns ein See, die Torres und Cuernos in Sichtweite, eine Ente und ihre Kleinen watscheln an uns vorbei. Stella und Piet haben bereits entschieden, dass wir hier erstmal bleiben: Piet findet einen elfjährigen Jungen, die beiden rasen mit ihren Rädern den ganzen Tag. Stella schließt Freundschaft mit einem gleichaltrigen Mädchen: »Darf sie heute bei mir übernachten?« – »Natürlich.«

Wir rücken schwere Holzbänke vor die »Fototapete«, Betti serviert Lachs, wer möchte da allen Ernstes für 200 Dollar ein Zimmer in einem der wenigen Hotels hier buchen?!

Holz, bereits zersägt, liegt unter einem Schutzdach, daneben eine schwere Axt, um es zu spalten. Eine leere Öltonne dient als

Feuerstelle. Bei Temperaturen um die Gefriergrenze halten wir es nachts nur so länger draußen aus. Schon lange stellt sich die automatische Standheizung unter 17 °C sofort an, wenn wir uns im Auto aufhalten. In der Sonne selbst ist es angenehm. Die Familie, die den Camping betreibt, backt selbst Brot.

■ *Nationalpark Torres del Paine*

An der westlichen Parkgrenze liegt das riesige Eisfeld *Campo de Hielo Sur,* von dem vier Hauptgletscher abzweigen und an Seen enden, die von Schmelzwasser gefüllt werden. Einer der vier großen *ventisqueros* (Gletscher) ist der »Gletscher Grey«. Ein großes Schlauchboot manövriert uns vorsichtig zwischen schwimmenden Eisbergen. Ein Begleiter steht am Bug und tastet mit einer Stange nach Hindernissen. Das nur zwei Grad warme Seewasser bringt die blauweißen Blöcke langsam zum Schmelzen. Oft tuckern wir zwischen hohen Eiswänden hindurch, wie ein Spielzeugboot. Schließlich ankern wir neben einem schweren Stahlboot und steigen um. Über eine eislose Fläche nähern wir uns der Gletscherzunge, der Wind ist eiskalt. Der Gletscher ist etwa 27 km lang, 4 km breit und soll bis zu 1000 m tief sein. Die sichtbare Eismasse stellt nur ein Zehntel der gesamten Masse dar. Je näher wir der Front kommen, um so gigantischer wirkt sie. Die Zunge spaltet sich vor einem Felsmassiv, schiebt sich rechts und links daran vorbei, die blauweißen Eistürme erreichen eine Höhe von etwa vierzig Meter. Dann »kalbt« der Gletscher plötzlich ... Ohne Warnung bricht ein großes Stück aus der Wand, schlägt laut auf die Wasserfläche und sorgt für starken Wellengang.

Überall hört man das Eis knarren, schaben, knistern. Der Gletscher bewegt sich unaufhörlich. »Ein Glas vom ältesten Whiskey der Welt?« Der Kapitän der »Nussschale«, wie wir das etwa 30 m lange Stahlschiff empfinden, serviert zwölf Jahre »jungen« Whiskey mit Eis, das mehrere tausend Jahre alt ist ...

11. Januar · Gletscher Perito Moreno – sieben Tramper im Auto

Den Unterricht mit Stella lassen wir häufiger ausfallen, um früh loszukommen. Es gibt morgens kaum Verkehr auf den Pisten und wir müssen die aufwirbelnden Steine nicht fürchten. Ich kann beim Fahren nie richtig abschalten, bin bis in die Haarspitzen angespannt und rechne ständig damit, dass am Chassis oder Rahmen irgend etwas bricht. Hier mitten im Nirgendwo gibt es keine Werkstätten. Von vorn stemmt sich uns der Wind so brutal entgegen, dass der Motor 35 statt 25 Liter pro 100 km braucht!

El Calafate, weniger als 5000 Einwohner, ist Ausgangspunkt in den Nationalpark »Los Glaciares«, mit 660.000 ha zweitgrößter Argentiniens. Nahezu vierzig Prozent seiner Fläche bedecken Gletscher, Hauptattraktion ist der riesige »Perito Moreno«.

Wir campen neben einem VW-Bus mit dem deutschen Kennzeichen EN (Ennepetal, 5 km von unserer Stadt Bochum entfernt). »Hallo, ich bin der olle Georg«, begrüßt uns ein 70-Jähriger aus Hattingen. Vor zehn Jahren starb seine Frau, seitdem ist er unterwegs, immer irgendwo zwischen Alaska und Feuerland, »je nachdem wo es mir gefällt ...« Englisch spricht er nicht, Spanisch erst recht nicht, »aber irgendwie komme ich immer klar; und wenn ich zu lange alleine bin, dann unterhalte ich mich mit meiner Spinne, fange ihr eine Fliege.« Die Deutsche Welle dudelt auf seinem Kurzwellenempfänger. Georg scheint sein persönliches Glück gefunden zu haben.

Bis vor kurzem zählte der Perito-Moreno-Gletscher zu den wenigen, die wachsen. Zunehmende globale Erwärmung ist dafür verantwortlich, dass er sich heute langsam zurückzieht.

Eine Argentinierin trampt, wir halten an. »Könnt ihr vielleicht noch einen Freund mitnehmen?« – »Warum nicht?« antworten wir. Vielleicht sollten wir noch etwas an unseren Spanischkenntnissen feilen, denn es tauchen nun sechs weitere Freunde auf. Was soll's.

■ *Der riesige Gletscher Perito Moreno*

Auf Holzstegen kommt man relativ nahe an die bis zu 60 m hohen Eiswände des Perito Moreno heran. »Hielo y Aventura« (Eis und Abenteuer) bietet Trekking auf dem Gletscher an, mit einem Boot fährt man über den See. Etwa 80 Teilnehmer schnallen sich Steigeisen unter die Schuhe. Das Laufen ist gewöhnungsbedürftig, vor allem wenn es steil bergauf geht. Die Oberfläche des Eises ist nicht glatt und blank, vielmehr ähnelt sie zermahltem Trockeneis. Manchmal läuft ein kleiner Schmelzfluss neben uns her, oder tiefe, weißblaue Abgründe öffnen sich, ziehen sich wie eine Spirale nach unten. Die Führer nehmen es mit der Sicherheit nicht so ernst: »Aufpassen, bitte!« Sie haben keine Seile dabei, dafür stolziert einer mit seinem nagelneuen Alupickel. Man hat das Gefühl, als würde sich ständig etwas bewegen, überall kracht es, vernimmt man lautes Ächzen.

Als wir nach vier Stunden zurück an Bord sind, kippt plötzlich ein Eisstück aus der Wand, ziemlich weit entfernt von uns, vielleicht 500 m. Der Kapitän löst sofort die Leinen, verlässt das Ufer und steuert weit raus aufs Wasser. Kurz danach rollt eine starke Welle heran, die das Boot gegen die Felsen gedrückt hätte.

13. Januar · Ruta 40 – zwei platte Reifen, nur ein Ersatzrad

Langsam dämmert mir, dass ich bezüglich der Reifen zwei Fehler gemacht habe. Sie sind ziemlich abgefahren und hätten erneuert werden müssen. Ich wollte sie aber noch auf dieser miserablen Piste drauf lassen und nicht neue zerschleißen. Außerdem verunsichert es mich, dass wir nur ein Reserverad dabei haben.

Es kommt, wie es kommen muss: Wellblechpiste mit knüppelharten Querrippen, faustgroße Steine schlagen gegen das Bodenblech. Einige Male lässt sich das Lenkrad um 90 Grad einschlagen, ohne dass sich die Fahrtrichtung ändert: »Tiefer Schotter, starker Seitenwind«, denke ich mir, auf einen Platten komme ich gar nicht erst. Irgendwann schlingert das Heck auffällig. Ich stoppe, links hinten hat es die Decke des Reifens zerrissen. Ich ziehe das Reserverad auf und hoffe auf einen Reifendienst in El Chaltén, dem nächsten Ort. Alle 30 Minuten halten wir, um die Reifen zu kontrollieren. Wahrscheinlich sind 60 km/h viel zu schnell für diese Piste.

Dann verabschiedet sich der Reifen hinten rechts. »Glücklicherweise« nur platt, aber weit und breit kein zweiter Reservereifen. Ich erinnere mich an eine flapsige Bemerkung des Mechanikers in San Francisco:

»Falls du zwei Platten hast, lässt du den inneren weg und fährst nur auf dem äußeren Zwillingsreifen hinten.« Gesagt, getan. Stella und Piet denken bereits weiter: »Was passiert, wenn wir noch einen Platten kriegen?« – »Dann nehme ich den anderen Zwillingsreifen auch ab.« – »Und wenn wir vier Platten haben?« – »Dann halte ich ein Auto an und nehme die Reifen mit nach El Chaltén.« –

■ *Wilde Ruta 40*

»Und wenn es dort keine Werkstatt gibt?« – »Dann nehme ich einen Bus bis zu einer Stadt, wo es eine *gomería* (Reifendienst) gibt!« – »Dürfen wir dann mit?«

Ich bleibe auf der linken Seite der Piste und lasse das Auto leicht hängen, um die rechte Seite mit dem Einzelrad zu entlasten. Vorsichtig traue ich mich wieder zur Mitte, es scheint keinerlei Gewichtsverlagerungen zu geben.

Einige Kilometer vor El Chaltén halten wir, übernachten auf einem Plateau. Wie auf Bestellung ziehen die Wolken ab und geben den Blick frei auf den Mt. Fitz Roy, 3405 m hoch, dessen Flanken so steil sind, dass der Schnee nicht liegen bleibt.

Im kleinen El Chaltén gibt es – oh Wunder! – gleich zwei *gomerías!* Eine hat geschlossen, die Wahl fällt also leicht: Wellblechhütte, Einmannbetrieb, Kompressor, Grube, wenig Werkzeug. »Einen der Reifen kann ich reparieren, bei dem anderen kommen die Drähte schon raus, da ist nichts zu machen. Ich bestelle einen neuen an der Tankstelle.«

Drei alte Zapfsäulen, kein Dach, ein winziger Verkaufsraum – und ein Funkgerät. »Ein Reifen kostet 230 Euro (umgerechnet), wie viele möchten Sie?« – »Einer reicht.« – »Morgen wird er aus El Calafate gebracht.«

El Chaltén dient als Basis für Touren ins Bergmassiv des Fitz Roy. Einfache Häuser stehen an den Schotterstraßen, die Fassaden hellblau oder gelb gestrichen, die Dächer mit Wellblech belegt. Die paar Restaurants, Hotels, Läden und die Jugendherberge sind grün oder rot angemalt. Beinahe ständig bläst ein orkanartiger Wind, Touristen bauen ihre Zelte geschützt hinter Mauern auf. Nachts rütteln Böen an allem, was nicht festgezurrt ist, das Wohnmobil schwankt wie bei leichtem Seegang. Lange hält man es hier nicht aus.

Als wir unseren Frühstückskaffee schlürfen, fällt mein Blick auf den Küchenblock, er steht irgendwie anders als sonst. Tatsächlich hat er sich samt Sitzbank von der Wand gelöst, das ständige Vibrieren tat ihm wohl nicht so gut. Jetzt klafft eine Lücke von 3 cm zwischen Wand und Aufbauten: Also Schränke ausräumen, Schrauben lösen, Leim her, den 20-t-Wagenheber zwischen Kochecke, Bank und Kühlschrankhalterung geklemmt und langsam drehen ... Mit einem Ächzen bewegt sich alles in die Ausgangsposition, neue Schrauben, Leim, fertig. Bei solchen Pannen denke ich jedes Mal: »Solange der Motor noch läuft, ist nichts wirklich schlimm.«

Ich könnte die Geschichten der Reifenpannen noch lange fortsetzen: Jeden Tag müssen wir einmal wechseln, so lange, wie wir noch auf Schotterpiste fahren.

»Cueva de los Manos, 46 km«, steht auf einem unscheinbaren Holzschild. In einem weiten Tal befinden sich prähistorische Wandmalereien, Hände auf Felsen und in Höhlen. Manchmal auch Tierdarstellungen. Vor 10.000 Jahren entstanden diese Bilder, meist linke Hände, die zu hunderten nebeneinander liegen. Mit Erdfarben in rot, gelb, orange, schwarz und weiß haben die frühen Bewohner des Tales ihre Spuren hinterlassen.

Das Tal ist leuchtend grün, eine angenehme Abwechslung fürs Auge, nach den letzten Tagen durch meist vegetationslose, braungraue Gegenden.

Ein Motorradfahrer parkt seine Maschine, wir halten. »Der Rahmen ist gebrochen, ich habe ihn provisorisch zusammengebunden, muß ihn in der nächsten Werkstatt schweißen lassen. Diese Piste ist wirklich übel!«

CHILE

HAPPY END IN LETZTER MINUTE

19. Januar · Chile Chico – die Schwestern Loli und Elizabeth

Im Ort Perito Moreno fahren wir am Südufer des Lago Buenos Aires nach Westen zur chilenischen Grenze. Erster Ort ist Chile Chico. Er bietet nicht viel Interessantes, die 2200 Einwohner scheinen nicht schlüssig, was sie in diesem windigen Staubnest noch hält. Über zwei milchigen Schaufenstern prangt das Schild: »*Loli y Elizabeth*«. Die Auslagen darunter lassen uns das Wasser im Munde zusammenlaufen: Apfelkuchen, Obsttorten, Schokoplätzchen ... Konditorei, Café, Restaurant, Laden, Kunsthandwerk, eigenes Eis, Unterkunft.

Loli, eine etwa 100 kg schwere Dame, Anfang 30, begrüßt uns herzlich. »Gerade hat meine Mama frischen Apfelkuchen gebacken!« – Er ist noch warm; ich schließe die Augen nach dem ersten Bissen, um diesen Traum festzuhalten. Loli ist eine vielbeschäftigte Frau, schickt ein Fax zu einem Kunden ab, wählt eine Telefonnummer für einen anderen, der in einer winzigen Kabine auf das Klingeln wartet, und dann bei offener Tür die Gäste mithören lässt. Ein Monster-Fernseher thront mitten im Restaurant. Loli bedient zwischendurch die Softeismaschine. Nur um die dicken schwarzen Fliegen, direkt an der Fensterscheibe neben unserem Tisch, müssen wir uns selbst kümmern. Loli hat Mitleid mit dem leckeren Schoko-, Käse- und Apfelkuchen und genießt je ein Stück. Die Mutter, gleiche Gewichtsklasse, kommt aus der winzigen Backstube: »Na, wie schmeckt euch mein Apfelkuchen? Will ihn erst mal selbst probieren«, lädt zwei große Stücke auf ihren Teller, frische Sahne dazu.

»Möchte mal wissen, wie Elizabeth aussieht«, fragt Stella neugierig.

In der *Casa Lila,* dem »Kaufhaus«, gibt es Hängematten, Grillroste aus Brasilien, gehäkelte Babylätzchen. Die einzige Angestellte ist im Stress, hastet zwischen Hängeschrankberatung, Lätzchen auspacken und dem Telefon hin und her. Endlich kommt der Besitzer, ja, Autoreifen habe er natürlich auch, einen 225/16er, ob es nicht auch 235er sein dürften, ich bekäme sie auch etwas billiger ... Ich kaufe den mit der richtigen Größe, wer weiß, wann wir wieder soviel Glück haben!

Die *Carretera Austral,* etwa 1100 km lang, verläuft im äußersten Westen von Chile, wir wollen ihr etwa 700 km folgen. Die Chilenen nennen sie nur »*ripio*« (Wellblech). Ein Polizist wünscht »suerte«, »viel Glück«: »Viele Touristen verunglücken auf dieser Strecke mit ihren Allradfahrzeugen.« In Ordnung, das reicht uns jetzt; ich ärgere mich wieder mal, dass wir eigentlich nur eine Information möchten, dann aber Vermutungen und Warnungen bekommen, die uns verunsichern.

Die Piste hinter Chile Chico steigt steil an, ich schalte die Automatik in die zweite Stufe, schnell können wir sowieso nicht fahren: Links stehen überhängende Felsen, zur anderen Seite fällt es senkrecht ab. Verkehr gibt es kaum. Die wenigen Autos verhalten sich vorsichtig, nur einmal kommt uns ein »eiliger« Fahrer entgegen, schlittert nur um Zentimeter an uns vorbei, weil seine Bremsen auf dem losen Untergrund nicht funktionieren.

Rechts und unter uns liegt der größte See Chiles, der *Lago General Carrera,* die chilenische Fortsetzung des Lago Buenos Aires, bis zu 600 m tief. Das Schotterband senkt sich, wir folgen direkt seinem Ufer. Für 100 km benötigen wir über drei Stunden, aber zum ersten Mal seit langem haben wir keinen Platten!

22. Januar · Puerto Guadal – Kinder haben auf Stella und Piet gewartet

Eher zufällig halten wir in Puerto Guadal am westlichen Zipfel des Carrera-Sees: »Ein Spielplatz, wir wollen auf den Spielplatz«, befehlen Stella und Piet. Sie tun uns manchmal ein bisschen leid, denn das ständige Vibrieren und Schaukeln macht sich besonders im hinteren Teil des langen Wohnmobils unangenehm bemerkbar. Ein Junge guckt durchs Fenster: »Hallo, ich bin Marcelo, wollen wir spielen?« Wie von Geisterhand gesteuert taucht ein Kind nach dem anderen auf, es scheint so, als kennen sich unsere Kinder und die kleinen Chilenen seit vielen Jahren.

Marcelo und seine Freunde schlagen vor, Rad zu fahren, es gibt nur ein kleines Problem: »Wir haben nur eine *bicicleta.*« Ich verstehe, binde unsere vier Räder ab und nehme sie vom Auto runter. Die Kinder zeigen uns einen abgelegenen Platz am Wasser, wir stehen ganz einsam und alleine am Ufer, danach sehen wir die »Bande« nur noch selten. Unsere gelegentlichen Aufgaben bestehen darin, Wasser oder Süßigkeiten bereitzuhalten und eine abgesprungene Kette aufzulegen, einen Platten zu reparieren.

Später bringt Piet seinen »besten Freund der Reise« mit ins Auto, die beiden spielen Lego bis es dunkel wird. Alles ist so harmonisch hier, dass wir uns nicht ernsthaft mit der weiteren Piste beschäftigen. »Kommt Zeit, kommt Lust aufs Weiterfahren!«

Wir fragen Marcelo, ob es irgendwo Fisch zu kaufen gibt. Er bejaht und bringt uns später eine Tüte vorbei – zwei Forellen, und dazu jede Menge Empanadas: »Ein Geschenk, ich darf kein Geld annehmen.« Wir haben ihn in Verdacht, dass er einen besonderen Grund hat für seine ständige Präsenz und die Geschenke. Gestern vertraute er sich Piet an: »He, Pedro, deine Schwester ist wirklich hübsch!«

Marcelo versorgt uns mit allen wichtigen Informationen: »Ja, Brötchen gibt es. Meine Schwestern backen sie jeden Morgen.« Wir suchen nach einem Schild »Panadería«, aber vergeblich. Marcelos Schwestern sind alle bedeutend älter als der Zehnjährige und die Liebenswürdigkeit in Person. Sie mögen wohl zwischen 20 und 30 sein, wiegen etwa viermal soviel. Der Verkaufsraum der Bäckerei ist auch Wohnzimmer der Familie, lediglich eine Waage erinnert an den Brötchenverkauf – pro Kilo!

Irgendwann kommt doch der Abschied. Fotos und Adressen werden getauscht, die drei Schwestern stehen gerührt vor der Tür. Marcelo umarmt Piet lange: »Ich will dir noch etwas schenken!« Er holt ein schwarzes Plastikmonstrum, dessen Räder seitlich abklappen, überall blinken bunte Leuchten, eine Sirene ertönt. Piet ist begeistert. Marcelos Schwestern auch – wahrscheinlich quält der kleine Bruder sie stundenlang mit dieser Karre. Piet revanchiert sich mit einem großen Bagger, über den wir regelmäßig im Bad stolpern.

Die Kinder lehnen sich aus dem Fenster: »Ciao Pedro, ciao Estrella!« – »Am Liebsten würde ich umkehren und den Rest der Reise hier verbringen ...« – aber dieser Satz gehört mittlerweile schon fast zum Standard bei uns.

Die Gegend rund um den See General Carrera zählt zu den fruchtbarsten in ganz Chile. Das gigantische bergige Eisfeld *Cam-*

po de Hielo Norte im Westen hält die pazifischen Regenwolken und Winde ab. Die Farbe des Sees ist »unecht« blau, »milchig« ist vielleicht das treffende Attribut.

Wir biegen ab Richtung Norden, mal fahren wir hoch über dem Lago, dann wieder parallel zum Ufer. Die Landschaft wird zunehmend grüner, selbst Wiesen tauchen nun immer öfter auf, riesige Lupinenfelder, mal in Lila, dann in Rot, begleiten uns. Entlang der Carretera Austral liegen kleinere Orte, oft nur wenige Häuser, die Menschen führen ein karges Dasein, leben von Fischfang, bauen auf kleinen Äckern Kartoffeln oder Weizen an, manchmal sieht man Schafe, Enten oder Hühner. Selbstgemalte Schilder bieten einfache Unterkünfte an.

28. Januar · Insel Chiloe – Regen

Jetzt fahren wir durch eines der regenreichsten Gebiete Chiles. »Viele Orte haben 370 Regentage im Jahr«, weiß das South American Handbook. Nach fast zwei Jahren Trockenheit sind wir regelrecht verstört, ich suche erst mal den Schalter für die Scheibenwischer. Die Menschen tragen Gummistiefel, ziehen die Kapuzen ihrer Regenjacken tief ins Gesicht. Die abgefahrenen Reifen und das Antiblockiersystem bringen uns oft in haarige Situationen. Einmal geraten wir rutschend und stotternd auf die Gegenfahrbahn, ein entgegenkommendes Taxi erkennt schnell die Gefahr und wechselt auf die linke Spur.

Die Hänge liegen im Nebel, abgeholzte Bäume bestimmen das Landschaftsbild. Riesige Farne wachsen über den Rand der Piste, die jetzt nur noch einspurig ist. Schmelzwasser schießt von den Bergen, überall Wasserfälle. Die Atmosphäre mitten am Tag wirkt düster, am Himmel ist keine blaue Stelle zu sehen. Schilder warnen vor Steinschlag, andere vor Sprengungen. Irgendwo queren wir ein riesiges Geröllfeld, in das ein Bulldozer eine Schneise geschoben hat. Wir schlängeln uns rechts an dicken Felsbrocken vorbei, links liegt eine Lagune. Plötzlich bewegt sich etwas vor uns, der ganze Berg scheint in Bewegung. Ich halte, Ausweichen ist unmöglich, dann bleibt uns vor Schreck fast das Herz stehen: Tonnenschwere Steine, manche größer als das Wohnmobil, rutschen den Hang runter, überschlagen sich, schießen quer über die Piste direkt in die Lagune. Manche hätten das Auto leicht zerquetscht. Das Ganze spielt sich höchstens zwanzig Meter vor uns ab. Glücklicherweise bleibt die schmale Schneise frei, und als die Lawine stoppt, gebe ich Gas, um so schnell wie möglich vorbeizukommen.

»*Salmón ahumado*« (geräucherter Lachs) steht auf Holztafeln. Klingeln an der Tür, die Waage hängt im Wohnraum, im Flur wählen wir aus Bergen voller Forellen, Muscheln, Käse oder geräuchertem Lachs aus.

Kurz vor dem Hafenort Chaitén ein Schild: »Termas El Amarillo«. Da lassen wir uns nicht zweimal bitten. Tannen stehen um ein gemauertes Freiluftbecken, vielleicht zwanzig Meter lang, das von einer heißen Quelle gefüllt wird. Wir duschen den ganzen Staub ab und legen uns in 35 Grad warmes Wasser, im Hintergrund schneebedeckte Berge. Selbst wenn es jetzt regnen sollte, werden wir bleiben.

Chaitén bedeutet das Ende des »ripio« der Carretera Austral. Es wird aber auch langsam Zeit, uns steckt die Rappelei allen in den Gliedern, dem Auto am meisten: Ein Stein riss die Auslaufvorrichtung vom Abwassertank ab, die Auspuffhalterung ist ebenfalls defekt und muss geschweißt werden, das gleiche gilt für die Spiegelbefestigung. Und »pünktlich« mit dem Ende der kalten Nächte funktioniert die Standheizung nicht mehr. Aber das sind alles kleine »Fische«. Ich übersehe eine lange Bodenwelle, wir knallen tief ein, und dann schießt das ganze Wohnmobil wieder hoch, hat für einen Augenblick keinen Bodenkontakt mehr. Beim Aufprall höre ich einen lauten Knall, dann bei jeder Unebenheit das bekannte Schlagen: Die Motoraufhängung ist wieder gerissen. Was soll's, wir können es schweißen lassen.

Die vorletzte Etappe der Reise bildet die 250 km lange *Isla de Chiloe,* auf die wir von Chaitén aus übersetzen. Eine der Besonderheiten sind dort die *iglesias* und *capillas* in Holzbauweise, die außen mit farbig gestrichenem Wellblech ummantelt sind. Die Kirche von Chonchi ist in gelb-blauen Tönen gehalten, das Blau konkurriert mit dem Himmel. Das Innere ist schlicht: kein pompöser Altar, keine Goldverzierungen, das Naturholz vermittelt beinahe Wohnzimmercharakter.

Während einer der ganz kurzen Regenpausen sehen wir uns im nächsten Ort, in Castro, die *palafitos* an, Fischerhäuser auf Stelzen, die gebaut werden, damit die Boote bei Flut bis an die Häuser fahren können. Von weitem sehen die bunten Holzhäuser sehr romantisch aus, Wäsche trocknet über den Lattenzäunen, auf der Wasseroberfläche spiegelt sich alles. Bei Niedrigwasser können wir hinter die Häuser gelangen, und jetzt, in unmittelbarer Nähe, bleibt wenig übrig von diesem romantischen Eindruck: Die Wellblechdächer rosten, Abfälle türmen sich, Stämme faulen, teilweise stinkt es so stark, dass wir zurück auf die Straße fliehen. Eine Kanalisation gibt es nicht.

■ *Palafitos, Häuser auf Stelzen*

Überall auf der Insel gibt es Stände mit Obst, Gemüse und Fisch – wenn nur nicht dieser Dauerregen wäre. Wir kaufen in unserer Verzweiflung zwei Schirme!

Jemand gestikuliert: Ein Obdachloser mit seinem Bündel über der Schulter winkt uns, wir halten an. Irgendwie kommt er uns bekannt vor – genau: In Patagonien trampte er, aber wir waren in entgegengesetzter Richtung unterwegs. Dort erzählte er uns: »Ich sah euer Auto zuerst in Rio, später in Ushuaia, und ihr fahrt immer an mir vorbei ...« François steigt ein, froh dem Regen entkommen zu sein, und gemeinsam machen wir uns auf die Suche nach einem Übernachtungsplatz. Wir können zwar das Meer hören, aber der Regen macht es unsichtbar für uns.

François reist ohne Zelt und Schlafsack. »Vor ein paar Jahren wurde mir mein Rucksack mit allem in Afrika gestohlen. Richtig traurig darüber bin ich eigentlich nicht. Das schwere Gewicht und ständiges Aufpassen hinderten mich eher. Jetzt fühle ich mich viel freier.« Seit 25 Jahren trampt er, fährt lediglich nach Frankreich zurück, um seinen Pass zu verlängern, daher sein selbstgewählter Name »François Levagabond«. Er empfindet viele Orte vollkommen anders als wir, weil er schutzlos ist und im Notfall nicht einfach wegfahren kann. »Oft halten die Menschen mich für einen Obdachlosen statt für einen Touristen. Das Schwierigste ist die Suche nach einem sicheren Übernachtungsplatz, besonders in Städten. Ich muss mir tagsüber unauffällig einen geschützten Ort suchen, an den ich in der Nacht zurückkomme.« Ihm genüge es, wenn er sich unter das Wohnmobil legt. Vielleicht hätte er das besser gleich machen sollen, statt unser Zelt zu benutzen. An einer Stelle kommt Wasser rein, François wird völlig durchnässt, aber das kann seiner guten Laune absolut nichts anhaben. »Unter dem Auto wäre ich wohl weggeschwommen.«

3. Februar 2001 · Chilenisches Seengebiet – Ende des Reisens, aber noch nicht Ende der Reise

Eine Fähre setzt von der Insel Chiloe aufs Festland über. Hier beginnt, etwa ab der Stadt Pto. Montt bis Temuco im Norden (ca. 350 km), das chilenische Seengebiet mit zwölf größeren »Lagos«. Mit den schneebedeckten Anden im Osten, Vulkanbergen und vielen Seen ist diese Region sicherlich die schönste Chiles. Im Sommer wird es hier nie zu heiß. Wälder, Nationalparks und idyllisch gelegene *estancias* bestimmen das Bild.

Ich betrachte diesen Abschnitt der Reise mit Wehmut und einem großen Maß an Frustration: Das Reisen wird hier zu Ende gehen, die Reise selbst dauert noch zweieinhalb Monate. Wir möchten unbedingt länger an einem Ort bleiben und nicht bis zum letzten Tag fahren. Wir brauchen einfach eine Phase, um all die Eindrücke und Bilder zu verarbeiten. Irgendwie stellte ich mir im Laufe der zwei Jahre vor, endlos lange weiter so zu leben wie bisher – keine Verpflichtungen, die drei Menschen bei mir, die ich am meisten liebe. Die Erkenntnis, dass dies aus verschiedenen Gründen nicht möglich sein wird, ernüchtert mich doch ziemlich.

Und plötzlich schlägt die tägliche Freude und Begeisterung um in Unzufriedenheit, ich fühle mich stark an einige Augenblicke vor der Reise erinnert. Das Wetter geht mir auch auf die Nerven. Zudem müssen wir das Auto verkaufen und haben noch keinen ernsthaften Interessenten. In gewisser Weise erinnert mich die momentane Situation an den Beginn unserer Reise in San Francisco. Da gab es Tage, da waren wir ziemlich »down«, weil es sich als langwierig und fast aussichtslos herausstellte, ein passendes Wohnmobil zu finden. Und mitten in dem dicksten Frust platzte damals Felix rein, alles änderte sich, innerhalb weniger Tage und Wochen fanden wir ein Fahrzeug und starteten.

Die Gedanken an diese Zeit helfen ein bisschen über die momentane Niedergeschlagenheit hinweg. So richtig will ich nicht, muss aber: Auto verkaufen, ein Haus für die letzten zweieinhalb Monate finden, die Reise abschließen. Es ist eigenartig: Ich spüre genau, dass alles so optimal verlaufen wird, wie wir es uns theoretisch nur vorstellen können. Die ganze Reise stand bisher unter einem so positiven Stern, dass sie auch so sicherlich zu Ende gehen wird ...

Es beginnt eines Morgens damit, dass wir im 5000-Einwohner-Ort Frutillar am Lago Llanquihue aus dem Autofenster blicken: blauer Himmel, drei schneebedeckte Vulkangipfel hinter dem See. Am Strand aus dunklem Vulkansand tummeln sich Urlauber – von Dezember bis Ende Februar ist hier Saison, die Kinder haben Schulferien. Es wird ab heute nie mehr regnen. Tatsächlich soll selbst der Beginn der normalen Regenzeit Anfang März ausbleiben, wie wir später erfahren. Dies zum Thema Wetter, bleibt nur noch die Suche nach einem optimalen Ort zum Verweilen.

Abends klopft ein chilenisches Ehepaar ans Auto: »Dürfen wir uns das Wohnmobil mal ansehen?« Sie reisen seit Jahren in den Ferien mit einem Wohnanhänger. Marianne ist völlig angetan von dem Gedanken, dass Teller im Schrank bleiben, Gläser nicht zerspringen, die Toilette sogar eine Wasserspülung hat. Ginge es nach ihr, wäre das Auto heute gekauft. Arturo hält sich zurück: »Ich werde mich um die Zollangelegenheiten kümmern, sobald wir zurück in Santiago sind.« Alles kommt uns zu unwahrscheinlich vor, als dass wir es glauben. Wir tauschen die Adressen aus, kaufen uns extra ein Handy, um immer erreichbar zu sein.

■ *Vulkan Osorno am Lago Llanquihue*

Frutillar verwandelt sich im Sommer von einem beschaulichen, kleinen Ort in ein Mekka für Urlauber: Verstopfte Straßen, am Strand Handtuch an Handtuch und Liegestühle, im See Jetbikes, Segelboote und aufgeblasene Bananen hinter Motorbooten – alles zu hektisch für uns, die Suche geht weiter.

7. Februar · Caburgua – letzte Station im Traumhaus

Es hilft nichts, irgendjemand muss uns den entscheidenden Tipp geben hinsichtlich unseres Traumortes. »Wir wissen doch von einem Deutschen in Temuco«, schlägt Betti vor. Ich blättere die Tagebücher durch – tatsächlich, wir trafen vor einem Jahr in Belize einen Deutschen, der uns irgendwo an der Straße stoppte und nach fünfminütigem Gespräch die Adresse eines guten Freundes im Seengebiet gab: »Der kann euch bei allem weiterhelfen!«

Wir fahren 250 km nördlich. Andreas, so Ende 40, sitzt gerade auf dem Traktor: »Ich muss noch zwei Stunden pflügen, dann habe ich Zeit für euch.« Er bewirtschaftet eine 90 ha große Farm, hauptsächlich Rinderzucht. Vier Mapuche-Indianer helfen ihm täglich. Sandra, seine chilenische Freundin, kocht. Es sieht auf seiner Farm unglaublich gepflegt aus: Befestigte Wege, Zaunpfähle in exakten Abständen, nirgendwo auch nur ein Stückchen Papier. Zwei Hunde begleiten uns auf einem Rundgang. Ursprünglich betrieb er zusammen mit seinem Vater eine Baufirma in Frankfurt, sein Steckenpferd blieb jedoch immer die Landwirtschaft.

Ein Freund lud ihn nach Chile ein, Andreas verliebte sich sofort in das Land, verkaufte die Baufirma: »Ich habe mein Glück hier gefunden.« Das glauben wir. »Warum geht ihr nicht nach Caburgua, ein kleiner Ort mit 500 Einwohnern am Lago Caburgua. Nicht weit davon entfernt liegt Pucón am Lago Villarrica, touristisch sehr erschlossen und bestimmt ein guter Platz, um das Wohnmobil zu verkaufen!« Genau das machen wir.

Im »Diario Austral«, der größten Tageszeitung der Region, geben wir für die nächsten Samstage Anzeigen auf: »Wohnmobil zu verkaufen, Telefonnummer ... »

Die Fahrt nach Caburgua wird ein Erlebnis: blauer Himmel, Vulkane mit weißen Spitzen, Superstraße durch Wälder, dann der Lago Caburgua, genau am Ende der Straße von Pucón. Einzelne Häuser, viele versteckt zwischen Bäumen oder an den Berghängen. Wir wissen sofort, dass dies genau der Platz ist, wo wir bleiben möchten. »Ihr werdet sehen, am 1. März seid ihr die einzigen Gäste hier, der See gehört euch dann alleine, es wird ganz ruhig hier, vielleicht zu ruhig für euch«, meint Andreas.

Frauen und Mädchen tragen Körbe mit »Kuchen«, Betonung auf dem »e«, belegt mit frischen Beeren, Äpfeln oder Pfirsichen.

Jetzt benötigen wir eine Wohnung. Während einer Radtour kommen wir an einem hohen Holztor vorbei, »Bella Vista« steht dran, »Schöne Aussicht«. Wir glauben nicht, was wir sehen: Drei einzelne Häuser, Cabañas mit großen Glasfronten, durch die man ins Innere sehen kann: Moderne Einrichtung, eine amerikanische Küche. Von der Terrasse blickt man auf den See, der einige Meter unter uns liegt, und aus dem Küchenfenster sieht man in der Ferne auf den Schnee des Vulkans Villarrica. Wir trauen uns gar nicht nach dem Preis zu fragen, ich rufe den Vermieter an: »Eigentlich haben wir ja ein schönes Haus für 30 Dollar am Tag, aber wenn Sie uns einen guten Preis machen, würden wir bis Mitte April bei Ihnen buchen.« – »Wie wären 20 Dollar?« Ich glaube ihn nicht richtig verstanden zu haben und frage nach. »Ja, soviel müsste ich schon verlangen. Wann ziehen Sie ein?« – »Heute noch!« Und erst jetzt haben wir das Gefühl, angekommen zu sein, ich habe mein Versprechen gegenüber Betti wahr gemacht: »Das Ende der Reise verbringen wir in einem Traumhaus mit Traumblick ...!«

■ *Umzug ins Traumhaus*

Das Wohnmobil parkt im Garten, wir räumen die Cabaña ein. Eigentlich müsste ich glücklich sein, bin es aber nicht. Mir wird schmerzlich bewusst, dass ich nicht mehr »on the road« sein werde, sondern die »Vorstufe von Bochum« betrete: Häuschen mit Garten, Handy am Gürtel, Kinder schaukeln unter einem Baum. Mir ist zum Heulen. Warum steht das Auto, unser »Fordchen« alleine, während wir im Haus schlafen? In den zwei Jahren habe ich zu dem Wagen eine richtige Beziehung bekommen – es verließ uns nie, brachte uns durch dick und dünn, und jetzt stelle ich es einfach ab, will es verkaufen, loswerden ... In solchen Augenblicken möchte ich das Wohnmobil behalten, jedes Jahr wiederkommen und ein Stück weiter reisen. Ich fühle mich regelrecht schuldig. Einmal gehe ich alleine ins Auto und ertappe mich dabei, dass ich die Musik anstelle, mich hinters Steuer setze und Erklärungsversuche mache. Schließlich »entschuldige« ich mich laut dafür, dass unsere gemeinsame Zeit bald zu Ende sein wird. Wie soll ich ahnen, dass es nur wenige Wochen dauern wird und das Auto die gleiche Strecke zurücklegt, die wir gekommen sind, mit Ziel San Francisco ...!

28. Februar · Caburgua –
Saisonende, selbst Telefone werden abgebaut

Mit dem letzten Februartag enden die Schulferien und damit auch die Urlaubssaison. Als wir zum Frühstücken auf der Terrasse sitzen, können wir den Unterschied zu gestern spüren: Es ist absolut still, keine Stimmen, keine Fahrzeuge, nichts. Die Straße ist völlig leer; der einzige Supermarkt vernagelt die Türen mit Holzbrettern. Ein provisorischer Raum mit einem langsamen Computer, der als »Internet-Café« wirbt, zieht ein Gitter vors Fenster, ein dickes Vorhängeschloss wird jetzt sechs Monate dort hängen. Ferien-Cabañas werden gleichfalls abgeschlossen und gesichert. Gegenüber der einzigen Bushaltestelle werden die drei Telefone einer Gesellschaft abgeschraubt. Irgendwo versorgt ein winziges Lädchen die Leute mit Grundnahrungsmitteln, für alles andere muss man den Kleinbus ins 25 km entfernte Pucón nehmen.

Wir müssen uns zunächst mal an diese Ruhe und Abgeschiedenheit gewöhnen. Es gibt rein gar nichts, womit wir uns ablenken können: Kein TV, keine Zeitungen, unsere Bücher sind ausgelesen, abends können wir nicht mal auf ein Bier irgendwo hin.

Ein alter Mann mit Pferd trabt an unserer Cabaña vorbei, hält seinen Vierbeiner kurz an, sieht verwundert zu uns herüber: »Schönen Tag, auf Wiedersehen!«

Später hören wir tiefe Stöhnlaute eines Bauern, der mit einem dünnen Stöckchen hinter einem Ochsengespann geht und die Tiere dirigiert. Sie ziehen einen dicken Baumstamm an Ketten. Ein Junge, höchstens 20 Jahre alt, folgt mit einem zweiten Gespann.

Es gibt für die Bewohner eine einzige Schule, die *Escuela basica* (Grundschule). Die Direktorin, Señora Patricia Mena, hatte uns am Telefon erklärt, dass Stella und Piet auch für kurze Zeit willkommen seien, und am 1. März melden wir die beiden an. Der Unterricht, natürlich ausschließlich auf Spanisch, findet von 9 Uhr bis 16 Uhr statt. Es werden immer zwei Klassen von einem Lehrer unterrichtet. Piet gehört noch in den Kindergarten, aber da es keinen gibt, wird er jetzt provisorisch eingeschult. Stella soll sofort zu den Dritt- bzw. Viertklässlern gehen. Zum *campo* gehören zwei Gewächshäuser, die mit Plastikplanen überzogen sind, ein Spielplatz, eine riesige Wiese mit zwei Fußballtoren. Blumen wachsen vor den flachen Holzgebäuden und sind als Sterne, Dreiecke oder Vierecke mit Holzstämmen eingefasst. Alle Kinder tragen Schuluniformen: »Wir müssen auch welche haben«, verlangen Stella und Piet, also: graue Hose, blaue Wildlederschuhe, weißes Hemd, dunkelblauer Pullover und blauer Schlips für den

Herrn, weiße Bluse, blaues Kleid und Pullover für die Dame. Als Schulranzen dienen ihre Rucksäcke.

Die Schule befindet sich etwa 4 km außerhalb von Caburgua, mitten auf dem freien Land, mit Blick auf den weißen Kegel des Vulkan Villarrica.

Kurz vor 9 Uhr hält ein kleiner Schulbus neben unserer Cabaña. Wir begleiten Stella und Piet am ersten Tag und setzen uns in die Klasse. Ein winziger Kanonenofen steht mitten im Raum und soll in den Wintermonaten für Wärme sorgen.

Immer wenn sich in den nächsten Tagen die Tür des Schulbusses öffnet, rufen die chilenischen Kinder: »Hola Pedro, setz' dich hier zu mir. Hola Estrella, komm zu mir.« Für uns haben Piet und Stella nur noch ein flüchtiges Winken über.

Señora Mena berichtet, dass in diesem Jahr 97 Kinder die Schule besuchen gegenüber 47 im letzten und nur 30 im vorletzten Jahr. Nun fehlt es überall an Geld, es kann kein Brennholz für die Öfen gekauft werden, und die Köchin benötigt Lebensmittel, um den Kleinen ein einfaches Essen anbieten zu können. Eltern werden um Mithilfe und Spenden gebeten, aber die meisten leben selbst ohne Einkommen als einfache Bauern. Stella berichtet von einem Mädchen, dass 17 Geschwister hat! Fließendes Wasser gibt es bei ihnen nicht.

Die Lehrer leisten einen harten Job, man sieht ihnen die Liebe zu den Kleinen an: Vor der Schule begrüßt der *profesor* jedes Kind einzeln mit einem Kuss auf die Wange: »Hola, wie geht's heute?« »Danke *profesor,* gut.«

Wir genießen beide diese Ruhe nach 9 Uhr. Vormittags schreiben wir, arbeiten an einem Konzept für ein Buch über die Reise. Die meiste Zeit verbringen wir aber damit, in der Sonne zu sitzen und zu reden. Menschen, Orte und Erlebnisse ziehen an uns vorbei. Wir finden hier die Muße, um viele Eindrücke zu verarbeiten. Es ist herrlich, den Tag ganz für uns alleine zu haben, keine Termine, keine Orte, keine Ziele. Die Regenzeit verschiebt sich, ich flachse gegenüber unserem Freund Andreas einmal am Telefon: »Du wirst sehen, erst wenn wir abfliegen, beginnt es zu regnen ...«

Mittags schlendern wir an den See, breiten eine große Decke aus. Wo vor Wochen noch einige hundert Badegäste lagen und

Schwimmer, Tretboote und Wassermotorräder den See aufwühlten, haben wir jetzt den Lago Caburgua für uns ganz alleine.

Punkt 16.30 Uhr hält der gelbe große »Escolar«, Stella und Piet stürzen raus: »Heute kommen Freunde von uns, ja?« Nachmittags sitzen sie zu zehnt oder mehr um einen großen Tisch, wir kochen und sehen zu, wie sich alle in einem unglaublichen Sprachgewirr unterhalten. Wir begnügen uns mit den Essensresten, räumen das Chaos aus Tellern, Bechern und Bestecken weg.

Wir sind beide glücklich, im Augenblick kommt so vieles zusammen: Das Haus mit der tollen Aussicht. Wir beginnen mit dem Buch. Die Kinder lieben die Schule, haben viele Freunde. Und wir haben einen Autointeressenten, der zu 99,99% unser Wohnmobil kaufen wird!

Noch ahnen wir nicht, dass die 0,01% uns schon bald in die zwei schlimmsten Nächte der Reise stürzen und wir am Boden zerstört sein werden ...

29. März · Caburgua: Autoverkauf die Erste – dumm gelaufen

Seit Wochen hängt das »Se-vende«-Schild im Auto, wir sind telefonisch erreichbar. Allerdings parkt das Wohnmobil in Caburgua am Ende der Welt, außer ein paar Bauern liest niemand den Verkaufshinweis. Anzeigen im Internet, in deutschen, Schweizer sogar US-amerikanischen Zeitschriften kosten Geld, bringen uns aber nicht einen Interessenten.

Im »Diario Austral« schalten wir jetzt nun auch jeden Mittwoch eine Anzeige: »Verkaufen Wohnmobil, Ford E 350, US-amerikanisches Modell 97, tadelloser Zustand, komplett ausgestattet, deutscher Besitzer, zwölf Millionen Peso (etwa 20.000 Dollar).

»Hola, kann ich mir das Auto mal ansehen?« meldet sich der erste von nicht wenigen, ein gewisser Nelson. Die Wegbeschreibung ist einfach: Caburgua, einzige Straße bis an den See, einmal links auf einen Schotterweg, dann 200 m bis zum Schild »Bella Vista«. Nelson ist wirklich interessiert, lässt sich alles erklären, schluckt aber, als er vom hohen Verbrauch des Benzinmotors hört. Danach kommt die Frage, die wir immer hören werden: »Wie werden die Zollangelegenheiten geregelt?« Ich habe immer gehofft, dass sich die Chilenen damit besser auskennen als wir. Er will sich erkundigen und dann Bescheid geben.

Einen Tag später sitzt Raoul im Auto. Alles gefällt ihm, ist wunderbar, ausgezeichnet. Ich gebe ihm Fotos mit, und tatsächlich bringt er später seine Frau, Schwester, Schwägerin und selbst Mutter mit, demonstriert Wasserspülung, öffnet das Gefrierfach, lässt das Wasser in der Dusche laufen. Sein Familienclan ist begeistert, macht es sich richtig gemütlich. »Was ist mit dem Zoll?« – »Ja, der Zoll!« Raoul sitzt am Steuer, lässt die Stereoanlage laufen: »Prima Auto, nein wirklich!« Ob wir nicht ein bisschen über unsere Reise erzählen möchten?« – »Vielleicht später, ich muss jetzt unbedingt die Kinder zu Bett bringen ...«

Immerhin tut sich etwas, wir reden uns gegenseitig ein, dass wir mit den regelmäßigen Anzeigen Erfolg haben werden.

Und wieder klingelt das Handy: »Ja, ich möchte Ihr Auto kaufen, habe aber kein Geld. Wie wäre es mit einem Grundstück am See, 100.000 Quadratmeter?« Ich muss erst mal schlucken über dieses Angebot. Wir sollen es uns in aller Ruhe überlegen, und tatsächlich ruft uns der Señor noch zweimal an, legt noch einige Quadratmeter zu seinem Angebot dazu. Ich notiere die Telefonnummer, wer weiß ...

Wir wollen jede Möglichkeit ausschöpfen, um das Auto zu verkaufen. Vor vier Wochen trafen wir in Frutillar Arturo und Marianne, die damals gerade reisten und jetzt in ihrem Sommerhaus sind. Marianne hatte uns nach Choshuenco eingeladen und wir glaubten, dass sie ihrem Mann Zeit zum Überlegen geben wollte. Marianne selbst schien fest entschlossen, das Wohnmobil zu kaufen.

Wir fahren zu den beiden, ihr großes Sommerhaus liegt vollkommen versteckt. Tatsächlich parkt ihr orangefarbener Wohnwagen zwischen Büschen. Arturo öffnet, in einer Hand eine Pfanne mit Spiegeleiern: »Kommt rein, wir essen gerade!«

Das Holzhaus entwarfen die beiden selbst, sie suchten die Hölzer in den Bergen aus und ließen den 9 m dicken Tragbalken aus einem einzigen Stamm fertigen, der aufwendig den Berg herunter transportierte wurde.

Wir sprechen den Verkauf des Autos gar nicht an, »wollten nur einen Ausflug machen« und ihrer Einladung nachkommen. »Papa, warum gucken die sich denn das Auto nicht an?« flüstert Piet allerdings unüberhörbar. Marianne spricht perfekt deutsch, ich könnte im Boden versinken.

Das Land um den Lago Panguipuilli südlich von Pucón gehört nur wenigen Familien, die ihre Sommerhäuser hier stehen haben. Wir verbringen den Tag am Wasser, benutzen das Kajak von Arturo oder sein Ruderboot, das einen Elektromotor besitzt. Abends grillen wir, wieder fällt das Wort »Wohnmobil« nicht ein einziges Mal. Das Zusammensein ist ausgesprochen herzlich, wir reden viel und lachen.

»Ach ja, könntet ihr uns vielleicht mal ein Stück mitnehmen?« fragt Marianne. Endlich, atme ich auf. Die kurze Probefahrt scheint sie zu beeindrucken, ich gebe mein Bestes, damit der Ford durch die vielen Löcher nicht allzu sehr schaukelt.

»Rudi, fax' mir die Papiere, ich werde mich mit dem Zollkram beschäftigen!« Ich könnte ihm um den Hals fallen, das Auto ist so gut wie verkauft! Heute vor genau zwei Jahren starten wir unsere Reise. Ich besorge eine Flasche Sekt, um das Ereignis würdig zu feiern.

Zwei Jahre, die vergangen sind wie ein einziger Augenblick, wie ein Film, bei dem man immer Angst hat, er könnte gleich zu Ende sein ... Ich würde gerne noch länger bleiben, aber Betti erinnert mich an mein Versprechen: »Nach zwei Jahren geht's zurück!«

Ich habe wohl keinen Grund, undankbar zu sein. Wer hat schon das Glück, sich solch einen Lebenstraum zu erfüllen? Mit einem lachenden und einem weinenden Auge stoße ich mit Betti an. Das feuchte Auge lasse ich vorsichtshalber geschlossen.

Wir sind nun absolut sicher, das Auto zu verkaufen und buchen die Rückflüge. Fünf Wochen bleiben uns noch, um die Verkaufsmodalitäten abzuwickeln. Wir wollen Arturo nicht drängeln, warten aber jeden Tag gespannt auf seinen Anruf.

Die Zeit vergeht, noch drei Wochen bis zum Rückflug, dann überschlagen sich die Ereignisse, alles scheint für uns zu laufen.

Zuerst faxe ich das Kennzeichen (Bochumer Nummernschild). Einen Tag später schicke ich eine Katalysator-Bescheinigung, alles läuft bestens. »Ich brauche noch die Zulassung, dann haben wir es geschafft!« signalisiert Arturo.

Mir wird abwechselnd heiß und kalt. Meine internationalen Papiere überzeugten zwar jeden Grenzbeamten, sind aber etwas »aufgefrischt«, schließlich ist das deutsche Nummernschild ungültig, und in den USA habe ich beim Kauf des Autos auf eine nationale Zulassung verzichtet, um die Steuern zu sparen. Mir erschien alles so einfach, ich konnte in San Francisco fast 2000 Dollar an Steuern sparen und fühlte mich so schlau, war mit allen Wassern gewaschen.

Mit keinem guten Gefühl faxe ich die »Zulassung« nach Santiago. Jetzt habe ich sowieso keinen Einfluss mehr auf den weiteren Verlauf der Transaktion.

Dann kommt das Telefonat, das wir nie vergessen werden: »Oye, Rodolfo ...« Arturo spricht spanisch, was ganz ungewöhnlich ist, wir unterhalten uns sonst immer auf deutsch. An seiner Stimme erkenne ich sofort, dass der Autoverkauf geplatzt ist. »Etwas stimmt mit der Zulassung nicht. Der Zoll in Santiago setzt sich mit dem Straßenverkehrsamt in Deutschland in Verbindung. Ich kann und will das Auto nicht mehr kaufen.«

Das Gespräch ist beendet, unsere Hoffnung auf ein Happy end auch. Ohne Zulassung werden wir das Wohnmobil hier nicht abgeben können, jedenfalls nicht legal.

Betti ist den Tränen nahe, macht mir natürlich Vorwürfe, weil ich so sicher war, dass wir keine Zulassung brauchen. Die ganze Nacht wälzen wir uns schlaflos hin und her. Tausend Gedanken quälen uns: Hätte, wenn, aber, eventuell ... Ich schlafe nicht eine Sekunde, mir graut vor dem nächsten Tag. Wir waren so nahe dran, und nur einen Millimeter vorm Ziel stolperten wir.

Es hilft nichts, wir brauchen eine Zulassung, egal, wann wir das Auto verkaufen wollen. Eine Telefon-Odyssee beginnt, bis ich schließlich in Florida lande, wo das Auto zuletzt zugelassen worden ist: »Das können wir machen, schicken Sie uns den *title* (Kfz-Brief) und den Kaufvertrag, dann sollte es zwischen zehn Tage und maximal zwei Monate dauern«, beruhigt mich der Manager in den USA. Das ist unser einziger Strohhalm, und vielleicht können wir Arturo ja nochmal überzeugen, wenn wir im Besitz der legalen Zulassung sind.

Am übernächsten Tag fahren wir nach Villarrica westlich von Pucón, etwa 50 km entfernt, um die Papiere direkt bei einem Expressdienst abzugeben, der sie angeblich innerhalb von 24 Stunden in Florida abliefert. Was wäre das für ein perfekter Abschluss der Reise geworden: Das Auto im allerletzten Augenblick zu verkaufen. »Hör auf zu träumen«, ernüchtert mich Betti. Auf halbem Weg zum Expressbüro, in Pucón, haben wir einen Platten und lassen das Auto direkt an der Hauptstraße stehen, springen in ein Taxi, weil das Büro samstags um 13 Uhr schließt und wir unsere Papiere noch vor dem Wochenende abgeschickt haben müssen. »Soll ich die Verkaufsschilder aus dem Fenster nehmen?« frage ich. »Warum? Lass' sie drin, es kann nicht schaden.«

Der Platten an genau dieser Stelle und die Verkaufsschilder mit unserer Handynummer werden zwei Tage nach dem Verkaufsfrust für die unglaublichste Begegnung und für ein Ende sorgen, das für uns an ein Wunder grenzt und einen Namen trägt: Amy.

31. März · Pucón: Autoverkauf die Zweite – eine Sache von zehn Minuten

Die Luft ist raus bei uns, im doppelten Wortsinn, denke ich. Wir haben die letzten zwei Nächte nicht geschlafen und werden es die nächsten auch kaum können, so niedergeschlagen fühlen wir uns. In Pucón steht das Wohnmobil mit einem platten Reifen, und die letzten zweieinhalb Wochen bedeuten organisieren und herumrennen. Vielleicht eine gute Vorbereitung auf zu Hause ...

Gerade gaben wir die Autodokumente auf, die jetzt auf dem Weg in die USA sein werden, wo uns eine legale Zulassung samt Steuern 2000 Euro kosten wird. Wir sitzen wieder im Taxi, jeder geht deprimiert seinen Gedanken nach.

Das Handy klingelt: »Hola, ich habe das Verkaufsschild im Auto gesehen und würde es mir gerne ansehen!« Lustlos schlage ich vor, das wir uns in einer Viertelstunde am Wohnmobil treffen: Mit Sicherheit dieselben Fragen, Begeisterung, dann das übliche Bedauern und »vielleicht«.

Am Ford lehnen fünf Touristen aus England und den USA, ein Kanister kreist – »selbstgemixte Bloody Marys«, lallt einer. Ich will sofort hier weg, das ist mein erster Gedanke. Aus einem unbegründeten Gefühl heraus setzen wir uns aber dann ins »Suiza« und trinken Kaffee, dazu warmen Apfelstrudel mit Sahne. Die fünf Leute, Amy ist mit 30 Jahren die älteste, lernten sich alle auf der fünftägigen Bootstour von Puerto Natales nach Puerto Montt kennen. Sie verstanden sich auf Anhieb und beschlossen, gemeinsam weiterzureisen.

Als Patrick und Kent mittags aus dem Supermarkt kamen, wo

sie Nachschub für ihre tägliche Alkoholration holten, sahen sie das Wohnmobil mit dem Schild »Se vende«, und sie erzählten Amy davon. Amy ist das, was man eine erfolgreiche amerikanische Aussteigerin nennen würde. Nach sieben Jahren in der Softwarebranche ist sie finanziell unabhängig. Sie reist bereits ein Jahr im chilenischen Seengebiet. »Rudi, als ich von dem Fahrzeug hörte, wusste ich sofort, das wird mein Leben verändern!«

Die Stimmung ist ausgelassen, jeder überbietet sich selbst mit Abenteuern. Amy sitzt mir gegenüber. »Amy, wie interessiert bist du?« – »Oh, total«, lacht sie mich an. Bis jetzt sah sie das Auto nur von außen, kennt keine Details.

»Gut, dann schlage ich vor, du zahlst mir einen Teil an, dann entferne ich die Verkaufsschilder.« Ich möchte die Sache hinter mich bringen. Im Geiste sehe ich uns bezahlen, alle bedanken sich, weil sie uns kennengelernt haben, »nice to meet you ...«

»Einverstanden, doch was soll das Fahrzeug eigentlich kosten?« – »20.000 Dollar.« – »Gut, ich gehe auf mein Zimmer und hole einen Scheck, bin gleich zurück!«

Das Ganze ist ein Witz, die Truppe macht sich einen netten Spaß. Ein Engländer geht, dann steht noch ein Amerikaner auf, Amy bleibt weg, ich winke dem Kellner und will bezahlen. Dann sitzt Amy plötzlich mir wieder gegenüber und schiebt einen Bankscheck, genau über die vereinbarte Summe, zwischen Kaffeetassen, Büchern, Tellern und Rucksäcken zu mir herüber. Ich stecke ihn ein, als sei es das Selbstverständlichste der Welt. 20.000 US-Dollar. Betti sitzt neben mir, ich kann ihre Gedanken lesen: »Bitte sprich mich jetzt nicht an und wecke mich aus diesem Traum!«

»So, das Auto gehört jetzt uns, da können wir ja gleich die erste Nacht dort verbringen.«

Wir verabreden uns für den Abend an unserer Cabaña, dann schweben wir zum Auto. Unsere Füße berühren nicht einmal den Boden.

Die unglaubliche Geschichte setzt sich fort: Amy und ihre Freunde wollen auf dem gleichen Weg wie wir zurück nach San Francisco. Zeit spielt keine Rolle. Ich freue mich total für unser Fordchen. Als wir die zehnte Flasche Wein öffnen, philosophiere ich: »Dieses Auto hat eine Seele, es ist kein Zufall, dass es genau vorm Supermarkt einen Platten bekommen hat, und Patrick und Kent genau da aus dem Laden kamen!« – »Rudi, Betti, I'm so happy, you've changed my life, thank you!« fällt Amy mir um den Hals.

Das könnten wir genauso zurückgeben, unverändert.

Wir räumen das Auto leer. Nur unsere persönlichen Dinge behalten wir, der Rest gehört Amy: Fahrräder, Campingstühle, Seilwinde, Sportgeräte. Als ich vor dem ganzen Berg stehe, schließe ich für einen Augenblick die Augen und bin wieder in San Francisco ... gleich packen wir alles ein, verstauen Teile in der Box, Räder hinten drauf, und dann liegen 25 Monate vor uns. »Was ist mit dem Grill, Rudi?« – »Behaltet ihn«, antworte ich in Trance.

Selbst das Bochumer Kennzeichen übernimmt Amy.

Und dann kommt der Augenblick, vor dem ich Angst hatte. Das Wohnmobil ist gepackt, Kent fährt, Amy sitzt in der Mitte. Wir fahren gemeinsam zur Schule, um mit Piet und Stella ein Abschlussfoto zu machen. Der CD-Player hämmert peruanische Andenmusik, die drei schunkeln im Rhythmus, die Stimmung bei ihnen ist total ausgelassen. Betti sitzt wie ein Häufchen Elend hinten auf der Couch, ihre Augen sind feucht und wandern ein letztes Mal durch das Wohnmobil.

»Hey Rudi, wie fühlst du dich?« fragt Amy.

»Ganz o.k.«, stottere ich. – »Brauchst du irgend etwas?« – »Ja, gebt mir das Auto zurück!«

Nach vier Kilometern endet das Abenteuer Wohnmobil vor der kleinen Grundschule. Ich spritze Champagner über Motor, Chassis und die Reifen, genau wie damals in San Francisco, und lege meinen Kopf kurz auf die Motorhaube: »Danke für diese grandiose Zeit ...«

Die drei steigen ein, Handküsse fliegen, langsam entfernt sich das Auto, verschwindet vollends hinter einer Kuppe. Das »Alemania« klebt immer noch weit sichtbar am Heck.

Stella und Piet stürmen zurück in die Schule, ich gehe mit Betti Arm in Arm die Straße zurück. In Gedanken sitze ich hinter dem Steuer, und werde es wohl noch ganz oft tun ... Als wir zurück sind, bin ich sicher, dass der Ford neben dem Haus steht, und alles nur eine Illusion war.

■ *Abschied ... (2. v.l.: Amy)*

19. April · Flug von Santiago nach Frankfurt – 25 Monate vergehen wir ein einziger Tag

Piet hat der Mutter seines Freunds Jorge ein Lied beigebracht, und immer wenn wir ihr begegnen, schmettert sie voller Inbrunst auf deutsch: »Zicke zacke, zicke zacke Hühnerkacke, hoi, hoi, hoi!« Das sei aber ein richtig schönes Lied, strahlt sie uns an. Piet sieht uns verlegen an.

Zwischendurch blitzt so etwas wie Vorfreude auf, wenn ich an zu Hause denke. Das Auto ist nicht mehr da, die Reise jetzt offiziell beendet und wir genießen den Luxus, zwei Wochen lang Abschied nehmen zu können.

Rein äußerlich sieht man mir auf jeden Fall an, wie gut mir die Reise getan hat: Von 72 kg habe ich auf 81 kg zugelegt ... Etwas beschämt denke ich an einen Kommentar meines Schwiegervaters, als er unsere Dias sah: »Wer ist denn der Mann neben meiner Tochter?« O.k., ich werde abnehmen müssen.

Zusammen mit Freunden und einem Führer steigen wir auf den 2840 m hohen *Volcán Villarrica.* Über zwei Monate sah ich diesen perfekt geformten, weißen Kegel von der Ferne. Der Vulkan ist noch aktiv, leichter Rauch steigt auf. 1984 kam es zum letzten Ausbruch, aus offenen Spalten qualmt es. Den oberen Teil muss man mit einem Eispickel angehen, immer bereit, ihn in die harte

Schneedecke zu hauen, wenn man ausrutscht. Die Hänge sind steil, mir wird schnell bewusst, wie gefährlich sie sein können. Einmal rutsche ich aus, der Eispickel entgleitet mir. Ich bleibe etwa fünf Meter unter ihm liegen, versuche hochzukriechen, aber ohne Chance. In dem harten Boden kann ich mit den Schuhen keinen Tritt schlagen, rutsche sofort, wenn ich mich aufrichte. Mit allen Vieren halte ich mich krampfhaft im Schnee fest, unter mir einige hundert Meter in steilstem Gefälle. Ein Fuß hat Halt an einem Stein gefunden. Unser Führer, der einzige mit Steigeisen, klettert zu meinem Eispickel und reicht ihn mir runter. Geschafft.

Was für eine Sicht! Wir können bis Argentinien blicken, sehen andere Vulkane, und der Blick ins Innere des Vulkans Villarrica mit seinen roten Magmamassen ist einzigartig.

Ich stehe lange dort oben, wie im Zeitraffer ziehen Länder, Menschen an mir vorbei, ich möchte am liebsten laut schreien: »Zeit, bleibe stehen! Erde höre auf dich zu drehen!« Keine Chance.

Wir begegneten im Seengebiet so vielen Leuten, die uns geholfen haben, dass wir für alle eine Party geben: Andreas, der deutsche Farmer; Peter, ein Motorradzubehörhändler; Fritz, der Mechaniker; Tatjana, die uns das Handy verkaufte, dazu deren Freunde. Ein riesiger Grill steht auf der Wiese, jemand demonstriert die »schnellste Art«, Holzkohle zum Brennen zu bringen: Die Kohle wird auf den Rost gekippt, Papier und Holz darunter angezündet. Innerhalb kurzer Zeit glüht alles, anschließend kippt man die rote Kohle vom Grill in die Wanne, dann werden Fleischstücke aufgelegt, deren Größe und Geschmack außerirdische Dimensionen annehmen.

»Sagt mal, warum bleibt ihr eigentlich nicht hier?«

Darauf fällt mir keine Antwort ein, die mich wirklich überzeugt. Es gibt viele sachliche Gründe für eine Rückkehr: Die Kinder sollen in Deutschland zur Schule gehen, wir müssen uns beruflich wieder etablieren, unsere Eltern ... Vielleicht sind aber auch die Wurzeln so stark, dass so ein Schritt mehr Zeit bräuchte.

Wir haben die Nachbarcabaña angemietet, alle Freunde bleiben über Nacht. Den nächsten Tag verbringen wir am See, mittags folgt die Lieblingsbeschäftigung der Südamerikaner Teil 2, grillen.

Die Herzlichkeit, Spontaneität und Lebensfreude werden mir sicherlich fehlen. Die Verabschiedungen fallen lange aus. »Passt auf euch auf, viel Glück im weiteren Leben!«

Niemand erwähnt das Wort »Wiedersehen«, wir spüren wohl alle, dass es vielleicht keines mehr geben wird. Aber die Trauer darüber wird durch die Freude wettgemacht, dass man den anderen kennenlernen durfte und eine kurze, intensive Zeit miteinander verbrachte.

Morgens gehe ich oft alleine an den See, der mich wie ein Magnet anzieht. Es ist noch kühl, Nebel liegt auf dem Wasser und zieht langsam die Hänge rauf. In solchen Augenblicken stehe ich fast hilflos am Ufer und spüre eine regelrechte Verzweiflung angesichts der Zeit, die so schnell vorbeirast.

Wir packen Kisten mit Spielzeug, Kinderbekleidung, Schuhe, Lebensmittel und Gewürze. Stellas Lehrer Gustavo strahlt: »Wir können alles gebrauchen.« In zwei Bilderrahmen legen wir Fotos mit einem Dankeschön und unseren Adressen, dazu eine Spende, damit wenigstens für diesen Winter Feuerholz gekauft werden kann.

Gustavo schlägt eine Glocke, sofort stehen alle Schüler in Reihen vor dem Gebäude. »Liebe Kinder, heute verabschieden wir Estrella und Pedro. Sie fliegen jetzt zurück nach Deutschland, und wir sind stolz, dass sie unsere Freunde wurden!« Er zeigt die Fotos, erwähnt das Spielzeug. Stella und Piet werden nach vorne gebeten, die Kinder klatschen und wollen nicht mehr aufhören. Uns stehen die Tränen – wieder mal – in den Augen.

Wie in Trance erlebe ich, dass der bestellte Kleinbus hält, wir 250 kg Gepäck einladen, nochmals 50 kg Handgepäck dazu und zum letzten Mal durch Caburgua fahren. Wir fliegen ab Temuco, etwa 800 km südlich von Santiago.

Die Menschen, die wir am stärksten in unser Herz geschlossen haben, lassen es sich auch diesmal nicht nehmen, uns zu verabschieden. In Temuco warten Andreas und seine Freundin: »Ihr werdet mir fehlen«, meint er und möchte uns gar nicht mehr loslassen.

In Santiago haben wir drei Stunden Aufenthalt und verbringen ihn mit Gabrielle, einer wundervollen älteren Dame, die wir in Caburgua kennenlernten. Sie wurde in diesen Wochen eine Freundin, ein Geschenk für uns alle vier. »Lasst uns schnell Abschied nehmen«, meint sie, als unser Flug aufgerufen wird.

Dann hebt der Airbus ab, ich schnalle mich an, Tränen laufen, ich kann sie nicht zurückhalten. Ich will nicht, dass dieser Traum zu Ende geht.

Diese 25 Monate stellten die intensivste Zeit meines Lebens dar; sie ist aber auch die Zeit, die am schnellsten vorbeiraste, und es ist genau das eingetreten, was ich voraussagte: »Heute steigen wir in das Flugzeug nach San Francisco, und morgen fliegen wir wieder von Santiago de Chile zurück nach Deutschland!«

25 Monate sind wie ein einziger Tag vergangen.

Sternenstaub und Wasserfall – Kinder brauchen die Wildnis
ein Rückblick von Bettina Kretschmer

Zwischen San Francisco und Santiago de Chile erlebten wir den Dschungel und die Wüste, kreuzten Meere, Steppen und Gebirge, erkundeten die Metropolen der beiden Amerikas. Auf unserem Weg trafen wir Menschen aus 16 Ländern, lernten ihre Kultur kennen, aßen ihre Speisen und hörten ihre Geschichten. Als Familie führten wir zwei Jahre lang ein Leben, das einzig dazu bestimmt war, die Welt anzusehen und ihre Wunder zu bestaunen. Wir zogen nicht hinaus, um eine Mission zu erfüllen, nicht um die Wale zu retten, den Weltfrieden zu predigen oder gegen den Hunger zu protestieren.

Es gab keine solchen übergeordneten Gründe, auch wenn manche Leute meinten, man müsse diese haben, um eine solche Reise zu rechtfertigen. Wir hatten den schlichten Wunsch, gemeinsam etwas Neues zu entdecken, eine Zeit mit unseren heranwachsenden Kindern zu verbringen, die nicht von den Einteilungen und Beschränkungen des Alltags bestimmt wird. Gleichzeitig hofften wir, unseren Kindern eine starke und befriedigende Beziehung zur Natur zu ermöglichen, ein Verhältnis zu Menschen, Orten und Organismen zu entwickeln, die nicht dazu gemacht sind, unseren täglichen Notwendigkeiten zu entsprechen. Wir hatten so die einmalige Gelegenheit, die Vorgänge kennenzulernen, die sich in unseren Kindern abspielen, wenn sie etwas Neues aufnehmen, erfahren, und daran bestimmte seelische Kräfte ausbilden. Manche werden sich fragen: Muss man, um das zu erleben, eine Reise nach Südamerika unternehmen? Das muss man nicht, aber vieles hat sich erst durch diese Reise ergeben, herauskristallisiert und intensiviert.

Ich erinnere mich an einen astronomischen Abend am Grand Canyon: Hobbyastronomen haben ihre Teleskope aufgestellt und auf bestimmte Himmelskörper ausgerichtet. Abwechselnd gehen wir von einem zum anderen, um die Größe, Struktur oder Helligkeit zu bewundern. »Das ist mein Stern«, ruft Stella plötzlich aufgeregt und zeigt auf die helle Venus. »Welchen Stern nimmst du, Mama?« – »Ich nehme den, der gegenüberliegt, den Mars«, gehe ich auf das Spiel ein. »Und du, Piet?« – »Ich möchte den kleinen glitzernden neben dir.« – »Also Spyker?« – »Ja, den«, bekräftigt er.

Die spielerische Inbesitznahme dessen, was das Universum an Wundern aufzubieten hat, versetzte die Kinder in einen Zustand glücklicher Begeisterung, die in den folgenden Wochen und Monaten immer wieder zum Ausdruck kam, wenn der nächtliche Himmel seine Schmuckstücke zeigte: »Da, da bin ich!« – »Und wo bist du?« – »Dort!« – »Wo bist du, Mama?« – »Da, gegenüber der Venus und neben Spyker.« – »Ach ja«, kommt es erleichtert von Piets Lippen, froh darüber, dass alle Sterne zu sehen sind und er sich in der symbolischen Ordnung der beobachteten Konstellation seinen Platz erobert hat. Die verbale Inbesitznahme von »das ist mein Stern« und »da bin ich« zeigt, wie der Prozess von Aneignung und Identifikation funktioniert. Das Kind fühlt sich eins mit dem Universum, indem es sich immer wieder rückversichert: »Wo bin ich? Wo ist mein Stern? Da, da gehöre ich hin. Das ist mir vertraut.« Einzig für die Mobilität hätte Piet noch einen Verbesserungsvorschlag: »Wisst ihr, was ich mir wünsche? Ich wünsche mir einen Stern mit Fernsteuerung. Dann kann ich damit immer über den Himmel sausen!«

Wären wir daheim geblieben, hätte ich niemals gelernt, dass sich die kindliche Sichtweise ganz wesentlich von der der Erwachsenen unterscheidet. Zusammen hinauszugehen und neue Plätze zu entdecken ist der sicherste Weg daran erinnert zu werden, dass wir die Umgebung nicht mit denselben Augen sehen und nicht mit derselben Nase riechen. Irgendwie schienen unsere Kinder gelangweilt, wenn wir Erwachsene gebannt auf spektakuläre Naturpanoramen schauten, Erklärungen abgaben oder Namen zitierten. Wann immer wir solche Punkte erreichten, wandten Piet und Stella sich ab, um den Boden nach Knochen, Ästen, Federn, Muscheln oder Wildblumen abzusuchen. Sie beobachteten, wie das Wasser vor ihnen kleine Hindernisse umspülte oder betrachteten die Form von ausgewaschenen Steinen. So bemerkte ich, wieviel Zeit Erwachsene damit verbringen, die Landschaft nach pittoresken Ansichten und szenischen Ausblicken abzutasten. Während die Kinder auf ihren Händen und Knien verbringen, aktiv beschäftigt und engagiert bei dem, was direkt vor ihnen liegt, reisten wir Erwachsene mit Abstraktionen.

Oft hatten wir im Sinn, eine dieser klassischen Fotogelegenheiten zu finden, in diesen Canyon zu blicken oder jene Skyline zu sehen. Etwas anderes passierte, wenn wir den Kindern die Kamera überließen. Wir wurden auf kleine Salamander aufmerksam gemacht, Steinkunst, das Gesicht des kleinen Bruders. An der Art, wie die Kinder sich verhielten, als wir im Canyonland-Nationalpark in den USA waren, konnte man ablesen, dass Wildnis nicht ein szenischer Hintergrund ist, den es zu bestimmen gilt, sondern ein Widerhall des eigenen Forschungsdranges. Es sind Orte, wo man mit Hingabe spielen kann.

Am Atitlán-See in Guatemala fand Stella »ihren« Baum, an einem Platz mit Aussicht auf das schimmernd blaue Wasser des Sees. Stella richtete sich ihr Lesezimmer ein, ihre kleine Bibliothek. Dabei saß sie auf dem höchsten Ast und las stundenlang in ihrem Pippi-Langstrumpf-Buch. Piet bewohnte den Baum etwas tiefer und erklärte die Einrichtung seines »Hauses«: »Hier ist die Sauna, dort das Bad und hier die Küche.« Der Kontakt zur natürlichen Welt entstand immer an ähnlichen Plätzen: Bäume, Wasser, Gräben, Teiche, Büsche. In der Nähe fanden sich Vögel, kleine Tiere, Samen, Laub, Schlamm oder Zapfen. Dabei lernten sie die ganze Vielfalt von Landschaften mit der dazugehörigen Tierwelt kennen, die die beiden amerikanischen Kontinente zu bieten haben: Wüsten und Dschungel, Vulkane, Savannen, Strände und Flüsse. Sie hielten den Hintergrund für jedes vorstellbare Spiel der Phantasie bereit. Klar, das dort dann auch schon mal ein Stück Krokodils- oder Schlangenhaut unter den Fundstücken zu entdecken war. Der Thrill, Naturobjekte zu entdecken, erzeugt Einmaligkeit und Intimität. Niemand hat eine Muschel, einen Kristall oder einen Krebs so wie sie sie gefunden haben. Mit Anschlussaktionen kultivierten sie ihre Beziehungen: Nach einer Tageswanderung zu dem abgeschiedenen Fischerdorf Caraiva an der Küste Brasiliens wurden wir in ein eigens auf den Betten errichtetes »Muschelmuseum« eingeladen. Nachdem wir Eintritt bezahlt hatten, wurde die Besonderheit jeder einzelnen Muschel und ihr Fundort ausführlich erklärt und musste bewundert werden. Bei der Vielzahl der Objekte war es ganz erstaunlich, wie sehr die Kinder die Einzigartigkeit jedes einzelnen wahrnahmen und sich die jeweilige Herkunft genau gemerkt hatten. Hier wird verstehender Unterschied die Norm, die hilft, zu schützen und Toleranz zu lehren. Im Verlauf der Reise wurde vorgefertigtes Spielzeug so gut wie gar nicht mehr benutzt. Szenisches Nachspiel von Erlebtem wurde zur wichtigen Aktion, wie etwa der Bau von Feuerstellen oder einer wirklich kunstvollen Sandkonstruktion der Pyramide von Chichén Itzá.

Auch die malerische Umsetzung von Eindrücken wurde zur wichtigen Beschäftigung. Auf einem Campground in der Nähe von San Diego spielten die Kinder »Stadtbesichtigung«: »Komm, Piet, wir gehen wandern. Wir müssen nur noch ein paar Sachen packen.« Die beiden verschwanden im Auto und trafen ihre Vorbereitungen. Schließlich kamen sie mit gefüllten Rucksäcken heraus. Piet hielt den Stadtplan von San Diego in der Hand: »Komm Stella, wir wollen uns doch was ansehen.« Die zwei fassten sich an den Händen und zuckelten los. Für eine ganze Stunde waren sie verschwunden. Als sie zurückkamen, hatten sie bereits neue Bekanntschaften gemacht. Dann erkundigten sie mit ihren »Mopeds«, ihren kleinen Fahrrädern, die Gegend, Stadtplan und Rucksack immer dabei. Ganz beiläufig lernten sie tatsächlich, gedruckte Karten als Repräsentationen von Orten zu erkennen und sich daran zu orientieren, eine Sequenz von Erkennungspunkten in Relation zu setzen und den Weg zu finden. Kurz darauf begannen sie, ihre eigenen Karten zu zeichnen. Sie wurden aufmerksam darauf, wo sie sich auf dem Kontinent befanden und verfolgten immer genau die Strecke, die wir zurücklegten. Später übernahmen sie bei unseren Ausflügen oft die Rolle des Guides. Rudi erinnert sich: »Nachmittags unternehme ich mit den Kindern eine Dschungeltour zu einem abgelegenen Strand. Stella ist der Guide und soll uns den Weg zeigen. Zunächst folgen wir dem Strand bis zu einem Weg. Neben dem Weg liegt eine tote Schlange, die von Fliegen belagert wird. Später entdecken wir eine zweite, etwa einen Meter lang. Der Weg wird steiler, mit ausgewaschenen Gräben. Und es wird feucht, heiß ist es ja sowieso schon. Die Sachen kleben nass am Körper. Ein halb zugewachsener Friedhof liegt neben dem Weg. Auf den Gräbern stehen bunte Plastiksträuße. Mittendrin frisst ein einsames Pferd Gras. Wir laufen einen langen Anstieg hoch. Die Vegetation ist tropisch. An Palmstämmen ziehen sich Schmarotzerpflanzen hoch, Bananenstauden wachsen wild, und eine rankende Pflanze zieht sich wie ein Schleier überall hindurch. Die Kinder bestaunen die vielen Krebse, die vor uns durch den Dschungel huschen. Die Tiere laufen schräg, sodass sie ihre Glubschaugen, Zangen und Fühler in unsere Richtung strecken. Noch scheinen die Kinder den Weg wiederzuerkennen, dann gabeln sich die Wege. Schließlich findet Piet den richtigen Einstieg zur Bucht.«

■ *Wer hat den größten Lobster?*

Gegen Ende der Reise, in Puerto Guadal am Lago General Carrera, haben die Kinder auch das Prinzip der kolonialen Kleinstadt mit einer Plaza in der Mitte und der parallelen Straßenführung soweit »im Blut«, dass sie sich, ohne den Ort vorher gekannt zu haben, auf eigene Faust zurechtfinden. Trotzdem erleben sie Zeit und Raum weniger linear, alles geschieht gleichzeitig. Die Freunde zu Hause sind fast so wichtig und präsent wir die neugewonnenen in der Fremde. Der zweieinhalbmonatige Besuch der kleinen bilingualen Schule »Los Charcos« in Mexiko war der Einstieg ins soziale Leben. Dort lernten sie Freundschaften zu schließen und erwarben das Vermögen, unterschiedliche Sprachen und Formen des Ausdrucks zu nutzen. Am Ende der Reise hatten sie die Fähigkeit, Kontakte zu anderen Kindern herzustellen, soweit perfektioniert, dass es oft nur eine Sache von Sekunden ist, bis Freundschaft geschlossen war. Ebenfalls in Guadal, an der Plaza Mayor, schien es, als ob die fremden Kinder auf unser Eintreffen gewartet hätten. Wir hielten an, Piet und Stella stiegen aus, und schon waren mit den anderen in tiefstes Spiel versunken, fast, als kannten sie sich schon immer.

»Wer nicht reist, kennt den Wert des Menschen nicht«, zitiert der bekannte Reiseschriftsteller Bruce Chatwin einen arabischen Wanderer, und ich stimme mit ihm überein, wenn er Robert Stevenson heranzieht: »Worauf es ankommt, ist, in Bewegung zu sein, die Notwendigkeiten und Hindernisse unserer Existenz unmittelbarer zu spüren, dieses bequeme Federbett der Zivilisation zu verlassen und festzustellen, dass der Boden unter den Füßen aus Granit besteht und mit scharfen Kieseln bestreut ist.«

So etwa lernten wir, das Wasser wertzuschätzen. Selbst Regenwasser konnte ein Segen sein. Sich zu waschen oder zu duschen ist in manchen Gegenden ein echter Luxus. Ich erinnere mich an Panama, wo die Kinder oft voller Freude nach draußen liefen, um unter dem tropischen Regenguss eine Dusche zu nehmen. Das sparte Wasser im Vorratstank und machte großes Vergnügen. Darüber hinaus bedeutet Regen in diesen Regionen immer eine willkommene Abkühlung. Schnell gewöhnten sich Stella und Piet daran, sparsam mit dem Waschwasser umzugehen, denn oft wussten wir nicht, wann und wo wir den Tank wieder auffüllen konnten. Hatten wir einmal keine Gelegenheit, Trinkwasser zu kaufen, freuten wir uns über jeden Regentropfen, die wir in Töpfen und Eimern dankbar auffingen, um sie als Koch- und Trinkwasser zu nutzen. Eines der Bilder, die sich mir diesbezüglich eingeprägt haben, sind die Frauen am Atitlán-See, die ihre Wassergefäße mit großer Anmut und wie eine kostbare Gabe auf dem Kopf nach Hause tragen. Und wie die Menschen sind auch die Tiere vom Wasser abhängig, und so lernten wir, dass sich dort, wo sich Wasser sammelt, mit großer Sicherheit Tiere zur Beobachtung einstellen. Auch auf unseren Touren durch die Nationalparks nahmen wir jede Gelegenheit wahr, wenn ein Wasserfall die Möglichkeit zu einer erfrischenden Dusche bot. Oft bildeten sich unmittelbar davor kleine Naturschwimmbecken, die bei Stella und Piet immer Freudenschreie auslösten. Das Wasser in jeder erdenklichen Form bekam so seine ganz besondere Bedeutung – als Quelle des Lebens.

Wir machten die Reise, als unsere Kinder ein Alter erreichten, das Psychologen die »mittlere Kindheit« nennen, ein Entwicklungsintervall, in dem der kindliche Geist alles mit Leichtigkeit aufnimmt und in einzigartiger Weise frisch und spielerisch lernt. Auf halbem Weg zwischen innerer und äußerer Welt sind die Kinder mit dem Universum vereint. Das sind die Jahre, in denen das Kind von Gesellschaften aller Nationen als ein Gefäß betrachtet wird, in der alles, was getan wird, bedeutet, das Gefäß zu füllen: mit Tieren mit Pflanzen, mit Orten, mit Mondaufgängen und Sonnenuntergängen, mit Wildnis. Ich bin sicher, dass Kinder, die in Kontakt mit der unverfälschten Natur aufwachsen, vom virtuellen Spiel nicht dauerhaft gefangengenommen werden. Der Anteil der Kinder in der Welt, die regelmäßigen Zugang zur nichtkultivierten Natur haben, ist jedoch kleiner als je zuvor in der menschlichen Geschichte, und der Mangel an direkter Erfahrung offensichtlich. Als Eltern können wir unsere Kinder mit hinausnehmen. Wir können mit ihnen da sein, wo sie auf Felsen klettern, in Wellen spielen, in der Erde graben. Hier draußen können wir voneinander lernen. Hier beginnt die Reise unserer Kinder.

Tja, liebe Leser und Leserinnen, das war's, unser Ausflug in die »Neue Welt«. Wir kehren zurück zu Mikrowelle, Telefonanrufbeantworter, Tagesschau und Zentralheizung. Zu Hause warten 150 Kisten, Behördengänge, Einschulung und natürlich gute Freunde und Verwandte.

Um einen Teil der zu erwartenden Fragen – »was war das Schönste, Beste, Tollste« – vorwegzunehmen, hier die ersten Antworten:

Wo hat es euch am besten gefallen?

- in den USA, wegen der atemberaubenden Nationalparks
- in Mexiko, wegen seiner Kultur, seiner Fiestas und berauschenden Farbenpracht
- in Brasilien, wegen seiner unvergleichlichen Menschen und ihrer Musikalität

- auf Kuba, aus den gleichen Gründen
- in Patagonien, wegen seines einzigartigen Himmels und seiner unberührten Tierwelt

Was war am aufregendsten?
- unsere Seefahrt von Panama nach Kolumbien

Was war das schönste Erlebnis?
- unsere Kinder täglich wachsen zu sehen

Gab's auch mal Krach?
- auch das

Hat es sich gelohnt?
- mehr als das

Was hat die Reise euch gelehrt?
- das Beste von der Welt zu erwarten und ihr das Beste entgegenzubringen

Bye-bye, hasta luego, até logo, auf Wiedersehen!

ANHANG: REISETIPPS

1. FAHRZEUG

»Ich bin absolut kein Schrauber und verstehe fast gar nichts von Motoren ...«

Auto: Ford V 10, Automatik, Benzinmotor (Verbrauch 25 l/100 km). 6,8-Liter-Maschine, 268 PS, zwei Jahre alt, 100.000 km gelaufen, hinten Doppelbereifung, Länge 6,60 m.

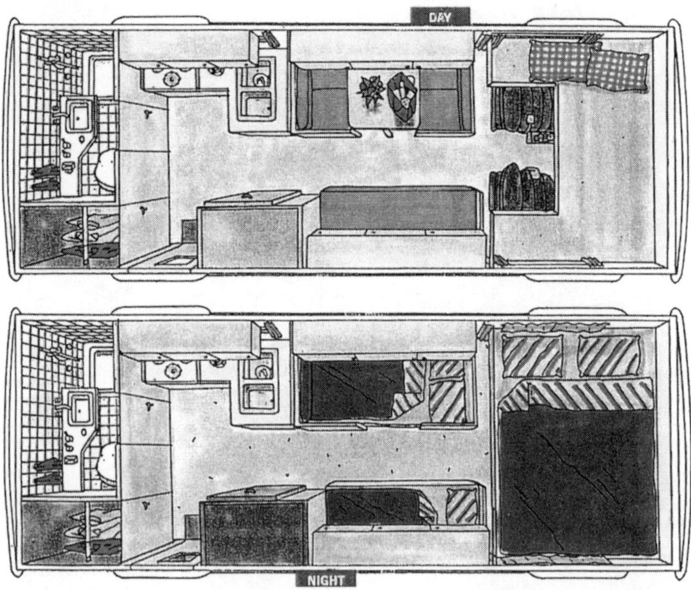

Kaufstelle: Moturis, eine Schweizer Wohnmobil Verleihfirma in den USA. Alle großen US Verleihfirmen verkaufen ihre gebrauchten Fahrzeuge. Vorteil bei Moturis: Deutschsprachig, alle Umbauten in eigener Werkstatt.

Umbauten:

- Solarzelle aufs Dach (versorgte zwei Hausbatterien)
- komplette Holzplattform überm Dach für Zeltaufbau (selten genutzt)
- hinten drei zusätzliche Blattfedern
- Aufbau hinten für vier Fahrräder (oft genutzt)
- große Alu-Kiste hinten (Abschleppseil, Werkzeugkiste)
- große Seitenmarkise, bei Sonne und Regen ein Traum
- Ausziehleiter unter der Autodecke (Ausstieg von innen über Dachluke auf die Holzplattform)
- Mikrowelle raus, Klimaanlage raus, Außenleiter ab
- Ersatzreifen abschließbar
- geheime Staufächer
- hinten drei Benzinkanister je 20 l

Alle Umbauten in den USA gemacht, professionelle Mechaniker bei Moturis (»nichts ist unmöglich«). Sämtliche Ersatzteile und Ausrüstungsgegenstände in USA gekauft (riesige Auswahl, gute Qualität).

Ersatzteile: Zündkerzen, Ölfilter, Luftfilter, Schneeketten (nie benötigt), Benzinfilter, Reifenreparaturkit, Abschleppseil, sämtliche Öle, Keilriemen, elektrische 12-V-Pumpe (nie genutzt), 18-t-Wagenheber, Bremsbeläge (vorne).

Vor Abfahrt: Reifen neu, komplette Inspektion, intensive Einweisung in sämtliche Funktionen des Fahrzeuges.

Wartung, Pannen: »*Dieses Auto macht euch nie Probleme*«, verabschieden uns die Mechaniker in San Francisco. »Der Motor kann einfach nicht kaputt gehen, bei zehn Zylindern, 6,8 l Hubraum und 268 PS.« Sie behalten recht.

- alle 5000 km Wechsel von Öl und Ölfilter, Benzinfilter, Luftfilter (alle 10.000 km), abschmieren, Kontrolle Lenkung und Bremsen
- 11 Reifen erneuert
- 2x Motoraufhängung geschweißt (absolut unproblematisch)
- 1x Bremsbeläge vorne neu
- kleines Loch im Kühlschlauch
- Spur einstellen (Lenkung)

Gefahrene Kilometer: 56.000 km in 25 Monaten

Auto (+): starker Motor, Doppelbereifung, Servolenkung, Tempomat, absolut zuverlässige Maschine. Innen großer Komfort, viel Platz für Kinder im Alkoven über den Vordersitzen (1,90 m x 1,47 m), zwei große Betten (Tisch runter, Sitzbänke zusammenlegen, 1,78 m x 1,02 m), Couch ausziehen (1,73 m x 1,07 m). Viel Stauraum auch für Privates (wir bauen zusätzlich Bücherregale), abgetrenntes Bad, Dusche, Toilette mit Wasserspülung.

Küche: 3-flammiger Gasherd, Backofen, großer Kühlschrank (getrenntes riesiges Eisfach); bei vollem Gastank können wir einen Monat autark irgendwo campen.

Auto (–): 25-Liter-Verbrauch, ein Klimaanlage (Dach) manchmal sehr vermisst (Baja California, Mexiko). Dafür Deckenventilatoren, 12 Volt.

Sonstiges: Vor allen Fenstern und den hinteren Türen starre Fliegengitter gegen Mücken. Standheizung (war vorhanden), bei wenigen kalten Nächten (Patagonien) sehr angebracht.

2. KARTEN/REISEFÜHRER/LITERATUR

ADAC-Karten und Reiseinfos (USA, Mexiko).

ITM-Karten, drei Teile von Südamerika (physikalisch). Einzelkarten verschiedener Länder, Mexiko: Straßenatlas *Atlas de Carreteras* (an jeder Pemex-Tankstelle). Brasilien: Straßenatlas *Guía Quatro Rodas* (portugiesisch, aber leicht verständlich, da viele Karten und Zeichnungen). Patagonien (Argentinien und Chile): *Guia Turistíca* (gut, leicht verständliche Karten). Chile: *TurisTel Guía Sur* (südlich; auch Centro und Norte erhältlich), sehr gut und informativ.

Bücher: »South American Handbook«, Footprint Verlag, Englisch, die »Bibel« der Südamerikareisenden, ständig aktualisiert. »Mexico & Central America Handbook« (inklusive Kuba), Footprint Verlag. »South America on a shoestring« (Lonely Planet, Englisch); o.k., längst aber nicht so gut wie die beiden Footprints. »Kuba Handbbook«, Moon Travel (Englisch). Diverse DuMont-Bücher oder Apa Guides, sehr schön zum Einlesen, um sich erste Eindrücke zu verschaffen. Paul Theroux: »Der alte Patagonien Express«, unser beider Lieblingsbuch während der Reise.

3. REISEZEITEN

Während der 25 Monate von San Francisco bis Santiago de Chile haben wir nur wenige Regentage gehabt; die Scheibenwischer wurden so gut wie nie benutzt. Die Regenzeiten kann man oft nicht auf die Woche genau festlegen, manchmal, wie etwa in San Miguel de Allende (Mexiko) fiel sie ganz aus oder begann, wie im Chilenisches Seengebiet, anderthalb Monate verspätet. Die Baja California (Mexiko) ist in den Sommermonaten, von Juni bis November, unerträglich heiß und schwül. Feuerland und das südliche Patagonien lassen sich nur im dortigen Sommer (November bis März) bereisen, danach macht Schnee die Straßen unbefahrbar, hohe Minusgrade kommen hinzu. Unter Regenzeiten darf man sich nicht den permanenten 24-Stunden-Dauerniesel in Deutschland vorstellen. Oft schüttete es stark, nach einer halben Stunde hörte es genauso plötzlich wieder auf. Für kurze Zeit sorgte der Niederschlag für ein bisschen Kühlung.

4. AUTOKAUF UND -VERKAUF

Autokauf in Deutschland oder im Reiseland? Wir entschieden uns aus verschiedenen Gründen dafür, ein Wohnmobil in den USA zu kaufen, denn

- es entfallen die Verschiffungskosten
- durch den Kauf und den Umbau in den USA lernten wir dieses Land intensiver kennen
- das Angebot an Ausrüstung und Fahrzeugen ist gut.

Eventueller Nachteil: Es gibt wenig Dieselfahrzeuge. Erst am Ende der Reise entdeckten wir eine dritte Möglichkeit: Im Süden Brasiliens, der sehr europäisch geprägt ist, oft deutschsprachig, gibt es eine Wohnmobilszene, viele gut erhaltene Mercedes-Diesel. Im Nachhinein würde ich mich für diese Variante entscheiden: Wohnmobil in Brasilien kaufen.

Autoverkauf: Glücksache! Ein teures Auto ist wahrscheinlich zuverlässiger, erzielt einen guten Wiederverkaufswert. Dafür muss man einen hohen Verlust in Kauf nehmen, falls man es nicht los wird. Genau das Gegenteil bei einem billigeren Auto: eventuell mehr Reparaturen, dafür weniger Verlust bei Nichtverkauf. Optimal ist ein anderer Tourist als Käufer, da so die Zollprobleme entfallen; deshalb so früh wie möglich ein Schild ins Auto hängen. In Paraguay kann man Fahrzeuge ohne Papiere kaufen und verkaufen. Und manchmal beeinflusst noch der Dollarkurs einen Verlust bzw. Gewinn: Wir kauften unser Wohnmobil bei einem Dollar von 1,87 DM und verkauften es bei 2,20 DM, d.h., nach 25 Monaten im eigenen Wohnmobil verloren wir gerade mal 3300 Euro.

5. VISA, VERSICHERUNGEN, POST, PAPIERE

Visa: Für kein Land unserer Reise benötigten wir ein Visum. Das kubanische bekamen wir direkt in einem Reisebüro in Mexiko. Begrenzte Aufenthaltsdauer bei allen Ländern: USA drei Monate, Mexiko 180 Tage usw.; lassen sich bei Grenzübertritt und Wiedereinreise erneuern.

Post: Bei uns überall total zuverlässig. Wir verschickten Filme, Pakete, selbst Bilder, und alles kam an.

Papiere: Alle Originale kopieren, bei Kontrollen nur Kopien zeigen. Das Original wird gerne behalten und kann als Druckmittel dienen, um schneller eine Strafe abkassieren zu können. Kein Carnet de Passage fürs Auto nötig (wir hatten keines). Ansonsten viele Papiere mit Passfotos, Stempeln. Einmal überzeugte sich eine Polizeikontrolle mit meinem Jugendherbergsausweis statt des Führerscheins. Ein Datumsstempel, Setzkasten, Adler und Stempelkissen sind nützlich.

Versicherungen: Wir schlossen eine Unfallversicherung in USA ab, sowie in Mexiko. Für 230 Dollar bekommt man beim »Discover Baja Travel Club«, 3089 Clairmont Dr., San Diego, CA 92117, USA eine Versicherung für ein Jahr, die das ganze Land Mexiko einbezieht. Ab Mexiko war das Wohnmobil nicht mehr versichert. An den Grenzen fragte niemand danach. Unser deutsches Kennzeichen (von einem abgemeldeten Auto) fiel nirgendwo auf, außer deutschen Touristen oder Auswanderern. Wir waren alle vier weltweit krankenversichert bei der Süddeutschen Krankenversicherung, 70709 Fellbach; alle Arztrechnungen im Ausland wurden erstattet.

6. FILMEN, FOTOGRAFIEREN, E-MAIL

Spiegelreflexkamera, 28–200 mm Objektiv, 200 ASA Filme (Dias). Pocketkamera mit Bilderfilm (für Tagebücher, zum Zeigen unterwegs). Digitaler Camcorder (leider viel zu spät in Panama gekauft). Für uns war das eine absolute Bereicherung; abends lagen wir oft im Bett und sahen uns die Aufnahmen an. Auch nach der Reise schieben wir spontan eine Kassette ein: Bewegung, Geräusche, Panoramen kann ein einzelnes Bild nicht so intensiv wiedergeben wie ein Film.

Wir nahmen einen Laptop mit, Anschluss an die Autobatterie. Schreiben off-line, mit der Diskette dann in ein Internet-Café (in jedem Ort vorhanden).

Ein Fotoalbum mit Bildern von Zuhause, Eltern, Geschwister, Hobbys usw. kam jedes Mal gut an bei Gastfamilien; genauso wie Aufnahmen, die wir während der Reise machten.

7. MEDIKAMENTE, IMPFUNGEN

Impfen: Mit der Impfstelle ca. ein Jahr vor Reisebeginn absprechen. Wir haben uns »gegen alles« geschützt: Gelbfieber, Hepatitis, Typhus, Tetanus, Tollwut.

Medikamente: Eine *farmacia* (Apotheke) gibt es überall in Lateinamerika, selbst rezeptpflichtige Medikamente bekommt man ohne Probleme direkt. Hier nur eine kleine Auswahl unseres »Arztkoffers«, bei vier- bzw. fünfjährigen Kindern waren wir lieber über- als unterausgestattet: Breitband-Antibiotikum, Schmerzmittel, fiebersenkende Mittel, Malariaprophylaxe, Antiseptikum, Verbandmaterial, Pflaster für Platzwunden, Insektensalbe, Brandsalbe, Fieberthermometer, Grippe- und Durchfalltabletten u.a.

8. PREISE, GELD

Reiseschecks: waren oft schwierig zu tauschen, dafür gegen Diebstahl versichert.

Bargeld (nur Dollars): Wir versteckten einen größeren Betrag an drei verschiedenen Stellen, als Notgroschen oder in kritischen Situationen (Bestechung) – nie notwendig gewesen.

Kreditkarten: Master und Visa. Es gibt in allen Orten Geldautomaten, die unkompliziert einheimische Währungen ausgeben. Für uns das optimale Zahlungsmittel, und für Stella und Piet sowieso: »Papa, rege dich doch nicht auf, weil wir so viel Geld ausgeben. Steck doch einfach die Karte in den Automaten!«

Kosten: Reisen zu viert ist nicht billig. Wir machen dieses Abenteuer vielleicht nie wieder und wollten nicht auf die Highlights verzichten. Bestimmte Ausflüge, etwa zum Angel Fall in Venezuela, kosten viel Geld. Wir sparten Hotelkosten, kochten meist selbst. Dafür »el coche bebe mucho« – »das Auto trinkt viel«. Tatsächlich gaben wir pro Monat genau soviel Geld aus wie Zuhause: Sprachschulen, Kinder in einer kleinen Privatschule (Mexiko), Ausflüge, wir kauften oft Bildbände, Kuba kostete eine Menge Dollars. Aber das Einzige, was bleibt, ist die Erinnerung, kein Gedanke mehr daran, was etwas gekostet hat. Grundsätzlich waren die Lebenshaltungskosten (außer USA, Nordargentinien) günstiger als in Deutschland.

9. STRASSEN, GRENZEN

Das Straßennetz ist sehr gut ausgebaut, überall asphaltiert, selbst die Strecke von der Grenze Venezuelas bis Manaus. Im Süden Argentiniens und Chiles fordert die rauhe Ruta 40 und die Carretera Austral das letzte vom Auto. Aber auch dieses Stück könnte man umfahren, wenn man sich nicht traut. Die schlechten Pisten wählt man selbst, um an abgelegene Plätze zu kommen, frei nach dem Motto: Je übler der Weg, um so romantischer das Ziel. »Dies ist das letzte Mal, dass wir so eine besch … Piste nehmen!« fluchte ich oft, und denke später nur an die wunderschöne Stellen zurück, kaum noch an die Rappelei und das Dauervibrieren.

Uns persönlich begegneten die Grenzbeamten immer höflich und korrekt, selten wurde das Auto kontrolliert. Eine kalte Cola, ein Bier, Händeschütteln, ein paar nette Worte, zwei kleine Kinder, die »Hola, qué tal Señor« rufen, wirken Wunder.

Zwischen Panama und Kolumbien gibt es keine Straßenverbindung, auch keinen regelmäßigen Fährdienst. Man muss sich selbst nach einer Verschiffungsmöglichkeit umsehen, was länger dauern kann, in unserem Fall fast drei Wochen. Es gibt einige Alternativen: Miami – Venezuela, Panama – Venezuela, Panama – Ecuador. Einen VW-Bus kann man in einen verschlossenen Container stellen. Es scheint sehr schwierig, gemeinsam mit dem eigenen Auto an Bord zu dürfen (wir hatten das Glück, trafen sonst aber niemanden, der gemeinsam mit seinem Auto reisen durfte).

10. ESSEN, TRINKEN

Okay, okay, ich nahm während der Reise 8 kg zu, je nach Waage sogar 10 kg! Dafür gibt es verschiedene Gründe, sämtlich kulinarische: Das Auto war mit einer luxuriösen Küche ausgestattet, 3-flammiger Gasherd, Backofen. Das Gefrierfach versorgte uns mit Fisch und Fleisch. Oft grillten wir. Wir versorgten uns mit frischen Produkten vom Markt oder von Straßenständen. Mit einer Orangenpresse drückten wir Saft, in Brasilien kostete ein ganzer Sack Orangen, etwa 100 Stück, manchmal nur zwei Euro. Eine Kokosnuss lag immer im Kühlschrank, wir genossen ihr kaltes Wasser. Darüber hinaus sind wir drei uns einig: Keiner kocht so gut wie Betti.

In manchen Ländern blieb die Küche jedoch wochenlang kalt. In San Francisco waren wir Stammkunden im »Fresh Choice«, einem gutsortieren Selbstbedienungsrestaurant. In Mexiko saßen wir an kleinen Garküchen, bei Tamales, Tacos, Enchiladas, Tortillas und Tortas (getoastete Brötchen, gefüllt mit allem was der Magen begehrt). In Brasilien setzte der Herd des Wohnmobils gar eine dicke Staubschicht an: Vier Monate kochten wir nicht eine Mahlzeit, ließen uns *churrasco* (saftiges Fleisch vom Grill), *rodízio* (Spieße verschiedener Fleischsorten zum Festpreis) oder *comida à quilo* schmecken, Büfetts, wo das Gewicht auf dem Teller den Preis bestimmt. Unser Bad glich teilweise einer Getränkegroßhandlung. Ich baute zusätzliche Regale, wo sich Coladosen, Mineralwasser, eine Kiste Wein und eine Kiste Bier (*Corona* in Mexico, *Polar* in Venezuela, *Brahma* in Brasilien), dazu 2 x 20 l Plastikbehälter mit abgefülltem Trinkwasser stapelten. Unter den vielen Drinks möchte ich *caipirinha* aus Brasilien hervorheben: Zerdrückte Limonen mit Schale, Zucker, Zuckerrohrschnaps und viel zerstampftem Eis (so lange man sitzen bleibt, spürt man absolut keine Wirkung – wehe nur, man versucht nach drei Gläsern aufzustehen! Spätestens jetzt tritt die Erde den Beweis an, dass sie sich dreht ...).

11. GEFAHREN, ÜBERNACHTEN

Wir kamen während der 25 Monate in keine gefährliche Situation, wurden nicht einmal bedroht, nie ausgeraubt. Genausowenig berichteten andere Reisende über negative Erfahrungen, die sie mit der jeweiligen Landesbevölkerung machten.

Übernachten in Städten: Wir suchten entweder Campingplätze, Hotelanlagen oder bewachte Yachthäfen auf oder stellen das Auto bei Bekannten unter. Die riesigen *Posto de gasolina,* Autohöfe mit Tankstelle, Werkstatt, Restaurants, Supermarkt, Duschräume in Brasilien, stellten dort oft eine gute Übernachtungsmöglichkeit dar.

Außerhalb: Parkten wir oft an Seen, Flüssen oder direkt am Meer. Wir erkundigten uns bei den Anwohnern, ob sie etwas gegen unsere Anwesenheit haben. Unterschwellig hatte ich an ganz einsamen Plätzen immer ein bisschen Angst, ich befestigte abends Fahrräder und Campingstühle und fuhr die Markise ein. Den Schlüssel ließ ich im Zündschloss stecken, damit wir notfalls sofort starten konnten. Wir kamen nie in diese Verlegenheit.

12. SPRACHEN

Englisch in USA und Belize, in Mexiko, Mittel- und Südamerika Spanisch. Ausnahme ist Brasilien, dort Portugiesisch. Je besser man eine Sprache beherrscht, um so intensiver erschließt sich ein

Land und seine Menschen. Es verging kaum ein Tag ohne eine Begegnung oder Einladung. Südamerika ohne Spanisch zu bereisen, kommt mir persönlich so vor, als sieht man einen Film ohne Ton. Wir begannen ein Jahr vor der Reise mit Spanischunterricht (einmal wöchentlich zwei Stunden) und besuchten in Mexiko eine Sprachschule. Die Kinder gingen in Mexiko zwei Monate auf eine Waldorfschule (Englisch und Spanisch), in Chile noch einmal sechs Wochen auf eine Grundschule (ganztägig, nur Spanisch).

REISE KNOW-HOW
reisebuch.de
Schnell. Direkt. Informativ.
Reisetipps
Hintergrundinformationen
Schnäppchenmarkt
Rei führer
Spezial-Reiseziele
Sprachführer
persönliche Erfahrungen
Reiseführer zum Download
Novitäten
Service
Nützliche Links
„Mit fast 200 Titeln
deckt Reise Know-How
mehr Gebiete
auf dem Globus ab
als jede andere
deutschsprachige
Reiseführer-Reihe
für Individual-Touristen"
ReiseWortSchatz
INDONESISCH
Mexiko
USA
CANADA
Das Handbuch für individuelles Reisen
www.reisebuch.de

Alle Reiseführer von Reise

Reisehandbücher
Urlaubshandbücher
Reisesachbücher
Rad & Bike

Afrika, Bike-Abenteuer
Afrika, Durch
Agadir, Marrakesch und Südmarokko
Ägypten
Alaska ⇗ Canada
Algerische Sahara
Amrum
Amsterdam
Andalusien
Äqua-Tour
Argentinien, Uruguay und Paraguay
Äthiopien
Auf nach Asien!

Bahrain
Bali und Lombok
Bali, die Trauminsel
Bali: Ein Paradies ...
Bangkok
Barbados
Barcelona
Berlin
Borkum
Botswana
Bretagne
Budapest
Bulgarien

Cabo Verde
Canada West, Alaska
Canadas Ost, USA NO
Chile, Osterinseln
China Manual
Chinas Norden
Chinas Osten
Costa Blanca
Costa Brava
Costa de la Luz
Costa del Sol
Costa Dorada
Costa Rica
Cuba

Dalmatien
Dänemarks Nordseeküste
Dominik. Republik
Dubai, Emirat

Ecuador, Galapagos
El Hierro
England – Süden
Erste Hilfe unterwegs
Europa BikeBuch

Fahrrad-Weltführer
Fehmarn
Florida
Föhr
Fuerteventura

Gardasee
Golf v. Neapel, Kampanien
Gomera
Gran Canaria
Großbritannien
Guatemala

Hamburg
Hawaii
Hollands Nordseeins.
Honduras
Hongkong, Macau

Ibiza, Formentera
Indien – Norden
Indien – Süden
Irland
Island
Israel, palästinens. Gebiete, Ostsinai
Istrien, Velebit

Jemen
Jordanien
Juist

Kairo, Luxor, Assuan
Kalifornien, USA SW
Kambodscha
Kamerun
Kanada ⇗ Canada
Kapverdische Inseln
Kenia
Korfu, Ionische Inseln
Krakau, Warschau
Kreta
Kreuzfahrtführer

Ladakh, Zanskar
Langeoog
Lanzarote
La Palma
Laos
Lateinamerika BikeB.
Libanon
Libyen
Ligurien
Litauen
Loire, Das Tal der
London

Madagaskar
Madeira
Madrid
Malaysia, Singap., Brun.
Mallorca
Mallorca, Reif für
Mallorca, Wandern
Malta
Marokko
Mecklenb./Brandenb.: Wasserwandern
Mecklenburg-Vorp. Binnenland
Mexiko
Mongolei
Motorradreisen
München
Myanmar

Namibia
Nepal
Neuseeland BikeBuch
New Orleans
New York City
Norderney
Nordfriesische Inseln
Nordseeküste NDS
Nordseeküste SLH
Nordseeinseln, Dt.
Nordspanien
Nordtirol
Normandie

Oman
Ostfriesische Inseln
Ostseeküste MVP
Ostseeküste SLH
Outdoor-Praxis

Panama
Panamericana, Rad-Abenteuer
Paris
Peru, Bolivien
Phuket
Polens Norden
Prag
Provence
Pyrenäen

Qatar

Rajasthan
Rhodos
Rom
Rügen, Hiddensee

Sächsische Schweiz
Salzburger Land
San Francisco
Sansibar
Sardinien
Schottland
Schwarzwald – Nord
Schwarzwald – Süd
Schweiz, Liechtenst.
Senegal, Gambia
Simbabwe
Singapur
Sizilien
Skandinavien – Norden
Slowenien, Triest
Spiekeroog
Sporaden, Nördliche
Sri Lanka
St. Lucia, St. Vincent, Grenada
Südafrika
Südnorwegen, Lofoten

Know-How auf einen Blick

Sylt
Syrien

Taiwan
Tansania, Sansibar
Teneriffa
Thailand
Thailand – Tauch- und Strandführer
Thailands Süden
Thüringer Wald
Tokyo
Toscana
Trinidad und Tobago
Tschechien
Tunesien
Tunesiens Küste

Umbrien
USA/Canada
USA/Canada BikeBuch
USA, Gastschüler
USA, Nordosten
USA – der Westen
USA – der Süden
USA – Südwesten, Natur u. Wandern
USA SW, Kalifornien, Baja California
Usedom

Venedig
Venezuela
Vereinigte Arab.Emirate
Vietnam

Westafrika – Sahel
Westafrika – Küste
Wien
Wo es keinen Arzt gibt

Edition RKH

Burma – im Land der Pagoden
Finca auf Mallorca
Durchgedreht – 7 Jahre im Sattel
Geschichten aus d. anderen Mallorca
Goldene Insel
Mallorquinische Reise, Eine
Please wait to be seated!
Salzkarawane, Die
Schönen Urlaub!
Südwärts durch Lateinamerika

Praxis

All Inclusive?
Als Frau allein unterwegs
Canyoning
Daoismus erleben
Dschungelwandern
Essbare Früchte Asiens
Fernreisen
Fernreisen, Fahrzeug
Fliegen ohne Angst
Flug Know-How
Fun u. Sport im Schnee
GPS f. Auto, Motorrad
GPS Outdoor
Heilige Stätten Indiens
Hinduismus erleben
Höhlen erkunden
Inline-Skaten Bodensee
Inline Skating
Islam erleben
Kanu-Handbuch
Kreuzfahrt-Handbuch
Küstensegeln
Maya-Kultur erleben
Orientierung mit Kompass und GPS
Paragliding-Handbuch
Pferdetrekking
Reisefotografie
Reisefotografie digital
Reisen und Schreiben
Respektvoll reisen
Richtig Kartenlesen
Safari-Handbuch Afrika
Schutz vor Gewalt und Kriminalität
Schwanger reisen
Selbstdiagnose u. Behandlung unterwegs
Sicherheit/Bärengeb.
Sicherheit/Meer
Sonne, Wind und Reisewetter
Survival-Handbuch, Naturkatastrophen
Tauchen in kalten Gewässern
Tauchen in warmen Gewässern
Transsib – von Moskau nach Peking
Trekking-Handbuch
Tropenreisen
Vulkane besteigen
Was kriecht u. krabbelt in den Tropen
Wein Guide Dtschl.
Wildnis-Ausrüstung
Wildnis-Backpacking
Wildnis-Küche
Winterwandern
Wohnmobil/Indien
Wracktauchen weltweit

KulturSchock

Afghanistan
Ägypten
Brasilien
China
Golf-Emirate, Oman
Indien
Iran
Islam
Japan
KulturSchock
Marokko
Mexiko
Pakistan
Russland
Spanien
Thailand
Türkei
Vietnam

Wo man unsere Reiseliteratur bekommt:

Jede Buchhandlung der BRD, der Schweiz, Österreichs und der Benelux-Staaten kann unsere Bücher beziehen.
Wer trotzdem keine findet, kann alle Bücher über unseren Internet-Shop unter **www.reise-know-how.de** oder **www.reisebuch.de** bestellen.